制度理论视角下
跨国企业理论与实践研究

刘娟 著

HEUP 哈尔滨工程大学出版社

内容简介

制度体系本身是空间、时间及人类生存环境综合的产物。制度体系变革及演进不仅对人类社会、组织及个体，更对处于母国与东道国双重制度环境之下的跨国企业行为决策产生极其重要的影响，使其在面临更多制度性压力与挑战的同时也蕴藏着巨大的制度性机遇与商机。本书旨在系统梳理制度理论视角下跨国企业理论与实践的相关研究成果，以期帮助读者对制度理论视角下跨国企业研究的历史脉络及前沿性问题有较为系统及深入的了解。

本书适合对此方面研究感兴趣的读者阅读，也可作为相关专业研究人员的参考用书。

图书在版编目(CIP)数据

制度理论视角下跨国企业理论与实践研究/刘娟著.
—哈尔滨:哈尔滨工程大学出版社,2016.11
ISBN 978-7-5661-1393-1

Ⅰ.①制… Ⅱ.①刘… Ⅲ.①跨国公司-企业管理-研究 Ⅳ.①F276.7

中国版本图书馆 CIP 数据核字(2016)第 272124 号

选题策划 张植朴
责任编辑 张志雯
封面设计 恒润设计

出版发行 哈尔滨工程大学出版社
社　　址 哈尔滨市南岗区东大直街 124 号
邮政编码 150001
发行电话 0451-82519328
传　　真 0451-82519699
经　　销 新华书店
印　　刷 哈尔滨工业大学印刷厂
开　　本 787 mm×1 092 mm 1/16
印　　张 16.5
字　　数 422 千字
版　　次 2016 年 11 月第 1 版
印　　次 2016 年 11 月第 1 次印刷
定　　价 48.00 元
http://www.hrbeupress.com
E-mail:heupress@hrbeu.edu.cn

前　言

伴随经济全球化的深入发展,各国企业以对外直接投资或其他合作方式参与全球生产及全球竞争均取得长足进展。其中,母国与东道国间制度距离的客观存在确实对跨国企业东道国市场区位选择、进入模式及其他行为决策和绩效产生不同程度的作用和影响;但更为重要的是,在企业国际化发展战略规划多元化的今天,越来越多的跨国企业不再视制度距离为企业海外市场选择不可逾越的障碍(尤其针对那些与别国政经体制等制度环境存在较大差距的国家),反而越来越重视制度同构作用,并倾向于将探索多种制度学习方式融入东道国制度环境内,以减少因地理距离、制度距离而产生的摩擦,减少跨国企业在海外市场经营的不确定性及规避"外来者劣势",提高跨国企业东道国"合法性"地位及获取更多东道国资源。另一方面,经济全球化背景下的制度多元化特征日益凸显,许多跨国企业也凭借对其母国所固有的价值观、信仰体系的自信及坚守,即遵循其母国制度逻辑,在东道国市场采取一种非确定性行为方式以应对制度性压力。而在这一过程中,在面对母国与东道国制度逻辑共存性与竞争性之时,利己性的制度创新者往往会利用旧有的制度逻辑催生出新的制度逻辑,并最终诱发制度性变革或制度性创新产生。而制度逻辑以及由此产生的制度创新问题在转型经济情境下及新兴市场国家跨国企业情境下的适用性则更为突出。

制度体系本身是空间、时间及人类生存环境综合的产物,尽管有些迟缓,但制度体系依然在发生着改变。制度体系变革及演进无疑将对人类社会、组织及个体的行为决策产生极其重要的影响;对于跨国企业而言,因其所处于母国与东道国双重制度环境之下,无疑也将面临更多的制度性压力与挑战,同时也蕴藏着巨大的制度性机遇与商机,而这也恰恰是吸引越来越多的国际商务学者基于制度理论视角下探究跨国企业行为决策问题的关键所在。

本书作者对于企业国际化问题的关注源于博士论文写作期间,博士毕业后先后承担了天津市教委及天津市社科规划项目,并累积了一些研究成果;与此同时,在相关研究工作进行过程中,也在不断关注、追踪企业国际化理论及跨国企业理论研究的前沿性问题及热点问题,并从中探索、选择适合自身研究工作持续深入的研究切入点及研究方向。本书是作者近期研究工作的系统总结,写作过程及最终出版得到了中国博士后科学基金项目"基于关系网络构建的跨国企业制度学习及其同构效应研究"(2015M571262)资助,并作为该项目结项的重要研究成果;同时还获得教育部人文社科规划基金项目"中国跨国企业东道国市场'合法化'策略选择与实施效果研究——基于制度理论视角"(16YJAGJW001)的资助,并作为该项目中期考核的重要研究成果。

在此特别感谢本书作者博士后导师、天津财经大学商学院彭正银教授的热忱帮助及悉心指导,以及天津财经大学经济学院国贸系老师们的鼓励与扶持!

由于作者水平有限,书中难免存在不足之处,敬请各位读者不吝赐教。

刘　娟

2016 年 10 月于天津懿德园

目　录

第1章

导论

著名华商学者彭维刚(2004)曾经指出,国际商务研究需要若干核心议题以便促使其自身的持续繁荣。而系统梳理国际商务研究文献近年来的研究成果不难发现,制度理论在国际商务研究中的聚焦作用正日益凸显。一方面,相关研究文献中凸显出一系列与制度相关的国际商务活动议题。这些议题具体包括:对外直接投资(Holmes et al.,2011)、外来者劣势(Campbell et al.,2012)、跨国企业全球资源配置(Cantwell et al.,2010)、跨国企业生产折中理论(Dunning et al.,2008)、国际商务战略(Peng et al.,2008)、跨国企业对东道国制度影响(Mudambi et al.,2002)、跨国企业母国与东道国雇员认知体系差异(Lau et al.,2002)、跨国企业绩效持续性(Chacar et al.,2010)、出口增长(Shinkle et al.,2010)、国家商业体系(Witt et al.,2009)、商业网络(Drew et al.,2009;Li et al.,2011)等。这些研究议题在一定程度上表明国际商务学者越来越关注制度理论在国际商务理论研究中的应用,但是另一方面,现有制度理论研究领域凸显出如此多新兴而又相对分散的研究议题,也在一定程度上印证,越来越多的国际商务学者意识到,跨国界情境下正式及非正式性制度体系对于组织战略及组织绩效的重要影响作用(Hotho et al.,2012)。而以正式性或非正式性制度架构为切入点,探究跨国企业行为决策及战略规划问题也恰好成为当前经济学及管理学项下国际商务理论研究的主流范式。

其中,比较典型的研究,例如学者 Holmes 等人尝试探究的议题便是一国非正式制度架构如何形成正式性政治、经济及监管性制度体系,以及这些制度体系又如何影响其对外直接投资安排。此研究基于制度经济学及组织制度理论构建理论分析框架,并利用源于50个国家长达9年的相关经验数据,对非正式性制度架构对于正式性制度体系的影响作用进行了深入系统的探究。研究结论显示,一国非正式制度架构,通常以文化维度,即群体间集体主义及其未来倾向性测度,形成一国正式性制度体系,如监管层面、政治层面及经济层面的制度架构,且每一个正式性制度架构都会对该国吸收外国直接投资(IFDI)产生不同程度的影响作用(Holmes et al.,2011)。与上述研究类似的一些研究文献所关注的议题也大多聚焦于国际商务理论与制度经济学的交叉融合。而借助霍姆斯等人的相关研究成果,制度理论也可以得到一定程度的扩展与完善,包括对于制度体系形成的前置变量,尤其是对市场经济制度体系的基础性构成变量的探究等。

整体而言,基于制度理论视角下探究国际商务问题,仍需要从制度理论基本前提出发,同时结合跨国界情境下企业行为决策的特有模式以及相关的约束条件,即研究重点在于,制度理论在国际化背景下、制度环境多元化情境下的适用性问题,以及相对应的企业战略规划及行为决策的有效性问题。鉴于此,本书的研究重点将从制度理论核心内容“合法性”问题着手,系统探究及深入阐述,在母国与东道国制度距离客观存在的前提下,即在制度环境多元化情境下,跨国企业如何在东道国市场获取“合法性”问题,并将基于制度同构及制度逻辑视角,围绕跨国企业东道国市场“合法性”问题展开系统阐述。本书的研究内容主要涉及以下五个方面。

1. 制度形成演变与国际商务研究

当前国际商务环境正经历国家间相互依存的高度融合。信息通信技术及交通运输技术的改善,地区间经济一体化的深入,以及国际贸易壁垒的大幅度降低,这些都使得国家间相互依存度得以进一步提高。尽管如此,国际商务理论学者还是常常认为,处于国际化发展阶段中的跨国企业仍需要面对“外来者劣势(Liability of Foreignness)”(Zaheer,1995)问题,或是由于对东道国市场、行业、文化、政治惯例、信息网络及特定价值观项下的行为方式等理解的欠缺及必要知识的缺乏,从而导致的跨国企业在东道国市场潜在较低水平运营绩效或是运营失败。为此,跨国企业需要面对的问题包括:如何正确及充分理解东道国市场客户(潜在)需求及偏好,现有传统西方企业管理哲学及实践是否可以在东道国市场有效复制。其中,尤其需要特别关注的就是母国与东道国间社会经济及社会政策层面的制度环境差异性以及对跨国企业东道国市场行为决策的影响问题。

系统梳理现有文献不难发现,事实上“制度(Institution)”一词自 1970 年之后,在社会学科研究范畴内已经被广泛采用。具体应用学科领域,除制度经济学本身之外,还包括地理学、哲学、政治学及社会学。若是研究其应用历史,至少可以追溯到 Giambattista Vico 的《新科学 1725》(*Scienza Nuovo of* 1725)(Hodgson,2006)。整体而言,对于“制度”一词概念的具体定义,现有文献中提及的内容主要包括以下三种:

(1)一种游戏规则(North,1990);

(2)获取高度韧性的一种社会架构,由文化认知、规范、监管要素及与之关联的活动和资源构成,用以提供社会生活的稳定性并赋予其特定含义(Scott,2010);

(3)相对稳定的一种已建立并具有嵌入性特征的社会规则,用以建构社会互动关系(Hodgson,2006)。

现有文献显示,尽管“制度”理论的主流研究体系仍为制度经济学(Institutional Economics),并且制度经济学确实也便利了基于时间和空间的人际间(隐性或非正式性)关系和非人格化(显性或正式性)形式在经济、政治及社会制度层面的探究(Hodgson,2006;North,2005),但是本书基于制度领域相关文献的系统回顾,涉及社会经济学、进化心理学、进化生物学、哲学、新制度经济学、社会学、神经学、生物经济学、神经经济学等相关学科领域研究内容,无疑对于当前的国际商务研究具有重要启示。

首先,成功的制度变迁模式通常都是以现有非正式制度架构与更加明确的正式性制度架构相融合,而非简单地进行全盘的制度体系变革,而此研究结论不仅对于基于国家层面的国际商务理论研究及实践具有重要意义,而且对于企业层面的跨国公司及其在东道国子公司的相关研究更具有现实指导及借鉴意义;其次,在全球化浪潮背景下,即便是那些古老且传统的制度体系也正逐渐发生着变革,对此,在国际商务事务中更需要充分认识到生态系统连同文化价值观体系构建及运作的内在机理,尤其要重视许多历史文化悠久的国家或民族都保留着类似的文化传承,并在一定程度上对其商业活动行为产生重要影响。

其次,对于国际商务从业者而言,国际商务活动很难进入其对未来发展信心十足的“拨云见日”状态(Ambler et al.,2009)。主要原因在于这其中涉及很多复杂的影响因素(变量),而将这些影响因素及其作用关系全部呈现出来同样非常困难。也正是基于此,在国际商务活动中没有所谓的专家，而只有支付巨额学费的学习者。在这个领域中所有的新进入者都需要克服其自身的民族中心价值观（Ethnocentric Values）理念。但即便如此，借助现有研究成果文献综述，旨在对于国际商务活动中的围绕制度架构相关核心问题给予充分解释，以期对新进入研究者及从业者给予更多帮助。例如，基于生物学方面的启示，如互惠性利他主义及生态系统等也会显著地增加我们对于制度体系形成及发展的理解，不至于使我们因为对某些现象的不理解而"绊倒"。需要特别提及的一点是，当在一个新的地域从事商务活动时，基于日常交易活动的经验及实践是非常重要的；而当从业者已经非常熟悉异地或跨地域经营的"游戏规则"，并且在相应的商务活动中表现出信心时，国际商务活动就已经脱离了所谓的"暗箱操作"时代。但与此同时，学者Hotho和Pedersen（2012）研究也指出，不同国家间的商业运营体系差异性仍然是跨国企业在东道国市场经营决策过程中面临的首要问题，尽管这些跨国企业已经拥有多年海外市场运营经验。

一言以蔽之，制度体系本身是空间、时间及人类生存环境综合的产物，尽管有些迟缓，但制度体系依然在发生着改变。制度体系变革及演进无疑对人类社会、组织及个体的行为决策都将产生极其重要的影响。而对于跨国企业而言，因其处于母国与东道国双重制度环境之下，无疑也将面临更多的制度性压力与挑战，同时也蕴藏着巨大的制度性机遇与商机，而这也恰恰是吸引越来越多的国际商务学者基于制度理论视角下探究跨国企业行为决策问题的关键所在。

2. 跨国企业东道国市场"合法化"

"合法性"或"合法化（Legitimation）"概念在政治心理学理论体系（Tyler，1990）及社会心理学理论体系（Baron et al.，1994；Haines et al.，2000；Jost et al.，1994）中均居于核心地位，并被定义为：与制度体系或是社会规范层面所定义的规范、价值观和预期相一致或符合一致性的一个过程、一种资源及相应结果（Oliver，1996）。相应的，基于政治体系层面、制度架构或是组织层面探究合法性问题已经成为相关领域学者关注的主流研究重点（Powell et al.，1991）。

跨国企业情境下，由于母国与东道国市场往往在正式性制度体系及非正式性制度架构间存在显著性差异，因而，跨国企业在东道国市场上的经营活动也无疑会面临"合法性"问题。为此，新建立或是已建立的跨国企业及其新建合资企业在东道国市场会面临一系列挑战，且要经历致力于在新进入或已近进入的东道国市场中寻求合法性地位的策略规划过程，即"合法化"过程（Turcan et al.，2012）。简言之，"合法化"过程与跨国企业全球运营及其在特定东道国市场情境下的具体运营方式密切相关，"合法化"的最终目的是为了获取跨国企业在东道国市场商务活动的合法存在性，及其所感知的对于东道国情境下相关法律法规、规则规范及期望的符合性或一致性。因而，在国际商务理论研究，尤其是跨国企业理论研究领域内，"合法化"研究无疑是非常重要且必要的研究内容之一。但就现有相关文献而言，涉及跨国企业合法性问题的研究成果仍较为分散，尚未在国际商务研究领域内形成以合法性为中心的，具有系统性的研究脉络及体系。鉴于此，系统梳理现有"合法化"问题相关研究成果，为制度理论体系下探究跨国企业行为决策问题的后续研究奠定理论基础十分必要；与此同时，以"合法化"问题作为本书研究内容的重要逻辑起点，并借此展开后续相关研究内容。

3. 制度同构与制度学习

跨国企业在东道国市场需要面对的首要问题是与母国市场不同的制度环境，由此产生的"心理距离（Psychic Distance）"即阻碍或扰乱企业与市场间信息流动的因素，包括语言、文化、政治体制、教育水平、产业发展水平等（Johanson et al.，1975）或制度距离（Institutional Distance），即母国与东道国制度环境差异的客观存在（Kostova，1996），使得跨国企业在东道国市场上的行为决策上必须与当地企业行为偏好保持一致，才能在东道国市场获取"合法性"地位，获取更多东道国市场运营收益（Henisz et al. 2005；Peng，2003）。而制度同构（Institutional Isomorphism）概念的提出则对阐释上述跨国企业行为决策具有很好的适用性。

制度同构是源自制度经济学的核心概念，由传统制度理论学者最先提出，意指在相同环境制约条件下，有一种力量促使某一单元与其他单元具有相似性的"制约性过程"（DiMaggio，1983）。而在国际商务理论研究领域，制度同构概念对于阐释跨国企业行为决策也具有很好的适用性。因为，当跨国企业面对东道国迥异的制度环境时，其行为决策只有与当地企业及顾客的行为偏好保持一致，才能在东道国市场获得"合法性"地位，获取更多运营收益（Henisz et al.，2005；Peng，2003）。那么，在东道国市场进行制度同构，获取"合法性"地位的具体作用路径又是什么呢？这就引出了"制度学习（Institutional Learning）"概念。跨国企业在进入东道国市场后努力融入该国政治经济体系的制度同构行为便始于制度学习（Sirmon et al.，2007）。而跨国企业制度学习并不仅指对东道国相关法律法规、行业规制等常规性显性知识的学习，更是指跨国企业将生产、营销、人事管理等诸多要素融入或植根于东道国制度环境内的一种重要同构行为（Xu et al.，2012）。就表现形式而言，跨国企业制度学习具体方式、路径与跨国企业东道国关系网络构建密切相关且彼此呼应。尽管现有文献基于关系网络视角探究企业国际化行为决策的研究成果多有积累，但是基于制度同构研究视角的系统研究仍较为缺乏。例如，尽管制度学习就其表现形式而言，虽与东道国关系网络构建有异曲同工之处，但就其学习动机及内容的本质性差异而言，跨国企业为适应东道国不同制度环境而采取的制度学习方式、路径，必然表现为其在东道国关系网络构建过程中（区别于以往以常规性经验知识获取为主）具有特殊性的规律特征，如规律性的东道国市场进入模式等（Chan et al.，2007；Yiu et al.，2002；李军 等，2013）；鉴于现有文献尚未从制度同构理论视角对这一问题进行系统阐述，故本书将在此视角下，将跨国企业制度学习方式、路径在其东道国关系网络构建过程中所形成的特殊性规律特征，作为拟解决的关键科学问题进行系统剖析及阐释。

4. 制度逻辑与制度创新

相对于制度同构概念的提出，制度逻辑（Institutional Logic）是被制度理论学者及国际商务学者近期所关注的另一个研究热点问题。相对而言，制度理论在其早期发展阶段强调的多为制度体系在同质性居主导的结构化环境内的塑型效果（Molding Effect）。其假设条件是：组织受限于强制性制度压力（Coercive Pressures）、模仿性制度压力（Mimetic Pressures）及规范性制度压力（Normative Pressures），而后者可使其以一种可预期模式形成商业惯例或规则，从而促使同构效应（Isomorphism）形成（Dimaggio et al.，1983；Meyer et al.，1977；Powell et al.，1991；Zucker，1977）。相应地，在海外市场运营过程中，跨国企业面对的挑战则是需要同时迎合不同的理性预期，用以在不同国家及文化背景下获得外部合法性地位（Glynn et al.,2002)。但与此同时,学界及业界也广泛认识到,跨国企业积极应对而非消极应对东道国市场制度环境的能力同样不应被低估。有鉴于此,基于跨国企业行为决策的理论分析框架应该更多融入全球化背景下多样性及异质性特质,以及跨国企业对于这些复杂性问题的意识形成及应对能力等。任何尝试构建的理论分析框架,也都必须同时包含组织及社会层面的制度性因素,在此基础上制度逻辑理论或许可以为解决上述问题提供一个独特的研究视角(Tan et al.,2011)。

制度逻辑是一个特定的社会群体内所持有的价值观及其相关理念体系(Friedland et al.,1991;Jackall,1988;Lounsbury,2007; Meyer et al.,2006;Thornton et al.,1999)。作为制度理论中一种新的研究视角,制度逻辑相关文献明显区别于传统制度理论体系下的制度同构视角(Dimaggio et al.,1983; Meyer et al.,1977;Powell et al.,1991;Zucker,1977),而是侧重于更多强调个体或是组织以一种非确定性行为方式应对制度压力,尤其当面对制度逻辑共存性与竞争性之时(Thornton et al.,2008)。在此理论分析框架下,利己性的(Self-Interested)制度创新者(Institutional Entrepreneurs)会利用旧有的制度逻辑催生出新的制度逻辑,并最终诱发制度性变革(Dimaggio et al.,1988;Fligstein,1987;Maguire et al.,2004)。而制度逻辑以及由此产生的制度创新问题在转型经济情境下及新兴市场国家跨国企业情境下的适用性则更为突出。尤其在针对跨国企业情境下的相关研究中,由制度逻辑衍生出的另一个重要概念是“制度逻辑移植(Transplantation of Institutional Logics)”或“逻辑移植(Logic Transplantation)”,指由于母公司原有业务扩张或业务迁移,将母公司原有制度逻辑全部或部分移植到东道国市场子公司之中(Tan et al.,2011)。尽管在全球化迅猛发展的今天,多元化趋势日渐凸显,单一性的制度逻辑已经很难具有适应性,但是制度逻辑(Institutional Logic)概念仍然可以为解决特定制度框架下的跨国企业多元化制度安排问题提供必要的理论分析框架。鉴于此,本书将分若干个章节基于制度逻辑视角系统探究及诠释相关国际商务及跨国企业管理现象以及转型经济情境下的企业创新与制度逻辑的关联性问题,旨在借此提供一个更具综合性的研究框架来探究制度理论对于跨国企业层面相关个体及组织的行为决策影响作用。

5. 制度领域拓展与国际商务发展

近些年来,与制度领域相关的法律法规及相应规范已经取得显著进展;与此同时,伴随一些新的制度领域兴起(对于游戏规则的重新阐释及制定),也对传统制度领域内涵及边界产生一定程度的冲击及影响作用(Martinez et al.,2012)。有鉴于此,在拓展原有制度领域界定基础上,通过聚焦于制度领域新的分类及相关规则制定,进而阐明制度领域拓展对于国际商务研究学者基于传统跨国企业理论研究的纵深进展以及跨国公司(Multinational Enterprise,MNE)管理者及决策者的决策制定无疑具有重要的启示意义。

传统制度理论认为,当一个社会中正式性制度水平较弱之时,政府不能提供有效的产权保护或契约执行法律,而社会组织会创造出替代的或非正式性的制度用以提供必需的经济治理(North,1990,2005)。但是当法律及行为规范并存的情况下,非正式性经济活动往往会挤占正式性经济活动,甚至会带来更大限度的非正式性收益(De Soto,1989;Rodrik,2003)。学者 Dunning 和 Lundan(2008)所信奉的制度理论研究方法是“将宏观及微观层面的研究方法相结合,也即将正式性及非正式性制度安排囊括其中”,以期进一步理解当前跨国企业的不同表现形式。基于这种逻辑,有学者进而指出,基于社区结构或配置

(Community Configuration)层面出现明显不同的规制,其中,有一些形成于无边界的、分散式的空间,有一些则形成于同地协作(Co-located)式的物理空间,跨越宏观及微观制度层面(跨越或限定于一国范围内)会影响到当事方的选择集合及行为决策,进而导致成员间不同类型的交互方式,当然,也可能包括一个更大限度的,包含潜在结果的产出函数。

此外,源于现有制度理论的扩展所带来的另一层复杂性还表现在,成员方间(个体和组织)思考合法性及法律活动重要性的感知层面的细微差别。原则上而言,此种二分法可以应用于微观层面(个体或组织)的分析,也可以应用于宏观层面,例如更加宽泛的基于国家层面的分析。学者 Webb 等(2009)从理论层面曾探讨过此类问题,在强调非正规性经济重要性的同时,基于接受及坚守合法的行为规范与法律规范方面,构建出一个理论模型用以强调社会子群体(Subgroups)间的差异性。也有学者指出(Candace et al. ,2012),Webb 等人的观点为扩展原有制度理论提供了一个新的研究视角,并且强调正式性规则与非正式性规范的交叉重叠有助于增强其行为决策主体(既包括个体决策者、组织层面的决策者,也包括国家层面的决策者)的社会选择集合。

简言之,组织和制度边界的变迁会产生相应的机遇与挑战。不仅对于那些由志趣相同的个体组成的团队(社区)而言非常重要(一些成员或有希望借此成为行业或地区领袖),对于那些跨国企业组织也有同样的影响效果,甚至基于制度空间的这些变化会最终影响到基于国家层面的商务活动及外交、政治活动的运行及结果。对此,如果跨国企业希望在所处制度领域范畴内,在新的国际商务环境中获取并维持可持续的竞争力优势,无疑需要充分意识到并且能够遵循新兴的制度规范及规则。

第2章

多维视角下制度形成及演进综述

当前国际商务环境正经历国家间相互依存的高度融合。信息通信技术及交通运输技术的改善，地区间经济一体化的深入，以及国际贸易壁垒的大幅度降低，都使得国家间相互依存度得以进一步的提高。尽管如此，国际商务理论还是常常认为处于国际化发展阶段中的企业仍需要经历“外来者劣势”(Zaheer,1995)，或是由于对东道国市场、行业、文化、政治惯例、信息网络及特定价值观项下的行为方式等必要知识的缺乏，从而导致的潜在较低水平运营绩效或是运营失败。为此，跨国企业需要面对的问题包括：理解东道国市场客户需求及偏好，西方企业管理哲学及实践是否可以在东道国市场有效复制？其中，尤其需要特别关注的就是社会经济及社会政策层面的制度环境差异性问题。

而事实上“制度”一词，自1970年代之后，在社会学科研究范畴内已经被广泛采用。具体应用学科领域，除制度经济学本身之外，还包括地理学、哲学、政治学及社会学。若是追溯其应用历史，至少可以追溯到詹巴蒂斯塔·维柯的《新科学1725》。尽管在此著作中有大量富有争议性的，且与官方权威定义有别的学术思想及观点，但是若基于多种制度体系认知情境，这些观点事实上也不足为奇(Hotho et al.,2012;Scott,2010)。与此同时，另一方面也有学者指出，之所以会出现这许多的争论，其主要原因在于，当学者们探究制度领域相关问题时，总是习惯于使用某些专门术语，或是其自身专业领域中所特有的语言体系(Ostrom,2008)，这在一定程度上阻碍了相应研究观点的澄明及不同学科领域学者对此问题的相互理解。

整体而言，对于“制度”的定义，现有文献中提及的内容主要包括：

(1)一种游戏规则(North,1990)；

(2)获取高度韧性的一种社会架构，由文化认知、规范、监管要素及与之关联的活动和资源构成，用以提供社会生活的稳定性并赋予其特定含义(Scott,2010)；

(3)相对稳定的一种已建立并具有嵌入性特征的社会规则，用以建构社会互动关系(Hodgson,2006)。

相对而言，“制度”理论的主流研究体系仍为制度经济学，并且制度经济学确实也便利了基于时间和空间的人际间(隐性或非正式性)和非人格化(显性或正式性)经济、政治及社会制度层面的探究(Hodgson,2006;North,2005)；但与此同时，不可忽视的一点是，现有制度经济学理论研究仍然缺乏一个整合性的理论分析框架，尤其在基于政治、历史及文化层面深刻阐释制度体系演变进程更为薄弱(North,2005)，因此，系统清晰识别制度体系植根环境特征(变量)显得尤为必要。

制度领域相关文献的回顾，涉及社会经济学、进化心理学、进化生物学、哲学、旧制度经济学、新制度经济学、社会学、神经学、生物经济学、神经经济学等相关学科领域。相对而言，Hodgson(2006)提及的制度概念在上述领域当中更具一般性、可靠性及稳健性，并且在不同理论学科中也能突显其适用性（Drew et al.，2012）。Hodgson 曾明确指出，“在没有确切的制度或组织概念之前，不可能有所谓的制度或组织运作的理论分析或经验研究”，为此，Hodgson 在基于对现有相关文献系统梳理基础上，清晰识别出不同理论学科体系下对于制度概念内涵界定的关键性差别（表 2.1）。在此基础上，系统阐述主要聚焦制度理论研究的概念模型及理论分析框架（Drew et al.，2012），无疑对从基于多维视角下深刻理解制度产生根源及演进路径大有裨益。

表 2.1　基本制度架构定义

分类	定义
社会结构	所有社会关系，包括那些没有规则及社会制度的特定情境
制度	已经建立起来的具有持久性的系统，通常嵌入于社会规则之内，用以架构社会互动
规则	在某人是否应该做某事的情形之下，具有广泛社会传播性及习惯性的规范性禁令，或是固有的规范性倾向
惯例	特定制度规则的实例
组织	一些特殊的机构，包含：①机构建立边界标准以及机构成员与非成员区分标准；②机构负责人管辖权限原则；③机构内部责任归属的行政管理系统
适应性	个体采取先前行为的倾向性或是基于习惯行为的心理机制

资料来源：Hodgson G M，2006。

2.1　新制度经济学理论基础

诺贝尔经济学奖得主 Douglass North 在其职业学术生涯中花费了很大一部分时间和精力用以探究、剖析制度的复杂性特征问题（North，1981，1990，1991，1994，1995；North et al.，2000；North et al.，1973；North et al.，1989）。North 受到当时许多经济学家的影响，同时也意识到，当时主流的新古典经济学并不能很好地解释经济发展与制度变迁过程，急需一种新的理论体系。

North 将制度视为一种公共产品，包括正式性制度（如法律）和非正式性制度（如习俗、宗教等），两者及其具体实施共同界定了社会的尤其是经济的激励结构。而制度作为一种公共产品，是由个人或组织生产出来的，也就是制度的供给。由于人们的有限理性和资源的稀缺性，制度的供给通常是有限的且稀缺的。但随着外界环境的变化或自身理性程度的提高，人们会不断提出对新的制度的需求，以实现预期增加的收益。而当制度的供给和需求处于基本均衡之时，制度是稳定的；当现存制度不能使人们的需求满足之时，就会随之发生制度的变迁。制度变迁的成本与收益之比对于促进或推迟制度变迁起着关键作用，只有在预期收益大于预期成本的情形下，行为主体才会去推动直至最终实现制度的变迁，反之亦然。

推动制度变迁的力量主要有两种，即“第一行动集团”和“第二行动集团”，两者都是决策主体。制度变迁的一般过程可以分为以下五个步骤：

（1）形成推动制度变迁的第一行动集团，即对制度变迁起主要作用的集团；

(2)提出有关制度变迁的主要方案;

(3)根据制度变迁的原则对方案进行评估和选择;

(4)形成推动制度变迁的第二行动集团,即起次要作用的集团;

(5)两个集团共同努力去实现制度变迁。

根据充当第一行动集团的经济主体的不同,可以把制度变迁细化为"自下而上"的制度变迁和"自上而下"的制度变迁。所谓"自下而上"的制度变迁,是指由一个人或一群人,受新制度获利机会的引诱,自发倡导、组织和实现的制度变迁,又称为诱致性制度变迁。所谓"自上而下"的制度变迁,是指由政府充当第一行动集团,以政府命令和法律形式引入和实行的制度变迁,又称为强制性制度变迁。

简单说来,制度变迁理论大体经历了三个历史时期:第一个时期是以Veblen为创始人的开创性历史时期,制度的概念得以创立并用"累积因果论"来解释制度变迁。第二个时期是以Clark为代表对制度变迁理论继承和发展的时期,涉及对资本主义企业的分析、制度与技术相互作用等问题。第三个时期是以Galbraith为代表的新制度经济学和以Coase、North等人为代表的新制度学派蓬勃发展时期,此时期研究成果卓著。当然还应包括马克思、博弈论者、混沌经济学等对制度变迁理论的解释。

North早期研究并没有超出上述提及的思路范畴,而是将制度视为外生变量,经济增长则是资本、劳动和技术参数的函数。North热衷于用统计方法分析历史上一些国家、地区和行业的经济增长过程,试图对此进行数理化处理。如他发现1600—1850年间,世界海洋运输没有发生明显的技术进步,但此期间的运输效率却大大提高。对此现象如何给予合理解释呢? North发现虽然技术条件并没有明显改变,但是船运制度和组织方式却发生了变化,结果导致运输成本降低,提高了海洋运输生产效率。

鉴于当时主流的所谓新古典经济学并不能很好地解释经济发展与制度变迁过程,新古典经济增长模型同样也存在不完善之处,需要进行"修补",North在《西方世界的兴起》(*The Rise of The Western World*)一书里指出:制度因素是经济增长的关键,一种能够对个人提供有效激励的制度是保证经济增长的决定性因素,其中产权最为重要。而"一个有效率的经济组织在西欧的发展正是西方兴起的原因所在",如英国的有效产权结构、专利法的颁布;相比之下,处于同时期的法国和西班牙,由于没有建立类似的能有效保护私人财产和限制皇权的制度结构,进而无法对个人创新提供适当的激励机制而落后于英国社会许多年。对此,North也认为当代拉丁美洲、非洲和亚洲的相对落后很大程度上也是源于经济组织无效率的结果。其他一些经济学者也认为,制度不足使技术进步的积累和潜在的巨大市场不起作用,这也是亚洲之所以没有出现工业革命的重要原因之一。

简言之,对经济增长的研究离不开对制度创新和变迁的研究。在社会分工不断深化的经济生活中,交易链条不断加长,人与人之间的信息不对称日益严重,交易成本亦随之不断上升。此种情境下,唯有借助创新,尤其是制度创新方可降低交易成本,从而保障日益复杂的交易活动得以有序、高效进行。在日益复杂的交易活动中,人类的经济交往极大地依赖彼此可信赖且相当规律的行为模式,而所有这些人类社会行为交易及相关活动的协调、保障都无一例外地需要适宜的制度性安排。

总体而言,North的《西方世界的兴起》重点在于阐述不同制度变革如何导致不同的经济绩效,但并没有完成对制度变迁理论的完整构建。而在《经济史中的结构与变迁》(*Structure and Change in Economic History*)一书中,North提出了制度变迁的三块基石:

(1)描述一个体制中激励个人和集团的产权理论;

(2)界定实施产权的国家理论;

(3)影响人们对"客观"存在变化的不同反应的意识形态理论。

将产权理论与制度变迁结合是 North 最为重要的理论贡献。North 认为,Coase 等人创立的产权理论有助于解释人类历史上交易费用的降低和经济组织形式的替换。依据产权理论,在现存技术、信息成本和未来不确定因素共同约束下,在充满资源稀缺性和竞争性的物质世界里,解决问题的成本最小化的产权形式将是最有效率的,而竞争必将使有效率的经济组织形式替代无效率的经济组织形式。

至此,North 通过揭示经济绩效大体上是由支撑市场的制度类型及质量所决定的观点,激发了经济史上的一场革命。正如他在开启新制度经济学之门的上述两本经典著作中所表明的,产权和交易成本是最为基本的决定性因素。此外,North 也指出,经济变迁在很大程度上依赖于适应性效率,即一个社会在创造生产性的、稳定的、公平的以及广为接受的制度体系上所具有的有效性;而且更为重要的是,这些制度体系要具备足够的灵活性,从而在应对政治和经济反馈之时,能够被迅速得以变更或被取代。

虽然坚持了早期对制度的定义,也即制度是约束人类行为的正式或非正式规则,但 North(2005)在稍后的著作《理解经济变迁过程》(*Understanding of Process of Economic Change*)一书中,提出了一种新的理解经济变迁过程的方式。在本书中,North 阐释了不同社会得以形成的制度性基础,而这些制度性基础在很大程度上决定了这些社会的经济发展轨迹。与此同时,为了深入探究这些规则、制度的演化以及经济变迁的更深层次决定因素,North 拓展了先前的研究视角,并尝试利用心理学家的最新研究成果,把意识作为关键变量,进一步揭示意识是怎样成为社会学习的结果及其随后是怎样影响经济层面的制度基础,进而影响其对不断变化的环境的适应能力。整体而言,《理解经济变迁过程》一书不仅诠释了过去的制度变迁,而且解释了当今各经济体之间的不同经济绩效得以发生的原因。鉴于此,此书对于新兴市场国家及发展中国家的经济发展及制度改革也大有裨益。

此外,North 在 2005 年指出,对于人类社会为何发展规则、规范、惯例及相应的行为方式问题,仍需要进一步深入探究。同时他还强调,借助历史学习过程,还应该培养我们基于"非遍历性(Non-Ergodic)"视角看待世界事件的能力。而"遍历性(Ergodic)"一词常用于物理学科研究领域,其定义为"任何一种状态再次发生的可能性,尤其包括一种状态永远不会发生的零概率事件"(North,2005)。但是,如果可以观测到经济变革及发展的过去及现在,那么,显而易见的是,"我们正处于并正在创造的社会,是与以往任何时候相比都有所不同的特定社会"(North,2005);而社会科学中所涉及的包括国际商务领域及经济领域在内的诸多领域,无疑都具有"非遍历性"特征。

North 基于心理学视角,识别出制度在经济行为感知决策过程中所发挥的关键性作用。而这些复杂的正式性及非正式性制度架构则可能是社会发展的关键性驱动力之所在。North 进一步指出,制度有助于降低一国政体内个人及群体的不确定性,而政体成员也倾向于保留维系现有制度架构,即便这样做的代价可能会导致经济、社会及政治的衰落。North 还指出"政治及经济单元的功能特征随时间变化会愈加凸显",且两者间存在巨大差异。与此同时,深刻理解个体、群体或社会组织决策架构的核心可能还需要借助文化或是遗传学视角。尽管文化或组织遗传学视角未必能充分揭示制度的复杂性特质,但是毫无疑问,这是未来制度理论研究的主攻方向之一。

整体而言,North 提供了一个探究经济及制度变迁的初步性路径依赖分析框架。这一路径依赖过程包括五个关键性的构念及一个重要的反馈回路(图 2.1)。尽管这个基本的概念模型尚无法完全涵盖支撑感知现实或是决策制定过程的重要前置影响因素,但是 North 指出,将前置变量引入概念模型无疑会增加模型预测的准确性,以及更好地预测经济及制度变革可能发生的程度及范围,而涉及前置变量的相关研究也将是未来制度理论及实证研究的重要前沿。

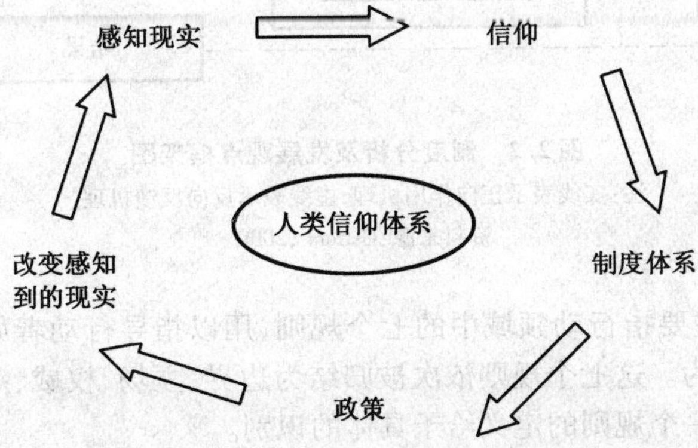

图 2.1　源于经济行为的制度决策过程
资料来源:North,2005.

2.2　制度分析及发展观点

另一位诺贝尔经济学奖得主 Elinor Ostrom 也与 North 的观点相一致,认为"在所有涉及的制度情境下,都存在一般性的构成要素"。Ostrom 认为,制度分析及发展(Institutional Analysis and Development,IAD)研究已经经历了三十年的发展历程(Crawford et al.,1995;Keiser et al.,1982;Oakerson,1982;Ostrom,1986,1999,2011;Ostrom et al.,1994),在此期间,很多研究也涉及基于经验数据的制度理论分析及验证,并且借此也使得制度理论不断得到应用及完善。

现有制度分析及发展文献主要涉及三大类:外生变量、行动领域及结果。这三大类研究的交错推进在一定程度上有利于制度理论在不同层面的深入及拓展(Ostrom,2008)。

通常,外生变量会影响到行动者在行动领域内所处情境及行动经验,而这些外生变量间的交互作用又会产生出特定的作用结果;这些作用结果进而又会反馈给行动者、外生变量以及系统中的其他相关变量。整体而言,反馈对于行动者而言极为关键,或极具价值,原因是其可以导致行为的制度化形成(在行动领域内);但是,需要提及的一点是,对于行动者而言,较低价值含量的反馈可能会导致行动者借助所处制度情境的改善,或是行动者自身及相关外生变量的改变等而开始采取制度变革行为。为了便于更为深刻的分析,三类研究体系作用关系的系统展示如图 2.2 所示。分析框架内初始外生变量得以系统展示,并归结为以下三类:规则应用、物理或物质条件、社会属性。

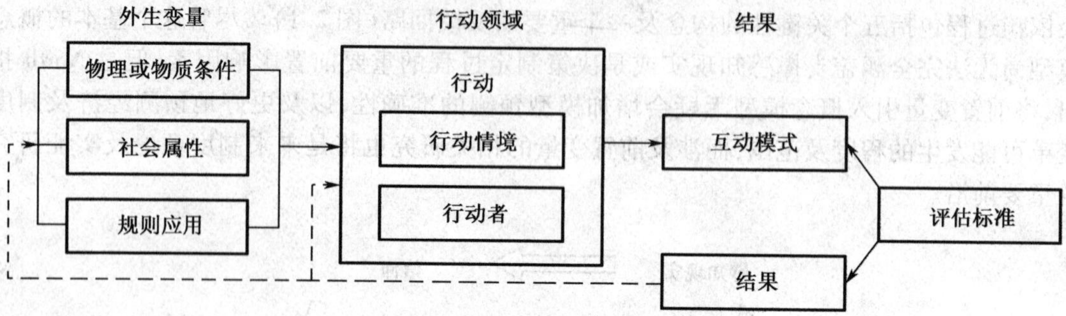

图 2.2　制度分析及发展观点框架图

注:实线表示正向作用机理,虚线表示反向反馈机理。

资料来源:Ostrom ,2009.

其中,规则应用主要指行动领域中的七个规则,用以指导行动者如何以预期方式在给定行动情境下采取行为。这七个规则依次被归结为边界、立场、权威、范围、聚合度、信息及支付。表2.2对于每一个规则的定义给予具体的识别。

表 2.2　规则应用定义

规则分类	定义
边界	参与者数量、属性、资源可获得性及进入或退出条件
立场	参与者所各自持有的观点及看法
权威	行动集合中每一个行动者可能或不可能参与其中
范围	可能采取的行为以及受到影响的结果划分
聚合度	每一个行动者基于其自身立场的控制影响程度
信息	每一个行动者的或有知识(Knowledge-Contingent)信息集合影响情况
支付	行动者及结果间特定组合的成本收益分配影响情况及建立威慑或奖励影响情况

资料来源:Ostrom,2008.

物理或物质条件主要是指规则得以执行或行动得以发生的物理或物质条件。例如,对于国际象棋而言,物理条件相对不是非常重要,而国际象棋的游戏规则就显得尤为重要了,原因是它涉及棋盘设置及相应的棋局安排。当然,在企业公司治理规则中,董事会的口头沟通交流以及董事会成员的沟通能力是与企业正式文本及特定协议内容中所涉及的提名职位及特定议程紧密关联的。

社会属性则是指文化层面的影响变量。例如,对于行为规范的接受度、对于相关议题的共识性达成度、偏好的同质性以及参与方所共享的语言程度等。

此外,图2.2中展示的行动领域除行动者外,还包括行动者所处于的特定行动情形。通常行动领域是指一定范围的社会空间,在其内个体可以从事各种交互性活动,如问题解决、商品或劳务交换、操纵他人等,这些活动借助特定结果及交互模式最终归结为制度行为结果领域。而这些结果又会反过来依据评估标准接受行动者的评估,并进一步形成新一轮的反馈回路。对于行动者而言,评估价值较高的反馈会导致该行动领域内的行为方式的制度化形成,而评估价值较低的反馈则会导致行动者的制度变革行为产生。

整体而言,制度分析与发展分析框架在 North 的基础上,对于深入理解形成制度变革的基础性变量有了相当程度的进展。但是,在具体阐释何种原因引发规则应用、物理或物质条件及社会属性的初始条件,以及为什么这些条件在不同组织环境内会存在明显差异等问题,仍然缺乏重要的本体论基础。

Ostrom 还特别指出,科学知识的形成方式并不一定利于人类行为方式的制度化体系研究。依据 Ostrom 的观点,基于学科特质以及缺乏跨学科方面的讨论等并没有太多益处。尽管如此,Ostrom 还是认为,我们从中可以学习到的很重要的一点是,并不存在人类行为方式的唯一原因;而人类也正是在基于从遗传学、生物学到文化、组织等不同多样化层面上生存及相互联系的。“我们的生物学基础可以用于帮助解释我们所有行为方式中的一部分,但是我们更多的行为方式同样会受到我们与他人互动过程所处不同特定情境架构的影响”(Ostrom,2008)。Ostrom 还指出,近十几年来,为了更好地理解人类行为方式,多元科际研究法(Interdisciplinary Approaches)逐渐盛行,并且现在也恰好是进一步推进此领域相关研究的极佳时机。多元科际研究法也正被国际商务学者所提及(Dunning,1989;Cheng et al.,2009)。

2.3　基于文化层面的理论分析

另一位领袖型的制度领域学者 Scott 对现有制度理论研究也做出了重要贡献,其提出了制度理论分析中的“三大基本架构”,即制度体系得以根深蒂固的社会架构包括:文化认知、规范及监管性制度架构。这三大架构相互作用共同形成了社会日常活动及运作的稳定社会性设置。而这彼此依存的三大体系的固有架构常态是什么,每一个体系内构成要素又包括哪些,以及哪个体系会居于主导性地位等,对于这些问题的解答也是形成不同社会制度安排的基础。与 Ostrom 观点相似,Scott(2010)也同样指出,鉴于不同的学科视角,不同的学者分析及阐释制度理论会存在显著性差别。但是,与 North 和 Ostrom 研究相似,Scott 研究工作中同样缺乏关于三大制度架构如何以及为什么会在不同政体间存在显著性差异的初始驱动因素的详尽阐释。

近期,学者 Geoffrey Hodgson 提出了一个涉及演化路径的概念分析框架(图 2.3),该概念模型似乎在一定程度上可以对正式及非正式制度体系的复杂性及自发性给予合理解释。此概念模型识别出本能及习惯是构成个体及组织行为偏好的基础。Hodgson 基于前期相关研究(Hodgson,2006;Hodgson et al.,2004)基础上指出,个体之间所建立的习惯、信仰以及相对应的行为方式等会通过理性思考得以完善,并进而以一种反复或重复的方式产生对制度体系构成影响的行为。尽管此理论分析框架已经比较接近对于核心驱动因素的剖析与探究,但是仍不无遗憾地将生物及文化层面的基础性影响因素归结为被称为本能的“暗箱”之中(Drew et al.,2012)。

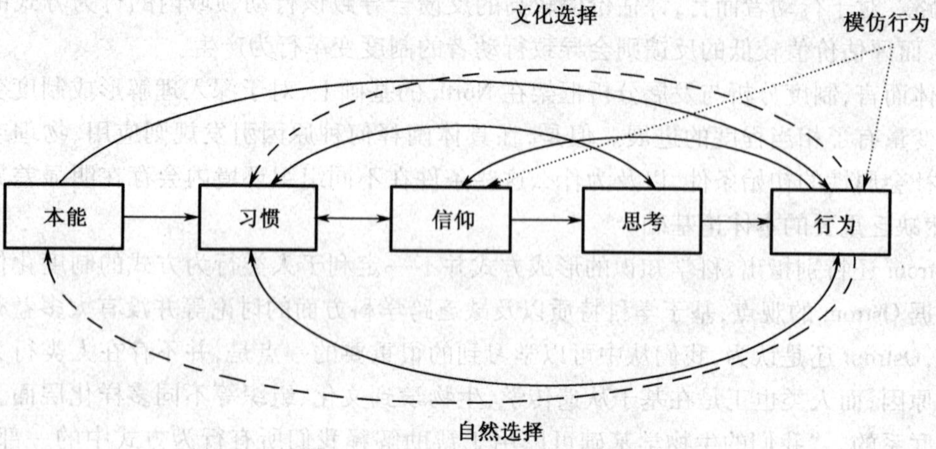

图 2.3 认知及行为演化作用关系图

资料来源：Hodgson，2010.

对此，学者 S. Gordon Redding 在进一步揭示"暗箱"方面取得了一定程度的进展，即通过发展更为全面性的理论分析框架，用以阐释文化如何以及为何会与不同制度体系的差异性存在关联性（图 2.4）。此研究框架揭示出不同政体内成员的行为方式的意义建构（Sense-Making）。以中国情境为例，"后传统时代"情境下，孝道何以成为支撑社会复杂性的所谓"社会公理"，反过来又何以支撑所谓的"基本语义场（Semantic Field）"，如宗教社会哲学，进而又支撑与声誉及关系制度体系（利用具体的人际关系）相关联的"语义空间（Semantic Space）"。

Redding（2008）在制度理论研究中强调文化及其相互依存关系无疑是一大进步，但是仍未能有效解决支撑"后传统时代"形成的驱动力问题，以及"非遍历性"世界中正在经历的变革如何影响到"后传统时代"问题。而 Redding 和 North 也都意识到，真正支撑正式性及非正式性制度体系形成及完善的理论分析框架中应该融入遗传学与文化的交互作用。对此，哲学家 Searle（2005）也认为，在与制度理论的相关研究中，理论学者应将研究方向进行调转：不应以语言或是制度理论的先验分析为前提条件，相反，理论学者应需要关注语言在制度体系形成过程中所发挥的作用。Searle 基于大量细节说明后，总结出影响人类形成复杂性制度体系能力的三因素：集体意向性（Collective Intentionality）、（任务）分配功能（Assignment of Function）以及身份（地位）配置功能（Allocation of Status Functions）。Searle 认为后两者唯一可能与复杂性语言使用相关联，并进一步指出，此种情形应该给予制度理论学者以理由，用以深入思考制度现实的本体论及其与认知体系的关联性问题。很显然，Searle 提出的观点和之前讨论过的制度理论分析框架间仍存在一定的差距，与此同时，为便于更好地深入剖析制度体系如何发展及变革，相关理论模型构建及后续经验数据验证工作仍需进一步跟进。

但系统总结上述分析不难发现，若假定现有制度领域相关文献在深刻理解及阐释人类在政治思考、感知及诠释的差异化方面已经取得实质性进展（Nakamura，1985，1964；Nisbett，2003），那么，现有制度理论学者及其相关理论研究学者已经贡献了大量涉及上述相关问题识别的研究文献。但是不无遗憾的是，现有文献中仍然缺乏一些重要的研究内容，而首要缺乏的就是社会演化过程中基于遗传学及生态条件的基础性理论分析框架（Berry et al.，1997；Georgas et al.，1995；Parker，1995）。而借助遗传学及生态学视角，现有制度理论研究有望在以下几个方面有所突破（Drew et al.，2012）：

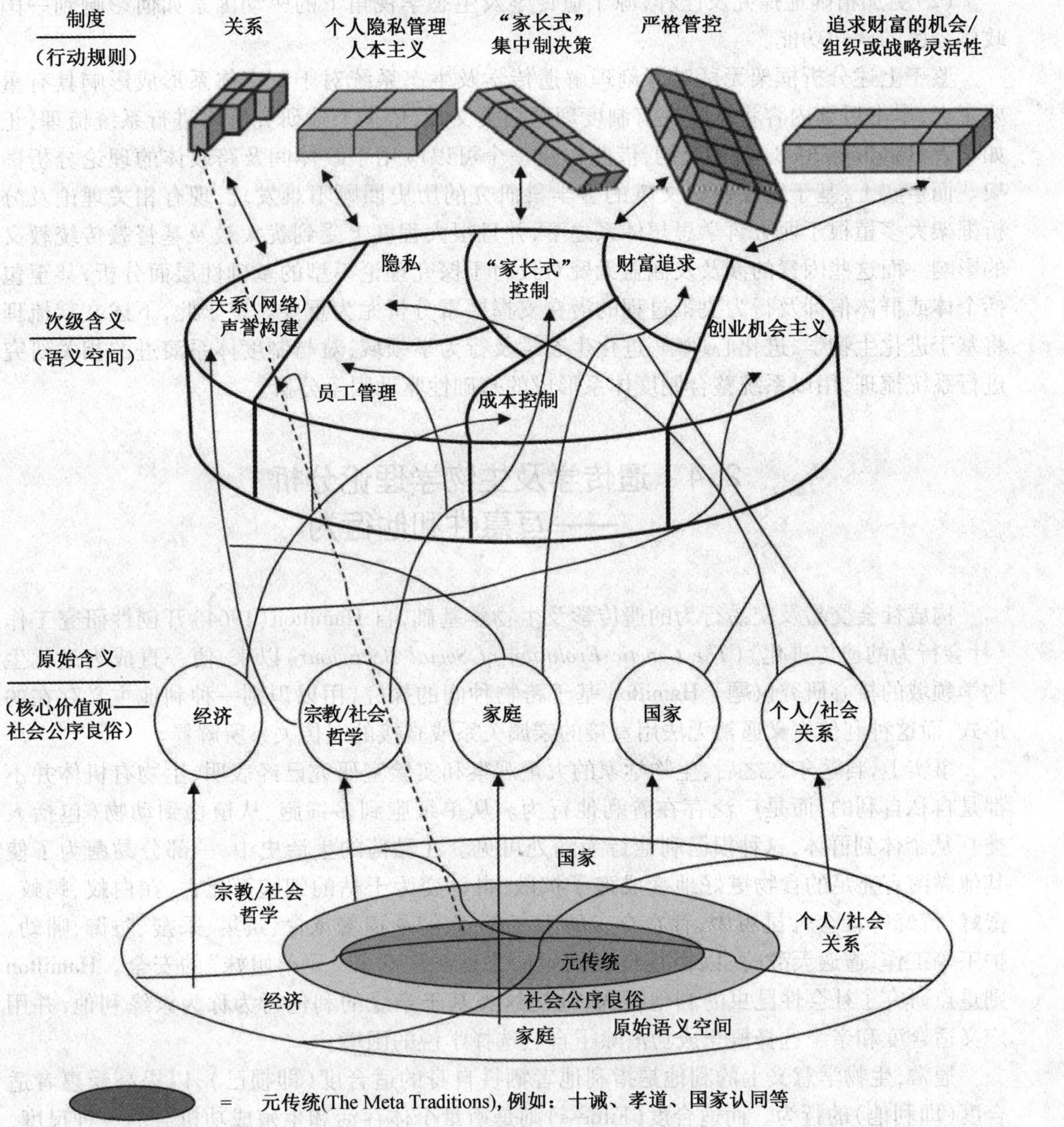

图 2.4 文化与制度关系图

资料来源：Drew A J，Kriz A P，2012.

(1)更加精确地探究及诠释,源于遗传学及生态学视角下的驱动因素如何影响到一国政体的社会政治架构及文化体系;

(2)更加精确地探究及诠释,源于遗传学及生态学视角下的驱动因素如何影响到一国政体公民的认知功能。

鉴于上述分析框架无疑对深刻理解遗传学及生态系统对于制度体系形成影响具有重要意义,本书后续内容将基于现有制度理论相关文献,依据上述研究脉络进行系统梳理,正如学者 Redding(2008)所提及的,借此构建一个可以应用于政体间及跨政体的理论分析框架。而事实上,基于制度理论文献的多学科研究的历史回顾不难发现,现有相关理论及分析框架大多植根于西方哲学思想体系之下,并且很大程度上受到犹太教及基督教传统教义的影响。而这些因素的涉及及涵盖无疑对致力于探究理论模型的基础性层面分析,甚至包括个体或群体信仰及行为决策过程的潜在支撑要素分析尤为重要。鉴于此,下述文献梳理将基于进化生物学、进化心理学、进化生态学及行为学领域,对与制度体系演进的相关研究进行系统梳理,用以系统整合制度体系形成的基础性驱动因素分析。

2.4 遗传学及生物学理论分析——互惠性利他行为

构成社会交易及交易行为的遗传学及生物学基础,自 Hamilton(1964)开创性研究工作《社会行为的遗传进化》(*The Genetic Evolution of Social Behaviour*)以来,便一直成为进化生物学领域的核心研究议题。Hamilton 基于跨物种间的探究,用以识别一种利他主义存在的形式,而这种利他主义通常无法用直接的亲属关系或直接的遗传关系所解释。

事实上,自达尔文之后,生物学家的大量观察和实验室研究已经表明,生物有机体并不都是自私自利的,而是广泛存在着利他行为。从单细胞到多细胞、从植物到动物(包括人类)、从个体到群体,这种损己利他行为随处可见。在黏菌的生活史中,一部分黏菌为了使其他黏菌有充足的食物更好地变成孢子扩散,自己变为干枯的细胞而死亡;在白蚁、蚂蚁、蜜蜂、黄蜂等社会性昆虫中,存在众多的不育者,它们承担着觅食、筑巢、采蜜、防御、哺幼、护王等工作,遭遇天敌时,以牺牲自己的生命来保护王后和“兄弟姐妹”的安全。Hamilton 则重点研究了社会性昆虫的利他行为,他把这类基于亲缘的利他行为称为亲缘利他,并用广义适合度和亲缘选择概念成功消除了自然选择学说的困境。

通常,生物学意义上的利他是指利他者牺牲自身的适合度(即损己),以提高受惠者适合度(即利他)的行为。而适合度(Fitness)则是衡量个体存活和生殖成功机会的一种尺度,根据适者生存、不适者淘汰的自然法则,个体适合度越大,该个体存活和生殖成功概率就越高。广义适合度是对个体适合度的进一步扩展,它不以个体的存活和生殖为尺度,而是以个体在后代中传播自身基因或与自身基因相同基因的概率为尺度。因此,广义适合度是指一个个体在后代中(不一定是自己繁殖的后代)成功传播自己的基因或者是与自身的基因相同的基因的能力。这样一来,尽管利他者因利他行为降低了自己的适合度,一般很少能够繁殖,甚至于不能繁殖自己的后代,但如果利他者通过利他行为帮助了与它具有相同基因的亲属,通过其亲属的生存和繁殖,同样能够把与它相同的基因传递到下一代中。即利他者是在为自己的基因做出贡献和牺牲。

此处,需要重点提及的是,虽然在生物学中对于利他主义或利他行为,就其激励意图层面并没有明确定义,这一点与社会层面的利他主义感知有所区别,但是却涉及源于遗传学层面的适应性后果及影响。因而尽管物种可能不会有主观性意图或意识,如蜜蜂或蚂蚁,但是却仍旧可能会借助遗传规划设计而致力于互惠性的利他主义行为,用以最大化其物种的生存时限及生存(健康)适应性。

而对于现代人类而言,所关注的焦点议题则在于人类的互惠性利他行为是否具有普遍性(Brown,1991),其是否构成所有人类交换行为,包括经济交换(Trivers,2006)的驱动性基础。尽管人类致力于利己行为或利己主义,尤其在单次或一次性活动中尤为明显,但是博弈论理论研究已经针对利他主义行为给予多次重复性的验证(Axelrod et al.,1981),例如,对于有传播扩散需求的物种,通常利他主义行为会胜出。而互惠性利他主义(Reciprocal Altruism)通常是指“对其他并非密切关联的机体有益的行为,此行为显然不利于采取行动的机体自身,而对于获益或受损的定义则需依据广义适合度的贡献而言”(Trivers,1971)。就人类物种而言,互惠性利他主义借助心理系统进行调节,而任何完整的人类互惠性利他主义行为范畴通常都会包括以下类型的利他主义行为:危难时期的救助(如意外事故、猎捕、物种内侵略等)、分享食物、帮助病患、照顾老弱病残、共享知识、共担任务等。学者Trivers(1971)同时也指出,互惠性利他主义行为“发生于所有已知的文化体系及特定情境之下”,但是因为生态背景及发展塑性(Developmental Plasticity)不同,互惠性利他主义在不同政体间的表现会有所差异。正如利他主义交易的范围、利他主义交易的成本收益比率、社会族群间的相对稳定性以及其他相关因素都会因为生态及社会情形的差异而有所不同,而这些在小范围人类群体内随着时间推移也会呈现出差异性。

在《灵长类与人类:演化及机理》(Van Schaik et al.,2006)一书“互惠性利他主义:30年后”章节中,Trivers 系统地回顾了基于互惠性利他主义的相关文献。在此文献回顾中,Trivers 指出,自从其将“囚徒困境”模型以及其他相关模型,如雪堆博弈(Snowdrift Game)模型、第三方观测者效应模型等,作为互惠性利他主义理论基础在其开创性研究文献中引入之后,此领域相关研究已经取得相当程度的进展。但是,互惠性利他主义研究中涉及的关键性难点在于:“就我们所处的复杂经济系统而言,其监管体系设置可以由与人类情感相关联的一整套错综复杂的系统所解释,包括友情感知、感激之情、同情、内疚、强硬说教、正义感及宽恕之心等”(Trivers,2006)。

在过去的 40 年间,虽然互惠性利他主义已经得到了包括进化生物学(Evolutionary Biology)、进化心理学(Evolutionary Psychology)、进化生态学(Evolutionary Ecology)、经济学(Economics)、遗传学(Genetics)、政治学(Political Science)及制度理论(Institutional Theory)等多学科、多领域在内诸多学者的积极关注与探索,但是其间相关研究结论也不乏尚存争议之处。此外,就当前研究现状而言,尽管用于探究交换行为动机的相关遗传学及生物学研究已经奠定了强有力的理论基础,并得到广泛的经验数据验证,但是当前进化生物学家及进化心理学家仍一致认为,“对于文化现象的终极解释,还在于深刻理解此种文化现象之所以产生的遗传学及文化层面的演化过程。而遗传层面的演化作用之所以重要也恰恰是因为文化与人类生物学其他组成部分间的深度交互作用”(Boyd et al.,2006)。

传统维布伦(Veblenian)学派(即美国经济学家和社会学家的信奉者)体系下的演化经济学及原有制度经济学认为,制度理论应该基于达尔文范式(Darwinian Paradigm)的生物学视角进行探究(Hodgson et al.,1994;Veblen,1919)。而此视角也逐渐被进化生物学家及进化心理学家所认可，并由此形成所谓的新制度经济学派(North,2005)。如果采用此研究视角，并将个体视为最为基础的生物形式，若是参照哺乳类动物的基本需求，如水合作用，维持其身体机能的充足营养，用于物种延续的原始繁殖动机，便于后代繁衍及共同防御外部侵袭而形成小规模部落或族群的本能性驱动等，那么不难发现，人类与灵长类动物在上述方面极为接近。而事实上，如果系统地观测灵长类动物的行为方式，同样可以发现，这些灵长类动物也会发展其所谓的默示性制度体系，与人类的需求动机及形式非常类似，如为维护社会秩序稳定而需要对其组织成员提供恰当的行为模型引导等。

2.5 源于神经系统科学的理论分析

现代进化心理学家指出："人类的祖先作为社会群体中的成员，参与社会互动的时间已经长达数百万年甚或数千万年"(Cosmides et al.,1994)，并由此可推断出，人类拥有"一套非常丰富的，专用性极强的，组织完好的关联性功能模块(或称之为作用机理)，用于在所处社会环境中应对渐进式、复发性自适应问题时共同思想及行为的指导"。换言之，人类祖先可能会采用一种兼具生理及心理层面所固有的硬性联结方式发挥意义建构(Sense-Making)机制用以管理社会交互活动及社会秩序。而这一观点也成为现代进化心理学研究的重要理论基石，并支撑当前许多相关理论学科体系发展(Buss,2005;Dunbar,2003)。

而人脑中的硬性联结功能问题也得到了神经系统科学关于先天及后天被激活神经驱动(行为学理论中将此称为习得内驱力(Acquired Drives))实验的支持(Knoll,2003)。在相关研究中，研究者将人脑中的先天及后天被激活神经驱动的区域加以划分。通常而言，内在(先天)驱动激励理论(Lawrence et al.,2002)认为，整个人脑可以被划分为四个情感驱动区域，即人类大脑的情感区域有四个相互独立的硬性联结驱动，或称之为大脑边缘系统，通过自我意识进而刺激个体行为，与此同时，自我意识在一定程度上也会反过来影响到个体的理性决策。在这四个驱动中，除防卫型驱动(Drive to Defend)具有被动性之外，联结型驱动(Drive to Bond)、学习型驱动(Drive to Learn)及获取型驱动(Drive to Acquire)都具有明显的主动性特征(Lawrence et al.,2002)。学者 Lawrence 和 Nohria(2002)指出，防卫型驱动和获取型驱动在距今大约50万年前的智人时代是人脑最为主要的驱动表现；而联结型驱动和学习型驱动则被称之为"次要性驱动或衍生性驱动"。而与人类长达二百万年漫长的进化时间相比，仅在距今大约十万至七万五千年前的间隔时间内，在克鲁马努人(Cro-Magnon People)时期，人类认知能力方面才经历了一次较大规模的"跃进"(Lawrence et al.,2002)，此期间，宗教、艺术及复杂性工艺技术等有所突破。

在此段时期内，人类大脑也发生着一些意义深远的变化，人类文明社会也正是借此才得以发展及延续的(Lawrence et al.,2002)。首先，联结型驱动和学习型驱动相对于防卫型驱动和获取型驱动逐渐发展成为人脑情感区域的首要硬性联结驱动。其次，"人脑前额皮质层发展出相互联结的多重技能组合集群"，这是人脑最为发达的区域，是"人脑中容纳联结不同技术组合核心能力的重要区域，而这些技术组合通常是伴随时间推移在人脑不同部分进化过程中产生的"(Lawrence et al.,2002)。再次，伴随新的技术组合的出现，人脑中驱动需求也会随之产生竞争性冲突，促使人类需要在多层面(如个体、群体、部落等)从事社会交互活动。但随之出现的关键性问题是，虽然人脑前额皮质层有助于理性判断及从事复杂性社会交互活动，但是其仍然需要依赖于，或称受限于人脑情感区域，或人脑边缘系统。例如，“当情感信号不提供目标、意图、目的或终极动机时，理性判断亦无法从事相关工作”（Lawrence et al.，2002）。换言之，人脑边缘区域或情感区域以及其内的硬性联结驱动模块会对个体行为产生驱动影响（Cosmides et al.，1994），而大脑新皮层借助理性判断功能，价值观、规范及心智理论（Theory of Mind）学习功能等会进一步对个体行为进行必要的修改完善。在此，还需要额外提及的一点是，对于当前致力于探究情感智能（俗称情商）的研究学者而言，充分理解情感触发进而诱发大脑新皮质层的应急反应这一点是尤为关键的（Drew et al.，2012）。

整体而言，近期相关学者大多从神经系统科学、进化生态学、进化心理学等学科体系入手，探究制度经济学理论（Searle，2005），而神经系统科学也同样表明，大脑新皮质层或是人类大脑在过去 50 万年时间内，尤其是近 10 万年时间内所形成的认知/理性系统，是与人类口头语言表达、群体规模、心智理论及文化等的发展演进保持同步性的（Rizzello，2004）。学者 Ridley（2010）指出，人类与陌生人之间的货物交换或交易事件的首次发生大约在至今 10 万年前，此事件对于人类语言进化的影响作用同样非常关键。而 Hayek（1952）在其著作《秩序感应》中提及心智理论，并将其称之为“个体欣赏他人所拥有的某种理智或内在经验的能力，此理智所控制的行为虽然不能被直接采用，但是可以进行智力层面的模仿”（Dunbar，2003）。换言之，心智理论是指人脑的一种心理机制功能，即允许人脑可以进行智力层面的行为模拟，用以意向性推论或是对于他人情感或意图的推断。大多数心理学家也将这种模拟或者猜测他人想法的能力称之为“心智理论”。学者 Dunbar（2003）认为，较高程度的心智理论能力及意向性解释受限于人脑的新皮质层大小，而人脑的新皮质层大小通常是与社会群体规模、人类语言发展水平及经济活动（如贸易等）（Ridley，2010）的发展保持同步性的。

以学者 Lawrence 和 Nohria（2002）以及 Carter（1998）为代表的神经系统科学家提供了人脑扫描后的部分证据，用以证明人脑近期发育的背外侧前额叶皮层及眶额叶皮层恰好是心智理论及推理能力的主要区域。饶有兴趣的研究结论还包括，心智理论仅发生于人类幼儿时期的 4 ~5 岁阶段，此阶段人类大脑的相应区域正处于发育阶段（Leslie，1987），并且直到人类个体成长至 20 岁左右，大脑中的此区域才得以完全的发育成熟（Gifford，2009）。此研究结论意味着，在更为发达的文明社会中，人脑中的情感区域是人类个体行为的最为主要的驱动力。与此观点相关联的一点则是，最深层次的人类社会文化价值体系，如集体主义、权利距离、不确定性规避、男性气概（Hofstede，2001）及时间取向（Hall，1989，1983）等，这些蕴含深刻情感特质的呈现却是特定社会成员在其生活中所采取的最为基本的存在方式。

在前述文献回顾中已经提及，意向性，尤其是集体意向性，是支撑社会成员致力于合作行为的重要基础性能力（Searle，2005）；但与此同时，Searle 也指出，人类之所以与其他物种相区别的重要特征还在于另外两个重要的心理机能。其一便是功能分配，或是“对原本不具有此项功能的客体强行施加某些功能的能力”。例如，一纸契约就能体现出经济交换或贸易关系。其二则是地位功能，也即特定情形下，集体或组织赋予客体一种特殊地位、身份或价值的能力。例如，一张纸通过某种特殊方式印制后，便成为一张面值五元的货币，尽管获得用于经济交换的约定性价值这种价值赋予功能本身还涉及更为复杂的语言系统。

尽管学者巴丹和塞尔源于迥然不同的理论学科背景（巴丹源于进化生态学，而塞尔源于哲学），但是两者对于现有相关文献中涉及的心智理论、口头语言表述体系及推理体系作为文化及制度前置影响因素的观点大多持肯定态度。正如 Searle 所指出"不应以语言及制度分析为前提条件,相反我们应该分析的是语言在制度体系构成及演化中所发挥的作用"。而正是语言、心智理论及推理体系的发展才催生出现代人类更多分享集体意向性、功能分配及赋予象征性构念(Symbolic Constructs)和事实性知识(Factual Knowledge)特定价值的有利环境及条件。"制度,就其本质而言,是一种共同的心理/精神架构"(Gifford,2009),体现并嵌入于特定生态系统情境内族群间的共同理解及领受之中。而这些制度体系又会为族群内个体提供一些稳定的、共识性的心理预期,包括事物如何以及为何会如此存在或发生(Gifford,2009;Searle,2005),以及这些事物现在及未来的发展趋势又会如何等。

2.6 基于生态环境视角的理论分析

如前所述,现有相关研究已经表明人脑边缘系统或情感区域及硬性联结模块内生性地驱动个体动机及行为产生,而大脑新皮质层会借助一些大脑内部机制功能,如价值观形成、规范学习、心智理论及推理能力等对这些动机或行为进行必要的修正。外部刺激首先被感知,但在认知形成和推理发生之前,还需要经历借助大脑边缘系统与先前记忆中相似刺激作对比;然后,认知及推理系统会被大脑中情感区域的反应所影响,进而形成相应的判断。至此可以推断出,认知性发达或更为理性的制度架构,通常具有缄默性或含蓄性特征,且当其与人脑情感区域中已有模块及特定族群所根深蒂固的无意识假设相一致或吻合时,最易于被采用或是被接受(Drew et al.,2012)。而事实上,基于私有财产的政治制度研究(Sened,1997)也已表明,通常正式性的制度架构不太容易被一国政体内公民所采用,除非这些制度架构能够被个体理性所接受,并能提供之前无法获得的机会或利益。而对于所有人类所共有的神经系统及心理系统而言,显而易见又不容忽视的一个现实是,不同政体间或族群间制度性差异的客观存在。这也在一定程度上意味着,必然存在至少一种其他层面的根本性影响因素支撑着制度体系的构建。而基于对现有大量相关文献梳理,可以清晰显现这种根本性影响因素应该是基于人类生存环境的生态背景(Drew et al.,2012)。

而基于生态环境对于人类交换行为的重要影响作用的相关研究至少可以追溯到 18 世 Adam Smith,Montesquieu 及 David Ricardo 等相关学者的著作之中。事实上,虽然基于生态环境的影响性问题一直支撑着早期的国际贸易理论体系,但在近期的所谓生理经济学理论(Physioeconomic Theory)研究(Parker,1995),对于生态环境问题再次给予详尽阐释。所谓生理经济学理论是指利用气候条件、地形、地貌及自然资源禀赋的层次结构来解释国家或地区间的文化、政治及经济环境的差异性。就其本质而言,每天的日照时间、气温、降水、地形、土壤质量及其所孕育的动植物等,都决定着特定地域范围内的人类生存及繁衍生息所获取的资源,并进而影响到该地域内的文化类别、政治及经济制度架构。基于跨文化心理学理论的生态文化(Ecocultural)分析框架对此观点给予了理论性支持(Georgas et al.,1995;Lonner et al.,1997)。生态文化分析框架(图 2.5)表明,源于生态环境、文化背景及生物演化情境下的心理学现象,可能会受到包括文化渗透、生物性传播、文化传播及生态环境变迁等在内的多种因素错综复杂的交互影响(Lonner et al.,1997)。

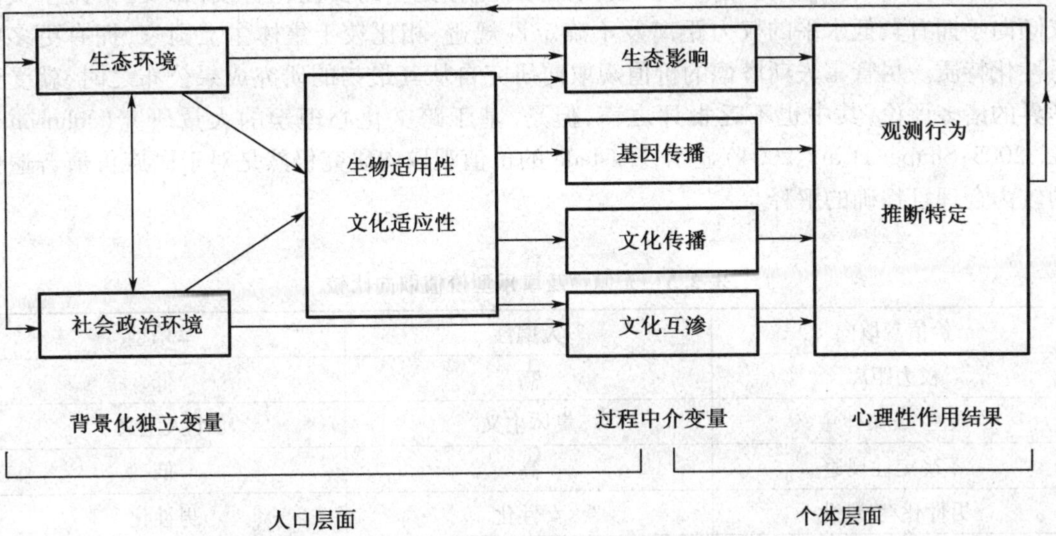

图2.5 基于生态文化层面的研究框架

资料来源:Georgas et al.,1995.

此外,对于生态环境关注度的进一步增强主要借助以学者 Diamond(1998,2006)为代表的进化生态学理论的发展。而相应的研究观点也同样得到了进化心理学理论相关文献的支撑,如随生态环境变迁而在不同的区位或地理区域所发展出的"不同游戏规则"(Cosmides et al.,1994),以及动物行为学家在针对灵长类动物的研究中所提出的,与源于进化生物学中互惠性利他主义理论密切相关的概念——发展塑性(Trivers,1971,2006)。但是,截止到目前为止,跨文化分析框架内基于生态情境的相关研究仍然在制度理论探究体系内属于缺失状态。作为制度体系构架及发展的重要驱动力之一的生态因素及其相关研究尚存在较大的研究空白及研究空间。

英国动物行为学家 Michael Chance 对灵长类动物进行了长达15年的观察研究,发现生活于小代际间及性别混合群体中的猿和猴子,会表现出更为有序的社会性关系结构(Chance et al.,1970)。这一研究结论揭示出两种主导性的社会结构模式或制度类型,即无偏性(Agonic)和享乐型(Hedonic)(Chance,1988;Chance et al.,1970)。通常情况下,相对而言,资源丰沛的环境下有助于形成无偏性特征群体。这类群体在成员间资源分配方面具有较强的等级观念,并且体现出群体内部有限的破坏性冲突(Chance et al.,1970)。另一方面,在资源相对缺乏,并且需要群体成员外出获取其所必要的基本需求的环境中,会形成享乐型特征群体。而事实上,许多其他学科领域的研究学者在其相关研究领域也都已经识别出这两类基本的社会群体特征,更为全面系统的相关研究文献综述在《思想的社会架构》(*Social Fabrics of the Mind*)(Chance,1988)一书中有更为详尽的论述。

借助人类文化中所含有的价值观比较,表2.3依据 Hofstede(2001)最初对于价值观取向的四种分类及 Hall(1989)对于时间取向的分类进行了总结及汇总,用以进一步展示不同模式间的差异性。学者 Drew 和 Kriz(2012)对于价值观取向问题也进行了较为系统的评述,相关数据则是参照 Hofstede 在 ITIM 国际网站(2009)中所列明的68个国家及地区的相关统计数据。Drew 和 Kriz(2012)研究显示:集体主义国家倾向于拥有较高水平的权力距离及不确定性规避,并且相比较于个人主义国家,拥有更多的女性化特质;相反,个人主义国家倾向于拥有较低水平的权力距离及不确定性规避,相比较于集体主义国家,拥有更多的男性化特质。尽管霍夫斯塔德的价值观取向研究自从其最初的研究成果公布之时,就受到学界的诸多评论,其中也不乏批评之声,但是,基于跨文化心理学的大量研究(Johnson et al.,2005;Shuper et al.,2004)显示,Hofstede 的价值观取向研究仍然是对于民族价值普遍性的较为合理且精确的解释。

表 2.3 无偏性及享乐型价值取向比较

价值观取向	无偏性	享乐型
权力距离	高	低
个人主义/集体主义	集体主义	个人主义
不确定性规避	高	低
男性化/女性化	女性化	男性化
时间导向	过去	未来
价值观及信仰体系	儒家思想、道教	基督教

资料来源:Chance et al.,1970;Hall,1989; Hofstede,2001.

但上述分析中提及的无偏性及享乐型社会结构间最为凸显的区别是什么呢?主要在于其所反映出的,或基于基督教,或是儒家思想,或是道教思想,或其他信仰体系中的价值观取向问题(表 2.3)。当然,更为重要的一点还在于,这些价值观及信仰体系的差异性在一定程度上则是被不同生态环境所限定的资源丰沛或资源缺乏所影响,而在东西方社会发展及演化的起始阶段无疑也受到了源于生态环境资源局限的影响。

此外,考古及气象方面的数据资料也显示,在最后一个冰川时期(新仙女木期)结束之前,全新纪时代开始前的一万二千年阶段,由于气候条件变化,大气中二氧化碳含量过低以及非常干燥的天气等因素,使得可持续的农业活动事实上已不可能发生(Diamond,1998;Richerson et al.,2001)。依据理论推测,那个时期的人类仅能以相对小规模的狩猎采集生活为生(Aiello et al.,1993)。但是,最后一个冰河时代结束后,人类便开始相对迅速地在一些具备可食用且易耕作的农作物、水果及坚果树木,同时也有一些适合驯养动物的地域从事农业及畜牧业生产(Diamond 1998;Richerson et al.,2001)。

相对而言,历史上具备适宜的资源,即资源最为丰沛,并且使得农业及畜牧业可以分离且独立发展的最早的两个地域分别是新月沃土地域(The Fertile Crescent)和中国地域(Diamond,1998)。新月沃土地域从以色列一直延伸至现在的伊朗和土耳其境内,这一地域内的农业开始于公元前 8500 年,畜牧业开始于公元前 8000 年。而中国地域内的农业发展至少始于公元前 8000 年(Liu et al.,2007;Lu,2002)。Diamond 研究指出,在中国的案例中,粮食生产虽然也开始于同一时期,但是却分别独立集中于北部的黄河流域及南部的长江流域。相对而言,新月沃土自古以来就盛产小麦、大麦、豌豆、扁豆、橄榄等作物和牛、绵羊、山羊等家畜,而中国则盛产大豆、绿豆、水果等作物和猪、牛、鱼、蚕、鸡等家畜和家禽,以及南方产水稻、北方产谷物(Diamond,1998)。

地域间资源禀赋差异性的讨论之所以尤为重要,原因在于每一个地域不同的资源禀赋条件以及与此相对应的农业、畜牧业发展特征，这些会显著性地影响到不同地域群体所形成的世界观、价值观以及相应的社会政治环境及制度架构。常识性知识是：山羊和绵羊需要大量的草场牧养，并且还需要牧羊人长时间的牧放；而小麦也需要大面积的种植灌溉，才能收获充足的粮食产量。但是，在新月沃土文明形成的初始阶段，大麦和小麦基本上仍属于野生作物，并且人均产量也比现在的指标数据减少很多，因而，为了获得更多的产出需要对农作物进行更大规模的种植灌溉。在这样的情形之下，男性不得不外出甚至远行，用以牧放其羊群及收割谷物，而女性则需要留守在村庄里照顾孩子、老人，并从事一些豆类作物的种植等。在此生态环境下，这些行为久而久之便强化了享乐主义价值观。

相比较而言，水稻是一种水生植物，需要在稻田或是河谷进行密集的集体种植，而谷子在中国北方至少在公元前8000年就已经得到了广泛种植（Lu，2002）。谷子生长相对丰沛，每穗可结许多谷粒，同时也需要农民"能够就近生活在田地附近，以确保可以便利往返种植"（Lu，2002）。而对中国家畜和家禽养殖禀赋条件而言，猪、牛、鸡、鸭等养殖相对于山羊及绵羊的放牧条件，则更具有相对定栖的特征。基于此种生活环境及对于集体性劳动的需求，中国社会发展出的社会政治架构更倾向于强化无偏性价值观体系形成。

学者 Drew 和 Kriz（2012）基于相关文献梳理及分析后得出如下结论：基于生态环境及农业资源可获得性，中国形成典型的无偏性特征社会政治架构及无偏性特征文化价值观（集体主义、高水平权力距离、高水平不确定性规避、女性化特质）；而新月沃土地域则形成相对更具享乐型特征的社会政治架构及享乐型文化价值观（个人主义、低水平权力距离、低水平不确定性规避、男性化特质）。更进一步而言，用于阐释生命起源及生命意义的早期宗教哲学思想在不同地域的形成发展也大致遵循上述研究脉络。首先，在新月沃土地域，其资源禀赋条件要求群体成员外出寻求自身生活必需的物质资源，在此过程中，个体有时间及机会去探索周边环境及世界的本源性问题及意义，并且通过借助所谓神灵用以提供未来不确定性的救助，并用以帮助解释其所处环境变革的原因（Nisbett，2003）。而在中国，有相对丰沛的本地资源禀赋，集体生活及劳作方式伴随群体内成员间资源分配的强烈等级观念形成也会在一定程度上限制破坏性冲突的发生（Pierce et al.，1999），但在此种生态环境下，对于阐释何为生命本源问题却产生出完全不同的宗教哲学思想（Nisbett，2003）。中国的宗教哲学思想体系是基于对自然世界观测的综合性考量，如一年四季周期变化，生老病死以及人际关系中的等级观念等，相关记录在源于商朝晚期（大约公元前1750年至公元前1120年）的甲骨文中已经有所记载，并且在道教及传统儒家思想中得以体现（Keightley，1978）。

整体而言，无论是猩猩、猴子，还是人类，都具有从事无偏性或是享乐型合作行为的倾向性，而这种倾向性则是在一定程度上对于当时所处生态环境依赖的表现。与此相关的研究结论也强烈表明，在源于同一进化树的三个物种分离过程中，上述行为表现出极强的活跃性特征。每一个物种所表现出的上述行为特征更似乎是植根于互惠性利他主义及大脑边缘系统的硬性联结机能（Cummins，2005）。正如进化心理学 Cummins 所指出的那样，"达尔文进程会产生出更为复杂的认知、情感及生理系统网络构造，无疑也会在一定程度上对社会结构的形成产生倾向性"，"我们不仅需要在认知高度，甚至基于自身的神经内分泌系统，都要仔细查验与他人相比，我们自身状态的每一分钟变化"。

上述研究结论并非意味着人类行为已经被锁定在特定模式之内，学者 Richard Dawkins（1976）早已指出："人类有权力藐视我们出生时的自私基因"。对此，相关经验研究也显示，当面对其资源可用性方面的新境况或新变化时，人类个体似乎有能力将享乐型行为向无偏性行为转变(Chance,1988;Pierce et al.,2006)。但是,毋庸置疑的是,基于社会层面的上述行为转变是非常困难的,因为其不仅需要兼容性的认知推理、集体意向性,还需要基于族群层面的集体协议达成。例如,就实际情况而言,中国人的价值观倾向于无偏性特征,而西方社会群体的价值观倾向于享乐型特征。事实表明,基于族群间的根深蒂固的价值观差异尚且是量子级别数量级的,而其后整个社会范围内更为广泛的制度系统变革无疑是更为艰难的。

2.7 小　结

学者 Whetten(1989)曾经指出"一个完整的理论体系必须包含四个基本要素",即 What(发生了什么)、How(如何发生)、Why(为什么会发生),以及发生的限定条件,如 Who(当事人是谁)、Where(发生的地点)及 When(发生的时间)。表 2.4 汇总了与制度体系形成相关的理论分析框架前期研究成果(Drew et al.,2012)。尽管上述文献回顾中涉及的这些理论分析框架对于制度理论分析都能提供必要且有效的知识贡献及指导,但是这些理论分析框架在解释及识别为何以及如何导致不同社会间制度体系存在显著差异的前置性影响因素方面仍然存在一些局限(Drew et al.,2012)。而跨学科、跨理论体系的综合性研究方法,不仅可以将生物性驱动力、基因性驱动力涵盖其内,同时也可以将驱动人类制度体系构建的潜在生态系统原因考虑在内;这些驱动因素如何影响一个政体的社会政治架构及文化体系的形成,如何影响到特定国家/政体群体成员的认知功能,并最终充分发挥在制度体系形成中的驱动力作用等,这些问题都有待于在基于跨学科体系下得到更进一步的深入探究。

表 2.4　基于制度理论研究框架中的核心构成比较

构成要素	研究界定	研究内容
What (发生了什么)	逻辑上被视为能够解释相关现象的因素	* 互惠性利他主义 * 生态环境 * 源于大脑边缘系统(情感大脑)到大脑皮层(认知、理性判断)人脑进化 * 文化互渗、生物及文化传播、生态环境改变
How (如何发生)	这些因素以何种方式相互联结	* 通过神经系统及心理系统,生态环境决定了互惠性利他主义如何被表达以及在人类社会中的适用性
Why (为什么会发生)	证明因素选择的潜在性驱动机制	* 进化生物学、进化心理学、行为学、进化生态学、哲学、神经科学、跨文化心理学、神经经济学及制度经济学等为"what""how"相关因素研究提供了必要的理论分析框架及实证研究结论 * "what""how"相关因素研究提供的本体论基础用以强化及更好的诠释现有制度理论模型及概念框架中的相关变量
Who (当事人是谁)	因素应用的当事方	* 人类社会中所发生的制度性机能,作为一种自然神经性及心理机制用于管理重复性自适应问题

表2.4(续)

构成要素	研究界定	研究内容
Where（发生的地点）	因素应用的特定情境	* 任何人类社会场所都会发生制度性机能,尽管依据生态环境不同,不同政体间制度体系会有所差异
When（发生的时间）	因素应用的场合或时机	* 制度要求个体本能性的、习惯性的在任何时候都应致力于与他人的合作行为

资料来源:Drew et al. ,2012.

此外,学者Drew和Kriz(2012)也特别强调将互惠性利他主义作为所有社会生物,包括人类物种间合作及交换行为的基本生物学及基因学驱动力的影响作用。基于生态背景,一个物种需要经过百万年的进化,大脑的边缘系统中才可以进化出硬性联结模式用于合作行为。而在人类和其他高等灵长类动物的案例中,大脑中的硬性联结模式可以导致包括无偏性及享乐型在内的相应行为发生。大约在距今50万年前,尤其是距今10万年前,人类经历了大脑前皮质层与复杂语言系统、心智理论及推理体系共同发展的进化阶段。也正是语言、心智理论及推理系统的进化发展才催生出人类更有能力分享集体意向性、分配功能及赋予象征性构念和事实性知识特定价值,以及在此基础上创造发展复杂而又明确的制度体系的依存条件。发生于人类群体间的制度发展及变革可以说是其所处生态环境、文化相互渗透、文化传播及生物适应性的结果。但是,当采用一种新的或是外来性的制度体系时,无论其是否具有缄默性,或是具有含蓄性特征,都必须要与特定群体大脑边缘系统所承载的现已存在的价值体系相适合,或者是能够为特定群体提供更大限度的个人或集体价值,用以激励特定群体接受或采用这些新的或是外来性的制度性安排。

鉴于前述相关文献系统梳理,可以为深入探究制度体系构建驱动力问题提供一个更具广泛性的本体论基础,借此分析框架可以为制度体系发展及变革问题研究提供更为精确的分析及预测判断。图2.6显示出相关本体论基础以及现有相关理论分析框架及模型。

整体而言,现有涉及制度理论领域的相关研究文献对于国际商务理论研究与实践都具有重要启示及借鉴意义。

首先,国际商务理论研究者及从业者需要意识到,以无偏性①为主要特征的社会群体不太可能倾向于采取大规模或大范围的制度体系变革,反而会更加倾向于采取缓慢式的制度体系改进,或是习惯于将新的制度架构与现有制度体系相融合,除非这些制度性变革已经深深嵌入该社会群体头脑中的硬性联结所产生的价值体系之内。例如,若基于生态学视角,探究制度形成的本源性驱动问题,那么对于蒙古人族群(享乐型)与中国人族群(无偏性)间漫长的历史冲突现象就变得非常易于理解。因而,富有意义的、长期的制度变迁仅能在特定情境下发生于无偏性社会群体内,在此情境下,有足够的社会成员有机会对源于此

① 无偏性社会特征与制度变革倾向性包括:
(1)集体主义——接受群体需求强于个体需求(维持现状);
(2)高度不确定性规避——反对变革,反对未知性;
(3)女性化特质——被动、孕育、体贴、温和;
(4)过去时间取向——依靠过去经验判断未来趋势;
(5)高度权力距离——接受源自上层等级的制度规范。

种制度变革所带来的个人及集体利益进行理性判断(Drew,2012)。这种制度变迁已经在过去几十年间在无偏性社会群体内得到了广泛验证,如日本、新加坡、韩国及中国。但是在这些案例中,同样可以看到,这些成功的制度变迁模式是以现有非正式制度架构与更加明确的正式性制度架构相融合,而非简单地进行全盘的制度体系变革。此研究结论不仅对基于国家层面的国际商务理论研究及实践具有重要意义,而且对企业层面的跨国公司及其在东道国子公司的相关研究更具有现实指导及借鉴意义。

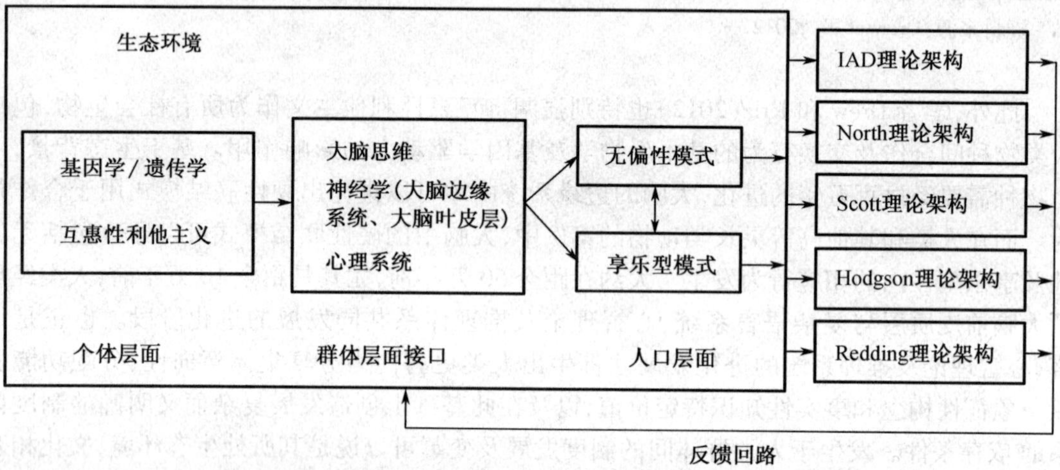

图 2.6 制度体系构建的本体论基础

其次,自上而下的层级治理体系是中国社会所固有的制度模式之一,尽管在以自由和民主价值为特征的西方社会看来,中国至少自公元前 221 年秦朝统治开始便一直施行的制度体系是无法理解且无法接受的。而事实上,这些历史古老且传统的制度体系也逐渐发生着变革,尤其在当前全球化背景下,在国际商务事务中更需要充分认识到生态系统连同文化价值观体系构建及运作的内在机理。力拓矿业集团(Rio Tinto)发生的“分手门”事件也再次凸显本地文化与国际商务惯例及契约间的冲突性问题。此外,尽管“走后门”在中国人情关系中已不是什么新鲜事,但是一经发现还是会面临相应的惩罚(对于官方而言,可能是所谓的“面子”问题)。而“后门”到底指什么?对此概念的理解不同地域间是否存在差别?对于这些细微差别问题,跨国企业及其子公司都应该有所了解。这些差别在某种程度上也已经远超南、北方地域差别所引发的更为凸显的行为方式差别。对于中国跨国企业而言,较为成功的企业,如吉利、联想、华为等,同样不可避免地需要在东道国市场面对相似的问题。吉利汽车是浙江省企业,成功收购瑞典汽车品牌沃尔沃(Volvo),但瑞典工人在工作中所凸显的共识性及平等原则显然与大多数中国企业自上而下的科层管理模式截然不同。

再次,现有相关文献及理论分析框架中,用以识别国际商务活动中的相关行为方式的存在历史,事实上已长达十几万年之久,而绝非仅仅是中国改革开放近 30 年间所特有或近期才得以发生的行为方式。其中已经识别出的一些行为习惯及信仰体系都具有非常重要的生物学及遗传学基础,并且与进化生物学行为及神经系统相关的行为方式紧密相关。其中,颇具代表性的赠送礼物及分享食物就是很好的例证,而这些方面在中国儒家文化传统中已经作为礼仪式的制度体系得以确立。对此,现代西方国际商务学者或从业者可能难以理解,因为它不仅仅是简单的人工(手工)制作,更是具有更为悠久历史传承的文化传统遗留惯例及做法;并且能够在中国现代商业环境下成功获得生存。而事实上,这样的行为习惯或文化传统并非是中国的特例,许多历史文化悠久的国家或民族都保留着类似的文化传承,并在一定程度上对商业活动行为产生影响。对于国际商务学者及从业者而言,这无疑是其必须加以重视的问题之一。

最后,对于国际商务从业者而言,国际商务活动很难进入对其未来发展信心十足的"拨云见日"状态之中(Ambler et al.,2009)。这其中涉及很多复杂性的影响因素(变量),而将这些影响因素及其作用关系全部呈现出来同样非常困难。在国际商务活动中没有所谓的专家,而只有支付巨额学费的学习者。所有的新进入者都需要克服其自身的民族中心价值观。但是,借助上述相关文献综述,旨在对于国际商务活动中的相关核心问题给予充分解释,以期对新进入者给予更多帮助。例如,基于生物学方面的启示,如互惠性利他主义及生态系统等也会显著性地增加我们对于制度体系形成及发展的理解,不至于使我们因为对某些现象的不理解而"绊倒"。需要特别提及的一点是,当在一个新的地域从事商务活动时,基于日常交易活动的经验及实践是非常重要的;而当从业者已经非常熟悉"游戏规则",并且在相应的商务活动中表现出信心满满之时,国际商务活动就已经脱离了所谓的"暗箱操作"时代。但与此同时,学者 Hotho 和 Pedersen(2012)研究也指出,不同国家间的商业体系差异性仍然是跨国企业在东道国市场面临的首要问题,尽管这些跨国企业已经拥有多年海外市场运营经验。

尽管相关的理论分析框架及模型仅是对于现实世界的抽象表示,对于真实世界的描述仍然存在很大程度的局限性,但如此全面、稳健、严谨的理论分析框架,如同比喻方式一样,同样可以有助于传达特定含义,解释周围环境;相比之下,简单的数字及文字是无法达到相同效果的。基于现有制度理论相关文献基础上构建理论分析框架,主要目的在于更好地解释"游戏规则",并能对于相应的制度体系变革及创新有更大的帮助。但是,前述研究中也已经有所提及,就现有研究成果而言,距完全真实地理解制度行为方式仍存在很长的一段距离。仍需提及的是,科学探索之旅的过程如同最终目的地的到达一样,同样令人关注。

一言以蔽之,制度体系本身是空间、时间及人类生存环境综合的产物,尽管有些迟缓,但制度体系依然在发生着改变。可以肯定的是,在我们从何而来,我们现在何处,我们又将往何处去这些本源性问题的探究方面仍将有持续不断的争论。幸运的是,正如 Drew 和 Kriz(2012)所言:"我们已经从现有研究中受益颇多,并且在很多时候是'站在巨人的肩膀上',如诺斯、奥斯特罗姆、霍奇森、雷丁、斯科特和贝里,这些相关研究领域非常杰出的学者们。我们能在这些杰出学者研究基础上继续探究未知的世界,同样是无比美好的一件事。"

第3章

制度理论视角下跨国企业“合法化”研究综述

跨国企业情境下，由于母国与东道国市场往往在正式性制度体系及非正式性制度架构间存在显著性差异，因而，跨国企业在东道国市场上的经营活动也无疑会面临“合法性”问题。为此，新建立或是已建立的跨国企业及其新建合资企业在东道国市场会面临一系列挑战，且要经历致力于在新进入或已经进入的东道国市场中寻求合法性地位的策略规划过程，也即合法化（Legitimation）过程（Turcan et al.，2012）。简言之，“合法化”过程与跨国企业全球运营及其在特定东道国市场情境下的具体运营方式密切相关，“合法化”的最终目的是为了获取跨国企业在东道国市场商务活动的合法存在性，及其所感知的对于东道国情境下相关法律法规、规则规范及期望的符合性或一致性。因而，在国际商务理论研究，尤其是跨国企业理论研究领域内，“合法化”研究无疑是非常重要且必要的研究内容之一。但就现有相关文献而言，涉及跨国企业合法性问题的研究成果仍较为分散，尚未在国际商务研究领域内形成以合法性为中心的，具有系统性的研究脉络及体系。鉴于此，系统梳理现有“合法化”问题相关研究成果，为制度理论体系下探究跨国企业行为决策问题的后续研究奠定理论基础十分必要。

3.1 “合法化”概念综述

3.1.1 “合法化”概念

“合法化”概念简要说来是指对于一些内部或外部定义的规则或标准的状态层面或事实上的符合程度（Berger，1966；Trumble，2002）；也有学者将其定义为“与社会规则、信念及定义具有兼容性的观点被认可、被接受及被维系的过程”（Turcan et al.，2012）。广义的“合法化”也可以理解为“一种认可或假设，即一个实体的行为基于特定的社会规范、信念等架构下被视为是可取的、适当的”（Suchman，1995）。现有文献显示，不同理论学科对于“合法化”概念均有所提及，尽管对其概念本身的界定存在一定程度的偏差，但就其内涵本质而言，仍能呈现出一致性。

“合法化”概念在政治心理学理论体系（Tyler，1990）及社会心理学理论体系（Baron et al.，1994；Haines et al.，2000；Jost et al.，1994）中均居于核心地位，并被定义为与制度体系或是社会规范层面所定义的规范、价值观和预期相一致或符合一致性的一个过程、一种资源及相应结果（Oliver，1996）。相应地，基于政治体系层面、制度架构或是组织层面探究合法性问题已经成为相关领域学者关注的主流研究重点（Powell et al.，1991）。

基于组织层面的“合法化”概念探究多聚焦于社会学及组织行为学理论研究(Baron et al.,1994;Tomaka et al.,1994),是指一种有目的的追求外在或内在的有效性及其被认可的结果。“合法化”同样也指一种方式或资源,例如,对于组织而言,增强及维持其与供应商、客户及其他组织机构的关系,用以获取更加广泛的社会支持。组织理论视角下将“合法化”不仅视为可以提高企业运营效率及绩效提升的有效资源,而且还被视为有助于获取稀缺资源及维护重要利益相关者支持的途径(Ashforth et al.,1990;Suchman,1995)。此外,制度理论还认为“合法化”是企业所拥有的一种重要性资源,组织可以借此规避企业在进入新行业、新市场及其他组织领域或是经济部门过程中,作为新进入者劣势(Liability of Newness)的负面影响(Stinchcombe,1965;Luo et al.,2007;Luo et al.,2009)。因此,“合法化”常被视为是组织生存及发展的重要基石,并被认为是组织获得资源持续性及维持组织活力的前提条件(Parsons,1960;Pfeffer et al.,1978;Weber,1922,1978)。

制度理论体系下的“合法化”概念常与制度同构概念紧密联结。因为制度理论的基本前提假设之一——能够同构于其所处制度环境的组织将具有更大的生存概率,因为同构所带来的一致性能够赋予企业生存的政治性权力及制度合法性(DiMaggio et al.,1983)。事实上,制度理论研究中的“合法化”概念更多是借鉴组织合法性概念,也即指企业活动所暗含的组织价值与其所处环境中所体现的社会价值两者间的一致性(Dowling et al.,1975)。换言之,企业可以选择通过特定的商业活动以实现与社会架构下的特定价值观体系相一致,并借此获得企业所需合法性地位(DiMaggio et al.,1983;Oliver,1991;Scott,1995)。

企业国际化研究框架内组织合法性同样是一个非常重要的研究议题;但与非跨国境情境下的组织合法性研究不同:跨国企业在国际化过程中,会面临来自母国与东道国间无论是正式性制度体系还是非正式性制度架构间的迥然差异,也即跨国企业在全球化发展过程中将会面对不同制度环境及不同程度的合法性需求问题。学者 Kostova 和 Zaheer(1999)在其研究中早已刻画出跨国企业情境下组织合法性问题的复杂性,并提出“鉴于制度体系在不同国家的特殊性,跨国企业至少需要面对与其东道国数量相同的不同制度环境”。与此同时,两位学者也指出,跨国企业在东道国市场建立及维系合法性过程中所面临的环境复杂性主要源于母国市场与东道国市场间制度距离的客观存在,而制度距离简单说来则是指制度环境在国家层面表现的差异性。

整体而言,国际商务领域对于“合法化”概念的相关研究多源于政治心理学理论(Boddewyn,2007;Boddewyn et al.,1994;Ring et al.,1990)和组织理论(Kostova et al.,1999)及制度理论研究视角(Chan et al.,2007;Dacin et al.,2007;Henisz et al.,2005)。在充分借鉴上述理论体系中对于“合法化”概念界定的同时,国际商务学者的关注点更多聚焦于“合法化”的最终目的是为了获取跨国企业在东道国市场商务活动的合法存在性,及其所感知的对于东道国情境下相关法律法规、规则规范及期望的符合性或一致性;相应的,对于“合法化”概念的诠释则侧重于“跨国企业致力于在新进入或已经进入的东道国市场中寻求合法性地位的策略规划过程”(Turcan et al.,2012)。

3.1.2 “合法化”方式

现有基于制度理论的相关文献大多显示,用以提升企业合法性的相关商业活动对于企业生存及成功发展尤为关键(Cohen et al.,2005;Elsbach,1994;Lounsbury et al.,2001)。学者 Suchman(1995)基于“合法性”开创性研究中也清晰显示出合法性来源问题,并提出为确保获取到不同类型的合法性地位，企业需要采用不同的策略安排，如拉拢选民、提供象征性展示以及一些专业化操作（Professionalizing Operations）等。此外，借助对于中央银行的样本分析，学者 Deephouse（1996）研究结论与制度理论核心前提假设相一致，即组织同构行为会增强组织的合法性地位。此外，两者间作用关系还会受到组织年龄、组织规模及组织绩效等控制变量的影响；同时银行在其战略规划中所体现的同构行为会增强银行监管者及媒体所赋予的合法性地位。在此基础上，在针对美国企业的样本分析中，学者 Cohen 和 Dean（2005）研究发现，企业高层管理团队特质是企业合法性的重要传递信号，且有助于在企业股票首次公开发行（IPO）过程中提升企业价值的估值。

制度理论视角下，另一类企业"合法化"获取方式及途径的相关研究则基于学者 Scott（1995）的研究框架，即制度环境可以借助监管、规范、认知三方面进行系统分析。通常而言，监管体系是指现存的法律法规，用于确保社会稳定及良好秩序的执行；规范体系是指现有制度环境内对于社会价值观及行动规范的界定；认知体系则代表已确立的认知架构，如对于社会地位的公众认可，特定国家内民众所共享的社会知识架构等。上述三类制度环境架构同时也表明"合法化"，即获取合法性过程中所面对的不同制度性压力。

监管体系（Regulative Pillar）更多强调对于法律、法规的一致性，且对应于学者 DiMaggio 和 Powell（1983）提出制度同构理论中的强制性制度压力。与监管体系保持一致性是强制性同构压力的重要功能之一，通常借助其他组织（如政府等）所施加的正式性及非正式性要求来实现；就其本质而言，强制性同构压力具有强硬执行力特点，且可以作为一种应急手段（Expedient）（Scott，1995）。

规范体系（Normative Pillar）强调的是对于评价组织合法性的更深层次的道德基础，且对应于 DiMaggio 和 Powell 提出的制度同构理论中规范性制度压力（Scott，1995）。规范性制度同构压力"主要源于专业化发展（Professionalization）"，借助于依靠对资质、认证以及对特定人员的筛选，并以此为基础形成相似性及一致性过程。

制度领域中的认知体系（Cognitive Pillar）则是代表特定领域的最佳实践惯例，与此相对应的是 DiMaggio 和 Powell 提出的模仿性制度同构压力，即在不确定性情境下，企业寻求其他组织或此领域中共识性的最佳管理实践，用以更好地获取及维系、发展合法性地位。

现有相关文献中的经验研究同样显示出，国际商务情境下，跨国企业面对东道国市场三大制度架构，建立合法性地位所面临的挑战。在基于美国跨国企业在全球十个国家执行产品质量管理的企业管理实践研究中，学者 Kostova 和 Roth（2002）研究发现，东道国的制度架构，如制度环境中的监管、规范及认知体系，会影响到跨国企业子公司采用母国企业质量管理实践的具体决策及行为。其研究结论还显示，即便得到了跨国企业母公司强大而具有一致性的支持，其子公司在具体执行这些企业质量管理实践过程中仍然会采取不同程度的变更及修改。而在实践中，只有当某一种管理实践与东道国制度环境中的认知性架构具有高度的一致性时，跨国企业子公司才会倾向于对其进行完全的执行。此研究结论在一定程度上也表明，在东道国市场上的外国子公司在应对东道国制度环境压力过程中，会策略性地采取回应方式，用以获取东道国市场合法性地位。

整体而言，现有文献显示，国际商务研究领域中涉及跨国企业"合法化"的研究文献仍然较为分散，尚缺乏系统性的研究脉络及体系。除理论层面的探究之外（Boddewyn et al.，1994；Kostova et al.，1999），也有一些针对合资企业（International Joint Ventures，IJVs）"合法化"过程中的行为决策实证分析（Lu et al.，2006；Alcantara et al.，2006），其中也包括跨国企业一直所面对的“外来者劣势”如何克服(Asmussen et al. ,2011),复杂的全球化市场过程中跨国企业道德伦理问题的关注(Sethi,2002)以及来自非政府组织的密切监督(Doh et al.,2004)及东道国当地政府的问题监管(Marinova et al. ,2011)等。当然,也包括现有文献较多集中于的跨国企业海外市场进入模型选择等问题(Chan et al. ,2007;Yiu et al. ,2002)。鉴于此,系统梳理现有企业“合法化”研究相关文献成果,以期清晰呈现基于制度理论视角下的企业合法性研究脉络及体系。

3.2 企业“合法化”研究分类

学者 Turcan,Marinova 和 Rana(2012)基于其对“合法化”概念,即“与社会规则、信念及定义具有兼容性的观点被认可、被接受及被维系的过程”诠释基础上,对现有相关文献进行了系统梳理。研究发现,现存企业“合法化”相关文献大致可以分为两类:一类集中于探究新创企业(New Ventures)如何获取“合法化”及已建立企业(Established Firms)如何维系“合法化”(Johnson et al. ,2006);另一类则集中于新创企业在已建立市场或者行业(Established Industry)内以及在新兴市场或者行业(Emergent Industry)内如何获取“合法化”(Aldrich et al. ,1994)问题。在此基础上,依据现有研究脉络,对上述两类研究文献再进一步划分,即采用交叉列表(Cross-tabulating)方式,按照企业状态(新创或已建立)及行业状态(新创或已建立)重新进行划分后,现有企业“合法化”研究便可以归为四类(图 3.1)(Turcan et al. ,2012)。

		市场状态	
		新兴市场	已建立市场
企业状态	新创企业	Ⅰ: 获取“合法性”地位 (不确定性决策机制设置)	Ⅱ: 获取“合法性”地位 (风险决策机制设置)
	已建立企业	Ⅳ: 防卫“合法性”地位 获取“合法性”地位 去 “合法化” (去制度化)	Ⅲ: 维持“合法性”地位

图 3.1 企业“合法化”研究分类框架图

资料来源:Turcan R V,2001.

依据图 3.1 可以清晰识别出,第Ⅰ象限和第Ⅱ象限内的研究对象主要集中于新创企业(新设外商独资企业或合资企业,或现有企业采取新的组织形式、生产一种新产品、采用一种新技术或工艺或新的商务模式,及其他相关创新活动等)在新兴市场(第Ⅰ象限)和已建立市场(第Ⅱ象限)如何获取合法化地位,以及如何确保新创企业达到市场合法化阈值(临界值),通常"在这一阈值或临界值之下,新创企业为市场生存所做的努力会以失败而告终;而在这一阈值或临界值之上,新创企业不仅可获得市场合法性地位,且在相关资源获取方面亦可以获得未来收益"(Zimmerman et al.,2002)。但集中于第Ⅰ象限和第Ⅱ象限内的两类研究最大的不同之处在于决策机制设计,即不确定性与风险。相比较于新创企业在已建立市场(第Ⅱ象限)获取合法性地位过程中所面临的风险,不确定性决策机制(第Ⅰ象限)特征则主要存在于新兴市场,而决策制定本身则基于技术条件及市场环境的不确定性,即目标含糊。在国际商务研究领域中,新兴市场不仅意味着产品或服务是新的,同时也意味着新的市场选址或定位,即地理层面的新兴市场。因此,在这种双重的不确定性决策过程中,决策结果本身(新创企业成功的概率)的可能性更是不可知的(Alvarez et al.,2005)。

集中于第Ⅲ象限的研究多关注于已建立组织(企业)在一个已经建立起来的成熟市场,或是此市场已经处于一定稳定状态(Klepper et al.,1990)之中时,如何维护其自身合法化地位(Zelditch et al.,1984),或是防卫其已有合法化地位(Bitektine,2008)。例如,已建立企业可能会采用的具体方式包括:建立进入相关市场、行业或领域的合法化壁垒,或改变合法化具体维度的相对重要性,提高合法化门槛限制条件,以及改变竞争对手绩效感知度等。

第Ⅳ象限中的研究则集中于已建立组织(企业),当其所经营的市场出现新进入者时,如何维护或防卫其自身合法化地位。例如,当由于某种创新、研发、新的组织形式或是新的社会秩序等引入而使得原有市场发生冲击,在面对机遇与挑战之时,已建立企业可以尝试选择捍卫企业现有状况(Bitektine,2008),或是就其现有管理实践采取去合法化(De-legitimize)举措(Oliver,1992),以适应新的市场现实状况。此外,此象限中涵盖的研究还包括已建立企业如何使得其原有产品或服务在新兴(海外)市场获取合法化地位,以及经济环境中新的经济部门或行业如何被创造出来等。需要提及的一点是,新进入者或现有市场状况挑战者的生存,通常是以现存者不能快速适应及追赶新的现实环境为代价的。

3.2.1 新创企业与新兴市场

集中于此象限内的研究大多为与不确定性行为决策相关联的新创企业或是新兴市场的出现或形成问题,基于制度理论视角下的相关研究大多可以给予新技术、新制度环境或新型组织形式出现情境下新行业或市场的出现或形成问题以合理解释(Burr,2006;Dejean et al.,2004;Lippmann,2007;Munir et al.,2005)。与此同时,基于新创企业或新兴市场情境下的这些行为决策往往具有特定技术条件或是市场环境不确定性特征,也包括目标的模糊性等,这些行为特征也成为新创企业合法化获取及相关合法化策略选择中予以重点考量的着眼点。整体而言,应用合法化理论分析框架可以为上述新创企业现象提供一个概念性的解释(Rutherford et al.,2007; Turcan,2012),但随着企业合法化概念的不断深入,与之相关联的一些构念及理论体系,如组织象征(Organizational Symbols)(Glynn et al.,2004)、组织脚本(Organizational Scripts)、生命周期理论(Drori et al.,2009)及象征性管理(Zott et al.,2007)也常被用来作为相关研究的理论基础及理论背景。此外,鉴于学者Storey(1994)曾指出,小型企业自初始建立3年后的生存率将是一个关键性问题,因而,现有相关研究中的很大一部分文献探究的都是新创企业的生存及失败,以及如何解决问题。这些文献强调的大多是新创企业合法化地位获取的依赖路径,其中也包括去合法化问题(De-legitimation)或去制度化问题(De-institutionalization)(Glynn et al.,2004;Turcan,2012),以及合法化阈值(临界值)问题(Rutherford et al.,2007)。在国际商务研究领域,针对国际创业(International

Entrepreneurship)(Oviatt et al.,1994)领域的相关研究则一直成为热点(Turcan,2012);此外,国际商务领域中的互联网企业及互联网创业过程中的合法性问题也引发了相关学者的关注(Drori et al.,2009;Glynn et al.,2004)。

整体而言,合法化分类研究中第Ⅰ象限的研究对象主要集中于新创企业(即新成立组织)(Drori et al.,2009; Glynn et al.,2004;Rutherford et al.,2007;Turcan,2011;Zott et al.,2007)、新产品开发(Burr,2006;Lippmann,2007)及新型技术应用(Munir et al.,2005)的合法化策略研究,或是新兴产业的合法化研究(Dejean et al.,2004)。简言之,上述研究中大多将"合法化"视为一个过程(Process),也有学者将其概念化为一个过程及一种状态(Glynn et al.,2004)。在这一过程中,利用学者 Rutherford 和 Buller(2007)的"前临界值(Pre-threshold Legitimation)"合法化策略和"后临界值(Post-threshold Legitimation)"合法化策略,新创企业可以尝试达到合法化的临界值或阈值标准。

一般来说,新创组织的合法化策略可以划分为以下四种形式的象征性合法化(Symbolic Legitimation)策略:

(1)信誉度(Credibility),定义为对于企业而言的个人能力及个人承诺;

(2)组织专业性(Professional Organizing),定义为组织的专业性结构及程序;

(3)组织成就(Organizational Achievement),定义为部分工作产品及技术,企业年龄及雇员人数;

(4)利益相关者关系质量(Quality of Stakeholder Relationships),定义为知名的利益相关者及个人关注等(Zott et al.,2007)。

其中,行为决策过程中的不确定性通常被视为合法化进程中的调节变量,即不确定性程度越高,象征性管理(Symbolic Management)对于资源吸引的作用越重要(Zott et al.,2007)。与此同时,借助制度同构所表现出的象征作用的持续力、组织惰性及缺乏相应的适应性等也可能会导致去合法化的发生(Glynn,2004),更有甚者会导致前期获得的组织内、外部合法化地位的侵蚀(Drori et al.,2009)。

鉴于一些企业除了向单一客户销售产品或服务外,无任何灵活的替代选择,或是在已经识别的利基市场(Niche Market)上仅有特定数量客户的企业,针对这些企业学者 Turcan(2011)特别提出"囚禁(Captivity)"概念。三种类型的囚禁方式由此可以产生,即垄断行业供应商(Captive Industry Supplier)、垄断二元性合作商(Captive Dyadic Partner)、垄断市场领导者(Captive Market Leader)。

此外,针对源于新技术产生的新兴领域或市场的合法化问题,学者 Munir 和 Philips(2005)提出的合法化策略选择应包括:

(1)为了使新技术得到广泛自然认可及获得合法化地位,可将新技术嵌入现存实践之中;

(2)创建新角色,使得新用户应用现有技术具有合法化;

(3)创建新制度,便于新技术可以由此形成制度化;

(4)完善现有制度,使得现有技术能够得到差异性认可及区别对待。

考虑到新创企业及新兴市场的不确定性特征,现有研究表明,鉴于原有规范及惯例本身就具有合法化、可信性及价值认可度,因此新创企业与这些规范及惯例保持组织层面的一致性能为其提供具有一定程度的合法化地位(Glynn et al.,2004)。此外,因为在新产品或新市场引入或形成的早期阶段,产品的适用性及社会层面的合法性认可度都尚处于较低水平,此种情境下,生产厂商可能会借助产品设计的差异化从而引入或引导公众形成新产品认知的合法化。与之相对应的是,消费者会通过主张社会排他性及通过组织实践同步性,引发社会层面的合法化形成(Burr,2006)。简言之,组织形式及行业边界的合法化通常都是社会各方协商的结果(Lippmann,2007)。

3.2.2 新创企业与已建立市场

第Ⅱ象限内研究文献集中于新创企业在已建立市场或行业内的风险决策机制。其中,一类研究集中于探究新创企业合法化行为决策如何影响到行业层面及制度层面的变革、组织形式及新的组织惯例的合法化地位确立以及去制度化(Hargadon et al.,2001;Kim et al.,2009;McKendrick et al.,2001;Reay et al.,2006)。相关研究的理论分析框架,除制度理论外,还涉及演化理论(Evolutionary Theory)(Anderson et al.,1990;Romanelli,1991;Tushman et al.,1986)及制度变革理论(Theory of Institutional Change)(Bush,1987)等。另一类研究则集中于探究新创企业在已建立市场或行业内获取及建立合法性地位的机制过程本身,此类研究的理论基础,除制度理论及合法化理论外,还涉及印象管理理论(Impression Management Theory)(Tedeschi et al.,1981)、市场营销理论(Coviello et al.,1997)、创业理论(Carter et al.,2000)、策略参照点理论(Strategic Reference Point Theory)(Fiegenbaum et al.,1996)、多边网络理论(Multilateral Network Theory)(Human et al.,1997)等。此外,国际商务视角下的相关研究也多有提及(Bilkey et al.,1977;Johanson et al.,1977;Goldberg et al.,2003;Lu et al.,2006;Cheng et al.,2008)。

若涉及新创企业在已建立市场或行业内的具体合法化行为决策方式,系统梳理第Ⅱ象限内的相关研究成果,则可以清晰呈现出新创企业或新型组织形式的合法化策略理论演化体系,以及这些策略对于新创企业合法化地位确立的验证。事实上,针对新创企业的合法化策略研究,现有文献已经有所积累,在此基础上,学者 Human 和 Provan(2000)基于网络理论视角,通过观察同一行业内两个不同的网络化组织形成及发展过程中,在其制度环境内为确保合法化地位获取而采取的不同形式的策略选择后发现,网络化组织可以借助两种途径构建其合法化地位:一种是内部化,即网络化组织内部由内向外(Inside-Out)的合法化策略①;另一种是外部化,即所处制度环境中由外而内(Outside-In)的合法化策略②。而网络理论视角下,新创企业合法化策略的构建维度通常包括以下三类:

(1)网络形式(Network as Form),构建一种可接受的组织形式;

(2)网络实体(Network as Entity),旨在开发一种可识别的标志或身份;

(3)网络互动(Network as Interaction),例如企业互动学习等。

此外,学者 Goldberg 等(2003)也提出过构建企业声誉的四类行动策略,包括:

(1)现有资产的动态开发利用;

---

① 内部合法化涵盖以下四个维度:

(1)市场合法化,常被定义为已建立企业董事会席位中前任或现任高管人数占董事会总席位的比率;

(2)区位合法化,常被定义为企业在集群中的区位,尤其在重要集群中的区位选择,以及集群中企业数量占一国企业总数量的比率;

(3)科研合法化,常被定义为企业董事会席位中科研机构人员数量占企业董事会总席位的比率;

(4)历史合法化,常被定义为产品开发数量或企业高层创业历史等。

② 外部合法化主要涵盖联盟存在形式及联盟存在数量等。

(2)开发核心竞争力;

(3)企业形象管理;

(4)联盟策略。

学者 Goldberg 等人的研究还表明,新创企业成功与否在一定程度上取决于新创企业管理者是否设计出一整套的合法化构建策略。而为了能够确保新创企业合法化策略的顺利实施,还需要整合企业策略规划中重点考量的三类因素,即:

(1)强化企业内部核心竞争力;

(2)拓展企业外部关系网络;

(3)积极创造企业正面形象。

具体到针对新组织形式及新惯例的合法化问题,学者 Reay 等(2006)则指出相互依赖、循环且定位于微观进程的三个层面:

(1)培养那些包含"机会之窗(Windows of Opportunity)"思维的变革机会;

(2)在主流体系内植入新的功能或角色,并投入资源用以代表新角色或划分新角色;

(3)提供新角色的价值体系,以便行为方能够使其他人,尤其是专业领域内的同行或同事有效识别新角色的价值。

此外,为追求实际层面及认知层面的合法化(Pragmatic and Cognitive Legitimacy),学者 Wilson 和 Stokes(2004)则指出,对于新创企业而言,在已建立市场或行业中最适宜的合法化策略就是所谓的"操纵策略(Manipulation Strategy)"。与此同时,上述学者还指出,相对而言"遵守规则(Following the Rules)"不仅是阻力最小的一条路径,同时也会相应提高企业或行业成功营销的壁垒。另一方面,基于新创企业在已建立市场或行业中的创新性问题,学者 Hargadon 和 Douglas(2001)曾引入稳健设计(Robust Design)概念,用于调节制度设计与技术创新间的作用关系降低与创新活动相关的市场不确定性风险,从而确保主要的利益关联方会正视并思考创新活动的合法化问题。相关研究还进一步指出,新创企业创新活动所面临的挑战最终依赖于市场或客户能否发现与创新思维(活动)定位及描述相关的熟悉线索,而不至于由于对客户的联系过于松散而使得旧有的行为方式仍然占据主导地位。这也在一定程度上意味着新技术、创业行为及创新思维的出现需要在新奇与熟悉之间寻求平衡,在冲击与接受之间形成取舍。

国际商务视角下的相关研究则大多集中于国际新创企业(International New Ventures),现有文献显示:强制性制度同构压力①会显著影响到国际新创企业国际化进程中东道国市场进入模式的选择特征,尤其表现在国际新创企业国际化进程中海外市场进入策略选择方面(激进式策略或是渐进式策略)。相对而言,对于模仿性制度同构压力②的认知会影响到国际新创企业对其海外子公司或分支机构的承诺(Commitment),而规范性制度同构压力③对于跨国企业的海外市场进入模式选择的影响作用则并不显著(Cheng et al.,2008)。现有研究还显示,当处于(国内)较大制度压力情境之时,组织(企业)不仅会选择较早从事海外市场拓展业务,而且会在最初的国际市场运营中采用更为激进且具有扩张性的运营方式

① 强制性制度同构压力被定义为源于供应商、当前客户、潜在客户、本国政府及相关利益者的压力。

② 模仿性制度同构压力被定义为由于所处(本国)环境的不确定性,出于应对竞争对手采取行动压力,而模仿成功的同行行为。在行业层面,模仿性制度同构也被定义为形成于特定时期的联盟的总体密度。

③ 规范性制度同构被定义为源于联盟,或是与其他企业或组织首席执行官(CEO)的人际关系接触而产生的压力,常常表现为源于企业董事会成员、CEO 的国际性商业经验及 CEO 的国际性教育经历等。

(Cheng et al.,2008)。此外,尽管第Ⅱ象限内的研究成果大多表明新创企业成长及生存与其内、外部合法化地位获取间存在正向关联性(Delmar et al.,2004;Kim et al.,2009;Lu et al.,2006;Rao et al.,2008),但基于国际商务视角下,此种内、外部合法化同样具有彼此依存度,而非相互独立(Lu et al.,2006)。在一项针对合资企业的研究(Lu et al.,2006)中显示,母国出资企业年龄及出资企业规模,作为企业外部合法化的两个重要来源,与国际合资企业的成长及生存具有正向关联性;而东道国出资方与国际合作企业的关联性、母国出资方与国际合资企业的关联性,作为企业内部合法化的两个重要来源,会增强国际合资企业成长及生存的概率。简言之,当企业选择以合作形式及产品多样化策略方式进入海外市场时,考虑合法化问题尤为必要(Lu et al.,2006)。

另一方面,第Ⅱ象限内的研究成果中也含有一些颇为有趣的研究结论及存在争议仍有待于进一步深入探究的研究议题。例如,学者 Elsbach 和 Sutton(1992)研究发现,与源于合法化结构内容本身保持制度层面的一致性或是摒弃非合法化行为会有助于新创企业应用印象管理(Impression Management)策略用以获取利益关联方的认可及支持;但与此同时,新创企业也可能会采取某些非合法化行为(Illegitimate Actions)用于获取合法化地位的认可及支持。在针对合法化与非合法化行为的相关研究中,学者 Glynn 和 Marquis(2004)的研究结论则与上述观点有所不同,其认为合法化是非合法化的缓冲(Buffer)区域。此外,学者 McKendrick 和 Carroll(2001)的相关研究中也同样存在一些相互矛盾的研究结论,例如联盟建立(Association-Building)和标准制定(Standard-Setting)均不会导致新组织形式的合法化,而组织起源多样性或市场环境中组织运营的其他相关活动反而会对新组织形式的制度化形成产生负面影响。学者 McKendrick 和 Carroll 由此总结出异质性(Heterogeneity)会使得自我认同(Self-Identification)、规则及一致性愈发凸显出不确定性特征,同时也使得经确认的规则执行越发困难;进而提出一个合法化的组织形式应源于市场中聚焦(焦点)企业的密集度,而非整体的密集度。在涉及组织合法化基础的相关研究中,学者 Tornikoski 和 Newbert(2007)的研究结论与学者 Du 等(2010)的研究结论也有些许矛盾之处。一方面,学者 Tornikoski 和 Newbert 的研究结论指出,一致性合法化①所包含的个体(人力资本)、组织(组织资本)及环境(市场吸引力)特征(作为合法化基础的一部分)不能给新组织提供合法化基础;另一方面,一些策略性合法化②指标却显示出与新创组织形成间所具有的正向关联性。例如,6 个即兴活动(Improvising Activities)中的 4 个(营销或促销工作启动、财务报表预设、开立银行账户和将该组织名称列入公共电话名录中)均与新创企业设立正向关联,而相比之下,商业预案的准备及申请专利、版权及商标等则对新创企业设立无显著影响。此外,该研究还显示,资源整合行为也有助于新创企业实质性合法化地位的获取,而关系网络构建行为则对新创企业组织设立的实质性合法化地位获取影响非常有限。策略性层面的

① 一致性合法化涵盖以下三个维度:
(1)人力资本,常被定义为行业经验、前期创业经验、管理经验及教育;
(2)组织资本,常被定义为法律实体存在、创业团队存在、创业规模、产业集群性及创业经验;
(3)市场吸引力,常被定义为预期的竞争力水平、创新程度。

② 策略性合法化同样也涵盖以下三个维度:
(1)即兴安排,常被定义为拥有预备的商业方案,已经开启的营销或促销工作,已经申请的 ISO、专利、商标或版权,有预设性财务报表,已开立银行账户,已列入电话名录;
(2)资源整合,常被定义为拥有已开发的模型或原图、已购买原材料或购买/租用工厂及设备;
(3)网络确立,常被定义为有资金需求用以建立供应商信用及获取外部帮助等。

合法化设计(Strategic Legitimacy)相比现有制度规范遵守层面的一致性合法化设计在诠释新创企业设立方面的作用更为显著。

3.2.3 已建立企业和已建立市场

第Ⅲ象限内集中的文献侧重于在已建立市场或进入已建立市场中的已建立企业的相关合法化活动。其中,第一类研究文献主要集中于已建立市场中新进入者的合法化问题,且更多聚焦于模仿性同构行为(Mimetic Isomorphism)(DiMaggio et al.,1983)的合法化过程(Du et al.,2010;Garcia-Pont et al.,2002;Haverman,1993;Yeniyurt et al.,2009)。第二类文献探究的是制度性变革及新组织形式的引入及其去合法化问题,即相对于已有制度性规则(Scott,2001),企业创新性活动及行为如何导致新的行为惯例、规范的产生(Lounsbury et al.,2007);或是利用制度性创业理论(DiMaggio,1988)及组织理论(DiMaggio et al.,1983)阐释制度领域的变革演进及制度性创业在组织合法化过程中的影响作用(Greenwood et al.,2002)。第三类文献则基于传统研究视角,即已建立组织(企业)在一个已经建立起来的成熟市场,或是此市场已经处于一定稳定状态(Klepper et al.,1990)时,如何维护其自身合法化地位(Zelditch et al.,1984)或是保护其已有合法化地位(Bitektine,2008)。

现有文献中涉及第一类问题的研究成果显示,新进入者应该更多关注已建立市场中成功企业的行为方式,并尽量对其进行有效模仿(Haverman,1993)。国际商务视角下的相关研究对此问题给予了明确回应,即在企业国际化发展早期阶段,海外市场新进入者应该更多关注其东道国市场中竞争对手的行为方式,其中,利用市场联盟方式进入海外市场成为新进入者常采用的市场准入方式之一(Yeniyurt et al.,2009)。而当母国与东道国存在较大限度文化距离(Culture Distance)情境下构建两国企业联盟时,两国间文化距离将会对企业联盟建立产生具有实质性的不利影响;但是针对文化较为接近,即文化距离较小的两国间企业建立联盟时,这种不利影响则并不显著(Yeniyurt et al.,2009)。

在现有文献中,也有一些针对一般性的行业范围或全球范围内企业行为方式模仿观点并未给予完全的支持及认可,相反却强调企业更加紧密地观测及模仿的对象应该是占据相同战略性生态位(Strategic Niche)的企业决策行为,即本地模仿(Local Mimetism),而非基于一个宽泛范围内对于整个行业企业行为的模仿(Garcia-Pont et al.,2002)。此研究结论还进一步指出,如果企业不能改变其在某一策略组群(Strategic Group)或其组织生态位(Organizational Niche)中的地位或位置,那么这些企业至少可以通过在策略组群内密切关注竞争对手,并与其行为保持同步,从而维持与最密切竞争对手的平等关系(Garcia-Pont et al.,2002)。

此外,也有文献显示,尽管对于新进入者而言,模仿效应具有正向作用,但是这种正向积极作用会以更快的速率消减,因为源于模仿行为而产生的合法化效应会逐渐被成熟市场所产生的竞争效应所侵蚀。一个新市场成长过程中,已有相当数量的成功在位者(Successful Incumbents)居于其内之时,对于潜在的市场进入者而言,新市场进入的吸引力将大为削减(Haverman,1993)。而一旦特定行业内有大量联盟形式存在,寻求新联盟的倾向性也将会降低;若行业内存在有限数量的潜在合作者及由此产生的协同效应,则此行业作为一个整体可以达到新联盟形成的上限要求(Yeniyurt et al.,2009)。

第Ⅲ象限内第二类关于与制度变革或新组织形式及惯例引入相关的合法化策略问题的现有文献显示,为了新的组织形式或行为方式可以理所当然地被认可为惯例或规范,或是对于制度变革而言,新的制度体系能够被广泛接受,这些新生事物需要被赋予理论化考量(Greenwood et al. ,2002;Lounsbury et al. ,2007)。而此理论化过程的关键步骤在于,需要借助专业人士的价值判断,相关问题得到系统说明,理论体系得到系统论证,在此基础上得以构建系统的逻辑体系,借此过程获取规范及道德层面的合法化地位(Greenwood et al. ,2002)。正如学者 Lounsbury 和 Crumley(2007)所指出的那样,如果违规或不法行为不构成问题化,那么现有理论就不会被挑战;相应地,流氓行为也才可能会逐渐消减或是以一种边缘化方式存在。因此,理论化不再是一个暂时性行为,而是一个需要被不断重复以至于引发对于此类问题的共同关注及认知形成(Greenwood et al. ,2002)。

第三类研究文献的焦点集中于探究已建立企业用以构筑进入其所在行业或领域的基于合法化层面的相关壁垒的策略规划及策略实施问题。例如,学者 Bitektine(2008)曾提出一个所谓的合法化操纵策略(Legitimacy-Manipulation Strategies)概念,并涵括以下几种类型:

(1)改变合法性维度的相对重要性;

(2)提高合法化临界值限定标准;

(3)改变竞争对手绩效认知水平等。

借助这些策略,企业可以尝试达到以下结果:

(1)根除,即挑战新进入者存在的合法性;

(2)预防,即创造市场进入的合法性壁垒;

(3)缓和(某种伪装行为或事件),即限制新进入者的运营绩效。

此外,现有研究中还包括跨国企业,尤其在涉及某些特定情境,如撤资(Divestment)或停工(Shutdown)状况下,如何使得“去合法化”具有合法性地位的合法化策略问题(Vaara et al. ,2008)。

例如,学者 Vaara 和 Tienari(2008)提出了四个表面上毫无关联的合法化策略:

(1)授权(Authorization),如由 CEO 提供;

(2)合理化(Rationalization),包括盈利性、未来预期、作为未来盈利来源的产能过剩减少等;

(3)道德化(Moralization),定义为机会损失(Opportunity Loss);

(4)企业神话(Mythopoeia),通过使用委婉言语对探究诸如企业为何倒闭的真实原因(裁员等)进行伪装。

同样,学者 Erkama 和 Vaara(2010)还识别出五种略带修辞色彩的合法化策略(Rhetorical Legitimation Strategies):

(1)理性(Logos),理性观点;

(2)同情(Pathos),情感道德观点;

(3)民族精神(Ethos),基于权威的观点;

(4)自生系统性(Autopoiesis),基于自我叙述的观点;

(5)宇宙(Cosmos),宇宙哲学构造观点。

整体而言,这些合法化策略可以广泛应用于不同的合法化、去合法化及再合法化过程。

3.2.4 已建立企业与新兴市场

第Ⅳ象限内集中的研究文献多为当已建立企业所处市场处于一种突发状况,或由于激进式创新、新型组织形式或新的社会秩序引入而遭遇破坏之时,已建立企业捍卫其自身合法化的方式;或是其对于新领域、惯例、规范或新制度形式的产生,使其具有合法化,或去合法化的方式。例如,新制度性领域如何产生以及如何借助现存组织或已建立组织获得合法化地位(Delmestri et al. ,2011;Lawrence et al. ,2004;Maguire et al. ,2004;Vermeulen et al. ,2007)、主导性企业组织形式及相关实践规范的去制度化(De-Institutionalization)(Davis et al. ,1994;Maguire et al. ,2009)等,相关研究文献的理论基础除制度理论外,还包括组织生态学(Hannan et al. ,1977)、制度创业理论等。

整体而言,第Ⅳ象限内的相关研究主要集中于新组织领域或制度领域的合法化问题,以及主导性组织或惯例的去合法化问题。关于新组织领域或制度领域的合法化问题,现有研究很大程度上是对于早期相关研究的回应。例如,学者 Maguire 等(2004)曾提出三类关键性合法化策略:

(1)连接不同利益相关者;

(2)新兴实践的理论化,即问题系统化,新兴实践及政治性协商理由明辨及解释;

(3)新兴实践的制度化,将其附加到现存组织章程中,并重申在现有制度空间基础内其与利益相关者价值体系的一致性。

同样,学者 Delmestri 和 Wezel(2011)在探究欧洲多厅影院(Multiplex Cinemas)扩散问题时提出了合法化进程模型,此模型由四个阶段构成,依次为进入前阶段、早期扩散阶段、首次衰退阶段、合法化阶段。

相关合法化策略为理论化(Theorization)、稳健设计(Robust Design)、掩饰(Camouflage)、游说(Lobbying)和废除限制性法律及社区运动。

此外,学者 Vermeulen 等(2007)探究的另一个有趣的问题是关于政府主导型市场开发的失败案例。Vermeulen 等人发现,一定领域内的既有利益集团可能会阻碍或妨碍政府政策的执行力,即暗示着政府机构的影响力问题,但是,并不确定的是制度变革是否直接作用于市场结构。上述学者的研究显示,政府政策间的不一致性及政府机构的复杂性不仅可能导致多个否决点,还可能导致多个模糊点,而这些也常被用于维持现有制度现状。

关于主导性组织或惯例规则的去制度化(去合法化)问题,学者 Davis 等(1994)探究的是综合性跨国企业的衰落问题,并指出去制度化会因组织形式的累进式变革和商业言论的变化而受到影响;去制度化是一个具有突发性变化的过程,通过自愿或非自愿过程进而影响政治、经济及认知层面。上述学者也认为去制度化不仅适用于一般类型的企业组织形式,同样也适用于主导性组织或企业形式,如具有边界的社会实体,也包括主权政体。Davis 等人进而强调合法化意味着制度性实践及制度性架构有能力抵御基于纯粹工具性理论的挑战。

在此基础上,学者 Maguire 和 Hardy(2009)对外部及内部驱动的去制度化进行了区分。相关研究显示,基于外部驱动型的去制度化,破坏性的制度性工作会强化现有惯例及制度的负面影响作用,在这一过程中,会增加现有惯例、规则及制度的维护成本,尤其是相关联的社会成本。同样,外部驱动型去制度化需要产生基于新的实践论述的新的主体定位及新的知识体系,而在内部驱动型去制度化案例中则仅需要针对现存实践论述的新的知识体系。

3.3 小 结

当前国际商务研究多集中于理论层面探究合法化策略问题,但在经验研究方面,合法化问题主流研究体系尚未形成。系统梳理现有相关文献,对于国际商务学者的后续研究无疑具有重要启示及借鉴意义。

学者 Turcan,Marinova 和 Rana(2012)对于合法化的分类研究已经涉及国际新创企业及传统跨国企业在新兴市场或传统市场中所面临的制度性合法化问题。在地理距离遥远国家地区的市场运作无疑与在本国市场运作存在明显差异,对于那些已经融入国际市场之中,并就此开始国际化经营的跨国企业而言,由于母国与东道国之间制度距离或制度差异而产生的制度性合法化策略无疑对其企业国际化运营成功与否十分关键。而对于国际商务学者而言,由此产生的一大挑战不仅需要深入探究新创企业或已建立企业如何在新进入或已进入的东道国市场开展国际化运作,还需要系统探究这些企业如何在东道国市场使其商业活动获得合法化地位,尤其是在东道国市场中开发推广新产品或现有产品(Lippmann,2007)、新技术或现有技术(Munir et al.,2005),或是跨国企业试图融入或重新规制东道国市场特定行业规则(Dejean et al.,2004)。与此同时,虽然不能排除跨国企业在母国市场获得合法性的可能性,但现实中,跨国企业无论在母国市场还是在东道国市场的商业活动及相应的社会责任问题常常会遭受质疑,对此,跨国企业也确实需要在已建立市场中重新构建及完善合法性策略,不论是母国市场还是东道国市场都应如此。

整体而言,国际商务学者在未来相关合法化研究中,应重点关注的议题包括以下几个。

第一,国际商务中跨国企业合法化策略应被视为一种可以导致某种合法化状态的过程性研究(Glynn et al.,2004),但是,大多数国际商务学者更愿意将合法化策略视为跨国企业为适应东道国制度环境而采取的一种合法化机制(Turcan et al.,2012)。相应地,在母国国内市场达到合法化的临界值(阈值)可能会相对容易一些,因为初始建立及成长于母国市场环境中的跨国企业更易于利用基于母国制度层面的特定竞争优势(Rugman,1981)。而相同的企业一旦进入海外市场,将在获取东道国市场合法化临界值方面面临更多的挑战,因为基于国家层面的特定竞争优势已经换由东道国市场企业所拥有,而对新进入者而言,其议价能力更多依赖于基于企业层面所拥有及掌控的特定竞争优势,以及企业需要获取新资源、新知识、新技术及新的市场主导性等,并用以弥补由此产生的竞争劣势(Hennart,2011;Marinova et al.,2011)。

对此,国际商务学者需要关注的议题之一便是前临界值(The Pre-threshold)合法化策略及后临界值(The Post-threshold)合法化策略(Rutherford et al.,2007)。现有国际商务研究文献中已将母国与东道国间的情景化相似性及情景化差异性归结为两国间"制度距离"或是"心理距离",而这也直接关系到跨国企业所寻求的合法化策略范围及程度的差异性。例如,如果一个企业从一个拥有较强制度性体系的情境之下开始进入一个处于较弱程度制度性体系的国家从事国际化经营,那么这个跨国企业在新市场获取合法化临界值的过程中会面对较高程度的文化认知性壁垒,进而需要采取的是后临界值合法化策略(Turcan et al.,2012)。相对而言,当相同的国际化企业进入一个较强制度性体系的新市场时,所遇到的将会是与母国制度环境更多的相似性。就此问题,有相关学者(Cuervo-Cazurra et al.,2008)指出，源于新兴市场的企业在进入另一些处于相同较弱水平制度性体系的新兴市场时，相比于源于发达国家市场经济体系的跨国企业更能克服制度性壁垒，而这些源于新兴市场的跨国企业凭借已经在母国制度环境下熟悉且经过验证的合法化策略，可以“走捷径”以获取东道国市场的合法化临界值。与此相同的研究结论还包括，在文化相似性较高的市场从事国际化经营活动时，文化层面的经历或体验所起的作用并不显著，而当进入与母国文化差异性较高的市场从事国际化经营活动时，文化层面的经历或体验的影响作用则是非常显著的（Yeniyurt et al.，2009）。

与此同时，国际商务研究仍需对母国市场情境中的前临界值合法化策略给予更多细节的关注。因为母国市场情境中的前临界值合法化策略亦会与跨国企业在海外市场中的合法化策略保持一致或是得到后者的有力支持，在消费品市场中，当企业寻求与商标或产品识别相关的消费者层面的合法性时，两者间具有高度的相关性，进而也会提高跨国企业在母国的市场地位，增强基于母国层面的特定竞争优势（Delmar et al.，2004）。

第二，国际商务研究中与合法化相关的另一个需要关注的研究领域是合法化获取过程中的协同演化（Co-evolutionary）视角（Koza et al，1998；Rodrigues et al.，2003）。不论是企业参与方，还是企业内部、行业内部、协会及组织内部具有合法性的参与方，均可共同形成、驱动及发展这一合法化过程。对于跨国企业而言，此协同演化视角非常重要，因为跨国企业需要面对的是一个相比较于在母国市场情境下的具有高度不确定性水平的东道国市场，而这无疑会与涵盖从严苛性制度限制环境到限制宽泛的自由市场体制在内的不同东道国与母国市场制度体系协同演化动态机制相关联。此议题项下，诸如制度化变革程度如何相关联于基于企业层面的战略性选择机遇，以及如何相关联于企业的国际化发展等问题都值得相关国际商务学者深入探究。而源于企业国际化运营环境中诸多影响因素的动态融合及相互作用，以及跨国企业管理者对于环境的反应能力及某种程度上的影响能力，也会为企业国际化过程中不同组织形式如何影响企业合法化策略形成问题提供新的见解。

此外，与制度协同演化相关的议题还包括基于合法化的效率问题，即跨国企业需要改变其商业体系中的制度性规制或规则，或是与新制度协同发展，用以生成在特定东道国市场中的新的处事方式或“门道”，以提高跨国企业在国际市场情境下的商业运营效率（Cantwell et al.，2010；Jackson et al.，2008）。除了不同市场间的制度性差异外，单一市场内的制度多元性也同样非常重要，因为其在一定程度上同样会强化（跨国）企业对于合法化策略的制定及实施。

第三，国际商务学者探究的另一个焦点问题还应涉及由于跨国企业海外市场退出、撤资或是投资失败而产生的“去国际化”问题。此类问题研究重点多集中于基于制度同构（Institutional Isomorphism）的象征意义的持续性作用，以及企业惰性及缺乏相应的适用性可能会导致“去合法化”，或是削弱甚至破坏前期已获取的企业内、外部合法性（Drori et al.，2009）。此外，跨国企业全球定位情境之下，在一些东道国市场寻求“去合法化”策略可能成为跨国企业全球重新布局及战略定位的重要组成部分。国际商务学者也应探究跨国企业在海外市场所广泛采用的，具有主权政体的、有界社会实体特征的主导性组织形式的流动性问题，以及跨国企业的这种主导性组织形式基于政治、经济及认知层面的自愿或非自愿形式的影响过程，或是基于纯粹工具性理论（Instrumental Grounds）的挑战等（Davis et al.，1994）。

此外，“去合法化”策略需要对外部驱动去合法化及内部驱动去合法化加以明确划分，

“去合法化”通常由于主导性规制的负面消极影响而产生,或是继续原有主导性规制会由此增加额外的交易成本及社会成本而产生。学者 Maguire 和 Hardy(2009)指出,外部驱动去合法化需要新的主体定位以及关于规制、规范的新的知识体系出现;而在内部驱动去合法化过程中,与现存规制、规则相关的新的知识体系是必需的,并能形成相应的理论体系。当然,更多的应用性研究应该继续深入,如有学者所提及的跨国企业在海外市场中使“去合法化”具有合法化的策略研究,即授权、合理化、道德性教化、神话创造等(Vaara et al.,2008),而这些策略会依据跨国企业所处不同的东道国情境及其战略目标差异性而呈现出不同的表现形式。

第四,与跨国企业合法化策略相关的研究问题仍然是国际商务学者的研究重点,上述文献中提及的一些研究切入点、相关研究视角及一些有趣的研究结论可以潜在地凝练出未来国际商务学者对于跨国企业合法化问题的研究方向,并能给予一些必要的研究启示及借鉴意义。

如前述相关的国际商务理论研究中已经指出,基于制度同构理论视角下,强制性制度同构压力常用以影响到企业国际市场进入模式及速度,模仿性制度同构压力影响到跨国企业对于海外子公司及分支机构的承诺,而规范性制度同构压力影响的是企业国际化方式,而这三者间作用关系及作用机理问题还需进一步深入探究。

除上述文献综述中提及的合法化“同构”研究视角之外,还需强调的另一研究焦点则是决策制定过程中的不确定性常被认为在合法化进程中起到调节作用。在拥有更高程度不确定性的东道国市场中用以获取资源的象征性管理的重要性也相比较于在较低程度的不确定性情境下更为突出。进而对于进入国际市场的新进入者而言,合法化策略应侧重于探究企业信誉度、组织专业性、组织成就及东道国市场利益相关者关系质量(Zott et al.,2007)。当跨国企业处于合法性地位维护阶段时,海外市场运营绩效的增长则与企业内、外部合法化密切关联(Kim et al.,2009),与此同时,企业内、外部合法化间也存在一定程度的相互依赖性(Lu et al.,2006)。

此外,为获取东道国市场合法地位而采取的“遵循规则(Following the Rules)”策略也应被视为新企业进入海外市场时最为可行的方式及路径(Wilson et al.,2004)。相对而言,缺乏与现存竞争对手的差异化也会不利于跨国企业在海外市场的成功定位。也有学者指出,在新进入海外市场中的最为适宜的合法化策略应为操纵策略(Manipulation Strategy),即使用感染力、创新性、原创性、社会组织及响应力等,但操纵策略对于社会文化嵌入性或根植性同样非常敏感。学者 Bitektine(2008)针对合法化操纵策略进行了划分,包括:合法化测度维度相对重要性(权重)的变更,提高合法化临界值门槛、改变对竞争对手绩效的认知。鉴于上述合法化操纵策略作用结果会直接挑战新进入者在海外市场上的合法性地位,应提高新进入者合法化壁垒,或是限制新进入者企业运营效率,由此降低新进入者相关国际商务活动的议价能力。

关于跨国企业合法化策略选择方面还需要特别提及的一点是,有学者提出跨国企业东道国市场合法化地位建立的四个策略,依次为现有资产的动态开发、核心竞争力发展、形象管理及战略联盟,企业管理者可以将其视为整体策略中的一部分,用以开发企业在海外市场中的一揽子互补性合法地位建立策略(Goldberg et al.,2003)。而未来国际商务研究中的焦点之一便是上述研究提及的战略联盟。战略联盟通常涉及获取实际层面及认知层面的合法化,而企业国际化进程中上述四个合法化策略间彼此联系及相互依存关系还需要进一步探究。

简言之，作为跨国企业东道国市场获取合法性地位方式策略之一，不同海外市场进入模式的恰当选择可以确保跨国企业成功进入新兴或已建立的海外市场。相对而言，针对此类问题的相关研究在国际商务研究文献中已经有了较多积累，具体研究还涉及海外市场进入速度与合法化地位问题、跨国企业运营绩效指标选取问题等。此外，跨国企业合法化地位获取过程中所利用的资源，也应成为跨国企业社会资本、财务资本及人力资本中的重要组成部分。学者 Delmestri 和 Wezel（2011）的研究还涉及跨国企业海外市场准入模式选择与合法化地位获取的相关性问题，当不同海外市场准入模式实施后，结合海外市场服务模式之时，又借此进而潜在地引出合法化策略如何应用问题。学者 Turcan，Marinova 和 Rana（2012）的相关研究也显示，当新进入者进入一个相对具有高度竞争性、成熟度的东道国市场时，可以使用本地模仿策略（Haverman，1993），即紧跟其直接竞争对手，借此占据相同的战略性市场定位；或是以市场联盟形式作为市场进入模式（Yeniyurt et al.，2009），用以降低海外市场准入成本及跨国企业所面临的各项交易成本等。

近年来国际商务研究领域的成熟度已经达到相当水平，但是令人略显惊奇的是，在国际商务研究领域内的基于合法化方面的实证研究仍然尚未形成主流体系。有鉴于此，借助不同研究领域及不同研究视角下涉及的基于合法化及合法化策略的相关研究进行系统回顾及梳理，通过探究及比较分析相关研究的理论视角、研究重点及研究贡献，进而凝练出潜在的关于合法性问题的研究方向，用以为国际商务学者的未来相关研究提供新的研究路径，并希望借助本研究可以鼓励更多的基于国际商务与合法化问题交叉研究的经验研究出现及相应的理论构建。

第4章

制度距离、制度学习与跨国企业制度同构——基于东道国关系网络构建视角

跨国企业在东道国市场需要面对的首要问题是与母国市场不同的制度环境，由此产生的“心理距离”，即阻碍或扰乱企业与市场间信息流动的因素，包括语言、文化、政治体制、教育水平、产业发展水平等（Johanson，1975），或制度距离，即母国与东道国制度环境差异的客观存在（Kostova，1996）。跨国企业在东道国市场上的行为决策必须与当地企业行为偏好保持一致，才能在东道国市场获取“合法性”地位，获取更多东道国市场运营收益（Henisz et al.，2005；Peng，2003），而制度同构概念的提出则对阐释上述跨国企业行为决策具有很好的适用性。制度同构本意是指在相同环境制约条件下，有一种力量促使某一单元与其他单元具有相似性的“制约性过程”（DiMaggio et al.，1983），对于跨国企业而言，进入东道国市场后努力融入该国政经体系的重要同构行为便始于制度学习（Sirmon et al.，2007）。跨国企业制度学习并非指简单地对东道国社会相关法律法规、行业规制等常规性、显性知识的学习，而是指跨国企业将生产、营销、管理及人事等诸多经营要素融入或植根于东道国制度环境内的一种同构行为（Xu et al.，2012）。就表现形式而言，跨国企业制度学习方式路径与跨国企业东道国关系网络构建有异曲同工之处。鉴于当前主流国际商务学者大多认可企业国际化过程本身就是构建和利用国际社会关系网络进行信息知识资源获取及整合的过程（周劲波 等，2013），因而，在制度同构理论及基于关系网络的企业国际化理论框架下，以制度学习为切入点，对跨国企业为应对不同东道国制度环境所采取的必要制度同构行为及效果的系统阐释及深刻理解，借助不同理论学科交叉分析，丰富、促进企业国际化理论纵深发展的同时，更凸显出本研究的理论前沿性。

近期，学界对制度距离及制度学习的相关研究也日渐增多，主要原因在于随着经济全球化深入发展，各国企业以对外直接投资或其他合作方式参与全球生产及全球竞争均取得长足进展。其中，母国与东道国制度距离的客观存在确实对跨国企业东道国市场区位选择（Location）、进入模式（Entry Mode）及其他行为决策和绩效（Performance）产生不同程度的影响（Ando，2012；Darby，2010；蒋冠宏等，2012）；但更为重要的是，在企业国际化发展战略规划多元化的今天，越来越多的跨国企业不再视制度距离为企业海外市场选择不可逾越的障碍（尤其针对那些与别国政治经济体制等制度环境存在较大差距的国家），反而越来越重视制度同构作用，并倾向于探索多种制度学习方式融入东道国制度环境内，以减少因地理距离、制度距离产生的摩擦（Markus et al.，2005）、减少跨国企业在海外市场经营的不确定性（Gompers et al.，2009；Lindsey，2008）及规避“外来者劣势（Liability of Foreignness）”（Hochberg et al.，2010；Meuleman et al.，2009），从而提高跨国企业东道国“合法性”地位及

获取更多东道国资源(李军 等,2013)。

实践层面,中国作为全球贸易投资最大主体之一,其发展速度及规模均取得骄人业绩,中国企业国际市场进入国别地区已涉及包括发达国家、发展中国家及新兴经济体等在内的多种不同政经体系海外市场。与此同时,由于对东道国市场制度环境漠视或不熟悉,无法植根于东道国市场制度环境内并充分获取“合法性”地位,使得中国企业海外市场投资失利、运营低效及争端冲突事件屡见报端,如以国家信息安全为由,华为、中兴在美投资项目受阻;以国家能源安全为由,中铝收购力拓失利;以国家执政党换届为由,中国企业投资非洲矿业合同“无效”;作为中国在欧盟最好的朋友和合作伙伴,西班牙政府和商界在积极吸引中国资本的同时,民间对华人及中资企业排斥反感情绪高涨,等等。这些事件的发生不仅对中国企业造成严重的经济利益损失,更影响到中国企业在海外市场的声誉及形象。由此可见,在中国企业“走出去”战略大规模实施背景下,应对东道国制度环境(正式性及非正式性制度架构)差异性而采取的必要制度同构行为,将对中国企业规避“外来者”劣势、获取东道国“合法性”地位以及提高海外市场运营绩效产生深刻影响。制度学习的必要性日益突显,制度学习方式路径及效果则成为亟待解决的问题之一。另一方面,考虑到企业国际化过程本身就是利用及构建多种渠道方式与东道国社会及市场建立广泛联系的过程(周劲波 等,2013),而这种东道国关系网络的构建过程与跨国企业制度学习的方式路径又具有某种程度的内在关联性,作为企业获取外部知识信息的重要途径,东道国关系网络将发挥跨国企业制度学习的极其重要的知识信息“桥”作用(Burt,1992)。因而,如何妥善构建东道国关系网络,充分利用其中嵌入的经验知识等价值性资源进行有效的制度学习,减少因制度距离而产生的负面影响,用以帮助中国跨国企业在东道国市场获取“合法性”地位、规避“外来者劣势”、提高运营收益,成为本章内容研究的最终落脚点。为此,需要首先解决如下三个问题。

第一,跨国企业东道国关系网络构建与制度学习方式路径有何内在关联性?

回答此问题之前,还需要明确的是:跨国企业制度学习与以往企业国际化理论中所涉及的经验知识学习有何区别与联系。基于关系网络的企业国际化理论已明确指出,东道国关系网络是跨国企业经验知识学习的重要途径(Liesch et al.,2002;郑准 等,2008)。那么此关系网络是否对跨国企业制度学习有同样的适用性?如果有差别,那么这种差异性必将通过跨国企业制度学习方式路径的选择,表现为东道国关系网络构建过程中(区别于以往以经验知识获取为主的)具有特殊性的规律特征,而对于这种特殊性规律的寻求,恰恰是本章内容探究的焦点所在。

第二,东道国关系网络构建对跨国企业制度学习同构行为产生的实质性影响是什么?

这里需要深入考虑的问题有两个方面:一方面是如何科学界定制度同构行为的效果,制度同构效果的内涵及表现形式是什么,是否仅包括跨国企业东道国市场进入模式(Ando,2012;Xu et al.,2012)、累积的投资轮次(Tykvov et al.,2011)或是简单的绩效判断(利润率、退出率等)。制度同构行为的最终目的是获取东道国市场“合法性”地位及规避“外来者劣势”,而“合法性”地位获取的表现形式及结果到底包括哪些,现有文献尚未给出清晰答案。此外,学界主流观点视“外来者劣势”为一种额外产生的社会性成本,但该成本构成是什么,如何界定及量化分析,现有文献也未给出明确解答。另一方面是东道国关系网络构建影响跨国企业制度同构行为及效果的作用机理是什么，基于关系网络的企业国际化理论研究体系下，从工具性理论出发探究关系网络对跨国企业经验知识学习的理论构架及研究结论（Kotinen et al.，2011；Evers et al.，2011；许冠南等，2011）是否还具有同样的适用性，跨国企业制度学习方式路径对其东道国关系网络构建的嵌入性特征（结构嵌入、关系嵌入）又会产生哪些特殊影响，此作用过程中是否会受到跨国企业自身特征及东道国制度环境方面的主客观因素影响，这些问题尚需进行系统深入的探究及论证。

第三，上述研究结论是否对中国跨国企业东道国制度学习具有普遍适用性？

本章内容研究的最终落脚点仍然是中国跨国企业战略规划及对其管理实践的指导作用，因而利用典型化案例及大样本数据对理论模型进行实证检验尤为必要。需要特别提出的一点是，中国作为转型中的经济大国，经济、政治体制正处于深刻的变革中，传统的社会规范、价值观及文化认同感等也正经历着前所未有的挑战，因而，全面梳理中国当前正式性及非正式性制度架构现状尤为必要。在此基础上，才可以进一步探究理论模型对中国跨国企业制度学习的适用性问题，包括基于东道国制度距离的横向比较、从中国跨国企业自身特征着手进行细分的纵向比较，以及从母国制度距离角度比较中国跨国企业与其他国家（如发达、发展中、新兴经济体等）跨国企业的东道国关系网络构建情况和制度学习方式路径、特征及效果的异同性，等等。本章内容研究的最终目的就是要借助上述研究结论提炼出中国跨国企业东道国关系网络构建与制度学习及其制度同构效应关联性及作用机理的典型化事实，尤其是梳理出中国跨国企业在不同的东道国制度环境下，有效进行制度学习方式路径的规律性特征，为中国跨国企业东道国关系网络构建与制度学习方式路径探索提供战略规划及政策建议。

4.1 跨国企业制度学习相关概念演进①

制度学习和制度同构是源自制度经济学的核心概念，在跨国公司理论研究领域，对阐释跨国企业行为决策也具有良好的适用性。当跨国企业面对东道国迥异的制度环境时，其行为决策只有与当地企业及顾客的行为偏好保持一致，才能在东道国市场获得“合法性”地位，获取更多运营收益（Henisz et al.，2005；Peng，2003）。所谓制度同构，是指在相同环境制约条件下，有一种力量促使某一单元与其他单元具有相似的“制约性过程”（DiMaggio et al.，1983）。跨国企业在进入东道国市场后努力融入该国政治经济体系的制度同构行为始于制度学习（Sirmon et al.，2007）。跨国企业制度学习并不仅指对东道国相关法律法规、行业规制等常规性显性知识的学习，更是指跨国企业将生产、营销、人事管理等诸多要素融入或植根于东道国制度环境内的一种重要同构行为（Xu et al.，2012）。就表现形式而言，跨国企业制度学习具体方式、路径与跨国企业东道国关系网络构建密切相关且彼此呼应。

近年来，学界围绕制度学习的相关研究日渐增多，主要原因在于随着经济全球化深入发展，各国企业以对外直接投资或其他合作方式参与全球生产及全球竞争取得长足进展。

① 此部分内容曾发表于《外国经济与管理》2015 年第 2 期，作者刘娟。

此过程中,母国与东道国制度距离对跨国企业东道国市场区位选择、进入模式及其他行为决策和绩效产生不同程度影响(Ando,2012;Darby et al.,2010;蒋冠宏 等,2012)。更为重要的是,企业国际化战略多元化的今天,越来越多的跨国企业已不再将制度距离视为企业选择海外市场不可逾越的障碍(尤其针对那些与别国制度环境存在较大差距的国家),反而愈发重视制度同构作用,并倾向于通过制度学习融入东道国制度环境内,以减少因制度距离产生的摩擦(Markus et al.,2005),降低跨国企业海外市场经营不确定性(Gompers et al.,2009;Lindsey,2008),规避"外来者劣势"(Hochberg et al.,2010;Meuleman et al.,2009),提高跨国企业在东道国"合法性"地位,获取更多东道国资源(李军 等,2013)。就中国跨国企业实践而言,其发展速度及规模均取得骄人业绩,中国企业国际市场进入已涵盖发达国家、发展中国家及新兴市场国家在内的多种不同制度背景海外市场。但由于对东道国制度环境漠视或不熟悉,无法植根于东道国制度环境内并充分获取"合法性"地位,也使得中国企业海外投资失利、运营低效及争端冲突事件频发,不仅给企业造成严重的经济损失,更影响到中国企业海外市场声誉及形象。因而,中国企业"走出去"战略大规模实施背景下,应对东道国制度环境差异性而采取的必要制度学习行为,将对中国企业规避"外来者劣势"、获取东道国"合法性"地位、提高海外市场运营绩效产生深远影响。鉴于此,系统梳理现有跨国企业制度学习研究成果,推进跨国公司及国际商务理论研究纵深发展的同时,对中国跨国企业国际化发展战略规划及管理实践也具有重要启示及借鉴作用。

跨国企业在东道国市场需要面对的首要问题是与母国市场不同的制度环境,这使得跨国企业在东道国市场经营活动中需要承担当地企业无需担负的额外成本,克服当地企业无需面临的经营障碍。而如何通过制度学习来克服或规避上述难题,则成为国际商务及跨国公司理论研究的重要议题。伴随跨国企业制度学习管理实践深入拓展及相关学科理论知识交叉融合,国际商务学者研究重点也从专注于制度学习内容(知识学习)逐渐转向聚焦制度学习方式(制度同构行为)。随着"心理距离""外来者劣势"及"制度距离""制度同构"等核心概念的引入,学者们对于跨国企业制度学习概念本质的认知及理解也逐渐深化。

早期文献显示,不论是国际商务还是跨国公司理论学者都对企业国际化进程中制度环境差异性("心理距离")及由此带来的跨国企业东道国市场"外来者劣势"问题给予较多关注,并提出跨国企业东道国市场知识学习必要性。

4.1.1　跨国企业"心理距离"规避与经验知识学习范畴

国际商务学者十分重视企业国际化进程中的知识学习,企业国际化进程理论(Uppsala Model)即为其代表。该理论沿袭学者 Penrose(1959)企业成长理论的同时,更为强调知识学习在企业国际化进程中的重要作用(Johanson et al.,1977,1990)。Johanson 和 Vahlne(1977)在其开创性论文《企业国际化过程:知识增长与渐进国外市场投入的模型》中明确指出,企业国际化成长是企业以渐进方式参与国际经营活动的动态过程。此过程中,为规避母国与东道国市场"心理距离"所产生的不确定性,企业通过经验知识学习(Experience Learning)获得外国市场知识和企业国际化运作知识与企业对该国的决策行为和资源投入相互影响、相互作用,这正是企业国际化机理所在。所谓"心理距离",是指阻碍或扰乱跨国企业与东道国市场间信息流动的因素,包括语言、文化、政治体制、教育水平、产业发展水平等(Johanson et al.,1975)。此后,学者 Eriksson 等(1997)从市场和企业两个维度对企业国际化经验知识进行划分及界定,强调指出以此两者为主要涵盖内容的经验知识是整个企业国际化进程理论的核心解释变量。其中,一类为特定市场知识,即某一特定东道国市场所特有的知识,包括外国业务知识和外国制度知识,这些知识可帮助跨国企业识别东道国市场机会,借助于构建跨国企业国际市场关系网络可获得此类经验知识;另一类则为企业层面国际化运作知识,即企业参与国际化经营所必备资源、能力、条件及如何利用这些资源组织管理及发展国际化经营活动的知识,包括企业国际化独特技术能力、管理运作知识经验等,此类知识具有缄默及意会性特征,只能通过企业在该国市场经营活动中获得,且仅存在于特定个人头脑中,难以转移和复制,故此种"经验知识"只能通过企业国际化实践的"干中学"获得。

4.1.2 跨国企业"外来者劣势"规避与知识学习细化

早期跨国公司理论学者便开始关注跨国企业在海外市场经营中的竞争劣势现象,即由于母国与东道国市场在地域、制度及文化等方面存在的客观差异,跨国企业在东道国经营需要承担额外成本,以克服当地企业无须面临的经营障碍(Hymer,1976)。这种先天"水土不服症"被学者 Zaheer(1995)称为"外来者劣势"。此后,"外来者劣势"成为跨国公司理论研究中最基本的研究假设之一(任兵 等,2012),而如何克服"外来者劣势"也相应成为关注焦点。学者们分别从信息不对称(Calhoun,2002)、企业资源观(Sethi et al.,2002;Hennart,1982)、战略管理(Luo et al.,2002)、海外市场进入模式选择(Eden et al.,2004)等不同视角探究跨国企业"外来者劣势"规避问题。但归根结底,跨国企业只有进行必要的知识学习能力培养,才能克服"外来者劣势",提高其东道国市场竞争优势(Hymer,1976)。

伴随学者对跨国企业知识学习研究纵深发展,知识学习内容、方式逐渐细化。传统理论侧重探讨制造、营销能力学习及组织学习等内容。如为迎合东道国消费者偏好,跨国企业需掌握关于当地产品或服务的特殊生产技术及营销知识;为适应东道国环境则需调整组织内部原有结构或程序等(Petersen et al.,2002)。20 世纪 90 年代后,有学者将知识基础观(Knowledge-Based View)融入企业国际化研究中(Grant,1996),认为跨国企业针对所有目标国市场都应定期进行必要的知识搜索与获取,及时调整其资源组合及构建新的组织能力,以确保其在目标国市场维持竞争优势(Sirmon et al.,2007;Kogu et al.,1993)。也有学者借助模仿学习(Imitation Learning)概念,探究跨国企业如何通过模仿学习东道国当地企业以提高其"合法性"地位,规避"外来者劣势"。由于跨国企业较难感知东道国制度、文化及社会规范的差异性,模仿当地企业行为决策及偏好可在一定程度上规避相关风险(Rosenzweig et al.,1991);学者 Zaheer(1995)实证研究表明当外国银行和当地银行在外汇交易方面的行为越相似,外国银行"外来者劣势"感知度就越小。伴随模仿学习概念的提出,制度理论视角被逐渐引入,为跨国企业制度学习研究拓展了空间(任兵 等,2012)。

4.2　跨国企业制度学习与东道国关系网络构建

随着国际商务学者将着眼点转移至制度层面，学者 Kostova（1996）首次提出“制度距离”概念。制度距离主要用于衡量东道国与母国间管制、规范及认知层面的差异度，也可简单解释为东道国与母国制度环境的差异性。从制度距离角度探究跨国企业行为决策及战略规划问题逐渐融入主流国际商务理论体系，成为学者关注的焦点议题（Aleksynska et al.，2011；Darby et al.，2010；蒋冠宏 等，2012）。

4.2.1　制度距离测度

自从制度距离概念提出以来，许多学者便将其作为考察母国与东道国之间制度环境差异性的重要指标应用于国际商务研究之中，而针对制度距离的具体度量，学者 Scott（1995）从规制、规范和认知三维度量化制度距离的方法得到学者广泛认可。

在规制维度下，研究学者大多通过比较国家间在法律制定、实施力度和法律体系有效性等方面存在的差异性来衡量制度距离。如学者 Kostova（1996）在研究跨国企业向东道国转移质量管理行为时，就曾采用产品和服务质量管理法规差异性来衡量母国与东道国间的制度距离；学者 Salomon 和 Wu（2012）在研究跨国银行经营行为时，通过衡量银行业务规制、竞争规范、资本监管、从业人员行为规范、存款保险计划等方面的差异，用以反映银行跨国经营所面临的规制性制度距离。此外，也有学者基于对国家法律法规的综合评价来测量规制性制度距离，如 Gaur 等（2007）就采用《世界竞争力年鉴》中的量表来衡量国家层面的制度环境差异，具体指标包括国家财政政策、政治透明度、反垄断规制、知识产权保护、司法体系效率、通货膨胀、关键行业市场支配程度等；学者 Zhao 和 Kumar（2010）采用的则是《全球竞争力年度报告》中的六个指标（反垄断法实施、法律对契约的保护、仲裁公正性、公民对争端解决机制的依赖程度、制度稳定性和警方对公民安全的保护）来衡量国家间规制性制度距离。

在规范和认知维度下，一类学者多采用社会对某种行为的共识或某种社会公认的行为规范来衡量规范维度的制度距离，而用社会价值观差异性来衡量认知维度层面的制度距离。如 Busenitz 等（2000）通过比较不同国家人员在创业知识和技能方面的差异性来衡量规范维度的制度距离，通过比较其在认可创业行为和创新思维方面存在的差异性来衡量认知维度的制度距离；Gaur 等（2007）采用公民参与政治活动积极性、政府腐败程度、政府干预经济程度、政府行为透明度等方面来衡量规范维度的制度距离；Pogrebnyakov 和 Maitland（2011）则把国家间语言和宗教差异作为国民认知差异来衡量国家间认知维度的制度距离。另一类学者则是借用文化距离衡量方法，依据学者 Hofstede（1980）的观点——国家间文化差异主要表现为集权和分权、不确定性规避、性别差异以及个人主义与集体主义差异；在此基础上，Kogut 和 Singh（1988）据此四维度开发出一个衡量国家间文化距离的量表（简称“KS 量表”）用以衡量国家间规范和认知维度的制度距离，并得到后续学者的广泛认可。如 Jensen 和 Szulanski（2004）在探究制度距离对跨国企业适应行为和知识转移行为的影响时，就采用“KS 量表”衡量规范及认知维度制度距离；Higon 和 Antolin（2012）运用“KS 量表”衡量国家间制度距离，并发现制度距离在研发活动影响跨国企业东道国绩效的过程中发挥显著的调节作用。

最近研究学者指出，为更深入探究制度距离不同维度对跨国企业管理决策、贸易方式等的相关影响，应采用多维度定义和测量母国与东道国间制度距离(Berry,2010)。对此，Estrin 等(2009)就曾提出正式性制度距离和非正式性制度距离的二分法，前者主要指影响跨国企业战略选择及执行的东道国与母国之间法律法规的差异性，而后者则主要指东道国与母国间文化差异性。在新近实证研究中，相关学者对制度距离的研究大多采取了两分法，即对正式性制度距离的测度采用学者 Kaufmann 和 Kraay(2010)涵盖范围更广泛的世界银行国家治理指数(Ando,2012；阎大颖,2011)，而对非正式性制度距离多以文化距离作为代理变量，采用学者 Hofstede(2010)文化距离指数或 House 等(2004)的文化信仰相似性指数以"KS 量表"形式进行系统度量(Ando,2012；吴晓波 等,2012)。

4.2.2 跨国企业制度学习与东道国关系网络构建

沿袭原有跨国企业知识学习研究思路，从制度环境适应及制度距离规避视角探究跨国企业制度学习及制度同构行为也成为跨国公司及国际商务理论学者关注的热点及前沿性问题(Ando,2012；Xu et al.,2012；Tseng et al.,2011；Lin et al.,2009；李军 等,2013)。但与传统理论中提及的知识学习或经验知识学习相比，制度学习有其明显特征(表 4.1)。学者 Sirmon 等(2007)指出，制度理论视角下作为跨国企业进入东道国市场后努力融入该国政治经济体系的重要制度同构行为，制度学习与其他类型知识学习在本质内涵上存在较大差异。具体说来，就学习内容而言，制度学习是指跨国企业为适应并植根于东道国制度环境内，对东道国制度环境相关知识的学习(Xu et al.,2012)；就学习方式而言，制度学习并非指跨国企业简单地对东道国社会相关法律法规、行业规制等常规性、显性知识的学习，而是指跨国企业将生产、营销、管理及人事等诸多要素融入或植根于东道国制度环境内的一种同构行为；从表现形式来看，跨国企业制度学习方式、路径与跨国企业东道国关系网络构建有异曲同工之处(Sofka et al.,2005；Luo et al.,2002)。

现有文献显示，相关学者对于制度学习的探究多从制度环境差异性(制度距离)着手，在制度架构(Institutional Framework)内探究母国与东道国制度性差异对跨国企业行为决策的影响及其制度学习方式路径。学者 Davis 和 North(1971)在经济学体系下将制度架构定义为为建立生产、交换及分配基础所构建的政治、社会及法律方面基本规则的集合。在此基础上，North(1990)指出，一个社会的制度架构，就是提供一套游戏规则，用以约束、规制、调控整个社会的经济活动，并进一步将制度架构分为两部分：正式性制度构架，主要包括一个国家正式颁布的政治、司法、经济及契约方面的规章制度等；非正式性制度(Informal Institution)构架，通常嵌入于一国社会文化及意识形态之中，主要包括社会层面所认可的行为规范、准则、价值观及习俗等。这些制度架构不仅直接影响到个人与组织(Scott,1992；Powell,1991)或组织间层面的行为决策(Hillman et al.,1995；Aldrich et al.,1994)，更为重要的是，对于跨国企业而言，东道国社会不同制度架构(环境)对跨国企业行为决策将产生更为深远及重要的影响。

表 4.1　制度学习相关概念比较

<table>
<tr><th colspan="2" rowspan="2">研究视角</th><th rowspan="2">作者(年份)</th><th colspan="3">研究内容及重点</th></tr>
<tr><th colspan="2">涉及的相关概念</th><th>学习方式</th></tr>
<tr><td rowspan="8">制度学习内容——跨国企业东道国市场知识学习</td><td rowspan="4">企业国际化理论视角下“心理距离”规避与经验知识学习范畴</td><td>Johanson，Wiedersheim-Paul(1975)</td><td colspan="2">提出“心理距离”概念，即阻碍或扰乱跨国企业与东道国市场间信息流动的因素，包括语言、文化、政治体制、教育水平、产业发展水平等</td><td></td></tr>
<tr><td>Johanson，Vahlne（1977，1990）</td><td colspan="2">为规避母国与东道国市场“心理距离”，提出“经验知识学习”概念</td><td></td></tr>
<tr><td rowspan="2">Eriksson，Johanson，Majkgard(1997)</td><td rowspan="2">对『经验知识』进行划分</td><td>特定市场知识，指针对某一特定东道国市场语言、文化、政治、社会和经济所特有的知识，包括外国业务知识和外国制度知识</td><td>构建东道国关系网络</td></tr>
<tr><td>企业层面国际化运作知识，即不具有任何特定国别地区背景，仅指企业所拥有的参与国际化经营所必须具备的资源、能力和条件，及如何利用这些资源组织、管理及发展国际化经营活动的知识，包括企业国际化独特技术能力、管理运作知识经验等</td><td>“干中学”</td></tr>
<tr><td rowspan="4">跨国公司理论视角下“外来者劣势”规避与知识学习细化</td><td>Hymer(1976)；Zaheer(1995)</td><td colspan="2">提出“外来者劣势”概念，即由于母国与东道国市场在地域、制度及文化等方面的客观差异，跨国企业在东道国的经营活动必须承担一定的额外成本，以克服当地企业无须面临的经营障碍</td><td>进行必要的知识学习及学习能力培养，如制造能力学习、营销能力学习</td></tr>
<tr><td>Petersen，Pedersen(2002)</td><td colspan="2">组织学习</td><td>跨国企业为适应东道国环境而采取的组织内部原有结构或程序的调整</td></tr>
<tr><td>Sirmon，Hitt，Ireland(2007)；Hitt 等(2005)；Kogu，Zander(1993)</td><td colspan="2">将知识基础观融入企业国际化研究中</td><td>跨国企业针对所有的目标国市场都应定期进行必要的知识搜索与获取</td></tr>
<tr><td>Rosenzweig，Singh(1991)；Zaheer(1995)</td><td colspan="2">基于制度理论视角，跨国企业应通过模仿学习东道国当地企业行为决策，提高其“合法性”地位，规避“外来者劣势”问题</td><td>模仿学习</td></tr>
</table>

表 4.1(续)

研究视角		作者(年份)	研究内容及重点	
			涉及的相关概念	学习方式
制度学习方式	制度同构理论视角下“制度距离”与制度学习	Kostova(1996)	首次提出“制度距离”概念,即东道国与母国之间管制、规范及认知的差异度,简称东道国与母国制度环境的差异性	
		Sirmon 等(2007);Xu,Hitt (2012);李军、王玉荣(2013)	从制度环境适应、制度距离规避及制度同构层面探究跨国企业制度学习问题	制度学习,即跨国企业将生产、营销、管理及人事等诸多经营要素融入或植根于东道国制度环境内的一种同构学习行为
		Sofka,Zimmermann(2005);Luo 等(2002)		采取不同的东道国市场进入战略规划,构建东道国市场关系网络

资料来源:作者依据相关文献整理。

学者 Peng 和 Heath(1996)将研究对象限定为在东欧国家、俄罗斯及中国为代表的转型经济体国家经营的跨国企业,对这些转型国家社会制度架构的系统维度进行划分,即分为转型前正式性制度架构(中央计划经济、官僚主义控制)、转型后正式性制度架构(缺乏知识产权保护意识、缺乏战略要素市场、政治架构不稳定)、非正式性制度架构(剩余社会主义价值观、集体主义、关系网络与私人交流)。进一步研究显示,单纯常规性扩张战略或是并购战略在这些转型国家(东道国)均不具有普遍适用性,跨国企业与这些国家正式性制度及非正式性制度构架融合过程中,使得基于企业间关系网络构建(网络联盟)、依靠私人信任关系或与相关决策者之间达成的非正式性协议等方式,反而更有助于跨国企业在这些东道国的业务拓展与业绩增长。学者 Lin 等(2009)以正式性制度架构(商业法规、市场机制及知识产权保护)为着眼点,探究中美两国间不同制度架构如何影响两国企业并购行为,实证研究结果表明,一国正式性制度建设水平(作为调节变量)不仅负向调节企业在产业联盟中的中心度位置与其相应企业并购行为数量,正向调节企业在产业联盟中的结构洞位置与其相应企业并购行为数量,而且还负向调节企业在产业联盟中的开发性知识学习倾向与其相应企业并购行为数量。学者 Xu 和 Hitt(2012)同样从正式性制度架构出发,通过探究新兴经济体国家跨国企业在以发达国家为东道国市场的进入模式选择问题,发现以股权或非股权模式进入东道国市场不仅影响到跨国企业对东道国以经济制度(金融、财政等方面法律法规)、监管制度(政府层面规制国内外经济组织的相关法律法规)和政治制度(政府以确定制度进程方面的法律规范及准则)为代表制度环境知识学习的差异性,与当地企业合作伙伴的选择与否更影响到跨国企业制度学习速度及制度环境嵌入(Institutional Embeddedness)水平。

4.3　跨国企业制度学习方式、路径

4.3.1　跨国企业制度学习与东道国关系网络构建关联性

就具体学习内容而言，制度学习虽然与经验知识学习、组织学习及其他类别跨国企业学习在内容侧重点上有所区别，但就学习方式、路径而言，借助外部关系网络中嵌入的价值性资源，尤其是知识信息资源进行有效知识学习，对跨国企业制度学习也同样具有一定程度的适用性。事实上，学者 Eriksson 等(1997)在较为早期的研究中，就已经指出包括国际制度知识在内的企业国际化经验知识学习路径及方式(表 4.2)，在此研究中明确指出，跨国企业制度知识学习的主要途径是依靠国际市场关系网络构建。此后，学者 Chetty 和 Eriksson(2002)又进一步探究了"关系网络→经验知识获取→企业国际化成长"互动循环机制，即企业在国际化过程中，借助与国外合作伙伴等关系方所嵌入的关系网络进行互动交流，以获取包括制度知识在内的经验知识学习；而随着经验知识的累积，企业国际化程度进一步提升，国际市场关系网络随之拓展，在广度、深度及强度逐渐增加的情形下，又开始新一轮的经验知识获取及企业国际化成长。"关系网络→经验知识获取→企业国际化成长"互动循环机制不仅凝练出关系网络视角下企业国际化成长的核心机制，同时也凸显出包括制度学习在内的经验知识学习与跨国企业关系网络构建的互动关系。

表 4.2　企业国际化所需经验知识及其获取途径

经验知识类型	主要内容	获取途径
国际商业知识	国外客户、合作伙伴、竞争者等与国际市场相关的知识	从国际市场关系网络中获取
国际制度知识	国外政府、制度、社会文化、语言、习俗等制度性知识	从国际市场关系网络中获取
国际化运作知识	能够具体指导企业国际化实践的意会性知识	由国际商业和制度知识转化，通过"干中学"积累

资料来源：Eriksson et al.,1997.

需要特别指出的一点是，跨国企业制度学习并非指一般性地、简单地对东道国社会相关法律法规、行业规制等常规性、显性知识的学习，而是指跨国企业将生产、营销、管理及人事等诸多经营要素融入或植根于东道国制度环境内的一种同构行为(Xu,2012)。就表现形式而言，跨国企业制度学习方式路径与跨国企业东道国关系网络构建有异曲同工之处，但又绝不同于一般意义上的跨国企业东道国关系网络构建(Johanson,1988)率先指出应将整个跨国产业市场看作是企业间相互联系的关系网络，并将此关系网络定义为企业与其商业伙伴(如客户、经销商、供应商、竞争对手、政府等)之间的关系。因为如果从制度理论视角来解释跨国企业制度学习，它便是跨国企业为应对东道国市场制度距离差异性、规避"外来者劣势"、获取东道国社会"合法性"地位，而与东道国企业在行为决策与偏好上保持一致性所采取的必要的学习方式，因而跨国企业采取的制度学习路径方式必然与常规性的东道国关系网络构建有所区别。

国际商务或跨国公司理论研究学者大多从制度距离或"外来者劣势"规避视角，探究跨

国企业制度学习与东道国市场进入模式问题，而这些跨国企业东道国市场进入模式也正是其东道国关系网络构建的具体表现形式，或者说就是跨国企业为适应东道国特殊制度环境而采取的必要同构行为——制度学习的具体表现方式。如有学者对跨境风险资本（Venture Capital，VC）在注资国（东道国）制度学习方式的研究中指出，跨境风险资本制度学习相对而言是一个比较宽泛的概念，不仅包括本地融资、本地投资，还包括人力资源开发及对本地相关劳务服务的带动（Meuleman et al.，2011；Jones，2010；Makela et al.，2008）；李军、王玉荣（2013）在跨境风险资本对华投资的实证研究中进一步明确跨境风险资本在华制度学习方式通常表现为在国内城市设立办事处、以“Fund of Funds”方式投资国内风投机构（即将其国际一般合伙人身份变成国内有限合伙人身份）、设立人民币基金账户及采取“旅行者 VC”模式（风险投资家会“匆匆飞来中国，再匆匆离去”）等。而对于一般性跨国企业的研究则显示，当跨国企业进入与母国存在较大制度距离的东道国市场后，会更倾向于采取低水平股权控制模式或资源承诺模式（通常表现为合资企业模式），以降低由制度距离带来的不确定性经营风险（Agarwal et al.，1992；Hill et al.，1990），尤其当面对东道国较为严苛的正式性制度架构时，跨国企业往往会放弃在东道国企业的经营控制权以获取“合法性”地位（Chan et al.，2007；Yiu et al.，2002）。学者 Xu 和 Hitt（2012）在相关研究中也曾指出，跨国企业东道国市场进入模式中基于股权形式的差异性安排，会体现出跨国企业制度学习的需求层次及重点，如对于经济方面的制度学习，通常会引发跨国企业采取以股权进入（合资企业、企业并购、全资子公司等）或非股权进入（出口、合同协议等）在内的多种东道国市场进入模式；对于监管方面的制度学习，跨国企业采用股权进入模式要比非股权进入模式更为有利；而对于政治方面的制度学习，相比其他进入模式，以全资子公司形式进入东道国市场则是跨国企业的最佳选择。在此基础上，学者 Xu 和 Hitt 又进一步指出，低水平股权进入模式会引发更多学习机会及更快速的学习速度；相对而言，较高水平股权进入模式虽然可提供更高程度的企业控制权，但不利于学习机会获取及学习速度提升，此结论对新兴经济体国家跨国企业尤为适用。

简言之，依据上述文献梳理不难发现，其一，传统企业国际化进程理论已将制度学习涵盖在经验知识学习范畴内，故基于关系网络的企业国际化理论体系下，借助外部关系网络中嵌入的价值性资源，尤其是知识信息资源进行有效知识学习，对跨国企业制度学习同样具有一定程度的适用性，该领域现有研究文献为进一步深入探究基于关系网络的跨国企业制度学习相关问题奠定了重要的理论基础。其二，现有文献也指出，跨国企业制度学习不仅是指一般意义上的制度知识学习，更是一种同构行为，即跨国企业融入并植根于东道国社会的学习行为；由于制度距离的客观存在及“外来者劣势”规避的心理驱动，跨国企业制度学习路径方式必然会通过影响跨国企业行为决策而直接表现在跨国企业东道国关系网络构建，尤其是东道国市场进入模式选择方面。虽然现有文献对制度距离、制度学习与跨国企业东道国市场进入模式选择进行了较为广泛的探究，但针对不同制度环境下，跨国企业制度学习方式、路径到底有哪些，是否仅局限于跨国企业东道国市场进入模式选择，如果不是，又应该从哪些方面着手进行跨国企业东道国关系网络构建以利于其制度学习，这些相关问题现有文献鲜有提及，也正是本章内容研究重点所在。其三，新近学者相关研究大多从正式性制度架构下探究跨国企业制度学习行为，但当一国正式性制度水平较弱之时，非正式性制度作为替代就会发挥更为重要的作用（Batjargal et al.，2011）。因而探究跨国企业在非正式性制度架构下如何构建关系网络进行有效制度学习，不仅可增强理论模型适用性，更有利于跨国企业以发展中国家或新兴经济体国家（这些国家正式性制度架构水平通常较低）为东道国投资对象的战略规划及管理实践。

4.3.2　跨国企业制度学习方式、路径探索

学者 North（1990）指出，一个社会的制度架构是提供一整套游戏规则，用以约束、规制、调控整个社会经济活动。North 进一步将制度架构分为正式制度和非正式制度，前者包括一个国家正式颁布的政治、司法、经济及契约方面的规章制度，后者通常嵌入于一国社会文化及意识形态之中，包括社会所认可的行为规范、准则、价值观及习俗等。这些正式、非正式制度架构能够对跨国企业行为决策产生深远而重要的影响。相关文献显示，研究学者们大多将研究主体聚焦于发达国家和新兴市场国家跨国企业；从制度距离或"外来者劣势"规避视角，在制度架构内探究跨国企业制度学习方式、路径问题；而不同制度情境下具体制度学习方式、路径又与跨国企业东道国关系网络构建密切相关且彼此呼应。东道国关系网络构建是指跨国企业在东道国市场上与其商业伙伴、竞争对手、当地政府、社会团体等之间的关系构建（Johanson et al.，1988），构建途径不仅包括正式契约，还包括非正式协议（联盟）、情感联系及其他灵活多样的方式。

1. 发达国家跨国企业制度学习方式、路径

相对而言，发达国家通常拥有较高水平的正式性制度架构，当其面对与母国市场制度环境存在较大差异的东道国市场时（常表现为低水平正式性制度架构或高水平非正式制度架构），为融入或植根于当地东道国市场而进行制度学习尤为必要，具体制度学习方式、路径选择也有规律可循。

（1）非正式关系网络构建

通常，当一国正式制度架构水平较弱之时，非正式制度架构作为替代将会发挥更为重要的影响作用（Batjargal et al.，2012），非正式关系网络在该国制度环境中发挥作用也更为突出（Park et al.，2001；Peng et al.，2000；Earley，1989）；此种情境下发达国家跨国企业往往更倾向于采取非正式性关系网络构建方式进入东道国市场，以降低承诺水平、提高跨国企业在东道国市场"合法性"地位（Sofka et al.，2005）。

就具体路径选择而言，现有文献显示，常规性扩张或并购战略在此类东道国市场不具普遍适用性；而基于企业间非正式性的关系网络构建（联盟）、依靠私人信任关系或者与相关决策者之间达成某种非正式协议等方式，反而更助于跨国企业东道国市场制度学习速度、制度环境嵌入水平提升（Xu et al.，2012）及业务拓展与业绩增长（Peng et al.，1996）。

相关学者对此给予经验数据验证，并尝试在实证研究中引入关系网络工具性理论研究成果。如学者 Lin 等（2009）以正式性制度架构为着眼点，探究中国制度架构如何影响在华美资企业并购行为，结果显示美资企业在华产业联盟所处中心度及结构洞位置不仅直接影响美资企业在华并购行为及数量，对其组织学习意愿也产生重要影响，而东道国（中国）制度建设水平则发挥重要调节作用。李军和王玉荣（2013）针对跨境风险资本对华投资的实证研究也指出，跨境风险资本投资方为降低在华投资过程中因东道国制度距离而产生的不确定性，往往更倾向于采用联合投资网络形式以便于其制度学习及东道国市场进入。相关实证研究显示，跨境风投机构网络中心性在其制度学习及东道国市场进入关系中发挥着显著的中介作用。尽管上述实证研究重点多集中于以联盟形式为代表的非正式关系网络构

建,但实证研究方法及结论对于基于非正式关系网络构建方式及路径探索的跨国企业制度学习纵深发展仍有参考借鉴价值。

(2)正式性关系网络构建

尽管通常情况下多数跨国企业会选择以构建正式性关系网络(契约)方式进入东道国市场,但面对与母国存在较大差异的制度环境时,发达国家跨国企业制度学习过程中在正式性关系网络构建的路径选择上更倾向于采取低水平股权控制或资源承诺模式(通常表现为合资企业),而放弃较高水平的股权控制或资源承诺模式(企业并购、全资子公司等),用以降低制度距离引发的不确定性经营风险(Ando,2012;Agarwal et al.,1992;Hill et al.,1990)。尤其当面对东道国较为严苛的正式性制度架构时,跨国企业也会放弃在东道国市场的企业经营控制权以获取"合法性"地位(Chan et al.,2007;Yiu et al.,2002)。此外,也有学者指出,低水平股权进入模式会引发跨国企业东道国市场更多学习机会及更快速学习速度;相对而言,较高水平股权进入模式虽然可提供更高程度的企业控制权,但并不利于学习机会获取及学习速度提升(Xu et al.,2012)。此观点是否正确还需后续学者的经验数据验证及支撑。

(3)灵活多样的制度同构学习形式安排

不论是正式或非正式关系网络构建都不失为跨国企业制度学习方式、路径的积极探索及尝试,跨国企业可依据母国与东道国制度距离的差异性而有所侧重。但现有文献也显示,跨国企业无论以何种方式或路径进入东道国市场都会面临不同程度的"外来者劣势"。相比较低水平市场进入模式,高水平股权控制或资源承诺模式将会为跨国企业带来更大程度的不确定性及"外来者劣势"(Eden et al.,2004;徐明霞 等,2010)。因而,深入探究及拓展有利于跨国企业制度学习效果、更为多样性的制度同构学习形式尤为重要。

具体来说,跨国企业制度学习方式、路径不应仅局限于东道国市场进入模式选择,还应更多涉及当地投、融资,人力资源开发及对当地相关劳务服务带动等一系列东道国市场关系网络构建内容(Meuleman et al.,2011;Jones,2010;Makela et al.,2008),如正式契约关系项下辅之以适宜的人力资本开发利用形式。采用绿地投资模式(高水平资源承诺)的跨国企业可通过安排母国员工担任关键管理职位以降低"外来者劣势";采取收购兼并模式(低水平资源承诺)的跨国企业可通过东道国市场声誉建立、雇用当地员工及与当地管理者分享控制权等方式融入或植根于东道国制度环境内,从而进行更好的制度学习(Klossek et al.,2012)。此外,针对一些特殊类型跨国企业制度学习方式,现有研究也给出了积极探索,如李军和王玉荣的研究。整体而言,跨国企业制度学习,即跨国企业将生产、营销、管理及人事等诸多经营要素融入或植根于东道国制度环境内的同构学习行为(Xu et al.,2012)应赋予更为灵活多样的形式选择及安排,而就此问题的关注及系统探究也将成为相关学者后续研究重点及未来研究方向。

2. 新兴市场国家跨国企业制度学习方式、路径

近年来,以"金砖国家"为代表的大量新兴市场国家跨国企业逆向型(针对发达国家)对外直接投资发展,使得越来越多的国际商务及跨国公司理论学者开始关注新兴市场国家跨国企业制度学习问题。现有研究大多将新兴市场国家跨国企业作为一个整体,探究其在东道国市场,尤其是发达国家东道国市场环境中制度学习的必要性及具体方式、路径问题。新兴市场国家通常处于正式制度架构水平较低或弱正式制度架构体系下,这些国家的跨国

企业在对外直接投资过程中，尤其在对正式制度架构水平较高或强正式制度架构体系的发达国家进行逆向对外直接投资时，不仅会遭遇跨国企业通常所面临的"外来者劣势"（Eden et al.，2004；Zaheer，1995），还会面临"新进入者劣势"（Luo et al.，2009；Luo et al.，2007）及缺乏在发达国家强正式制度环境下企业运营及管理经验等问题（Xu et al.，2012）。鉴于此，新兴市场国家跨国企业制度学习方式、路径也应凸显其自身特征及研究重点。

（1）重视正式制度架构内的制度学习及路径选择

新兴市场国家跨国企业多习惯于非正式制度架构强于正式制度架构作用的市场运营环境（Peng et al.，1996），因而，重视正式制度架构内的制度学习及学习在强正式制度环境下的企业运营模式成为新兴市场国家跨国企业国际化发展成功与否的关键。现有文献表明，当面对东道国较为严苛的正式制度架构时，跨国企业往往会选择水平较低的股权控制模式（合资企业等）或放弃在东道国企业的经营控制权采取非股权模式（出口、合同协同等）进入东道国市场，以获取"合法性"地位（Chan et al.，2007；Yiu et al.，2002）。

还有研究显示，新兴市场国家跨国企业对发达国家东道国市场进入模式中基于股权形式的差异性安排与跨国企业制度学习需求层次及重点存在关联性（Xu et al.，2012）。如基于经济制度的制度学习，通常会引发跨国企业采取以股权进入（合资企业、企业并购、全资子公司等）或非股权进入（出口、合同协议等）在内的多种东道国市场进入模式；基于监管制度的制度学习，跨国企业采用股权进入模式要比非股权进入模式更为有利；而基于政治制度的制度学习，相比其他进入模式，以全资子公司形式进入东道国市场则是跨国企业最佳选择。此研究结论无疑将对新兴市场国家跨国企业逆向型国际化发展战略规划及管理实践具有重要启示及借鉴作用。

（2）发挥非正式制度架构下制度学习资源及优势

鉴于新兴市场跨国企业对于非正式制度架构更为熟悉，因而对于同样以非正式制度架构为主导的国家（多为发展中国家）为东道国的制度学习方式、路径也多以非正式性关系网络构建为主。对此，新兴市场国家跨国企业拥有其自身先天优势（Batjargal et al.，2012）。与东道国企业建立产业联盟，与东道国政府相关部门、行业协会等官方、半官方、非官方机构间关系网络的广泛构建，依靠私人信任关系或与相关决策者之间达成的非正式协议（Peng et al.，1996；周劲波 等，2013）等，无疑更有利于降低新兴市场国家跨国企业在发展中国家市场的经营风险，减少其经营不确定性。同时也更有利于跨国企业获取东道国市场合法性地位，植根于东道国制度环境内。

整体而言，国内外学者关于新兴市场国家跨国企业制度学习研究成果较少。一方面，新兴市场国家跨国企业成功且具代表性案例有限，而失败个案则呈多样化；另一方面，新兴市场国家跨国企业制度学习仍属新兴、前沿性议题，一般性科学规律的系统归纳总结还需进一步深入。与此同时，中国作为最大发展中国家及新兴市场成员，近年来中国企业国际化发展速度及规模均取得骄人业绩；中国企业国际化发展过程中围绕制度距离、制度学习等相关议题已经引起研究学者关注（吴晓波 等，2012；阎大颖，2011），此类问题无疑也将成为未来国际商务及跨国公司理论研究的热点及焦点。

4.3.3 中国式"关系"架构特点及应用

相对于西方社会所普遍遵循的正式性制度架构体系，中国人更为熟悉的则是非正式性制度架构——关系（Guanxi）。在针对中国人默示性的"关系"制度架构的探索性经验研究中,一些早期的、更为基础性的理论分析框架得以应用(Drew,2009)。对于中国人而言,"关系"一词刻画的是中国商业、政治及社会生活中致力于双方互惠关系的实践惯例,主要用以降低搜寻成本、交易成本,提供可用的资源,减少环境不确定性及机会主义行为等。现有相关文献显示,基于中国情境下的"关系"可视为形成具有更加正式性制度架构(如物权法、合同法、侵权责任法以及西方社会既已形成的诸多相关法律法规)的一种非正式性代理形式(Drew et al. ,2009)。虽然,"关系"一词是基于中国特定文化背景下的产物,但是在其他社会群体中也存在产生相同程度等效性的产物,例如在阿拉伯国家将"关系"称之为"wasta"(Makhoul et al. ,2002),韩国称之为"wa",日本称之为"Inhwa"(Alston,1989),在印度则将其称之为"jajmani"(D'Costa,2003),而在俄罗斯则称之为"Blat"(Yang,1994)。

1."关系"概念感知与"关系"实践

在实践中,随着越来越多的中国企业"走出去",中国企业或企业家在海外市场无疑会面对源自自身内部制度环境与西方社会制度及商业惯例的冲突性问题,在此情境下,中国大陆及海外华人团体或组织对于"关系"概念的认知、具体操作以及基于中国情境下的"Who""Where"及"When"等具体影响因素问题(Whetten,1989)引发了许多国际商务学者的关注(Drew et al. ,2012)。

对此,学者 Drew 和 Kriz 利用大样本统计数据对中国人的非正式性制度架构——"关系"网络问题进行了较为系统的探究。两位学者在既有相关问题研究方法(Redding,1993)基础上融入定性分析方法,以期对相关数据处理的研究结论更具科学性及解释力。具体受访对象则是选取了 8 个城市(雅加达、新加坡、吉隆坡、上海、北京、台北、澳门、香港)中拥有双语技能的 44 位中国籍参与者,分为 9 个焦点小组(其中香港分为两个焦点小组)进行访谈。大范围的调研则借助在线问卷发放方式进行,通过向 159 位具有双语技能的中国籍人士发放问卷,并收回有效问卷 121 份。其中,焦点小组访谈提纲及在线问卷设计中都包含了 11 个人口统计学方面的问题(如居住地区、年龄、性别、职业、行业、父母血统及是否接受过西方教育等)、14 个与"关系"概念相关的开放式限定问题、21 个与"关系"实践相关的半结构性开放式问题。相关数据利用 Excel 及 NVivo8(辅助型信息挖掘软件)进行整理及处理。

其一,以与"关系"概念相关联为主题的内容分析法结果显示,祖先的起源地及其所处生态环境、社会政治架构及文化传播会强烈影响到个体对于"关系"概念的感知。但是接受西方教育对于"关系"概念的感知仅具有较弱的影响作用。而文化渗透借助不同职业及行业群体会对"关系"概念感知产生极小的影响作用,处于不同生态环境中的人群(后代)(主要指海外华人群体)也仅对"关系"概念感知产生极小的影响作用。

其二,以与"关系"实践为主题的开放式问题的内容分析法(Content Analysis)结果显示,经济增长及拥有大量供应者和需求者的市场体系、更加透明的制度体系,这些与采用西方式的正式性制度架构密切相关,同时也有助于减少与"关系"相关联的腐败及非法手段使用。但是,针对所有地域受访对象的研究结论均显示,与"关系"相关联的人际关系、互惠性及共同获益方面均显示较高的量化数值。例如,针对上海焦点小组的研究清晰显示,"在没有'关系'运作之前不可能达成合同关系"。此外,"关系"对行政事业单位及政府机关的人员而言,无疑也是非常重要的资源,尤其在上海、北京及台湾地区更为明显。

此外,上述研究还指出,西方式的制度体系之所以能够被中国人所采用,最为简单的理由便是,相对而言,因其具有更加透明的制度设计,如自由获取信息、资源使用的透明度等,因而可将其视为更为有效的降低成本及机会主义行为的方式。但是，这并非意味着，中国人会必然采取西方式的制度体系替代传统的“关系”架构。例如，74.1%的受访者认为，与其他文化体系下的商务人士接触并不会影响到其自身对于固有“关系”体系的实践；69.7%的受访者则指出，自身对于其他文化亦很少或几乎不受影响。此外，26%的在线受访者及所有焦点小组受访者都认为西方文化或是其他文化体系内也都包含其自身特有的“关系”架构；而16.7%的受访者认为，当其他文化体系内的商务人士在中国从事商务活动，或是与中国人从事商务交往时，应该熟悉中国式特有的“关系”架构，并采用“中国人”的方式做生意(Drew et al.,2012)。

整体而言，在中国情境下，“关系”架构与正式性制度架构共存的现象并不陌生，此点在国际商务理论(Styles et al.,2003)及认知心理学(Nisbett,2003)层面的相关研究中均已有所提及，并且在近期一些针对东亚发达经济体的研究中也得到体现。例如，日本、韩国、新加坡都不得不进行了一定程度的适应性调整，以采用以正式性制度体系为代表的自由市场经济体系，用以提高经济运行效率及有效性，减少对于旧有“关系”方面的依赖。但是，无论在何种情形之下，人际间“关系”的重要性永远不会离开我们的视野，并且会以更加现代化的方式得以体现(Drew et al.,2012)。例如，日本的“企业关系(Corporate Guanxi)”或“企业联盟(Keiretsus)”，韩国的“家庭关系”或“财团(Chaebols)”，新加坡的“一党民主”及其相关联的人事任命或称裙带关系等。在上述案例中，每一个政体都会将西方式的自由市场经济体制及正式性制度架构融入更为根深蒂固的传统社会“关系”体制之中，并形成与其自身社会环境相适应的制度体系特征。仅就此点而言，中国大陆与海外华人群体共享此种同一性的传统文化心理(Drew et al.,2012)。

2. 中国式“关系”架构与无偏性社会特征

现有研究还指出，无偏性(Agonic)社会，如中国社会，相比较于西方社会，不太倾向于产生较大规模及范围的制度性变革，反而会更加倾向于采取缓慢式的制度体系改进，或是习惯于将新的制度架构与现有制度体系相融合(Drew et al.,2012)。此处，还需要特别提及的一点是，无偏性社会历史中所体现出的，高度权力距离可能会导致出于实际考量而被领导人或决策者所要求或强制执行的某些迅速被民众所接受或认可的制度体系变革。例如，新中国成立后，具有无偏性特征的中国民众便迅速采纳了以毛泽东为代表的新中国领导者所倡导的新型制度架构。但是，出于非自愿或是基于实用性原则而采用的制度架构，相比较于根深蒂固的传统式制度架构，会更倾向于随着制度创立者或倡导者的衰亡而回到先前的制度体系下。例如，中国人所特有的所谓“人情”式(即“关系”)无偏性制度(对于朋友及家庭义务的忠诚及忠心意识)，此制度在早于儒家思想、道教及佛教思想之前就已经广泛存在，并且在相关宗教思想中也得以不同程度的体现。尽管在毛泽东时代被迅速转化为对于党的忠诚的同时，也产生出对家庭、朋友及私人关系的极大不信任，但随着毛泽东时代的结束，“新的制度架构”又迅速恢复到原有的制度架构之下。

整体而言，基于中国人所特有的缄默性制度架构——“关系”的相关研究大多仍属于探索性研究之列，因而相关研究结论中已经识别出的基础性变量仍需要经过无偏性及享乐型政体的经验数据验证，用以确保其信度及效度检验，并可以用于预测制度发展及变革趋势。但是，作为非正式性制度架构的“关系”体系，鉴于其在以中国为代表的东方国家及民族地区的广泛影响力及普遍适用性，对于系统探究基于社会层面的制度体系变迁的理论分析无疑具有重要影响及借鉴意义。与此同时,"关系"体系对于中国企业"走出去"过程中如何面对源自自身内部制度环境与西方社会正式性制度规制及商业惯例的冲突性问题具有很好的启示作用,并应成为未来国际商务学者关注的研究重点及焦点。

4.4 在华跨国企业与中国跨国企业制度学习与关系网络构建相关研究

近十几年来,中国国内经济增长已经取得骄人业绩,进出口贸易规模排名全球第一,作为最大的发展中国家和新兴经济体,中国吸引外商直接投资(FDI)规模总量在持续多年维持高位水平之时,中国企业的对外直接投资(OFDI)继出口之后,正成为中国企业国际化发展的新生力量。2012 年数据显示,中国吸引外商直接投资与对外直接投资规模占比为 70%,标志着中国正成为全球范围内新兴的对外投资主体。此背景下,越来越多的国际商务学者及跨国公司理论研究学者将研究对象聚焦于在华跨国企业或中国跨国企业,而鉴于当前中国制度环境与其他国家相比仍存在一定程度的差异性,以制度距离或制度学习为切入点探究在华跨国企业或中国跨国企业的行为决策及关系网络构建问题正成为新近学者的关注热点。

4.4.1 在华跨国企业制度学习及关系网络构建

长期以来,中国作为吸引外商直接投资的最大东道国备受学者关注,而基于中国制度环境探究跨国企业行为决策也成为相关学者的关注重点。学者 Peng 和 Heath(1996)在早期研究中就已明确指出,中国作为处于由计划经济向市场经济转型过程中的新兴经济体国家,其国内制度环境与发达国家相对完善的制度架构相比仍存在较大程度的不同,尤其是正式性制度架构仍处于较低水平。因而跨国企业传统的海外市场扩张战略及模式,如常规性扩张战略或是兼并(并购)战略等,在中国并不具有普遍适用性;而基于企业间关系网络构建(网络联盟)、依靠私人信任关系或与相关决策者之间达成的非正式性协议等方式,反而更有利于跨国企业在中国的业务拓展。Peng 和 Heath 上述研究结论与 Batjargal 等(2011)提出的观点极为吻合,即当一国正式性制度架构水平较弱之时,非正式性制度架构作为替代将会发挥更为重要的影响作用。其中以"关系"或关系网络(Network Relationship)构建为代表的非正式性制度架构在中国制度环境中发挥的作用更为突出(Park et al.,2001;Peng et al.,2000;Earley,1989)。学者 Lin 等(2009)以正式性制度架构为着眼点,探究中国的制度架构如何影响在华美资企业并购行为,结果显示美资企业在华产业联盟(关系网络构建)中所处中心度及结构洞位置不仅直接影响到美资企业在华并购行为及数量,对其组织学习意愿也产生重要影响,而东道国(中国)制度建设水平在其中发挥重要的调节变量作用。国内学者李军、王玉荣 2013 年在对跨境风险资本对华投资的实证研究中也指出,跨境风险资本投资方为降低在华投资过程中因东道国制度距离而产生的不确定性风险,往往更倾向于采用联合投资网络(关系网络构建)形式以便于其制度学习及东道国市场进入。相关实证研究结果显示,跨境风险投资机构的网络中心性对其制度学习及东道国市场进入关系中发挥着显著的中介变量作用。

4.4.2 中国跨国企业制度学习及关系网络构建

近些年,中国企业国际化发展速度及规模均取得骄人业绩,中国企业国际市场进入国别地区已涉及包括发达国家、发展中国家及新兴经济体等在内的多种不同政经体系海外市场,中国企业国际化发展过程中或对外直接投资过程中制度距离问题、制度学习问题及东道国关系网络构建问题也相应引起研究学者关注。如吴晓波等 2012 年在针对中国民营企业跨国投资及其子公司海外市场多元化经营的研究中指出,虽然中国民营企业在对外投资活动中较为重视与东道国之间的制度距离问题,但就如何进行制度学习,尤其是在文化环境等非正式性制度架构下进行有效的制度学习仍存在不足之处,这也在一定程度上直接影响到其子公司在海外市场经营活动的多元化,也即东道国关系网络构建的单一性问题比较突出。阎大颖 2011 年在对中国企业海外并购问题的实证研究中指出,与东道国之间正式性或非正式性制度距离均对中国企业海外并购的成功率存在负向影响;包括制度知识学习在内的经验知识积累会显著提升中国企业海外并购的成功率,并对制度距离的影响有显著的反向调节作用;而对于如何快速积累中国跨国企业国际并购经验知识,研究中也进一步指出,加强中国跨国企业与国际知名投资机构的广泛联系,借助其关系网络中所嵌入的经验知识及资本运作技术尤为必要。

相对而言,国内学者对基于制度距离视角下,探究中国跨国企业如何进行制度学习及东道国关系网络构建的相关文献较少;国外研究学者则是将把中国涵盖在内的新兴经济体国家跨国企业作为一个整体,探究其在东道国市场,尤其是发达国家东道国市场经营中制度学习的必要性及具体路径方式问题。鉴于新兴经济体国家特殊的制度架构和其跨国企业所面临的“外来者劣势”和“新进入者劣势”,这些新兴经济体国家跨国企业要尤为重视正式性制度架构内的知识学习,并尝试以不同的东道国市场关系网络构建方式及市场进入模式以适应当地制度环境。如当面对东道国较为严苛的正式性制度架构时,跨国企业往往会选择放弃在东道国企业的经营控制权以获取“合法性”地位(Chan et al.,2007;Yiu et al.,2002)等。学者 Xu 和 Hitt(2012)在针对新兴经济体国家跨国企业的研究中也指出,低水平的股权进入模式会引发更多的制度学习机会及更快速的学习速度。

简而言之,依据上述文献梳理,不难发现:其一,与制度距离、制度学习相关的,围绕在华跨国企业和中国跨国企业的研究文献已经有所积累,显示出国际商务学者和跨国公司理论研究学者对中国特殊制度环境的关注;同时也表明全球化背景下,中国跨国企业国际化发展过程中制度距离的客观性及制度学习的必要性;现有文献不仅印证了关于中国跨国企业制度学习问题相关研究的实践意义及现实性,更为后续相关研究提供了重要的研究基础及研究思路。其二,中国跨国企业已经是国际市场上的对外投资主体,其进入国别地区不仅限于发达国家,也包括发展中国家及新兴经济体国家;中国跨国企业与东道国制度距离不仅应体现在正式性制度架构内,还应涵括非正式性制度架构。考虑到现有文献大多集中于探讨中国跨国企业与东道国间正式性制度距离问题,因而全面梳理中国跨国企业与东道国制度距离,尤其是非正式性制度距离及制度学习问题,对中国跨国企业国际化实践更具现实指导意义,此部分内容也将相应成为后续相关研究的探究重点。其三,现有研究大多将中国涵盖在新兴经济体国家内,视为一个整体进行系统研究。但考虑到中国作为最大的经济转型国家,制度体系建设逐步推进,制度构架(正式性及非正式性)与发达国家存在较大差异的同时,与其他新兴经济体国家及发展中国家也存在一定程度的差异性,因而将中国跨国企业作为一个单独考察对象，系统阐释其在不同东道国市场制度环境中制度学习路径方式及东道国市场关系网络构建将更具代表性。将中国跨国企业作为一个特定的研究主体将成为未来国际商务学者基于制度视角下探究跨国企业行为决策问题的重点及焦点。

4.5 跨国企业制度学习同构效果

制度同构概念源于制度理论，并由学者 DiMaggio 和 Powell（1983）首次提出，意指在相同环境制约条件下，有一种力量促使某一单元与其他单元具有相似性的"制约性过程"，此概念对解释跨国企业行为决策具有很好的适用性。因为跨国企业在东道国市场需要面对与母国市场不同的政经环境，因而在行为决策上需要与当地企业行为偏好保持一致，才能在东道国市场获取"合法性"地位、规避"外来者劣势"，提高跨国企业运营收益（Henisz et al.，2005；Peng，2003）。而制度学习作为跨国企业进入海外市场后努力融入该国政经体系的重要同构行为，不仅为跨国企业提供在海外市场获取"合法性"的必要知识，减少因地理距离、制度距离产生的摩擦（Markus et al.，2005），还有助于减少跨国企业在海外市场经营的不确定性（Gompers et al.，2009；Lindsey，2008）及规避"外来者劣势"（Hochberg et al.，2010；Meuleman et al.，2009），对提高跨国企业东道国"合法性"地位及获取更多东道国资源作用突出（Kai et al.，2012；李军 等，2013）。尽管现有文献对跨国企业制度学习必要性及其对跨国企业东道国经营重要作用的相关研究已有一定程度积累，但仍然鲜见针对跨国企业制度学习效果问题的系统论述；对跨国企业制度同构效果内涵及如何度量等相关问题现有文献也未能给予清晰阐释。尽管如此，如果回溯到制度同构理论概念本身，仍然可以从中探寻到对于上述问题的解答。

4.5.1 跨国企业制度学习效果测度

现有文献对跨国企业制度学习必要性及制度学习方式、路径等相关内容研究已有一定程度积累，但仍鲜见针对跨国企业制度学习效果（如度量维度划分、指标选取、量表开发、度量方法等）的系统论述。尽管如此，系统回顾现有研究文献仍可得出一些积极且有意义的研究结论及启示，为后续相关实证研究提供重要借鉴及参考。

1．"外来者劣势"规避及其结果变量参照

基于本书上述文献梳理不难看出，跨国企业制度同构、制度学习的根本动因是为有效规避母国与东道国之间客观存在的"心理距离"或"制度距离"，以及由此产生的"外来者劣势"。如前所述，"外来者劣势"已经成为国际商务尤其是跨国公司理论研究中的基本假设之一，尽管此概念从提出至今，相关学者对其内涵定义产生过些许分歧（Luo et al.，2002；Sethi et al.，2002；Calhoun，2002；Zaheer，2002，1995；Hymer，1976），但当前主流观点一致认可"外来者劣势"就是指由制度距离所引发的信息、歧视、关系及合法性等社会成本（Eden et al.，2004），以区别于由地理距离导致的经济成本，即异国经营成本（Zaheer，2002）。关于跨国企业经验知识学习或制度学习与其"外来者劣势"规避的相关研究前述文献已多有提及（此处不再赘述），但从前述文献中可以清晰识别出跨国企业制度学习的首要目的就是规避"外来者劣势"。鉴于此，将"外来者劣势"规避作为系统探究跨国企业制度学习同构效果的一个重要考察对象无疑具备了必要的理论基础。

鉴于跨国企业制度同构、制度学习根本动因是有效规避母国与东道国间客观存在的“心理距离”或“制度距离”及由此产生的“外来者劣势”，因而系统梳理“外来者劣势”实证研究中结果变量的选取及度量无疑对跨国企业制度学习效果测度有重要借鉴意义。

现有文献显示，跨国企业“外来者劣势”存在性问题的实证研究大多将跨国企业东道国运营绩效作为重要的结果变量予以考量。具体度量指标中除经常涉及的跨国企业东道国市场利润率（Zaheer，1995）外，还包括跨国企业东道国市场生存率（Zaheer et al.，1997）、东道国市场退出率（Hennart et al，，2002；潘镇 等，2008）、东道国市场运营效率（Miller et al.，2002；Miller et al.，2002）、东道国市场交易量（Lu et al.，2008）及东道国市场跨国企业遭受的诉讼率（Mezias，2002）等。充分参照及借鉴上述测度指标，对后续跨国企业制度学习效果测度的实证研究将起到事半功倍的效果。

2.“合法性”地位获取及同构效应结果测度

制度同构概念强调的是“合法性”及趋同化（同质化）过程的“恰当性逻辑”（DiMaggio et al.，1983），而现有制度学习相关文献也指出，当面对与母国迥异的东道国制度环境时，跨国公司或放弃在东道国市场的企业经营控制权（Chan et al.，2007；Yiu et al.，2002），或模仿学习东道国当地企业行为方式（Zaheer，1995；Rosenzweig et al.，1991），或通过与东道国企业建立联盟关系，借助其在东道国市场关系网络中嵌入的声誉或信誉资源（Markus et al.，2005）等，都是为了以此获得或借此提高跨国企业在东道国市场的“合法性”地位。鉴于现有文献已经表明“合法性”地位获取与跨国企业制度同构行为最终目的及效果的关联性，并为跨国企业制度学习效果测度提供理论基础，因而，以跨国企业东道国“合法性”地位获取为切入点进行制度学习同构效应测度无疑为未来国际商务学者的相关实证研究提供了重要的借鉴及参考。关于“合法性”地位获取如何度量，有哪些客观指标数据可参考，主观构念设计及相关量表开发等相关研究成果可重点参见本书第 3 章内容，此处不再赘述。

整体而言，上述文献梳理的作用及积极意义在于，其一，进一步厘清对跨国企业制度学习同构效果进行系统分析论证及度量的着眼点，为后续深入探究跨国企业制度学习同构效果问题提供重要理论分析框架的同时，也进一步明确研究思路，为后续实证研究奠定研究基础。其二，现有文献对于跨国企业东道国“合法性”地位获取及“外来者劣势”规避问题的相关研究仍多限于定性分析，对其理论内涵维度划分，尤其是实证研究中的量表开发稍显不足，这也恰为后续相关研究预留空间。其三，鉴于现有文献中关于跨国企业东道国市场运营绩效测量指标选取的相关研究已有较多积累，此部分研究成果对于跨国企业制度学习同构效应结果测度同样具有重要的参考借鉴价值，能否结合跨国企业制度学习同构效果自身特点，对相关跨国企业东道国市场运营绩效测量指标进行必要筛选及补充完善，用于全面、科学、系统呈现跨国企业制度学习同构效应结果，还需要相关学者的智慧及不懈努力。

4.5.2　跨国企业制度学习方式、路径效果比较

基于不同制度学习方式、路径的跨国企业制度学习效果的比较研究无疑是实证研究中的重要组成部分且是极具代表性的研究成果。但如本节前述所示，现有研究仅能梳理出不同研究主体（发达国家和新兴市场国家跨国企业）面对与母国制度环境差异较大的东道国市场，基于不同（正式/非正式）制度架构下的制度学习方式、路径的分类比较，系统的实证

分析比较研究仍然鲜见。鉴于当前相关研究进展及研究局限,此类研究仍存在较大拓展空间。

1. 基于国别数据的比较分析

现有针对制度学习方式路径的实证研究多集中于单一研究主体,如在华美资企业(Lin et al.,2009)、在华外资企业(李军 等,2013)、在德华资企业(Klossek et al.,2012)或日资跨国企业(Ando,2012)等,相关研究不仅研究主体分散,研究视角也不同,尚不能构成系统的国别分析比较。基于现有研究基础,未来研究可在聚焦单一研究主体(如锁定母国)的同时,对东道国进行国别分析比较,实证检验特定母国跨国企业在不同东道国市场制度环境下的制度学习方式、路径及其效果。反之亦可。

2. 基于行业数据的比较分析

相关实证研究中与行业相关的分析多集中于制造业(Ando,2012;Klossek et al.,2012,Lin et al.,2009),也包括一些金融服务行业(Markus et al.,2005;Zaheer,1995;李军 等,2013),但针对单一特定行业跨国企业制度学习的实证研究仍然无法构成行业数据的比较分析。鉴于此,既定母国与东道国市场制度环境下,选取有代表性的行业数据,探究多行业情境下跨国企业制度学习方式、路径及其效果的分析比较将更具理论价值及实践意义。

整体而言,现有文献围绕跨国企业制度学习相关问题研究已有所积累,但借助上述文献述评,不难发现跨国企业制度学习研究领域仍存在一些十分重要但现有研究挖掘不深且有待深入探究的议题。

其一,跨国企业制度学习方式、路径与东道国关系网络构建内在机理仍需细化。跨国企业制度学习方式、路径的现有研究多集中于探究跨国企业东道国市场进入模式,而对市场进入后,如何将生产、营销、管理及人事等诸多要素融入或植根于东道国制度环境内的后续制度学习方式、路径研究不足;尤其是如何与东道国政府官方机构、民间机构、上下游合作企业及当地员工团体等构建高效且具有多样性的关系网络的相关研究稍显滞后。而相比于前者,跨国企业后续制度学习方式、路径选择对其获取东道国市场“合法性”地位、规避“外来者劣势”及提高东道国市场运营收益的积极作用更为显著。此外,影响跨国企业制度学习方式、路径选择的前置变量系统识别及实证检验,关系网络工具性理论研究成果(如网络中心度、结构洞、网络联结等)在理论模型中的应用,以及基于国别及行业分析框架下的一般性规律总结,都需要进一步深入剖析及阐述。

其二,注重情景化及本土化问题研究。管理学研究趋势之一是愈发注重情景化问题,由此也引发国内学者对于本土化问题的关注(Tsui,2006)。现有文献大多将中国涵盖在新兴市场国家内作为一个整体进行系统探究,但鉴于当前中国所处的特殊制度环境(最大的发展中国家兼新兴市场国家),制度体系建设逐步推进,正式及非正式性制度构架与发达国家存在较大差异的同时,与新兴市场国家及发展中国家也存在一定程度的差异性,因而将中国情境作为一个特殊的考察对象,无论是研究在华跨国企业制度学习还是中国跨国企业制度学习都将极具理论性和实践意义。

4.6 外资风险资本、关系网络与国际创业企业制度学习——基于制度同构理论视角①

风险投资是由职业金融家以股权资本的形式投入到新兴的、迅速发展的、有巨大潜力的企业(特别是中小型企业)中的一种投资行为(李军 等,2013)。近年来大多数海外风险机构增加了在中国的投资力度,在全球范围内中国风险投资市场的地位显著提升。以 2010 年为例,外资风险投资在华投资金额 23.87 亿美元,占总投资金额的 44.3%。与此同时,外资风投机构在中国的特有运作模式也引发许多业内人士及学术界关注:外资风险投资不仅采取募资在境外、退出在境外的运作模式,而且这些被注资企业也常常表现为运营实体在国内,被注资主体和上市主体却在境外,即外资风险资本与国内企业尤其是创业型企业的国际化发展间存在某种关联性。对此,采用恰当的理论视角或分析框架用以正确理解外资风险资本与创业企业国际化发展间作用关系,不仅有助于丰富完善现有企业国际化理论,更有利于创业企业在国际化战略规划及行为决策方面的实践性探索。鉴于此,本节拟从制度同构理论出发,以制度学习为切入点,结合基于关系网络思想的企业国际化理论,系统探究外资风险资本与创业企业制度学习同构效应间作用机理,识别由此带来的正、负同构效应及其影响因素,在此基础上,为中国企业“走出去”的国际化创业实践提供必要的管理启示。

4.6.1 理论基础与假设提出

1. 制度同构与国际创业企业制度学习

制度同构理论是社会学制度主义学派的核心理论之一,由美国学者 DiMaggio 和 Powell 在 1983 年首次提出。所谓“同构(Isomorphism)”概念是指一种“制约性过程(Constraining Process)”,即在相同环境制约条件下,有一种力量促使某一单元与其他单元变得相似。制度同构理论试图解释的中心议题是现代组织同质化的原因及其决定因素,在解释组织结构、制度、政策、规范等趋同原因的同时,也成为深刻理解组织“趋同现象”的新的探究视角(陈菲,2009);而“合法性”(其他组织成员对组织间成员的认可程度)和构象过程(Conformational Processes)在成为制度同构概念核心议题的同时,也引发国际商务学者基于组织间层面框架下探究制度同构对跨国企业行为决策的影响作用。由于跨国企业在目标国市场往往需要面对纷繁复杂的制度环境、组织机构及政策,因而跨国企业的行为决策需要与当地企业的行为偏好保持一致性,才能提高跨国企业在目标国市场的合法性地位(Henisz et al.,2005),规避跨国企业在海外市场面临的“外来者劣势”不利影响(Makela et al.,2005),有助于跨国企业获取更多东道国社会资源(Xu et al.,2012)。

作为制度同构理论研究中的重要概念之一,制度学习在国际商务理论研究中多指跨国企业进入某国海外市场后努力融入该国(东道国)政经体系的重要同构行为,制度学习不仅可以为跨国公司提供在海外市场获取“合法性”的必要知识,减少因地理距离、制度距离产

① 此部分内容曾发表于《科技进步与对策》2015 年第 1 期,作者刘娟。

生的摩擦，同时还有助于减少跨国企业在海外市场经营的不确定性（Gompers et al.，2009）及规避“外来者劣势”（Hochberg et al.，2010），对提高跨国企业东道国“合法性”地位及获取更多东道国资源作用突出。然而，跨国企业制度学习并非指一般意义上对于东道国制度环境方面的显性知识学习，而是指跨国企业将包括生产、营销、人事、管理等诸多运营要素融入并植根于目标国（东道国）制度环境内，以确保跨国企业在充分获取及利用目标国（东道国）各项资源的同时提升企业国际化运营绩效。对于国际创业企业而言，如何利用制度学习更好地进入目标国市场并取得理想的国际化运营绩效，虽然现有研究文献对此问题并未给出清晰解释，但系统梳理现有企业国际化理论文献后发现，基于关系网络思想的企业国际化理论或可成为深入剖析国际创业企业制度学习路径的重要理论基础。

2. 外资风险资本、关系网络与国际创业企业制度学习

国际商务学者对于跨国企业进入海外市场目标国时学习的重要性问题已经达成共识，即知识学习是跨国企业获取及维系国际市场竞争优势的重要基础；跨国企业必须获取必要的新的本地知识并结合已有知识进行有效整合，在重新配置资源组合及新能力构建基础上，确保企业在目标国市场竞争优势。关于创业企业在国际化过程中如何获取国际市场知识问题，以乌普萨拉（Uppsala）模型为代表的传统企业国际化进程理论（Process Theory）认为，企业国际化本质上是一个关于自身国际市场知识渐进式学习的过程（Johanson et al.，1977）；而以学者 Johanson 和 Mattsson（1988）为代表的基于关系网络思想的企业国际化理论则强调，企业经济行为的社会嵌入性特征（即嵌入关系网络中的企业可以获取所需要的信息、知识资源）会对企业国际化尤其是企业国际化市场知识学习产生正向积极影响。自 Johanson 和 Mattsson 率先将此思想用于企业国际化理论研究中，后续学者研究表明关系网络中所嵌入的经验知识、特定外国组织知识及国际市场机会等对创业企业国际化发展作用突出。对于国际创业企业而言，如何构建关系网络并获取上述关系网络收益，除依靠创业者或企业家自身社会关系网络外（Kontinen et al.，2011），企业间商业关系网络联结或战略网络布局同样重要（Fletcher et al.，2012）。其中，外资风险资本（投资方）作为创业企业的重要合作伙伴及战略网络成员，不仅可以提供创业企业在海外市场获得“合法性”的必要知识，减少地理距离、制度距离等产生的摩擦，更可以减少创业企业在海外市场经营的不确定性及外来者劣势，有助于创业企业国际化顺利发展。

基于上述制度同构和基于关系网络思想的企业国际化理论相关文献基础上，本研究认为，外资风险资本对国际创业企业商业关系网络构建及其目标国市场制度学习效果产生积极影响。相应假设提出如下。

H1：外资风险资本对国际创业企业商业关系网络构建产生正向影响。

H2：国际创业企业商业关系网络对其目标国市场制度学习效果产生正向影响。

H3：外资风险资本通过国际创业企业商业关系网络对其目标国市场制度学习效果产生正向影响。

H3a：外资风险资本通过国际创业企业商业关系网络对其目标国市场“合法性”地位提升产生正向影响。

H3b：外资风险资本通过国际创业企业商业关系网络对其目标国市场“外来者劣势”规避产生正向影响。

H3c：外资风险资本通过国际创业企业商业关系网络对其目标国市场运营绩效提升产

生正向影响。

3. 外资风险资本与国际创业企业制度同构效应

DiMaggio 和 Powell(1983)认为,制度性同构的变迁过程基于三种作用机制,依次为强制性同构(Coercive Isomorphism)、模仿性同构(Mimetic Isomorphism)及规范性同构(Normative Isomorphism)。这三种作用机制的交互作用,促使同类型组织间的相似度随时间推移与日俱增。其中,强制性同构主要来自于两方面的压力,一方面是该组织所面临的其他组织成员所施加的压力;另一方面是该组织运作过程中所处社会环境的文化期望。强制性同构所涉及的这两种压力既可以被组织感知为一种强制力量,也可以被感知为一种邀请或说服。对于国际创业企业而言,外资风险资本作为由职业金融家以股权资本的形式投入到新兴的、发展迅速的、有巨大潜力的企业(特别是中小型企业)中的一种投资行为,虽然有别于传统的外商直接投资,对注资企业的经营决策并没有直接参与的权限;但无可否认的是,在实践中外资风险资本(投资方)对创业企业国际化发展战略尤其是海外市场进入选择相关决策所施加的外部影响力。也即外资风险资本(投资方)所施加的这种外部决策压力会在一定程度上使得注资企业与资金来源国(或资金运营所在地)企业产生一定的相似性,而这种强制性同构对创业企业制度学习及其同构效果也会因外资风险资本的资金来源国与创业企业国际市场进入目标国的吻合度以及外资风险资本(投资方)施加外部压力的主观意愿(主动施压、非主动施压)的差异而有所不同。

外资风险资本作为企业国际化运营过程中重要的国际社会资本(Yli-renko et al.,2002)在为其提供必要融资的同时,也作为创业企业重要的合作伙伴及战略网络成员,为其提供在海外市场获得"合法性"的必要知识及资源,成为创业企业海外市场制度学习的重要途径。那么外资风险资本对国际创业企业制度学习及其制度同构效应的影响如何呢?有学者通过芬兰国际创业企业的多案例研究发现(Mäkelä et al.,2005),外资风险资本的资金来源国(或资金运营所在地)与创业(注资)企业国际市场进入目标国越接近,越有利于创业(注资)企业国际市场制度学习、显著降低创业(注资)企业海外市场拓展过程中的"外来者劣势",外资风险资本对创业企业目标国市场制度学习的正向同构效应也更加显著。通常来说,当外资风险资本的资金来源国(或资金运营所在地)与创业(注资)企业国际市场进入目标国相一致时,外资风险资本的资金来源国(或资金运营所在地)的社会关系网络可以更加高效且有的放矢为创业企业进入海外市场目标国提供包括信息、知识、声誉等在内的各种资源,增强其目标国市场制度学习效果的同时提高创业企业在目标国市场上的"合法性"地位,有助于创业企业目标国市场运营绩效提升。

与此同时,外资风险资本的投资绩效在很大程度上会受到组织间作用关系或其"战略网络布局"的影响(Guler et al.,2010),因而外资风险资本(投资方)往往会强化对注资企业战略决策及规划的外部影响力,用以谋求自身利益最大化。而当外资风险资本(投资方)主动对创业(注资)企业国际市场进入选择施加一定程度的影响力时,在外资风险资本的资金来源国(或资金运营所在地)与创业(注资)企业国际市场进入目标国相一致的情形下,会进一步强化这种强制性同构效应,使其正向同构效应愈发明显。另一方面,如果当外资风险资本的资金来源国(或资金运营所在地)与创业(注资)企业国际市场进入目标国不一致时,外资风险资本的资金来源国(或资金运营所在地)的社会关系网络中所嵌入的各类资源并不能很好地为创业企业进入海外市场目标国所用,对创业企业制度学习的积极作用亦有所局限;而当外资风险资本(投资方)主动对创业(注资)企业国际市场进入选择施加一定程度的影响力时,可能会对创业企业国际化战略规划,尤其是国际市场进入选择方面产生不必要的困扰,甚至造成创业企业国际化发展的失利,从而使得强制性同构负向效应得以产生;而当外资风险资本(投资方)对创业(注资)企业国际市场进入选择施加的影响力较弱时,也即外资风险资本(投资方)非主动施加这种影响力时,上述强制性同构负效应亦有所削弱。

基于上述分析,本研究认为,外资风险资本的资金来源国(或资金运营所在地)与创业企业国际市场进入目标国的吻合度,以及外资风险资本(投资方)对创业企业国际市场进入选择施加外部影响力的主观意愿(主动施压)调节外资风险资本对国际创业企业制度学习的影响效果;形成对创业企业目标国市场制度学习正、负同构效应。相应假设提出如下。

H4:外资风险资本的资金来源国(或资金运营所在地)与创业企业国际市场进入目标国的吻合度调节外资风险资本对国际创业企业制度学习的影响效应。

H4a:当外资风险资本的资金来源国(或资金运营所在地)与创业企业国际市场进入目标国具有较高吻合度时,正向调节外资风险资本对国际创业企业制度学习的影响效应。

H4b:当外资风险资本的资金来源国(或资金运营所在地)与创业企业国际市场进入目标国具有较低吻合度时,负向调节外资风险资本对国际创业企业制度学习的影响效应。

H5:外资风险资本(投资方)对创业企业国际市场进入选择施加外部影响力的主观意愿调节外资风险资本对国际创业企业制度学习的影响效应。

H5a:当外资风险资本的资金来源国(或资金运营所在地)与创业企业国际市场进入目标国具有较高吻合度时,外资风险资本(投资方)对创业企业国际市场进入选择主动施加外部影响力,正向调节外资风险资本对国际创业企业制度学习的影响效应,形成创业企业目标国市场制度学习正向同构效应。

H5b:当外资风险资本的资金来源国(或资金运营所在地)与创业企业国际市场进入目标国具有较低吻合度时,外资风险资本(投资方)对创业企业国际市场进入选择主动施加外部影响力,负向调节外资风险资本对国际创业企业制度学习的影响效应,形成创业企业目标国市场制度学习负向同构效应。

H5c:当外资风险资本(投资方)对创业企业国际市场进入选择非主动施加外部影响力时,对外资风险资本对国际创业企业制度学习影响效应的调节作用不显著。

4.6.2 模型构建与研究结论

基于上述分析,构建概念模型如图4.1所示。本书通过探究外资风险资本与国际创业企业商业关系网络构建及其制度学习同构效应间作用关系,进一步明确国际创业企业商业关系网络构建在外资风险资本与创业企业目标国市场制度学习效果间作用关系的中介作用;并基于制度同构理论框架下,识别出影响外资风险资本作用于创业企业制度学习同构效应的两个重要调节变量,即外资风险资本资金来源国(或资金运营所在地)与创业企业国际市场进入目标国的吻合度与外资风险资本(投资方)对创业企业国际市场进入选择施加外部影响力的主观意愿。

本研究表明,外资风险资本不仅可以为中小型创业企业提供必要的资金扶持,更为重要的是,作为国际创业企业战略关系网络中的重要一环,外资风险投资方所嵌入的国际市场商业关系网络中丰沛的价值性资源,如信息、知识资源,高声誉性资源、海外市场商机及广泛的海外市场商业关系“人脉”资源等,更加有助于创业企业在国际市场拓展过程中有效规避“外来者劣势”，为创业企业海外市场“合法性”地位“背书”，有利于国际创业企业在目标国市场的制度学习。需要指出的是，此处的制度学习，并非指跨国创业企业对目标国市场制度体制方面的显性知识学习，而是指跨国企业将包括生产、营销、人事、管理等诸多运营要素融入并植根于目标国市场制度环境内的一种同构行为。因而，从某种程度上说，跨国企业制度学习本身就是其东道国关系网络构建的过程，而其制度学习效果则很大程度上受到东道国关系网络构建的影响与制约。对于国际创业企业而言，外资风险资本的注入已经促成创业企业海外市场商业关系网络的初步构建，而如何充分利用外资风险资本投资方关系网络中所嵌入的价值性资源，无疑对创业企业目标国市场制度学习路径及其效果产生重要影响。其中，利用外资风险资本搭建的创业企业目标国市场关系网络（包括网络规模、网络中心性、网络可达性等）将在外资风险资本与创业企业制度学习效果间作用关系中发挥极其重要的中介变量作用。

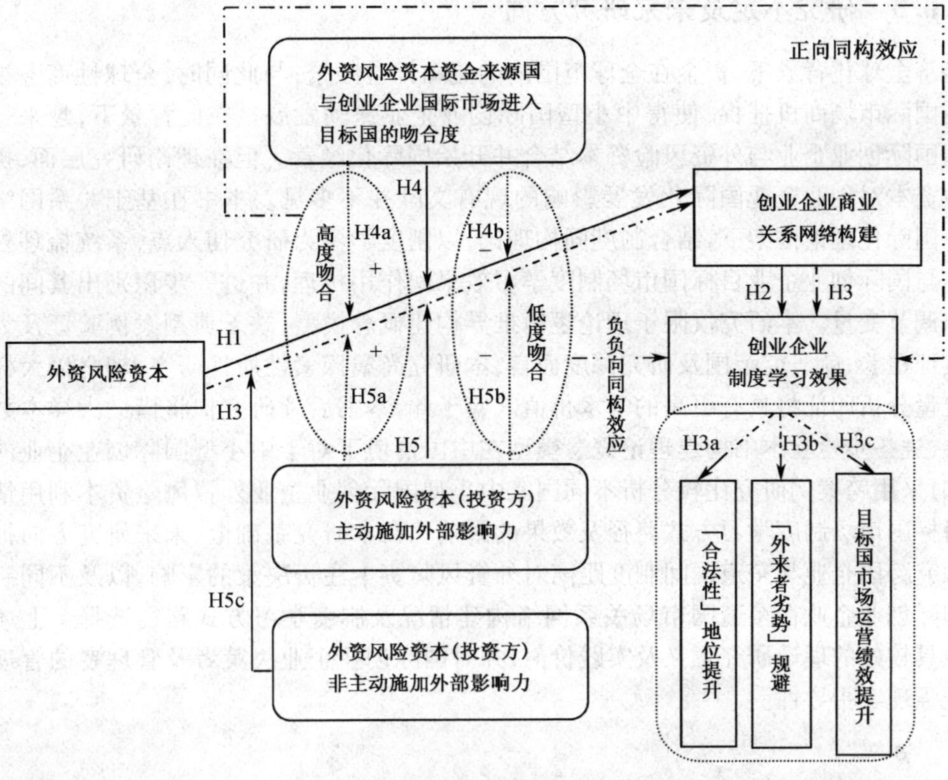

图 4.1　概念模型

另外，上述作用机理能否充分发挥作用的重要影响因素还在于外资风险资木（投资方）对创业企业国际化发展战略尤其是海外市场进入选择相关决策所施加的外部影响力。毋庸置疑，这种外部决策影响力或压力会在一定程度上使得注资企业与资金来源国（或资金运营所在地）企业产生一定的相似性；而这种强制性同构间或外资风险资本（投资方）所嵌入的关系网络资源能否对国际创业企业制度学习效果产生更为积极的影响，关键还在于外资风险资本的资金来源国与创业企业国际市场进入目标国是否具有高度的吻合度，即外资风险资本（投资方）对国际创业企业海外市场进入选择的主观影响力与外资风险资本资金来源国与创业企业国际市场进入目标国的吻合度两者间的交互作用,将对外资风险资本与国际创业企业制度学习效果的作用关系起到不同程度的调节作用,在此基础上,形成正负同构效应。

对于当前的国际创业企业而言,引入外部资本已经成为创业企业战略规划的重要内容。外资风险资本作为由职业金融家以股权资本形式投入到新兴的、发展迅速的、有巨大潜力的企业(特别是中小型企业)的一种投资行为,其虽然有别于传统的外商直接投资模式,但其对国际创业企业战略规划及海外市场行为决策的潜在影响力同样不容忽视。在利用外资风险资本丰沛资金的同时,如何充分利用其所嵌入的海外市场关系网络资源优势将对国际创业企业目标国市场制度学习方式路径及其制度学习效果影响重大。合理选取及引入外资风险资本作为国际创业企业重要的国际化战略规划部署及内容将成为创业企业决策者重点关注议题。

4.6.3 研究不足及未来研究方向

经济全球化背景下,资金在全球范围内的流动日益频繁;与此同时,全球性商务视野及敏锐的国际市场商机捕捉,使得中小型国际创业企业蓬勃发展。在此背景下,越来越多的中小型国际创业企业与外资风险资本结合并开始国际化经营。但在理论研究层面,探究外资风险资本对创业企业国际化发展影响的现有文献并不多见。本书在基于关系网络思想的企业国际化理论框架下,结合制度同构理论,以制度学习为研究切入点,系统梳理外资风险资本与国际创业企业目标国市场制度学习效果间作用机理,并进一步识别出其间的中介变量与调节变量。本研究仅限于理论逻辑推导构建概念模型,缺乏典型案例验证及大样本数据实证检验;就研究范围及研究深度而言,本研究尚属探索性质性研究,辅之以大样本数据的定量分析印证将具有更高的学术价值。鉴于此,本书后续研究拟将借助大样本数据实证检验,进一步检验本书构建理论概念模型在中国情境下对于中小型国际创业企业的适用性;同时采用跨案例研究比较分析不同国家中小型国际创业企业外资风险资本利用情况及对其目标国市场制度学习方式路径及效果的影响。在本研究基础上,未来研究方向拟将进一步探究跨国企业与东道国间制度距离对外资风险资本注资决策的影响,以及不同制度环境下国际创业企业在东道国市场关系网络构建情况及制度学习方式路径选择。上述研究议题兼具较好的理论研究意义及实践价值,并对国际创业企业决策者及管理者的管理实践具有较强现实指导性。

4.7 关系网络与创业企业国际市场机会识别及开发——基于中小企业国际创业的跨案例研究[①]

国际创业领域研究日益聚焦创业机会识别与开发问题,而关系网络作为企业国际化理论及国际创业理论的重要研究视角也一直受到国际商务学者关注。本研究从关系网络视角出发,在系统梳理相关文献基础上,通过对中小企业国际创业的跨案例分析,进一步厘清企业家个人社会关系网络与企业自身商业关系网络在创业企业国际市场机会识别与开发

① 此部分内容曾发表于《科技进步与对策》2014 年第 8 期,作者刘娟、彭正银。

中作用的差异性与关联性；构建关系网络与企业国际创业机会识别与开发概念模型；并针对现有研究不足对未来的研究方向及内容提出相关建议。

在创业理论研究领域，机会识别被视作企业创业过程中的关键环节（Shane et al.，2000），而在国际商务理论研究中，国际市场机会识别也常被视作探究企业国际化行为决策的重要考量对象（Oviatt et al.，2005；Johanson et al.，2006）。自 20 世纪 90 年代以来，伴随全球范围内国际创业活动的蓬勃发展，越来越多的研究学者在交叉融合创业理论与国际商务理论基础上，探究国际创业企业的市场机会识别问题，并将关系网络作为该问题的主要研究视角或分析框架（Chandra et al.，2009；Johanson et al.，2009；Ellis，2008；Zahra et al.，2005）。虽然现有研究已经表明，作为机会识别的载体，关系网络对企业国际化发展尤其是国际创业作用突出（Chandra et al.，2012；Ellis，2011；Kontinen et al.，2011；Vasilchenko et al.，2011），但对于创业企业如何构建及利用关系网络进行机会识别、进而影响国际创业企业国际市场进入模式等具体作用机制问题，以及企业家个人社会关系网络与企业自身商业关系网络在创业企业国际市场机会识别与开发中作用的差异性与关联性等问题，现有文献鲜有提及。考虑到中国社会“人情”“人脉”现象的普遍性，作者认为中国企业家个人社会关系网络相比企业自身的商业关系网络可能更有助于创业企业国际市场机会识别。与此同时，企业家个人社会关系网络与企业自身商业关系网络也存在一定的关联性，两者间的作用关系将直接影响到创业企业国际市场机会开发，即国际创业海外市场进入模式选择问题。

Yin（1994）认为在涉及现实环境中特殊行为（如机会识别）的研究中，采用案例分析方法较为适宜，有利于研究者充分揭示事物发展过程中的因果关联性及识别不同案例间的细微异同性。Shane（2000）也指出，实验设计中无法设定所有相关行为及反应，因而对于机会识别问题的研究采用案例分析方法更为适宜。鉴于此，本节拟在系统梳理相关文献研究基础上，通过对中小企业国际创业的跨案例分析，厘清企业家个人社会关系网络与企业自身商业关系网络在创业企业国际市场机会识别与开发中作用的差异性与关联性；构建关系网络与企业国际创业机会识别与开发概念模型，并提出相应命题。本研究通过揭示关系网络与企业国际创业机会识别与开发作用关系，对国际创业理论和实践发展具有重要的借鉴及参考价值。

4.7.1　理论背景分析

Nordman 等（2008）将国际市场机会定义为把新产品、新服务、新材料和（或）新组织方法引入特定国际市场的可能性；Ellis（2008）将其定义为在新的国际市场上与新的合作伙伴进行交易的可能性。上述两种可能性的获取（机会识别）在创业过程中的决定性作用已经得到许多学者认可（Eckhardt et al.，2003；Zahra et al.，2005；Ozgen et al.，2007）。但对于如何获取此种可能性（机会识别）的问题，一些学者持保留态度，认为有待于进一步深入探究（Young et al.，2003；Dimitratos et al.，2005；Styles et al.，2006）；而另一些学者则明确指出，国际市场机会识别被企业（家）所嵌入的商业关系网络和社会关系网络所影响（Johanson et al.，1988；Coviello et al.，1997；Singh，2000；Sharma et al.，2003；Loane et al.，2006）。

1. 关系网络层次与国际创业机会识别

现有文献依据关系网络的层次性将其划分为社会关系网络（Social Networks）和商业关

系网络(Business Networks)。通常前者是指个体与其他个体间建立关系的总和(Burt,1992);后者多指企业及机构间建立关系的集合(Johanson et al.,1988;Easton et al.,1996)。由于企业经济行为具有社会嵌入性特征,嵌入关系网络中的企业可以获取其所需的信息资源(Granovetter,1985;Hakansson et al.,1995),自约翰森和麦特森(Johanson et al.,1988)率先将上述思想用于企业国际化理论研究中,后续学者纷纷从理论及实践角度探究企业国际化成长过程中的关系网络价值性问题。相对而言,早期文献多集中于从企业间商业关系网络视角探析企业国际化的动因及其效果(Johanson et al.,1988;Axelsson et al.,1992;Blankenburg,1995),并指出企业间的商业关系网络作为重要的"关系桥"有利于企业顺利进入海外市场(Johanson et al.,1990,2003;Chetty et al.,2000)。近期文献则显示,越来越多的学者开始探究社会关系网络对企业国际化尤其是企业国际创业的影响(Sharma et al.,2003;Crick et al.,2005;Komulainen et al.,2006;Loane et al.,2006)。研究发现,企业家个人关系网络规模与创业机会识别呈正向关联(Ozgen et al.,2007;Ellis,2008;Chandra et al.,2009)。同时也有学者指出,基于企业家层面的社会关系网络在国际创业机会识别中的作用更为突出(Chetty et al.,2000;Ellis,2000,2008)。对此,Ellis(2011)进一步说明:一方面,创业理论认为机会识别的主体是个人,而非企业(Shane,2003;Ozgen et al.,2007);另一方面,商业关系网络视角下探究企业国际创业机会识别有所局限,即无法对在海外市场尚不存在商业关系网络的企业的国际创业行为给出合理解释。

2. 关系网络联结与国际创业机会识别

也有学者依据关系网络中关系联结的方式不同,将其分为正式网络联结(Formal Ties)、非正式网络联结(Informal Ties)及居间式网络联结(Intermediary Ties)。通常正式网络联结多存在于商业关系网络之中(O'Donnell et al.,2001;Adler et al.,2002;Ojala,2009);非正式网络联结广泛存在于以朋友和家人间关系为代表的社会关系网络之中(Larson et al.,1993;O'Donnell et al.,2001;Coviello,2006);而居间式网络联结则是指通过第三方促使双方形成商业关系网络联结,如进出口贸促会和商品展销会等作为第三方在国际贸易买卖双方交易达成过程中,就起到了居间式网络联结的作用(Oviatt et al.,2005)。Coviello和Munro(1995)通过对软件行业的研究发现,超过一半的软件企业通过现存正式或非正式网络联结获取市场商机;Coviello(2006)继而又发现正式网络联结在国际新创企业国际化过程中占据主导地位;Ojala(2009)对知识密集型中小企业的跨多案例研究发现,以政府主导的非盈利性咨询机构为代表的居间式网络联结对企业国际化发展作用突出;Kontinen和Ojala(2011)对家族式中小企业国际创业过程中市场机会识别的研究则显示,相比其他网络联结,居间式网络联结(国际贸易展销会)所起的作用更为突出。

3. 关系网络强度与国际创业机会识别

依据关系网络联结的强度不同,Granovetter(1973)将关系网络划分为强联结(Strong Ties)和弱联结(Weak Ties),即个体与其较为紧密的、经常联络的社会联系间形成强联结,而个体与之不紧密联络或间接联络的社会联系间形成弱联结。强联结通常涉及高度的亲密度(Marsden et al.,1984)、信任(Jack,2005;Elg,2008)、相互尊重(Jack,2005)及承诺(Morgan et al.,1994;Hite,2003)。虽然强、弱联结广泛存在于上述不同类型的网络联结之中(Soderqvist et al.,2009),但相关学者对两者在企业国际创业机会识别中的重要作用仍存在一定的分歧。Granovetter(1973,1985,1992),Burt(1992)研究发现,弱联结是获取非冗余新信息的有效手段,提出弱联结充当信息桥的判断;也有研究指出弱联结对国际新创企业的初始国际化发展尤为重要(Sharma et al.,2003);在国际创业研究中,弱联结在企业国际化知识获取及利用方面作用突出(Blomstermo et al.,2004;Loane et al.,2006;Presutti,2007);实证研究也显示基于弱联结的信息获取更有助于企业国际创业机会识别(Floyd et al.,1999;Kontinen et al.,2011)。另外,也有学者指出,强联结因其能够提供更加可靠的信息(Granovetter,1985),且只将此信息传递给关系网络内部成员,形成所谓"圈内人优势"(Chandra et al.,2009),从而有助于企业国际创业机会识别(Ellis,2011),进而指出强联结才是新创企业国际化发展的关键使能因素(Evers et al.,2011)。此外,还有学者指出,弱联结仅仅有助于显性知识的获取,而强联结更利于隐性知识的获取,并有助于战略合作伙伴通过互动合作创造新的创业机会(Johanson et al.,2009;Freeman et al.,2010)。与上述两派观点不同的是,Kiss 和 Danis(2008)认为强、弱联结对新创企业的国际化发展速度起到同等重要的促进作用。

4. 关系网络和国际创业机会识别与开发

机会识别与开发是企业国际创业过程中两个重要阶段(Mathews et al.,2007),现有文献显示不同层次或类型的关系网络(联结)对企业国际创业机会识别与开发的影响作用不同,即对企业国际创业的路径选择及创业环节的影响存在一定的差异性。Vasilchenko 和 Morgrish(2011)通过跨案例分析研究发现,社会关系网络有利于企业国际创业机会识别,而商业关系网络有利于企业国际创业机会开发。一方面,社会关系网络通过为创业者(团队)提供可靠且丰富的信息资源,尤其是经验性知识(Liesch et al.,2002)以利于企业国际创业机会识别(Ellis et al.,2001;Ozgen et al.,2007;Ellis,2011),而国际创业机会的性质又在一定程度上决定了企业国际创业模式的选择(Freeman et al.,2007;Nordman et al.,2008;Vasilchenko et al.,2011);另一方面,通过商业关系网络结识国际创业机会开发的重要合作伙伴(Chetty et al.,2000;Johanson et al.,2009),商业关系网络尤其是企业间战略联盟有助于国际新创企业获得市场及技术知识,并可能共同创造新的创业机会(Freeman et al.,2010;Fletcher et al.,2012)。Al-Laham 和 Souitaris(2008)实证研究显示,国际新创企业与当地集群内研究机构及国家主导的研究机构建立战略联盟关系的数量与其采取国际化决策的可能性正相关。此外,商业关系网络可以通过帮助国际创业企业摆脱资源约束进而促进国际创业机会开发(Zhou et al.,2007;Vasilchenko et al.,2011)。

上述文献成果表明,基于关系网络层面探析企业国际创业机会识别与开发问题已经成为国际商务及创业理论研究领域的主流。鉴于国外学者对此问题研究视角、研究方法多有不同,研究结论也存在一定的差异性,同时国内学者对此问题研究相对较少,本研究将在全面整合上述相关文献基础上,通过对中小企业国际创业的跨案例分析,系统梳理中国情境下关系网络与创业企业国际市场机会识别与开发作用关系;在此基础上构建关系网络与企业国际创业机会识别与开发概念模型,并提出相应命题。

4.7.2 研究方法

1. 案例选择与数据收集

跨案例研究如同进行多次实验,既能对相同的逻辑过程进行重复验证,同时还可以交互验证各案例自有结论(Eisenhardt,1989;Yin,2003),在关系网络视角下机会识别相关问题研究中,已经成为主流研究方法(Shane,2000;Ojala,2009;Kontinen et al.,2011;Vasilchenko et al.,2011)。鉴于此,本研究同样采用多案例分析方法,并在案例选择方面遵循以下原则:

(1)所研究企业类型限定为制造业企业,以避免由于服务业和制造业的行业属性差异而带来的外部变异(Eisenhardt,1989;Yan et al.,1994);

(2)所选企业所在行业包括家具用品制造、汽车配件制造、户外旅游用品制造、高压水泵配件制造(表4.3),分属制造行业中的不同产业,案例选择样本具有一定的行业分散性,在一定程度上能够保证样本选择的代表性;

(3)选取样本企业均在成立之初较短时间内便开始国际化经营,可以归为国际创业类型,符合本研究对象范围;

(4)依据 Eisenhardt(1989)非随机选择样本原则,本研究选取4个样本企业基于信息获取的便利性及案例企业的代表性,即采取非随机方式选择样本,同时样本数量确定为4个,也在 Eisenhardt 建议的样本选取个数范围内(4到10个案例较为适合)。

表4.3 案例企业基本情况简介

企业名称	主要产品	创立时间	国际创业时间	员工人数	主要国际市场	国际市场进入方式
NLK	家具	2007年	2007年	240人	欧美各国	贴牌生产
XDY	户外旅游用品	2003年	2003年	700人	欧洲、南美、非洲	贴牌生产、自有品牌出口
XMT	汽车配件	2004年	2005年	160人	欧洲、北美、中南美洲、亚洲、非洲	贴牌生产、独家代理
DN	高压水泵配件	2000年	2004年	200人	中东地区	贴牌生产、与贸易商合作

资料来源:作者自行整理。

本研究数据收集主要方式为现场访谈及文档收集。访谈对象设定为企业创业者、企业创业团队中的主要成员或企业高层管理者,对企业国际创业过程熟悉或直接参与企业国际创业决策过程,在企业任职2年以上,上述条件设定用以保证访谈对象提供信息的客观性及全面性。每个企业设定的受访对象为2~3名,且每次访谈时间不低于2个小时;访谈过后,访谈人员会利用电话沟通的方式与受访人员就一些必要信息进行确认及补充完善。在此基础上,对每个受访企业的相关信息数据进行归档整理,具体包括访谈录音、记录、公司网站公开资料信息、产品宣传手册等。所有现场访谈及文档收集、资料整理工作由2名研究人员于2011年底完成。

2. 数据分析方法

案例研究的核心在于数据分析(Eisenhardt,1989)。本研究采用内容分析方法(Strauss,1987)在对不同来源数据译码的基础上进行深入分析。

(1)依据 Yin(2003)建议,按理论模型或研究框架将数据译码成几种类别。包括国际创业企业通过企业家个人社会关系网络/企业商业关系网络进行国际创业机会识别的情况;国际创业企业通过正式关系网络联结/非正式关系网络联结/居间式关系网络联结进行国际创业机会识别的情况;关系网络(联结)间的发展演化对于国际创业机会识别及开发的影响情况等。

(2)结合现有文献相关研究,对上述译码类别的子项类别进行译码。针对不同数据来源的数据内容的不一致性,本研究通过电话联系受访人员进行必要的信息确认及补充、修改。

(3)本研究中 2 名研究人员先共同设计一套译码方法,然后每人负责 2 个案例企业,最后汇总,再相互对译码后的数据进行校对和必要的修改。

(4)在译码工作的基础上,本研究采用分析性归纳(Analytic Induction)方法对案例企业进行深入剖析。即先对第一个案例进行分析,在此基础上将分析结果与提出的理论模型做比较;然后根据第一个案例的分析结果对理论模型进行修正;余下 3 个案例重复上述分析过程;最后在比较 4 个案例间的异同后,提出一个与上述 4 个案例企业数据均相匹配的理论框架,并提出相应命题。

4.7.3　案例企业介绍

表 4.3 描述了本研究 4 家访谈企业基本情况。遵循案例研究惯例,此处隐去了企业的真实名称,而代以英文字母缩写表示(Yan et al.,1994)。

案例企业简介如下。

企业 NLK 简介:公司成立于 2007 年,是由一群年轻的 80 后大学生组建成立的新兴的工贸型企业。公司主营业务为极具时尚感的现代家居家具的生产及出口,产品大多以贴牌生产为主,约占企业总产量的 95% 以上。公司产品远销欧美各国,其中欧洲市场占到公司总业务量的 80%,美国作为公司第二大出口国,出口量也占到公司总业务量的 15% 以上。公司自成立之初,通过网络平台获得第一批海外客户至今,依靠电子商务平台及传统展会渠道,海外市场拓展速度连年增加。2010 年,在国际金融危机后续影响尚未消除,人民币汇率持续升值,国内原材料成本、工资不断提升,国家节能减排限制等多重压力下,公司仍实现出口净利润 500 万元人民币。

企业 XDY 简介:公司成立于 2003 年,是一家民营股份制企业。公司主要经营军用、民用帐篷及户外运动服装等旅游户外用品。公司产品基本上都以贴牌生产为主,出口产品遍及英国、瑞典、俄罗斯、澳大利亚、韩国、南美洲国家及非洲国家,其中欧洲地区的出口量约占公司总出口量的 70% 以上。目前帐篷产品出口的海外客户主要靠公司自己进行寻找,户外运动服装的出口订单则是有专门的贸易商来提供,两种不同产品出口模式的有机结合,在一定程度上降低了企业海外市场经营风险。2010 年企业实现出口净利润 700 万元人民币。

企业 XMT 简介:公司成立于 2004 年,是一家私营股份制中小型工贸型公司。公司主营产品为汽车零配件(含改装件)及汽车用品(含装饰件),产品种类达 5 000 余种,行销全球各地。在海外市场拓展过程中 XMT 采用当地独家代理商的形式,在有效控制成本及风险的同时集中优势扩大海外市场资源,目前公司海外客户已经遍及全球各地,在欧洲、北美洲、中南美洲、亚洲、非洲等地拥有固定的客户群。其海外市场服务对象多为丰田等世界知名汽车巨头,真正做到了小企业服务于大客户的经营理念。

企业 DN 简介:公司成立于 2000 年,是一家私营性质的集加工制造、贸易于一体的中小型企业。主要从事高压水泵零配件的生产制造，2004 年公司开始与贸易商合作从事出口业务，主要出口地区为中东国家。目前，公司出口销售额约占公司总销售额的 35%。

4.7.4 案例结果分析

在此，本研究将重点阐述案例研究的最终结果，并结合案例企业具体情况，在定性数据分析的基础上，提出基于关系网络的国际创业企业市场机会识别与开发概念模型，展示变量间相互关系，提出相应命题。

研究显示，企业国际化过程中，尤其是国际创业过程中关系网络的影响作用得到受访企业(家)的一致认可，而不同类型的关系网络(联结)在企业国际创业过程中的作用也有所不同，且随着企业国际创业活动的逐步展开，不同类型关系网络(联结)间也存在一定的互动发展。此过程通过作用于创业企业市场机会识别与开发，进而对企业的国际创业活动产生重要影响。本研究结果与现有文献相关研究结论基本一致，如受访企业(家)一致指出企业的国际创业过程分为前期市场调研和后期商业开发两个重要阶段(Mathews et al.，2007)，第一阶段的重点在于通过各种关系网络(联结)充分了解海外市场，获取商机，其中企业家个人的社会关系网络(人脉)(Ozgen et al.，2007；Ellis，2008)和居间式关系网络(如各种展会、咨询会、接洽会等)(Ojala，2009；Kontinen et al.，2011)成为创业企业国际市场机会识别所借助的主要网络资源，并借此与海外市场建立最初的商业联系(Vasilchenko et al.，2011)；第二阶段海外市场商业开发阶段则对关系网络特征属性提出更高要求，通常国际创业企业在初次选择海外市场合作伙伴或交易对象时会更多考虑信任、承诺等强网络联结影响因素(Burt，2000；Ellis，2011)，由强联结而形成的商业关系网络对于创业企业国际市场进入模式也会产生重要影响(Vasilchenko et al.，2011)。与此同时，受访企业(家)也一致表示，上述两阶段中涉及的不同类型及特征的关系网络存在一定的互动形成机制，并共同作用于创业企业的国际市场机会识别与开发过程。本研究结合案例分析及相关文献，构建基于关系网络的国际创业企业市场机会识别与开发概念模型(图 4.2)。

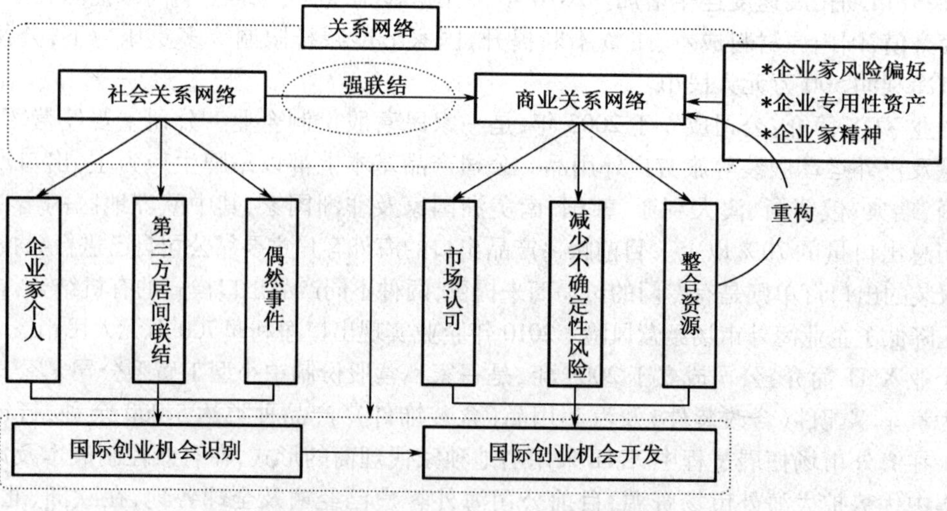

图 4.2 关系网络与企业国际创业机会识别与开发概念模型

1. 社会关系网络与创业企业国际市场机会识别

本研究在借鉴 O'Donnell 等(2001)和 Coviello(2006)将非正式网络联结归为社会关系网络分类基础上,考虑到在创业企业国际市场机会识别及开发研究中,以第三方为代表的居间式网络联结所起作用多为信息传递、业务咨询,并不直接作用于创业企业国际市场进入模式选择,即国际市场机会开发过程,因而,将以广泛存在于朋友及家人间的非正式关系网络联结和居间式关系网络联结归为社会关系网络。案例研究显示,创业企业最初的国际市场机会识别与获取大多源于企业家的社会关系网络,其中既有企业国际创业的战略规划驱动,也有源自偶然事件的意外催生。如 NLK 公司成立之初便主推欧美国际市场,是源于公司创始人之前在同类型家具制造企业从事过出口业务;XDY 公司在成立之初从事生产制造及出口业务,也是源于企业创业者早年在外商合资企业从事过销售业务;XMT 公司最早承接海外市场订单则是源于国内合作伙伴向海外客户的推荐;DN 公司第一笔海外订单则是通过一个与公司业务人员稔熟的贸易商提供。本节案例研究结果显示,企业家社会关系网络中的非正式网络联结通过确认企业在创业过程中其产品或服务在国际市场上的潜在竞争性,进而有助于创业企业国际市场机会识别(Vasilchenko et al.,2011);与此同时,此种社会关系网络会直接影响到国际创业企业最初的国际市场进入的国别选择。此外,虽然案例研究显示,基于企业家个人层面的社会关系网络在创业企业最初的国际市场机会识别过程中作用显著(Chandra et al.,2012),但 4 家受访企业均表示,在企业后续的国际市场拓展及业务开发过程中,以第三方为代表的居间式网络联结所起作用更为突出(Ojala,2009;Kontinen et al.,2011),如受访企业均定期参加各种形式的广交会、展会,同时,以阿里巴巴贸易通为代表的电子商务第三方信息平台作为新兴的、在线的、居间式网络平台在创业企业国际市场机会识别过程中也起到了极为重要的作用(如 NLK 公司 30% 的海外订单来自于电子商务信息平台)。基于上述分析,提出下列命题。

命题 1a:源于企业家个人层面的社会关系网络利于创业企业国际市场机会识别。

命题 1b:源于企业家个人层面的社会关系网络利于创业企业首次国际创业中的国际市场机会识别。

命题 2a:源于第三方的居间式关系网络联结利于创业企业国际市场机会识别。

命题 2b:源于第三方的居间式关系网络联结利于创业企业后续国际市场拓展中的国际市场机会识别。

此外,本节案例研究也显示,相对于企业国际创业明确的战略规划、合理的布局、系统的信息收集,一些偶然事件也会意外催生企业的国际创业行为(Coviello et al.,1995;Slotte-Kock et al.,2010)。如 XDY 公司企业高管在韩国旅游期间,在与一家户外用品零售商的闲谈中了解到韩国市场的供需情况,进而激发企业进军韩国市场的创业激情;NLK 公司企业高管在回访欧洲客户的时候,意外获取一份美国客户的求购信息,企业就此获得第一份来自美国的订单。需要提及的另一点是,Milgram(1967)的"六度分离理论"[①]在创业企业国际市场机会识别过程中也发挥着不可忽视的积极作用。XMY 公司和 DN 公司的受访者都表示,企业由偶然性催生的海外市场新客户订单获取过程中,直接或间接的纷繁复杂的人际

---

① 六度分离理论指出:任意两个人建立某种关联,最多只需要六个人,即一个人与世界上任何一个人中间只隔着四个人。

关系起到了极为重要的作用。基于上述分析,提出下列命题。

命题3:源于社会关系网络中的偶然事件利于创业企业国际市场机会识别。

2. 社会关系网络与商业关系网络的关联性

尽管社会关系网络在创业企业国际市场机会识别过程中发挥着积极作用,但真正融入国际市场、从事国际创业活动(国际创业机会开发)仍然需要依靠必要的以企业为核心的、正式的商业关系网络(Johanson et al.,2006)。如本节中案例研究显示,4个样本企业最初的国际创业模式均采取以出口为主的非股权模式;随着后续企业国际化发展的不断拓展,有企业开始以合资方式为主导的股权模式(如NLK、XDY)进入国际市场。对于如何从企业家个人的、非正式的社会关系网络一跃形成企业的、正式的商业关系网络问题,受访企业家均表示:合作共赢已成为企业国际创业活动中遵循的首要原则,企业家个人的社会关系网络更易于合作关系的达成,从而形成正式的商业关系网络;包含更多情感特征因素的强关系联结则在一定程度上强化了这一作用过程;此外,企业家风险偏好、企业专用性资产属性及企业家精神①对企业国际创业过程中具体的商业关系网络建立(国际创业模式选择)也极为关键。基于上述分析,提出下列命题。

命题4a:源于企业家个人层面的社会关系网络利于正式的商业网络关系(合作关系)形成。

命题4b:源于企业家个人层面的强关系网络联结利于正式的商业网络关系(合作关系)形成。

命题5a:企业家风险偏好影响创业企业国际创业模式选择。

命题5b:企业专用性资产属性影响创业企业国际创业模式选择。

命题5c:企业家精神影响创业企业国际创业模式选择。

3. 商业关系网络与创业企业国际市场机会开发

早期企业国际化理论学者大多从组织学习的角度探究商业关系网络中嵌入的信息、知识资源对企业国际化成长的积极作用(Johanson et al.,1990;Chetty et al.,2000),而国际创业理论学者则更加关注商业关系网络对企业国际创业经营成败的作用关系(郑准 等,2011)。对于创业企业而言,建立或是嵌入已有的商业关系网络,选择适宜的国际创业模式对于创业企业国际市场机会的成功开发尤为关键。本案例研究显示,4家样本企业最初的国际创业模式均采取贴牌出口方式,这一国际创业模式可以在一定程度上帮助创业企业获取当地市场客户认可,有助于企业信誉的累积,同时也有助于减少外部市场的不确定性,缓解企业自身资源局限。此外,NLK、XDY两家企业在后续国际市场拓展过程中采用以合资方式为主导的股权模式,以尝试拓展或构建新的商业关系网络。由此印证,企业从事国际创业活动的过程,也是构建和利用国际商业关系网络的过程(张玉利 等,2006)。基于上述分析,提出下列命题。

命题6a:商业关系网络有助于企业获得当地市场客户认可,利于创业企业国际市场机会开发。

命题6b:商业关系网络有助于企业减少外部市场不确定性,利于创业企业国际市场机会开发。

---

① 周小虎(2006)将企业家精神定义为:识别和利用存在于外在环境中的机会去创造价值的活动。

命题 7：商业关系网络有助于企业整合资源，拓展或构建新的商业关系网络，利于创业企业国际市场机会开发。

基于上述分析结果，本研究以企业家个人为核心的社会关系网络和以企业为核心的商业关系网络为两条分析脉络，试图厘清两者在企业国际创业机会识别与开发过程中作用的差异性及关联性。结合跨案例分析得出的相应命题，构建关系网络与创业企业国际创业机会识别与开发概念模型（图 4.2）。

4.7.5 结论与未来研究方向

Oviatt 和 McDougall（2005）提出国际创业研究应该以机会为核心，认为“国际创业是跨国界对机会的发现、扮演、评价和利用，以创造未来产品或服务的过程”；在此基础上，郑准和王国顺（2011）进一步指出企业国际创业的成败与企业（家）的关系网络有着千丝万缕的联系，企业国际化的本质是基于关系网络的国际创业过程；与此同时，大量研究显示，关于企业家特质、风险感知、机会识别与开发、战略管理等正成为企业国际化理论，尤其是国际创业理论研究的热点问题及关键问题（Chandra et al.，2012；Ellis，2011；Kontinen et al.，2011；Vasilchenko et al.，2011）。本研究在承袭国际创业理论主流研究框架体系下，探析关系网络对企业国际创业机会识别与开发的作用机理；以企业家个人为核心的社会关系网络和以企业为核心的商业关系网络为两条分析脉络，探究两者在企业国际创业机会识别与开发过程中作用的差异性及关联性。本研究以关系网络为切入点，针对企业国际创业活动中的创业机会识别与开发行为的发生、发展等一系列经济行为现象给出合理解释；本研究结果在丰富完善基于关系网络的国际创业理论的同时，对中小企业国际创业实践具有重要的现实指导意义。

其一，本研究结果再次印证以非正式联结为特征的社会关系网络在企业国际创业机会识别中的重要作用（Ellis，2011）。排除偶然事件发生的不可控性之外，凭借以企业家为核心的社会关系网络和基于第三方的居间式网络联结进行企业国际创业机会识别的系统性方式（Shane，2000；Fiet，2008）应该更为创业企业所关注。国内外大量成功企业国际创业个案显示，以企业家为核心的社会关系网络构建是企业国际创业的首要条件。结合华人社会体现较强的“人脉”现象特点，郑准和王国顺（2011）曾指出华侨、华人经济和华商社会网络是可资利用的重要力量，有志于国际创业的企业家应充分利用这个平台，广结善缘，寻找适宜的国际创业合作伙伴、把握稍纵即逝的创业商机。此外，开放条件下资讯更新瞬息万变、人才流动日益频繁，企业家应充分利用多样化的个人经历所建立的广泛的社会关系网络以及基于第三方的居间式网络联结，充分发挥强、弱关系联结在信息、知识传递、整合方面的突出作用。当然，企业家能否妥善构建及充分利用关系网络用以国际创业机会识别，还取决于企业家网络能力（企业家管理网络的能力），关于企业家网络能力的相关研究将成为本研究的后续研究方向之一。

其二，本研究同样印证在国际创业过程中的两个重要阶段——创业机会识别阶段和开发阶段（Mathews et al.，2007），社会关系网络和商业关系网络发挥的作用存在一定的差异性（Vasilchenko et al.，2011），即社会关系网络直接作用于企业国际创业机会识别，而商业关系网络影响到企业国际创业机会的开发；同时，两者之间也存在一定的关联性，即源于企业家个人层面的社会关系网络利于正式的商业网络关系（合作关系）形成，包含更多情感特征因素及承诺、互惠等的强关系联结（Marsden et al.，1984；Hite，2003）更易于上述作用过程。而在商业网络关系构建（即合作关系确立）的前提下，采取何种具体的国际创业模式进入国际市场,则很大程度上取决于企业家风险偏好、企业专用性资产属性及企业家精神。本研究显示,国内制造型中小企业国际创业模式多以非股权模式(贴牌出口)为起点,关于中小企业在其国际创业发展过程中如何构建和利用关系网络用以进行国际创业模式选择的动态相关性分析,本研究并未给予充分阐述。此外,服务型企业、高新技术企业对于本研究构建概念模型的适用性问题,还需大样本数据的实证检验。上述问题将成为本研究的后续研究重点。

4.8 企业家社会关系网络、创业机会识别与企业国际创业海外市场选择——基于中小型国际创业企业的实证研究①

企业家社会关系网络是否会影响企业国际创业海外市场选择是企业国际化理论研究的重要议题之一。本节内容在相关文献基础上,以国际创业机会识别与开发为研究视角,提出相关假设,并以京津地区中小国际创业企业为样本进行实证检验。结果显示,利用企业家社会关系网络进行国际创业机会识别对企业海外市场运营绩效影响显著;对海外市场目标国的选择虽然不受地理、文化及心理距离影响,却受语言距离显著制约;同时企业年龄及企业家从业经历也成为利于企业家社会关系网络进行国际创业机会识别的显著影响因素。本研究结论将对企业家或创业者海外市场商机获取方式及海外市场选择战略规划具有重要启示。

4.8.1 问题提出

企业家社会关系网络会影响企业国际创业海外市场选择吗?现有理论研究与管理实践并未对这一问题给出一致且令人满意的答案。一方面,传统企业国际化理论往往将企业国际市场扩张决策归因于对海外市场机遇的感知,并用"心理距离"概念解释企业国际化过程中海外市场选择的先后次序(Johanson et al.,1977,1990),而这些海外市场机会如何识别及开发的过程或作用机理却鲜有提及,更重要的是传统企业国际化理论无法解释企业快速国际化现象及远超"心理距离"模式的海外市场选择问题。而关注于企业快速国际化发展或"天生国际化"企业的国际新创理论或国际创业理论学者则认为,企业海外市场进入国别及进入模式选择多源于关系网络中的创业机会识别,海外市场进入国别地区也呈现出更多分散性特征(McDougall et al.,1994;Coviello et al.,1995)。自 Oviatt 和 McDougall(2005)首次提出国际创业是跨国界对机会的发现、制定、评价和利用,以创造未来产品和服务的过程,并强调国际创业研究应以机会为核心之后,后续学者纷纷将关系网络尤其是企业家社会关系网络作为创业机会识别的载体,探究其对企业国际创业的积极作用(Vasilchenko et al.,2011;Chandra et al.,2012;Ellis,2011;Kontinen et al.,2011)。但也有学者指出,机会识别是具有高度主观性的认知过程(Venkataraman,1997),创业活动又具有高度的情境依赖性特征(Welter,2011),企业家社会关系网络自身特征属性所形成的认知局限和情境局限必然会对国际创业机会识别与开发即企业海外市场进入选择产生制约作用(Ellis,2011)。而除去企业家社会关系网络外,一些基于第三方的居间式关系网络联结如贸促会、交易会等,同

① 此部分内容曾发表于《国际商务》(对外经济贸易大学学报)2014 年第 2 期(双月刊),作者刘娟、彭正银、王维薇。

样也是企业国际创业机会识别与开发的重要渠道(Ojala,2009;Kontinen et al.,2011)。另一方面,从企业管理实践来看,大量具有广泛"人脉"关系尤其是海外背景的企业家或创业者在企业国际创业过程中及在海外市场选择方面发挥着重要作用,如传统的"华人圈"或"华人经济"多集中于东南亚国家或地区;但也存在超越"心理距离"模式的海外市场选择,如广西人在非洲淘金、温州人在意大利、西班牙投资等;而随着全球范围内人才流动的日益频繁,拥有海外求学、生活或相关工作背景的特定人群凭借其获取海外市场商机的有利条件已成为国际创业的重要推动力量;与此同时,对于大量以传统出口贸易为主的市场导向型国际创业企业而言,借助基于第三方的居间式关系网络如电子商务信息平台(阿里巴巴等)或是传统对外贸易营销渠道(广交会、展会等),仍是企业国际创业机会识别及海外市场进入选择的重要信息来源。

理论研究和管理实践共同指向的一个问题是,在全球范围内创业活动不断发酵之时,中国企业"走出去"过程中,利用企业家社会关系网络进行创业机会识别与企业国际创业海外市场选择间究竟存在怎样一种关系,传统理论中提及的"心理距离"概念是否会在两者作用关系中发挥阻碍作用,系统梳理现有文献发现,相关研究多集中于探析企业家社会关系网络在企业国际创业机会识别与开发过程中的积极作用,而具体针对创业企业海外市场进入选择,尤其是在中国情境下对企业国际创业海外市场选择的影响作用鲜有提及;此外,相关研究多采用案例分析方法(Chandra et al.,2012,2009;Vasilchenko et al.,2011;Kontinen et al.,2011;Zain et al.,2006;Crick et al.,2006),对企业家社会关系网络影响企业国际创业机会识别与开发的作用效果无法给予充分验证及提供科学的量化分析,在一定程度上阻碍了从关系网络视角探究及揭示企业国际创业行为的一般性科学规律。

鉴于此,本研究拟在系统总结、充分借鉴相关文献基础上提出研究假设;选择中小型国际创业企业作为分析样本,通过调研问卷获取大样本数据;同时,拟将关系网络主体聚焦于以企业家(创业者)为核心的社会关系网络,通过与基于第三方的居间式网络联结作对比,进一步实证检验企业家社会关系网络在企业国际创业机会识别与开发过程中对企业选择进入新的海外市场的影响作用,以揭示企业家社会关系网络与企业国际创业海外市场选择间作用关系;在补充完善企业国际化理论及国际创业理论的同时,为创业企业国际市场机会识别与开发以及海外市场进入选择的发展实践提供重要参考。

4.8.2 理论基础与研究假设

机会具有外生性特征,且通常源于市场的不完备性和信息传入的混乱性(Eckhardt et al.,2003)。而以个体间建立关系总和为特征的社会关系网络(Burt,1992)则可被视为与机会相关的信息传播的重要通道(Burt,1992;Aldrich et al.,1986;Granovetter,1973)。由于与机会相关的信息在社会范围内传播扩散总是呈现出非均衡性,能够最先识别出机会的个体往往会因此获得收益;但同时,对于个体而言,其机会识别的倾向性又常常受限于其所嵌入的社会关系网络联结(Ties)及其在网络中所掌握的信息冗余度(Aldrich et al.,1986)。国际商务领域,鉴于创业理论认为机会识别的主体是个人而非企业(Ozgen et al.,2007;Shane,2003);从商业间关系网络视角探究企业国际创业机会识别问题亦有所局限,即无法对在海外市场尚不存在商业关系网络的企业的国际创业行为给出合理解释(Ellis,2011),因此,更多国际创业研究学者将企业家(创业者)的社会关系网络作为企业国际创业机会识别与开发问题的研究视角(Chandra et al.,2012,2009;Vasilchenko et al.,2011;Crick et al.,2006)。

与此同时，现有研究还表明，机会识别是具有高度主观性的认知过程，既受认知主体知识储备、经验阅历、风险偏好影响(Venkataraman，1997)，又受认知主体在关系网络中是否占据"结构洞"或处于"关系桥"(Burt，1992)影响；此外，创业活动还具有高度的情境依赖性，即包括历史、制度、时间、空间和社会等多维项下的创业活动情境共同制约着创业者与机会的作用方式(Welter，2011)。因而，认知主体一方面可以借助关系网络获取稀缺的、有价值的信息资源(机会)；另一方面此种借助关系网络获取信息资源(机会)的方式又具有一定选择性及局限性，很大程度上依赖于认知主体所嵌入的社会关系网络联结的特征及属性(Brass et al.，2004)。在国际商务领域则意味着，企业家社会关系网络既会对企业国际创业机会识别与开发产生积极影响；同时，其社会关系网络自身特征属性所形成的认知局限和情境局限也会对后者产生制约作用(Ellis，2011)。相应地，作为国际创业机会识别与开发的结果之一，企业国际创业海外市场选择也将会受到企业家社会关系网络的双重影响。

1. 企业家社会关系网络对企业国际创业海外市场选择的双重影响

拥有跨越国界社会关系网络的企业家更易于国际创业机会识别(Ellis，2011)。建立和维护社会关系网络需要花费成本，尤其是时间成本，因而，能否享受社会关系网络中信息资源收益(也即机会识别)与企业家个人经历直接相关(Aldrich et al.，1986；Andersen，2006)。Bjorkman 和 Kock(1995)在针对在华外资企业的研究中发现，在华工作经历时间被受访者认为是其个人良好社会关系网络形成的重要决定因素。从企业间商业关系网络的视角，有学者验证了较长创建时间的企业在国际化过程中借助于企业间关系网络的积极作用(Blankenburg，1995；Axelsson et al.，1992；郑准 等，2008)；而一些创建时间较短的中小型企业作为新近成员则往往更需要借助于已有的其他企业间商业关系网络，即通过嵌入现存关系网络方式获取关系网络中有价值的信息资源(Coviello et al.，1997；王志涛 等，2009)，或是更多依赖于经验、阅历丰富的企业家或创业者的个人社会关系网络获取有价值的信息资源(Harris et al.，2005)。相对而言，新企业在发展之初，同样更多依赖于从业经验丰富或"人脉"资源广泛的企业家或创业者开拓市场(Prashantham et al.，2010；Loane et al.，2006；Sharma et al.，2003)。此外，近期文献还显示，作为与企业家从业经历相关的企业家社会关系网络的另一个测量维度，企业家社会关系网络规模也与创业机会识别呈现正向关联(Chandra et al.，2009；Ellis，2008；Ozgen et al.，2007)。基于此，提出如下假设。

H1：企业家从业经历与利用企业家社会关系网络进行企业国际创业机会识别正相关。

社会关系网络作为信息传递的重要通道，常常涉及信息编码、传递及解码过程。国际创业机会识别因涉及跨国界信息传递问题，除了会由此产生更多关系网络维护成本之外(Aldrich et al.，1986；Burt，1992)，还会涉及由于企业家或创业者认知局限而产生的所谓关系网络约束(Network Constraint)问题(Zahra et al.，2005)。国际创业研究领域，常把那些阻碍信息跨越社会边界或国别边界流动的因素称为社会关系网络形成及应用的制约因素。通常来说，沟通交流是信息获取的必要条件，而远距离或跨国界沟通的壁垒则成为企业家社会关系网络机会识别的重要边界(Ellis，2011)。Bagozzi(1978)曾发现物理、心理和社会层面都存在妨碍沟通交流的情境局限因素，在国际商务研究领域，这些因素常被归为与海外市场目标国的地理距离(Geographic Distance)、文化距离、心理距离和语言距离(Linguistic Distance)等维度加以度量和分析(Kiss et al.，2008；Hutchinson，2005；Ellis，2007)。其中，地理距离是最为常见的贸易或投资壁垒之一(Leamer，1974；Becherman，1956；张远鹏 等，

2010),通常两国间贸易量会随着两国间地理距离增加而减少,一方面原因在于运输成本增加不利于两国间贸易进行;另一方面在于与远距离目标国(客户)的商业交往会产生更大不确定性(Ellis,2007;Leamer,1974)。同样,这种不确定性也会源于两国间文化差异,而文化距离常被认为是新企业进入文化差异较大的海外市场时必须要克服的一种外部人(圈外人)劣势(Johanson et al.,2009;Kogut et al.,1988;李阳 等,2013)。相比文化距离测度族群间差距,心理距离描述的是个体尤其是企业家或创业者对于海外市场差异性的主观感知(Nordstrom,1991;Ellis,2007)。尽管在一定程度上心理距离会被文化距离所影响,但基于心理距离和文化距离的比较分析研究显示,两者仍属两类不同事物(Hakanson et al.,2008;Nordstrom et al.,1994)。而 Hutchinson(2005)在针对贸易模式的研究中发现,心理距离和文化距离均与语言距离呈现出一定的相关性;而在实践中,语言也的确被看作不同族群或国别间个体信息沟通交流的最主要障碍。

综合上述影响国际商务发展的主观局限和情境局限因素后发现,通过企业家社会关系网络进行企业国际创业机会识别与开发同样会受到这些因素制约,即跨国界沟通交流壁垒会成为企业家社会关系网络机会识别的重要边界,即相对于其他创业机会识别与开发途径,企业家社会关系网络对企业国际创业海外市场选择的影响将更集中于地理距离、文化距离、心理距离和语言距离更为接近的国家或地区。基于此,提出如下假设。

H2a:地理距离与利用企业家社会关系网络进行企业国际创业机会识别负相关。

H2b:文化距离与利用企业家社会关系网络进行企业国际创业机会识别负相关。

H2c:心理距离与利用企业家社会关系网络进行企业国际创业机会识别负相关。

H2d:语言距离与利用企业家社会关系网络进行企业国际创业机会识别负相关。

2. 企业家社会关系网络对企业国际创业海外市场选择的绩效影响

传统国际营销理论认为,企业国际市场拓展需要基于规范且正式的市场调研及系统市场价值评估(Root,1994;Young et al.,1989;Douglas et al.,1983),而基于非正式私人层面的社会关系网络用以识别海外市场商机的方法,往往不被主流学界所认同。随之产生的问题是,基于企业家社会关系网络或是基于其他正式渠道进行企业国际创业机会识别,对企业国际创业机会开发效果(绩效)的影响有何不同。依据关系网络理论,由于网络中个体相互熟悉,或是经由彼此熟知的其他个体形成联系,因而,关系网络中会嵌入一定程度的信任因素;基于关系网络个体间的交易也会由此产生额外收益,即由个体间信任而产生的彼此承诺将会有效降低传统方式下契约关系的防范措施,降低交易成本的同时提升商业机会开发效率(Uzzi,1996,1997)。关系网络中信任因素的嵌入为评估网络中潜在交易个体提供了一定基础,有利于交易个体更好地进行匹配,以促成高质量交易达成(Castilla,2005)。因而,相对于其他机会识别方式,借助基于企业家私人层面社会关系网络进行企业国际创业机会识别,对其结果(绩效)方面会存在两点不同:首先,基于企业家社会关系网络的交易达成更多源于信任因素考量(Uzzi,1996),因而,该交易往往被赋予较高评价和认可度(Ellis,2011);其次,基于企业家社会关系网络的交易达成过程往往具有高度情境依赖性特征,也即嵌入于企业家社会关系网络形成及发展的历史过程之中(Welter,2011)。因而,在国际创业领域则表现为海外市场的快速开发及销售利润的迅速累积(Oviatt et al.,2005;Coviello et al.,1995)。基于此,提出如下假设。

H3a:相比其他机会识别方式,企业家社会关系网络是企业国际创业海外市场拓展的首选渠道。

H3b:相比其他机会识别方式,企业家社会关系网络为企业国际创业海外市场运营带来更高收益。

4.8.3 研究设计

1. 变量测量与说明

(1)被解释变量

本研究共涉及三组回归分析,被解释变量依次为企业国际创业机会识别方式、企业国际创业海外市场选择及其绩效影响。

第一组,企业国际创业机会识别方式。本研究在借鉴 Ellis(2011)关于创业机会识别方式分类及企业实地调研基础上,将企业国际创业机会识别方式或途径分为两类:一类是借助非正式企业家或创业者私人社会关系网络(如同学、熟人、前同事、客户、朋友等私人关系)进行信息获取及机会识别;第二类是基于正式第三方关系网络联结(如广交会、展会、贸促会、第三方电子商务平台等)进行国际创业机会识别。为便于计量统计及模型简化,将此被解释变量(企业国际创业机会识别方式)设置为 0-1 变量,即借助第一类途径进行企业国际创业机会识别的设定为1,相应借助第二类途径的设定为0。

第二组,企业国际创业海外市场选择。本研究拟从地理、文化和心理距离三维项下对企业海外市场选择的具体国别地区进行量化分析。其中,地理距离是指与目标国最近港口间的物理距离,原始数据参见 Maritimechain. com(2007);文化距离及心理距离指数参照 Ellis (2007,2009)论文中相关附录,鉴于上述三类距离指数均为定序型数据,且地理距离数值较大,为便于比较及统计,本研究拟将对上述三类数据取自然对数后引入回归模型。此外,为凸显企业家私人社会关系网络在企业国际创业海外市场选择中的积极作用,本研究拟将语言距离变量设置为 0-1 变量,即依据个体间语言沟通、信息获取及机会识别过程中语言的使用情况,将汉语使用(包括普通话、粤语、闽南语等在内的地方语言)设定为0,非汉语使用设定为1。

第三组,企业国际创业海外市场选择绩效影响。本研究在借鉴 Castilla(2005),Oviatt 和 McDougall(2005)相关观点基础上,拟从企业家社会关系网络是否作为企业国际创业海外市场拓展首选渠道、是否为企业国际创业海外市场运营带来更高收益两方面系统度量利用企业家社会关系网络进行创业机会识别对企业国际创业海外市场选择的绩效影响。拟采用李克特 5 分制量表法,对上述两问题分别设置“非常同意”“同意”“不确定”“不同意”“非常不同意”5 个选项,依次对应于 5,4,3,2,1 不同计分,通过问卷调研方式获取相关数据,作为相应被解释变量的赋值。

(2)解释变量与控制变量

本研究中,企业国际创业机会识别方式除在第一组回归分析中作为被解释变量外,在其余两组回归分析中都将作为重要解释变量。此外,回归模型中另一个重要解释变量则是企业家从业经历。本研究借鉴 Bjorkman 和 Kock(1995)及 Harris 和 Wheeler(2005)观点,将企业家从业时间(以年为单位)作为从业经历的重要测度指标,相应数值取自然对数后引入回归模型。本研究中企业家系指企业创立者或创业团队核心成员、国际市场开拓者或拓展团队核心成员。

此外,本研究回归分析中还拟将引入如下控制变量:企业规模、企业年龄及企业所有权类型。现有文献显示，国际创业企业大多为创建时间较短的中小型企业(Oviatt et al.，1994，1995)；与此同时，相比其他所有权类型，私民营企业往往更具活力及创新力，在企业国际创业过程中也更能发挥企业家才能及资源整合优势(王玉荣 等，2010)。鉴于此，本研究拟以企业员工数量(每百人为单位)测度企业规模；以企业创建时间(年为单位)测度企业年龄(须取自然对数处理)；将企业所有权类型设定为 0－1 变量，即私民营企业设定为 0，其余企业类型均设定为 1。

2. 样本选择与数据来源

本研究采用调研问卷发放方式获取相关数据，调研对象主要为京津地区部分中小型国际创业企业，调研时间为 2013 年 3 月至 2013 年 8 月。包括笔者在内的 3 名调研人员通过地方商务主管部门获取调研企业样本数据库，并向相关企业发放有关“国际创业与机会识别”调研问卷 300 份，成功回收有效问卷 156 份。调研问卷内容包括如下几部分：①企业基本信息情况(企业所属行业、员工人数、创建时间、所有权性质、企业家相关从业时间及经历等)；②企业国际创业基本信息情况(企业首个海外客户获取时间及方式、企业国际创业涉及国别地区及时间和方式的详细分布、国际创业方式及产品或服务类型等)；③企业海外市场运营绩效影响基本情况(不同机会识别方式下企业海外市场收益率及其差异、企业家或创业者对国际创业机会识别方式的认可度等)。本研究在获取样本企业数据基础上，重点收集创业企业在不同国别地区获取首个海外客户情况信息，并以此作为本研究实证检验的最终样本数据。鉴于样本企业国际创业时间差异较大，不同国别地区客户开发情况不同，经全面整理相关数据后总计获取用以实证检验样本数据 408 个。

调研企业样本涉及多个行业，其中通信设备制造、医疗器械制造、纺织品服装制造、家具制造、金属合金模具及配件制造企业共计 113 家，占样本总数 72.4%；贸易服务、软件出口、咨询服务、游戏美术外包类服务性企业共计 43 家，占样本总数 27.6%。按企业所有权划分，样本企业中私民营企业共计 110 家，占样本总数 70.5%；合资企业 41 家，占样本总数 26.3%；集体企业 5 家，占样本总数 3.2%。所有样本企业均为员工人数在 500 人以下的中小型企业，企业创立时间低于 10 年且均有出口贸易或海外投资业务，符合国际创业企业条件。

4.8.4　实证分析

1. 相关性分析

模型中所有变量间相关系数如表 4.4 所示。表中的相关数据显示，企业家从业经历(ENEX)与企业规模(FIRS)、企业年龄(FIRA)、企业所有权类型(FIRO)、企业家关系网络使用(ENNU)间存在显著相关性；企业家关系网络使用(ENNU)与语言距离(LIND)、海外市场运营收益(ABSH)、企业家关系网络渠道选择(ENNI)间也存在显著相关性；但与文化距离(CULD)、心理距离(PSYD)、地理距离(GEOD)均不存在显著的相关性。由此说明，国际创业企业在利用企业家社会关系网络开拓海外市场选择目标国别地区时并不受“心理距离”等因素制约。当然，上述结论能否获得有利支持还依赖于接下来关于上述假设的实证检验。

(2)实证检验

本研究实证检验部分采用统计分析软件 SPSS Statistics 17.0，针对上述提出假设进行三组回归分析，具体实证检验结果如表 4.5 所示。

表 4.4 Pearson 相关系数矩阵

变量名称	FIRS	FIRA	FIRO	ENEX	ENNU	LIND	CULD	PSYD	GEOD	ABSH	ENNI
FIRS (firm _size)	1										
FIRA (firm _age)	0.656** (0.000)	1									
FIRO (firm _ownership)	-0.340* (0.017)	0.192	1								
ENEX (entrepreneur _experience)	0.550** (0.000)	0.897** (0.000)	0.483** (0.000)	1							
ENNU (entrepreneur _netwok _use)	0.423** (0.002)	-0.070	-0.292* (0.042)	0.022* (0.038)	1						
LIND (linguistic _distance)	0.310* (0.030)	0.517** (0.000)	0.040	0.365** (0.010)	-0.48** (0.000)	1					
CULD (culture _distance)	-0.224	-0.096	0.084	-0.119	-0.038	0.088	1				
PSYD (psychic _distance)	0.010	0.151	-0.010	0.045	-0.173	0.331* (0.020)	0.596** (0.000)	1			
GEOD (geographic _distance)	0.000	0.325* (0.023)	0.116	0.196	-0.265	0.249	0.539** (0.000)	0.443** (0.001)	1		
ABSH (abroad _share)	0.198	-0.015	-0.191	0.004	0.543** (0.000)	-0.246	-0.013	-0.105	-0.159	1	
ENNI (entrepreneur_netwok _importance)	0.276	0.130	0.161	0.332* (0.020)	0.535** (0.000)	-0.255	0.019	-0.105	-0.230	0.464** (0.001)	1

注：** 表示在 1% 置信水平上统计结果显著；

* 表示在 5% 的置信水平上统计结果显著。

表 4.5　企业家关系网络与海外市场选择关系回归结果

变量名称	H1		H2a		H2b		H2c		H2d		H3a		H3b	
	模型 1	模型 2	模型 1	模型 2	模型 1	模型 2	模型 1	模型 2	模型 1	模型 2	模型 1	模型 2	模型 1	模型 2
FIRS	0.207* (0.048)	0.137 (0.151)	-0.009 (0.368)	-0.10 (0.374)	-0.009 (0.62)	-0.017 (0.368)	-0.001 (0.822)	0.000 (0.887)	1.609* (0.045)	1.407 (0.123)	0.006 (0.337)	0.000 (0.937)	0.004 (0.717)	-0.009 (0.362)
FIRA	-3.7** (0.007)	-5.4** (0.003)	1.27** (0.002)	1.31** (0.008)	0.698 (0.322)	1.268 (0.136)	0.369* (0.044)	0.345 (0.136)	7.445* (0.01)	4.006 (0.207)	-0.88** (0.000)	-0.457 (0.084)	-0.588 (0.134)	0.24 (0.562)
FIRO	1.089 (0.266)	-1.991 (0.313)	0.302 (0.481)	0.317 (0.474)	0.429 (0.576)	0.628 (0.422)	0.099 (0.629)	0.091 (0.667)	1.075 (0.587)	-0.056 (0.981)	-0.197 (0.442)	-0.049 (0.839)	-0.452 (0.288)	-0.163 (0.671)
ENEX		4.91* (0.047)	-1.112 (0.103)	-1.154 (0.118)	-1.02 (0.40)	-1.582 (0.223)	-0.404 (0.216)	-0.381 (0.280)	-9.54* (0.045)	-5.715 (0.262)	1.206** (0.004)	0.79 (0.052)	0.779 (0.248)	-0.037 (0.953)
ENNU				0.04 (0.872)		0.533 (0.227)		-0.022 (0.856)		-1.45* (0.013)		0.395** (0.005)		0.774** (0.001)
χ^2	26.004***	28.680***						23.571***	32.786***					
Cox & Snell R^2	0.412	0.443							0.382	0.488				
Nagelkerke R^2	0.551	0.593							0.547	0.699				
Adjusted R^2			0.191	0.173	-0.013	-0.02	0.008	-0.01			0.301	0.405	0.023	0.234
F			3.831**	3.002*	0.845	0.984	1.1	0.868	6.173***	7.529***	1.285	3.931**		
ΔF Sig			0.012		-0.076		0.143				0		-0.285	

注：H1 和 H2d 检验方法采用 Logistic 回归分析法，H2a～H2c 和 H3a～H3b 检验方法采用多元回归分析法；

*** 表示在 0.1% 置信水平上统计结果显著；

** 表示在 1% 置信水平上统计结果显著；

* 表示在 5% 置信水平上统计结果显著。

第一组回归分析主要用以检验企业家从业经历与利用企业家社会关系网络进行国际创业机会识别的相关性(H1 假设)。模型 1(仅含控制变量)统计结果显示,企业规模(FIRS)、企业年龄(FIRA)均与利用企业家社会关系网络进行国际创业机会识别(ENNU)显著相关,其中,企业规模(FIRS)相关系数为 0.207*,即随着企业规模日益扩大,企业(家)累计的商业人脉关系日渐增强,其间嵌入的信息资源更加有利于国际创业机会获取与识别;企业年龄(FIRA)相关系数为 -3.7**,表明企业年龄越小,创建时间越短,越倾向于利用企业家社会关系网络进行国际创业机会识别。模型 2 在模型 1 基础上加入重要解释变量企业家从业经历(ENEX),统计结果显示,企业家从业经历(ENEX)系数呈现显著正相关性(相关系数为 4.91*);此外,企业年龄(FIRA)相关系数继续呈现显著负相关性,且作用关系有所加强(相关系数为 -5.4**),此结果再次印证新企业创建或发展之初更多依赖于从业经验丰富或"人脉"资源广泛的企业家或创业者(Prashantham et al.,2010;Harris et al.,2005),利用其私人社会关系网络进行国际创业机会识别。假设 H1 获得经验数据支持。

第二组回归分析主要用以检验利用企业家社会关系网络进行国际创业机会识别与海外市场选择,即与地理距离(H2a)、文化距离(H2b)、心理距离(H2c)和语言距离(H2d)的相关性。其中,针对地理距离(H2a)的实证检验中,模型 1 中仅控制变量企业年龄(FIRA)通过显著性检验(相关系数为 1.27**);模型 2 在模型 1 基础上加入重要解释变量企业家关系网络使用(ENNU),结果显示,仍仅企业年龄(FIRA)通过显著性检验(相关系数为 1.31**),其余变量均未通过显著性检验。检验结果表明,一方面随着企业年龄增加,企业(家)国际创业经验不断累计,使得企业国际创业海外市场选择的目标国别地区范围呈现出显著发散态势(经验数据上表现为地理距离增加);另一方面利用企业家社会关系网络进行国际创业机会识别与企业海外市场国别地区选择间不受地理距离条件制约,即经验数据上表现为两者间不存在显著相关性(相关系数为 0.04,未通过显著性检验)。究其原因在于,全球化背景下企业家私人人脉关系或是商圈建立已经不受传统比邻国家等地理条件局限,随之基于企业家社会关系网络的企业国际创业海外市场选择也呈现出更多的随机性与发散性。假设 H2a 未获得经验数据支持。文化距离(H2b)实证检验模型 1 和模型 2 中涉及变量相关系数均未通过显著性检验,假设 H2b 未获得经验数据支持。心理距离(H2c)实证检验模型 1 中仅企业年龄(FIRA)相关系数(0.369*)通过显著性检验;模型 2 中涉及变量相关系数均未通过显著性检验,假设 H2c 未获得经验数据支持。整体而言,H2a ~ H2c 假设均为获得经验数据支持的原因大致相同。而语言距离(H2d)实证检验模型 1 中企业规模(FIRS)(相关系数 1.609*)、企业年龄(FIRA)(相关系数 7.445*)和企业家从业经历(ENEX)(相关系数 -9.54*)与语言距离均存在显著相关性,其中规模较大、创建时间较长的企业,相对而言其海外市场拓展工作更为规范,对外商务沟通中更多使用国际通用语言(如英语)或其他官方语言;而从业经验丰富的企业家,人脉关系更为广博,国际创业过程中更多利用其自身私人社会关系网络,因而会更多倾向于使用本国或本乡本土语言(如汉语、粤语或其他地方语言等)。模型 2 实证结果显示,企业家关系网络使用(ENNU)与语言距离显著负相关(相关系数 -1.45*),即企业家利用关系网络开拓海外市场过程中语言的使用情况是,非汉语使用比例大大低于汉语使用比例,大约低于后者 77%。假设 H2d 获得经验数据支持。综合 H2a ~ H2d 检验结果,假设 H2 获得部分支持。

第三组回归分析主要用以检验利用企业家社会关系网络进行国际创业机会识别与海外市场选择绩效影响。其中,针对企业国际创业海外市场选择过程中利用企业家社会关系网络的认可度检验,模型 1 结果显示,企业年龄(FIRA)(相关系数 -0.88**)与企业家从业经历(ENEX)(相关系数 1.206**)均通过显著性检验,也即企业创建时间越短、企业家从业经验越丰富,越倾向于对企业家社会关系网络应用报以较高认可度。模型 2 在模型 1 基础上加入重要解释变量企业家关系网络使用(ENNU),结果显示,ENNU 相关系数 0.395**,通过显著性检验,表明国际创业海外市场选择过程中利用企业家关系网络进行国际创业机会识别的企业对于企业家社会关系网络的认可度显著高于其他机会识别渠道或方式。针对企业家社会关系网络应用对于企业海外市场运营绩效影响的检验中,模型 1 中所有变量均未通过显著性检验,模型 2 加入重要解释变量企业家关系网络使用(ENNU),结果显示 ENNU 相关系数 0.774**,通过显著性检验,表明国际创业海外市场选择过程中利用企业家关系网络进行国际创业机会识别对于企业海外市场运营收益的提升作用显著高于其他机会识别渠道或方式。综合 H3a ~ H3b 检验结果,假设 H3 获得经验数据支持。

4.8.5　结论与启示

传统企业国际化理论尤其是中小企业国际化理论认为企业国际化发展路径及模式往往遵循渐进模式,并依据"心理距离"先后次序选择进入海外市场(Johanson et al.,1977,1990);20 世纪末至今,全球范围内国际创业浪潮此起彼伏,以创业机会研究为核心、关系网络为载体的国际创业学者致力于解释企业快速国际化及远超"心理距离"模式的海外市场选择现象之时(McDougall et al.,1994;Coviello et al.,1995),指出关系网络尤其是企业家社会关系网络对于企业海外市场选择的积极意义(Chandra et al.,2012;Ellis,2011)。本研究在系统梳理相关文献基础上提出相应假设,并以中小国际创业企业调研数据为样本,实证检验利用企业家私人社会关系网络进行国际创业机会识别与企业海外市场选择间是否存在显著性关系。实证检验结果对本研究第一组及第三组假设给予支持:一方面,企业家从业经验与企业年龄均与利用企业家社会关系网络识别创业机会显著正(负)相关,即表明越是成立时间较短的企业越是需要依靠从业经验丰富或"人脉"资源广博的企业家或创业者(Prashantham et al.,2010;Harris et al.,2005),利用其私人社会关系网络进行国际创业机会识别。另一方面,企业家社会关系网络应用对企业海外市场运营绩效影响均通过显著性检验,即意味着企业家社会关系网络中嵌入的信任因素(Uzzi,1996)对交易达成的积极作用(Castilla,2005),使得企业家社会关系网络成为企业国际创业机会识别的首选渠道或方式;且相比于其他国际创业机会识别渠道或方式,对企业海外市场运营收益的提升作用也更为显著(Oviatt et al.,2005;Coviello et al.,1995)。对于本研究第二组假设,实证检验结果并未给予全部支持,即利用企业家关系网络进行国际创业机会识别与企业海外市场进入国别地区选择(包括地理距离、文化距离、心理距离)间均不存在显著相关性,此结论再次印证国际创业企业海外市场进入路径已超越传统企业国际化理论中诸如"心理距离"等制约因素限制(McDougall et al.,1994;Coviello et al.,1995),而传统贸易投资理论中设定的"地理距离"对关系网络应用的制约作用也并不适用(Leamer,1974);与此同时,语言距离与利用企业家关系网络进行国际创业机会识别显著负相关,除表明本乡本土语言或乡音在企业家私人社会关系网络应用中的重要作用外,更突显出语言距离在利用企业家社会关系网络开拓海外市场过程中的制约作用(Ellis,2011)。此点结论对国际创业者的积极意义则在于,在遥远的异国他乡如何构建"人脉"关系,寻找熟人、探寻乡音可能是个不错的选择。

本研究结论的重要启示在于:一方面,企业家(创业者)私人社会关系网络是企业国际创业海外市场拓展过程中可资利用的重要资源,有志于国际创业的企业家(创业者)需要充分挖掘、利用现有社会关系网络或是巧妙搭建必要的人脉关系,在便利识别国际创业商机的同时也为企业国际创业的顺利发展铺平道路。对于国际创业者而言,如何快速搭建自己的海外市场"人脉"关系呢?一种方式是融入本地较有影响力的商业团体或商会。一些资历雄厚的商会或商人团体(如浙商、闽商、徽商、台商等)在全球各地开枝散叶,掌握着当地重要的商业资讯,是新创企业国际创业依托的重要信息来源。如果创业者能以私人关系或其他方式融入这些"商圈"无疑对企业国际创业发展大有裨益。另一种方式是充分利用创业者自身经历搭建海外市场"人脉"关系。资讯瞬息万变、人才流动日益频繁的当下,越来越多拥有海外求学、工作及生活背景的特定人群开始尝试国际创业,并成为中小企业国际创业的生力军。这些创业者可能从业经验稍显不足,但是凭借其捕捉商机的敏锐洞察力及利用其特殊海外市场背景巧妙搭建海外市场"人脉"关系,国际创业同样也可以经营得风生水起,很多海外学子回国成功创业就是很好的实例。另一方面,尽管国际创业的成功路径及模式各有不同,但企业家(创业者)私人社会关系网络对企业国际创业尤其是海外市场选择仍具有积极意义,即利用企业家社会关系网络进行创业机会识别在海外市场选择方面并不受传统贸易投资理论或企业国际化理论中"地理距离"或"心理距离"等因素制约;而赋予创业者更多的自由选择空间和时间,这对于国际创业企业(家)而言,无疑具有重要的战略指导意义。

4.9 小 结

本章研究内容的基本前提假设是:因母国与东道国间制度距离的客观存在,跨国企业需要采取必要的制度同构行为以获取东道国市场"合法性"地位、规避"外来者劣势"及提高东道国市场运营收益;而东道国市场关系网络作为跨国企业获取外部信息知识及制度学习的重要途径将对跨国企业制度学习同构效应提升作用突出。

现有相关研究文献显示,传统企业国际化进程理论不仅明确将跨国企业制度知识学习涵盖在经验知识学习范畴内(Eriksson et al.,1997),与此同时,在基于关系网络理论视角下也指出东道国关系网络是跨国企业包括制度知识学习在内的经验知识学习的重要途径(Liesch et al.,2002;郑准 等,2008)。但在制度同构理论框架下,跨国企业制度学习并非指简单地对东道国社会相关法律法规、行业规制等常规性、显性知识的学习,而是指跨国企业将生产、营销、管理及人事等诸多经营要素融入或植根于东道国制度环境内的一种同构行为(Xu et al.,2012)。就其表现形式而言,跨国企业制度学习方式路径与其东道国关系网络构建有异曲同工之处;但就制度学习与其他类别知识学习的本质差异性而言(制度同构理论视角下),这种差异性必将通过跨国企业制度学习方式、路径选择,表现为东道国关系网络构建过程中(区别于以往以常规经验知识获取为主)具有特殊性的规律特征(如规律性的东道国市场进入模式等)。而对于这种东道国关系网络构建过程中特殊性的规律特征的探寻则应成为未来国际商务学者及制度理论学者探究的重点所在。

另一方面,现有文献还显示,在基于关系网络的企业国际化理论框架下,已有学者从关系网络工具性理论出发探究关系网络对跨国企业制度学习及其国际市场进入模式、绩效影响,并得出一些很有意义的研究结论,例如关系网络中心度中介作用、结构洞等(Lin et al.,

2009;李军 等,2013),也为后续学者基于关系网络工具性理论视角下探析跨国企业制度学习同构效应问题奠定了良好的研究基础及分析框架;此外,很多学者也从关系网络工具性理论出发,论证并实证检验了不同关系网络联结方式(正式、非正式、居间式)(Kotinen et al.,2011;Ojala,2009;Coviello,2006)、联结强度(强、弱联结)(Evers et al.,2011;Chandra et al.,2009;Kiss et al.,2008;Presutti,2007)、结构洞位置(Xiao et al.,2007;Insead,2006;Burt,1992)、嵌入方式(许冠南 等,2011;刘雪峰,2009)及网络结构(郑准 等,2009;王志涛 等,2009)对跨国企业信息知识资源获取及其国际化发展的不同程度影响作用。在此基础上,结合上述研究结论,基于关系网络工具性理论视角,如结构嵌入、关系嵌入等,系统探究基于东道国市场关系网络构建的跨国企业制度学习同构效应作用机理问题,也应成为未来国际商务学者、制度理论学者及关系网络理论研究学者的关注重点。其中,理论模型构建及相关经验数据验证的研究重点还应包括:

(1)跨国企业制度学习方式、路径对其制度学习同构效应的影响作用机理及相关经验数据验证;

(2)基于关系网络工具性理论视角,探究跨国企业东道国关系网络构建对其制度学习同构效应的影响作用机理,例如基于结构嵌入项下网络规模、强度、稳定性、中心性等维度;关系嵌入项下互动频率、互信互惠、协作程度等维度进行系统论证及相关经验数据验证;

(3)包括母国与东道国间制度距离(正式性制度距离、非正式性制度距离)、跨国企业自身特征及其国际化战略导向、跨国企业合作意愿、学习意愿等在内的主、客观因素在上述变量间作用关系中影响作用的识别及相关经验数据验证。

此外,尤为重要的一点还在于,鉴于当前中国跨国企业已经成为全球市场上的对外投资主体(投资国别地区涉及不同政经体系国家);与此同时,中国也正是处于转型中的经济大国,国内制度环境及制度架构与其他国家相比存在明显差异性,因而,应用中国跨国企业经验数据对其制度学习相关问题的实证研究将更具代表性及实践性。例如:

(1)系统梳理中国制度环境特征及制度架构内涵(正式性制度架构及非正式性制度架构);在此基础上选取典型样本进行多案例分析,从事实层面验证中国跨国企业基于东道国关系网络构建的制度学习同构效应及其影响因素(影响方向、程度等)。

(2)针对中国跨国企业东道国制度环境差异性进行分类对比的横向分析;通过选取与中国存在较大制度距离的(正式性制度距离及非正式性制度距离),具有代表性的东道国企业样本(包括发达国家、发展中国家及新兴经济体等国家),分类比较中国跨国企业在东道国不同制度环境下的制度学习内容重点、方式、路径特征、效果,以及其东道国关系网络构建现状及在其中所发挥的作用等;在此基础上,进一步深入细化。

(3)选取包括不同行业、规模、所有制结构及国际化战略导向的典型中国跨国企业样本进行分类对比、纵向细分;进一步探究主体特征存在差异性的中国跨国企业在组织学习意愿、合作意愿等方面的差异性,以及在适应东道国制度环境过程中,对其制度学习内容、方式、路径、效果及其东道国关系网络构建的影响作用。

(4)应用多案例分析方法进行国别比较,比较中国跨国企业与其他国家(如发达国家、发展中国家、新兴经济体国家等)跨国企业在适应东道国制度环境过程中,所进行的制度学习内容重点、方式、路径、效果及其东道国关系网络构建情况的异同点;从跨国企业母国制度环境差异性角度进一步完善相关理论模型。

简言之,系统梳理并归纳总结出跨国企业东道国关系网络构建对其制度学习同构效应提升作用的具体影响路径，并借此进行基于东道国关系网络构建的跨国企业制度同构效应提升机制设计，无疑为中国企业"走出去"背景下，中国跨国企业东道国关系网络构建与制度学习方式、路径探索提供战略规划及政策建议具有极为重要的借鉴及参考价值，同时也恰是本章研究内容的最终归结所在。

第5章

制度冲突与全球市场同构——基于新兴市场国家跨国企业研究视角

整体而言，当前基于新兴经济体的国际商务研究大多集中于这些国家跨国企业的对外直接投资领域（Hoskisson et al.，2000；Peng et al.，2008），而鉴于新兴市场国家跨国企业（Emerging-Market Multinational Corporations，EMMCs）在针对发达国家市场的这种“逆向型”投资趋势持续上升，国际商务研究中基于新兴市场国家“逆向”发达国家的对外直接投资问题的探究就显得尤为凸出（Mathews，2006；Wright et al.，2005）。在此背景下，基于制度理论视角，探究新兴市场国家跨国企业在发达国家东道国市场上的组织合法性问题，以及新兴市场国家跨国企业的全球性战略规划问题，无疑成为当下国际商务学者的研究热点及研究重点。

事实上，在国际商务研究体系下，组织合法性是一个对于跨国企业而言尤为突出的问题（详细内容参见本书第3章）。对于组织合法性[①]概念的深入理解，非常有助于阐释及识别跨国企业在海外市场运营过程中所面临的诸多挑战（Kostova et al.，1999），因为跨国企业在其国际化过程中需要面对与母国制度环境截然不同的东道国市场，不同制度环境内的各种不同合法性要求、标准及规范（Kostova et al.，1999），对于新兴市场国家跨国企业而言，尤为如此。但与此同时，现有文献也显示，组织合法性建立有助于多样性的国际商务活动顺利开展，如战略联盟（Dacin et al.，2007）、跨国并购（Dikova et al.，2010；Vaara et al.，2011）及企业商务管理实践移植（Sayim，2011）等，这无疑也为新兴市场国家跨国企业国际化业务的顺利开展提供了必要的发展契机及发展空间。

鉴于此，本章将在系统梳理现有相关研究文献基础上，深度聚焦特定制度环境下组织对于制度同构压力的回应，以及这些组织回应如何有助于不同制度环境间制度同构的形成机制。并选取新兴市场国家跨国企业为研究视角，深入探究其在发达国家海外市场获取合法性地位过程中所面临的挑战，以及采取何种策略规划以增强其在发达国家东道国市场的合法性地位。与此同时，鉴于新兴市场国家跨国企业往往还需要面对母国市场中潜在的制度冲突，即需要采取某些策略行为以应对源于发达国家（东道国）和发展中国家（母国）的竞争性制度要求。本章也将继续探讨新兴市场国家跨国企业在其母国市场上所应采取的策略行为。在此种情形下，新兴市场国家跨国企业在发达国家市场与发展中国家市场上的策略行为反应，也可将其视为便利其母国制度环境变革的全球化制度同构代理人（Agents）（Liou et al.，2012）。例如，近期研究显示，一些中国跨国企业在促使中国制度环境变革及创新过程中就发挥了积极的作用（Marinova et al.，2011）。该研究借助6家主导型中国企业国

---

① 对于组织合法性的定义，可参照Suchman（1995）的定义，即“在一系列社会架构体系内，如规范、价值观、信仰及定义等，一个实体恰当、可取或合宜行为的广义感知或基本假设”。

际化案例分析指出，基于对后发劣势（Latecomer Disadvantages）的补偿，中国企业急于借助在发达国家市场建立企业形式或分支机构以获取必要的先进管理知识、市场知识及技术能力等。与此同时，借助中国政府的大力扶持，中国企业也已经逐渐成为全球市场中重要的参与者；同时也是中国政府海外投资政策信息传递的重要管道。这些中国跨国企业通常与中国政府关系密切，并能够借此有利的关系网络创造（变革或创新）便利其海外投资及发展的良好制度环境。

之所以将新兴市场国家跨国企业视为全球范围内制度同构的代理人，主要是鉴于新兴市场国家跨国企业寻求进入发达国家东道国市场，除了旨在拓展其业务活动范围之外，同时也为了获取发达国家先进管理知识及经验，以提高其核心竞争力。但当进入到这些发达国家东道国市场之后，新兴市场国际跨国企业往往需要面对制度层面的强制性压力（Coercive Pressures）、规范性压力（Normative Pressures）及认知性压力（Cognitive Pressures），以获取东道国市场合法性地位。这些新兴国家跨国企业一旦在发达国家市场通过采用东道国当地管理实践惯例，而获取到合法性地位后，便可能会将其移植到母国总公司本部，用以在母国市场建立更好的管理实践规范及标准。因此，新兴国家跨国企业也会致力于改变母国市场制度环境，以利于发达国家企业管理实践的顺利移植（Transfer）。这些发达国家企业管理实践在新兴市场国家的顺利移植一定程度上会导致全球化背景下的制度同构（Global Isomorphism）得以形成（Liou et al.，2012）；但与此同时，发达国家企业管理实践移植过程中的象征性采用（Symbolic Adoption）则会在一定程度上减缓这种制度同构过程。

5.1 新兴市场国家跨国企业特征

随着20世纪90年代新兴经济体的迅猛发展，新兴市场国家跨国企业已经成为当前全球商业环境中重要的参与者（Guillen et al.，2009）。事实上，源于新兴市场国家的对外直接投资已经占据2009年全球对外直接投资总额的25%（UNCTAD，2010）。而新兴市场国家跨国企业多源于经济发展水平欠发达的发展中国家或是新兴市场经济体，其从事国际化的发展路径也常与以欧洲国家、美国、日本为代表的发达国家跨国企业截然不同（Guillen et al.；Luo et al.，2007；Mathews，2002）。一般而言，国际商务学者对于发达国家跨国企业的研究大多显示，这些企业通常已经在母国市场建立了较强的根基后才开始国际市场的拓展（Johanson et al.，1977）。而传统企业国际化模型大多聚焦于跨国企业利用其所有权优势的市场寻求动机模型，如企业特定资源优势等（Dunning，1980），但这些似乎并不适用于新兴市场国家跨国企业海外拓展的关键性动机（Makino et al.，2002；Mathews，2002，2006；Zhao et al.，2010）。从实际情况来看，这些新兴市场国家跨国企业往往缺乏在其母国市场获取先进管理及技术能力的机会，于是，这些企业便更有动机进入发达国家市场以获取其所需战略性竞争能力及资源（Cantwell，1992；Luo et al.，2007；Witt et al.，2007；Zhao et al.，2010）。例如，为了获取先进的技术或是提高其服务于发达国家市场客户的必要知识，中国跨国企业（如联想、TCL）已经成功进入发达国家市场，建立分支机构或子公司（Yang et al.，2009）。

5.1.1 新兴市场（国家）定义及范围

就理论分析层面，现有国际商务研究文献中对于新兴市场概念鲜有清晰确切的定义，在实践层面,也缺乏对于新兴市场概念的普遍性解释。国际货币基金组织(IMF)对于发达经济体和新兴经济体的区分标准包括三个方面:①一国人均收入水平;②出口多样性;③全球金融一体化程度。世界银行则应用人均国民收入(GNI)作为阈值,按人均国民收入不同水平将全球国家分为四类。而大多数基于新兴经济体的实证研究则采用的是联合国贸发会议(UNCTAD)报告中所给予的分类标准,但是联合国统计司也一再强调此种分类标准仅是为了统计数据的便利,且此种分类标准也尚未形成广泛共识。相对而言,国际商务学者则更倾向于将新兴市场描述为经历快速经济增长及工业化发展,但是仍未达到发达国家市场成熟度,尤其是在市场监管层面(Liou et al.,2012)。学者 Peng(2003)对于新兴市场的描述如下:"新兴市场是由以关系网络为基础、个性化交易结构向以规则制定为基础、非个性化交易结构转变的过渡阶段。"

对于新兴市场缺乏明确定义的一个原因可能在于,对外直接投资格局,即基于企业内部层面的跨境资源转移,如合资企业或是全资子公司等(Dunning,1993)日益变革。仅十几年前,绝大多数直接投资还是源于欧洲国家、美国、日本三大传统发达国家及经济体。这些国家构成了通常所说的发达市场,而其主要特征是长期存在且相对稳定的经济增长。因而,现有基于跨国企业直接投资活动的相关文献大多集中于源于这些发达国家的跨国企业及其进入其他发达国家市场或是欠发达国家市场的战略决策(Meyer et al.,2005;Peng et al.,2008)。而直到近期,传统经济欠发达国家,如拉丁美洲和亚洲国家,开始逐渐"发力",并呈现出持续的经济增长态势(UNCTAD,2006)。

相对而言,早期学者已经识别出第一波的非传统性跨国企业活动,并在相关文献中将其称为"新跨国企业"(Lall,1983)及"第三世界跨国企业"(Wells,1983)。特别指出的是,伴随20世纪60年代"亚洲四小龙"(中国台湾、中国香港、韩国及新加坡)的崛起,也使得这些国家的许多跨国企业成为最早一批非传统性跨国企业。而这些国家通常经历了快速的工业化发展时期,且被称为新兴工业化国家或地区。这些新兴工业化国家"毕业"后,便可以进入传统意义上的发达国家队伍之中。例如,韩国及中国台湾地区就已经被国际货币基金组织依据其自身经济发展水平视为发达国家及经济体。而在更为接近的、过去的十年中,另一波新兴经济体,即"金砖五国"(巴西、俄罗斯、印度、中国及南非)也正在经历快速工业化发展时期,并潜在地构成与发达国家间的竞争态势。上述提及的两类新兴经济体("亚洲四小龙"和"金砖五国")则成为主要非传统性直接投资来源的范例。其他的一些新近涌现出的新兴经济体,还包括所谓的"飞虎(Tiger Cubs)"经济体,即菲律宾、泰国、印度尼西亚和马来西亚四国,以及一些之前属于前东欧阵营,现在已经获得独立的民族、国家等。

整体而言,近期源于这些非传统发达国家的跨国企业发展态势迅猛,而这些跨国企业也常被称为"新兴市场国家跨国企业"。在此背景下,国际商务学者对于新兴市场国家跨国企业发展相关问题的持续关注也在一个层面上表明,新兴市场国家跨国企业已经成为国际商务理论及经验研究的重要聚焦领域(Cuervo-Cazurra et al.,2008;Gammeltoft et al.,2010;Luo et al.,2007;Wright et al.,2005)。在系统梳理及借鉴相关研究文献基础上,本节对于新兴市场国家跨国企业的定义将采用学者 Luo 和 Tung(2007)对于新兴市场国家跨国企业的定义,即"源于新兴市场且致力于对外直接投资业务的国际型企业,其在一个或多个海外市场有效控制以及从事价值增值活动"。依据此定义将排除仅从事进、出口贸易业务的企业,并将焦点聚焦于有实质性的海外投资活动的新兴市场国家跨国企业(Liou et al.,2012)。

5.1.2 新兴市场国家跨国企业特征

与传统企业国际化理论模型相一致,近期的荟萃分析(Meta-Analysis)显示,当一个企业拥有特定资产之时,企业将会利用其特定资产优势在国际市场上产生更高水平的收益及回报(Kirca et al. ,2011)。对于传统跨国企业而言,研发密集度和广告密集度通常是企业层面的特定资产优势,但对于新兴市场国家跨国企业而言,后者所拥有的基于企业层面的特定资产优势则是源于其母国市场中的制度环境。换言之,尽管新兴市场国家跨国企业缺乏必要的先进技术或是市场专业知识,但是却拥有应对母国欠发达制度环境经验的先天优势。近期研究显示,新兴市场国家跨国企业已经成为向发展中国家进行海外直接投资的主流,尤其是向那些政府监管水平相对较低,腐败管控能力相对较差的国家进行投资(Cuervo-Cazurra et al. ,2008)。也有研究学者指出,相对于发达国家跨国企业而言,新兴市场国家跨国企业更加习惯于在欠发达制度环境下的企业运营管理,并且在发展所谓的"制度创新能力(Institutional Entrepreneurial Ability)"方面,即在不稳定的制度环境内灵活及创新性的处理不确定性问题的技巧及诀窍(Know-How)方面拥有天然优势(Guillen et al. ,2009)。

尽管利用企业特定资产优势可以有效增加其投资回报率,但是此着眼点却未必是新兴市场国家跨国企业国际化发展过程中最为显著的动机。鉴于在经济全球化发展及竞争过程中,新兴市场国家跨国企业常常处于后来者(Latecomer)地位,在其国际化发展早期阶段仍需获取足够的海外市场运营收益;但整体而言,新兴市场国家跨国企业海外拓展的原因却是多样性的。首先,许多新兴经济体在客户基础(如中国台湾),或是消费者购买力(如中国)方面存在一定程度的局限性,若要维持其自身经济发展水平必然需要拓展其原有经济规模及范围,在此背景下,这些新兴市场国家跨国企业的海外市场拓展成为一种必然选择(Bonaglia et al. ,2007)。其次,鉴于母国市场资源局限性,新兴市场国家跨国企业往往需要借助在海外市场获取额外资源以实现收益(Bonaglia et al. ,2007;Makino et al. ,2002)。此外,新兴市场国家跨国企业在海外市场运营中还会面临与其母国市场环境截然不同的许多东道国市场风险,如不可预测的政府监管等(Buckley et al. ,2007)。整体而言,对于新兴市场国家跨国企业来说,其国际化发展的根本性动机或目的远比单纯性地提高企业绩效更为复杂多样,且常常关系到其自身的生存问题。

在当前全球竞争环境下,新兴市场大多被发达国家跨国企业视为最具吸引力的对外直接投资区位选择(Peng et al. ,2008)。在此背景下,对于一些新兴市场国家跨国企业而言,在本国市场的生存之道便是与这些发达国家跨国企业展开有效竞争,而企业国际化无疑为其学习如何与其他国家跨国企业有效竞争提供了极佳的契机(Bartlett et al. ,2000)。尽管绝大部分新兴市场国家跨国企业将其在发达国家市场的直接投资经营活动视为获取先进市场、管理经验及技术能力的重要路径及方式(Makino et al. ,2002;Wright et al. ,2005),但是新兴市场国家跨国企业在发达国家市场上所期待的上述目的的达成,还需要克服许多自身竞争劣势,例如自身资源及国际化经营经验的有限性(Mathews,2006)等。此外,还需要特别提及的一点是,在对发达国家市场直接投资的经营管理过程中,新兴市场国家跨国企业也不太可能利用其在母国应对欠发达制度环境的企业特定优势(Cuervo-Cazurra et al. ,2008;Wan,2005);而基于组织合法性视角,新兴市场国家跨国企业在发达国家市场中的竞争性劣势无疑也尤为突出(Liou et al. ,2012),在此背景下,对于那些致力于在发达国家市场经营的新兴市场国家跨国企业而言,为了增加其在东道国市场经营成功的概率,获取东道国市场合法性地位就显得尤为重要了。

5.2　新兴市场国家跨国企业在发达国家东道国市场上的组织合法性

5.2.1　制度理论视角下的组织合法性

制度理论的基本前提假设是,能够同构于其所处制度环境的组织具有更大的生存概率,因为同构(Isomorphism)所带来的一致性(Conformity)能够赋予组织(或企业)生存的政治性权力及制度合法性(DiMaggio et al.,1983)。而组织合法性(Organizational Legitimacy)是指企业活动所暗含的组织价值与其所处环境所体现的社会价值两者间的一致性(Dowling et al.,1975)。换言之,企业可以选择通过特定的商业活动实现与社会架构下的价值观体系相一致,并借此获得企业合法性地位(DiMaggio et al.,1983;Oliver,1991;Scott,1995)。学者Suchman(1995)基于组织合法性问题的开创性研究,清晰指出合法性的来源,并提出为了确保获取到不同类型的合法性,企业需要采用不同的策略安排,如拉拢选民、提供象征性展示及职业化操作等。现有基于制度理论的相关文献大多显示,用以提升企业合法性的相关商业活动对于企业生存及成功发展尤为关键(Cohen et al.,2005;Elsbach,1994;Lounsbury et al.,2001)。此外,借助对于中央银行的样本分析,相关学者的研究发现及结论与制度理论核心前提假设相一致,即组织同构行为会增强组织的合法性地位;与此同时,两者间作用关系还会受到组织年龄、组织规模及组织绩效等控制变量的影响,同时银行在其战略规划中所体现的同构行为会增强银行监管者及媒体所赋予的合法性地位(Deephouse,1996)。在此基础上,在针对美国企业的样本分析中,学者 Cohen 和 Dean(2005)研究发现,企业高层管理团队特质是企业合法性的重要传递信号,并且在企业股票首次公开发行(IPO)过程中有效提升企业价值的估值水平。

整体而言,组织合法性在企业国际化研究框架内同样是一个非常重要的问题,因为跨国企业在全球化发展过程中将会面对不同制度环境下的各种不同合法性需求。例如,学者Kostova 和 Zaheer(1999)在其研究中早已刻画出跨国企业情境下组织合法性问题的复杂性,并提出"鉴于制度体系在不同国家的特殊性,跨国企业至少需要面对与其东道国数量相同的不同制度环境"。与此同时,两学者也指出,跨国企业在东道国市场建立及维系合法性过程中所面临的环境复杂性主要是源于母国市场与东道国市场间制度距离的存在,而制度距离简单说来则是指制度环境在国家层面表现的差异性。

基于学者 Scott(1995)的研究框架,制度环境可以借助监管、规范、认知三方面进行系统分析。通常而言,监管体系是指现存的法律法规,用于确保社会稳定及良好秩序的执行;规范体系是指现有制度环境内对于社会价值观及行动规范的界定;认知体系是代表已确立的认知架构,如对于社会地位的公众认可、特定国家内民众所共享的社会知识体系等。上述三类制度环境架构表明组织获取合法性过程中所面对的不同制度性压力。相对而言,监管体系更多强调对于法律法规的一致性,且对应于学者 DiMaggio 和 Powell(1983)提出的同构机理中的强制性(Coercion)制度压力(Scott,1995)。与监管体系保持一致性是强制性同构压力的功能之一,通常借助其他组织,如政府等,所施加的正式性及非正式性要求来实现;

就其本质而言，强制性同构压力具有强硬执行力特点，并且可以作为一种应急手段（Expedient）（Scott，1995）。规范体系（Normative Pillar）强调的是对于评价组织合法性的更深层次的道德基础，对应于学者 DiMaggio 和 Powell 提出的同构机理中的规范性制度压力（Scott，1995）。规范性制度同构压力"主要源于专业化发展（Professionalization）"，并借助于依靠对资质、认证及对特定人员的筛选，以此为基础形成相似性及一致性。制度领域中的认知体系（Cognitive Pillar）则是代表特定领域的最佳实践惯例，与此相对应的是 DiMaggio 和 Powell 提出的模仿性（Mimetic）制度同构压力，即在不确定性情境下，企业寻求其他组织或此领域中具有共识性的最佳管理实践或惯例，以更好地获取及维系、发展合法性地位。

现有相关文献中的经验研究同样显示出在一国三大制度体系架构内，企业建立合法性所面临的挑战。在基于美国跨国企业在全球十个国家执行产品质量管理的企业实践研究中，学者 Kostova 和 Roth（2002）发现，东道国的制度架构，如制度环境中的监管、规范及认知体系，会影响到跨国企业子公司采用母国企业质量管理实践的具体决策及行为。其研究结论还显示，即便得到了跨国企业母公司强大而具有一致性的支持，其子公司在具体执行这些企业质量管理实践过程中仍然会有不同程度的变更及修改。而在实践中，只有当某一种管理实践与东道国制度环境中的认知性架构具有高度的一致性时，跨国企业子公司才会倾向于对其进行完全的执行。此研究结论在一定程度上也表明，在东道国市场上的外国子公司在应对东道国制度环境压力过程中会策略性地采取回应方式，以获取东道国市场合法性地位（Liou et al.，2012）。

5.2.2 新兴市场国家跨国企业在发达国家市场上的合法性问题

现有相关文献中涉及跨国企业应对东道国市场制度压力的研究大多基于跨国企业母国与东道国间制度距离视角（Gaur et al.，2007；Xu et al.，2002）。而相对于传统发达国家跨国企业，新兴市场国家跨国企业在发达国家市场获取其合法性地位过程中会潜在性地面临更大的威胁与挑战。主要原因在于发达国家东道国市场与新兴市场国家母国市场间存在更大限度的制度距离。

首先，新兴市场与发达国家市场在监管体系方面的差距是显而易见的。例如，在股票市场中的相关挂牌及登记制度的法律规定（Karolyi，1998；Marosi et al.，2008）、会计准则及投资者保护程序（Pagano et al.，2002）等方面，新兴市场与发达国家市场间均存在显著性差异。因而，当其原有企业管理实践与发达国家市场中的诸多较为严苛的规制不相一致时，新兴市场国家跨国企业会发现其在发达国家市场建立合法性过程中会面临诸多的挑战。

其次，在认知体系方面，发达国家市场中的新兴市场国家跨国企业利益相关者可能会对新兴市场国家跨国企业的合法性做出不利的评价。而所谓的利益相关者（Stakeholder）通常是指"可以影响组织目标达成或是被组织目标达成所影响的群体或个人"（Freeman，1984）。鉴于其在全球市场竞争环境中所处的后来者身份，在发达国家市场中新兴市场国家跨国企业的利益相关者通常拥有更少的与其企业相关的市场信息，并更倾向于基于其跨国企业母国的固有思维模式评价新兴市场国家跨国企业的合法性（Bitektine，2011）。而这种固有的思维模式通常集中于对跨国企业母国处于欠发达经济状况的主观感知。就历史发展而言，跨国企业通常会将其制造工厂迁移至欠发达国家或地区，以充分利用当地廉价的劳动力以及宽松的劳工使用标准(Porter,1990)。但是,由于经济发展水平有限以及接受教育的机会欠缺,熟练劳工通常在这些国家很难获得。因而,跨国企业会将大规模的传统型低端制造业、劳动密集型产品的生产环节等设置在欠发达国家或地区,而将技术密集型产品或需要熟练劳动力的生产安排在发达国家或地区(Porter,1990)。而由于非熟练劳动力的使用,这些在欠发达国家或地区生产的制成品通常被冠以低质、低价之称。例如,韩国制造曾被冠以质量低劣,但当一些电子产品品牌,如三星、金星在全球市场获得成功之后,对于韩国产品质量提升的感观也随之增加(Holt et al.,2004)。同样,面对高技术企业强大的竞争优势,新近参与国际化发展、并且源于发展中国家的技术型企业,如中国的联想公司等,在其产品质量声誉建造方面无疑也将面临诸多挑战(Loo et al.,2006)。

最后,在规范性体系方面,大多数发达国家市场都位于北美地区及西欧地区,而这两大区域存在显著的文化重合及文化交集。相对而言,新兴市场国家跨国企业所处地理区域则有别于上述两大地区,如亚洲或是拉丁美洲,并且植根于截然不同的文化环境之中。这在一定程度上也导致了新兴市场国家跨国企业面临巨大的文化差异性,并且在应对反映发达国家市场规范性制度压力过程中表现出一定程度的困难性。例如,学者 Hofstede(1980)构建的文化维度具体测度指标之一的个人主义,就体现出东、西方文化中的巨大文化差异性。相比较而言,多源于东方文化中的新兴市场国家跨国企业,对于集体主义的价值观要优于个人主义的价值观,因而会尝试采用基于集体价值的组织设计,如以团队为基础的绩效奖励等。当新兴市场国家跨国企业在以个人主义为主导的东道国市场中应用以集体主义为导向的企业管理实践时,东道国市场员工及其利益相关者可能会将此种管理实践视为不具合法性。

为了进一步厘清制度环境内三大制度体系的差异性,本节在梳理并借鉴相关文献基础上,在表 5.1 中总结并列明了新兴市场国家跨国企业在发达国家市场中获取组织合法性的威胁及挑战。尽管以三大制度体系作为一个划分,可以有助于识别制度环境的国别差异性,但是需要提及的一点是,这三大制度体系本身对于企业管理实践的影响作用却未必是相互独立的。例如,一个社会的道德伦理信仰有助于提升企业社会责任(CSR),也有助于对社会责任实践的类别分类有更清晰的认知(Tan et al.,2011);进而,这些企业社会责任实践也会影响到政府监管或是被政府监管所影响(Williams et al.,2006)。至此,也有学者指出,对于既定制度领域中的主导性实践,三大制度体系及其相应的制度同构压力会便利其管理实践的扩散及制度同构的形成。但是,在特定的组织管理实践及惯例中,也会存在某一制度体系所产生的压力显著强于其他制度体系(Liou et al.,2012)。例如,《劳动法》所规定的最低工资标准,相比于其他规范性或认知性制度压力而言,可能是企业薪酬政策的最强监管性制度压力来源。

表 5.1 制度距离、制度架构与新兴市场国家跨国企业东道国合法性构建研究文献梳理

制度架构分类	定义(Kostova,1997)	新兴市场国家跨国企业在发达国家东道国市场面临挑战
监管性制度架构	用以促进或限制某些行为规范发生的现行法律、法规在不同国家间的差异性	股票市场清单及注册制度(Karolyi,1998;Marosi et al.,2008) 会计准则与投资保护机制(Pagano et al.,2002) 食品安全要求、劳工法律、环境保护机制(Kostova et al.,1999)
认知性制度架构	特定国家人群所共享的社会知识及认知结构在不同国家间的差异性	产品质量控制管理实践、提供董事会独立性的公司治理管理实践(Shipilov et al.,2010) 环境管理实践(Babiak et al.,2011) 组织架构(Suchman,1995;Zaheer,1995)
规范性制度架构	个体所持有的及社会所共享的社会规则、价值观、信仰及关于人性及个体行为规范的假设在不同国家间的差异性	促进企业社会责任感知的道德伦理信念(Tan et al.,2011) 关于个人主义与集体主义的文化层面差异性(Hofstede,1980) 基本人权方面(例如言论自由等)的社会价值观体系差异(Tan et al.,2011)

资料来源:Liou R S,Rose A S,Ellstrand A E,2012.

5.3 新兴市场国家跨国企业应对发达国家市场制度压力的反应策略

依据上述文献梳理显示,新兴市场国家跨国企业急需强化其合法性地位,使其可以在发达国家市场获得有效的竞争优势。换言之,当面对发达国家东道国市场不同制度性要求时,新兴市场国家跨国企业子公司需要制定策略性的回应,用以提高其在发达国家市场的合法性地位,进而增强其生存概率。对此,学者奥利弗(Oliver,1991)在相关研究中提出组织应对制度性压力的回应方式分类,组织可以采取不同的应对方式,具体包括顺从、妥协、回避、反抗、操纵。这些不同的应对方式也在一定程度上暗含着组织或被动避免,或主动顺从,或积极操纵所处制度环境的不同程度及态度(Suchman,1995)。但是对于新兴市场国家跨国企业而言,上述这些应对策略及方式并非都具有普遍适用性。

一方面,新兴市场国家跨国企业不可能完全忽视发达国家市场的制度性要求。如上述提及,新兴市场国家跨国企业在合法性建设方面无疑会面临诸多挑战,而合法性建设成败亦会成为其在发达国家市场运营成功与否的关键。与此同时,作为参与全球化市场竞争的后进入者,新兴市场国家跨国企业需要寻求发达国家东道国市场上的先进知识及管理经验,用以增强其核心竞争力(Makino et al.,2002)。因而,如果被动性的忽视东道国制度性要求则无异于极大地削弱了新兴市场国家跨国企业在发达市场获取成功的可能性。

另一方面,新兴市场国家跨国企业通常被认为,相比较于传统跨国企业拥有更少的企业竞争性资产(UNCTAD,2008),有限的国际市场经营经验(Mathews,2006),而这些新兴市

场国家跨国企业的子公司更是欠缺与东道国政府联系的资金及必要的渠道及经验等，更不可能致力于游说政府当局。因而，排除上述两种不太可能采取的应对方式（回避和操纵），大多数新兴市场国家跨国企业的子公司更倾向于采取顺从策略以获取发达国家东道国市场合法性地位（Liou et al.，2012），即在其他条件不变的情形下，相对于其他应对东道国市场制度压力的应对方式及策略，新兴市场国家跨国企业在发达国家市场上更倾向于采取顺从策略。近期的一份实证研究新兴市场国家跨国企业绩效的研究文献也充分支持了上述观点。在针对罗马尼亚和中国企业的研究中发现，这些新兴市场国家跨国企业在欧洲国家、美国、日本等发达国家东道国市场模仿其特定主导产品的推广方式及策略行为后，往往更倾向于在这些发达国家市场获得满意的企业绩效（Brouthers et al.，2005）。

如表5.1所示，新兴市场国家跨国企业面临不同东道国市场制度体系下构建合法性的诸多挑战。在制度理论文献中，源于不同制度体系的制度性压力会影响到制度领域内的同构行为以及企业战略规划的多样性选择及安排（Kostova，1997；Kostova et al.，1999；Xu et al.，2002）。例如，通过分析日本跨国企业及其遍布44个国家的子公司，学者Xu和Shenkar（2002）发现，监管性及规范性制度距离与子公司股权比例及外籍员工数量呈现负向关联。进而得出结论，当母国与东道国间监管性制度距离与规范性制度距离较大之时，跨国企业会倾向于选择较低的股权比例以及较少的外籍员工数量，以获取东道国市场合法性地位。

与此相类似，相比于规范性制度体系及认知性制度体系，源于监管性制度体系的制度性压力也会对新兴市场国家跨国企业的顺从性应对方式及策略产生不同影响。相对而言，制度领域中的监管性制度体系更易于观察，并且带有明显的强制性，通常由法律、法规及正式性的规章制度等构成（DiMaggio et al.，1983）。此外，监管性制度体系的关键特征是其具有应急性处理方式（Expedient）的特点（Scott，1995）。而这种应急性方式或手段屡试不爽的原因则在于，如果其希望在发达国家市场得以生存发展，那么新兴市场国家跨国企业就无法回避强制性制度同构压力。近期聚焦于企业环境策略的研究进一步阐明了基于监管制度体系的强制性制度压力问题（Child et al.，2005）。通过对位于中国大陆及台湾地区的三个较大规模跨国企业的案例分析，学者Child和Tsai（2005）指出"中国大陆和台湾地区的环保组织是企业在执行政府环保方面法律及规制的先头部队"。即使中国大陆和台湾地区能够采取发达国家在环保方面的先进管理实践及惯例，与台湾地区相比，中国大陆仍然没有足够先进的制度体系，缺乏成熟且常规性的环保执法机构，但这也为企业提供了一个与政府谈判环保政策执行与落实的契机。整体而言，相比较于发展中国家，发达国家市场中的良好的立法机制对于相关监管性法律的执行会更加高效。因而，对于那些已经习惯于在母国市场中对于法律及规则拥有谈判权的新兴市场国家跨国企业而言，需要及时调整其原有行为方式，并且用一种更加公开、及时的方式面对发达国家市场中的监管性制度压力（Liou et al.，2012）。

简言之，应急性或权宜性，使得监管性制度体系中清晰而又具强制性的特征表现得尤为突出，并且也在一定程度上凸显出由此带来的较强的强制性制度同构压力。与之相对应的则是，认知性制度体系及规范性制度体系则更加含糊，且不易被观测到（Kostova et al.，1999）。也正是由于这种隐蔽性，在缺乏强制性制度压力条件下，认知性及规范性制度压力通常被视为缺少必要的应急性果效。相对而言，强制性制度压力会产生一个即刻反应，而模仿性和规范性制度压力所带来的结果则是循序渐进式的。有鉴于此，相比监管性制度体系，规范性制度体系及认知性制度体系更加具有不易观测性，企业对于规范性制度压力及认知性制度压力的反应也存在诸多的不确定性。而在不确定条件下，组织在采取不同管理实践方面也倾向于更多的自由裁量权（Goodrick et al. ,1996）。因而，企业会在做出改变决策之前，选择评估相对于规范性及认知性价值体系下的企业当前战略规划及能力。另外，如果相关管理实践及惯例已经得到法律层面的确认，如由监管机构强制执行等，那么企业除了立即采用行动之外，以及与政府监管保持一致性或甘冒政府监管风险之外，也别无其他选择。一言以蔽之，当缺乏规范性制度压力及认知性制度压力条件下，源于监管性制度体系的强制性制度压力会相应产生一个及时性的应对反应；而监管性制度体系的限制或规制越多，由此产生的强制性制度压力越大，在此情境下，新兴市场国家跨国企业对于发达国家市场的管理实践及惯例的接受度也越快（Liou et al. ,2012）。

5.4 新兴市场国家跨国企业应对新兴市场制度压力的反应策略

现在继续将研究焦点转移至新兴市场国家跨国企业对于母国制度环境要求的反应及应对策略上来。鉴于通常情况下，跨国企业战略决策的重要性常与其海外市场区位选择密切关联，因而，新兴市场国家跨国企业在发达国家市场内的子公司通常都会成为“卓越中心（Center of Excellence）”（Frost et al. ,2002），用以在新兴市场国家跨国企业其他组织内提升及推广最佳管理实践经验。而那些符合发达国家东道国市场制度要求，且经过调试后的管理实践经验更有可能会移植到其所处新兴市场的母国公司内部。而实际上，新兴市场国家跨国企业在发达国家市场投资经营的主要目的之一便是获取先进的管理经验及技术能力，用以提升自身核心竞争力（Makino et al. ,2002）。但是这些源于东道国市场的管理实践经验存在与母国制度环境要求相冲突的一面，主要原因在于上述所提及的，母国与东道国间，即发展中国家与发达国家间存在较大程度的制度距离。现有相关文献显示，基于知识转移的研究大多强调获取组织惯例（Organizational Routines）的重要性，原因是其植根于组织制度环境内，并且是学习组织知识中隐性知识的重要途径（Nelson et al. ,1982）。因此，为了成功学习及移植发达国家企业的先进管理实践经验，新兴市场国家跨国企业往往致力于改变当前母国的制度环境（Liou et al. ,2012）。

鉴于上述分析不难看出，新兴市场国家跨国企业是有改变母国制度环境的潜在需求动机的，但问题的关键是，这些新兴市场国家跨国企业是否有能力改变母国的制度环境或是从事相关的制度创新活动呢？现有国际商务研究文献已经指出，跨国企业的经营活动可以影响到东道国市场制度环境（Cantwell et al. ,2010）。该研究提出了用于探究跨国企业参与或融入东道国制度环境特征类型的一个综合性的分析框架，具体包括制度规避（Institutional Avoidance）、制度适应（Institutional Adaptation）、制度共存（Institutional Co-Evolution）。即就其一般性而言，跨国企业通常会避免选择进入制度环境较差的东道国市场（制度规避）；或是适应部分东道国制度体系用以建立企业的合法性地位（制度适应）；或是进行制度创新、新的管理实践探索，以及与东道国制度体系共生共存（制度共存）（Cantwell et al. ,2010）。而所谓的制度共存，多发生于经济欠发达的东道国市场之中，即制度环境不完全，或尚未得到正式性的确立(Cantwell et al.,2010)。整体而言,上述研究结论对于新兴市场国家跨国企业在发达国家市场的应对策略具有一定借鉴及启示意义;但对于新兴市场国家跨国企业对其母国制度环境的影响研究,现有传统国际商务理论或跨国公司理论并未给予更多提及。

近期,开始有学者重视新兴市场国家跨国企业对其母国制度环境的影响作用问题,并指出,新兴市场国家跨国企业在其母国市场上更倾向于成为制度环境变革的推动力量(Liou et al.,2012)。新兴市场国家跨国企业在发达国家市场上可以采用最佳的企业管理实践(或强制性管理实践),用以获取其在东道国市场的竞争优势及绩效增长。如此一来,新兴市场国家跨国企业凭借其在母国经济发展中的影响性地位,也会通过某种控制力来影响到其母国政府的相关政策制定。

新兴市场国家跨国企业在改变发展中国家制度环境中所发挥的强大影响力大多体现于基于新兴经济体企业集团的相关研究中。多元化的企业集团已经成为许多新兴经济体中的主流组织形式(Guillen,2000)。许多研究学者指出,企业集团是不完全产品、资本及劳动力市场在发展中国家市场的替代产物;其相比较于其他独立性的企业而言,这些企业集团通常拥有不可估价的竞争性优势资源(Guillen,2000;Leff,1978)。东亚商务研究学者指出,由于新兴经济体国家经济发展起步较晚,因此,这些国家的政府更倾向于扶持一些创业者,或是企业集团领袖等,用于确保其政治支持度。而这些企业集团的所有者也往往充当政府在某些私人领域或部门的代理人(Amsden,1989;Evans,1979),相应地,他们也拥有影响政府政策制定的权力及影响力。

简言之,上述分析表明,新兴市场国家跨国企业在改变新兴经济体国家监管性制度体系方面发挥着重要的通道作用。新兴市场国家跨国企业可以利用其在母国市场经济发展中的影响性地位,用以确保推进强制性制度压力发展的政治支持,如对于上市公司而言的更为严苛的会计要求等。在认知性及规范性制度体系方面,鉴于新兴市场国家跨国企业在发达国家市场进行经营管理,母国媒体可能会将其描述为成功国际化经营企业的典范。因而,新兴市场国家跨国企业采用的企业管理实践也可能会被视为最佳管理实践模式,并成为模仿性制度同构的来源,从而在一定程度上便利新兴经济体国家制度体系的发展;与此同时,越来越多的母国本土企业及相关的行业协会等,也会视新兴市场国家跨国企业的管理实践及规范具有合法性。例如,兰伯西实验室(Ranbaxy Laboratories),印度最大的制药企业,成功收购日本制药公司第一三共株式会社(Daiichi Sankyo),从而获得了发达国家市场专利保护药品开发的最为重要的研发例程及隐性知识(Gaur et al.,2011)。进而,兰伯西公司成为获取最佳管理实践,且成为印度制药行业中模仿性制度同构来源的案例典范。一言以蔽之,鉴于新兴市场国家跨国企业对其母国制度环境及新兴市场制度环境的影响力,新兴市场国家跨国企业既有动机也有能力完善其母国市场的制度需求,即在其他条件既定情境下,新兴市场国家跨国企业更倾向致力于变革其母国制度环境(Liou et al.,2012)。

5.5 发达国家市场与新兴市场间制度同构

5.5.1 新兴市场国家跨国企业的制度同构代理人作用

基于前述分析,可以清晰发现,新兴市场国家跨国企业作为全球市场制度同构代理人,可以有效便利新兴市场与发达市场制度环境间同构效应的形成(Liou et al.,2012)(图5.1)。在发达国家市场经营管理的过程中,新兴市场国家跨国企业至少在表面上需要与东道国制度环境保持一致,即通过强制性制度同构以达到与其监管性制度体系的一致性要求(DiMaggio et al.,1983)。前述文献梳理已经提及,源于监管性制度体系的制度压力会呈现出对于新兴市场国家跨国企业一致性应急对策执行的较强影响力。但是,尽管发达国家市场相对于新兴市场更倾向于较为严苛的市场规制(Peng et al.,2008),这也并不意味着在新兴市场国家跨国企业的母国制度环境中就会有截然相反的规定。例如,发达国家市场通常会要求企业董事会成员中外部独立董事的人员比例占多数,以利于提高董事会的独立性(Johnson et al.,1996),但是在欠发达市场监管性制度体系中不太可能允许企业不设立董事会。此种情形下,新兴市场国家跨国企业与东道国发达市场监管性制度压力保持一致性,并不会必然带来与其母国市场监管性制度体系的冲突发生。

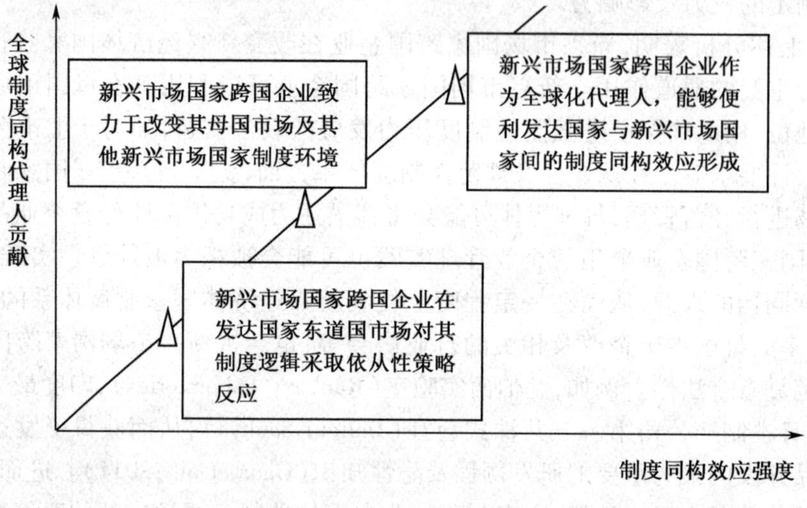

图5.1 新兴市场国家跨国企业作为全球化代理人的作用机制图

当新兴市场国家跨国企业与发达国家监管性制度压力保持一致时,这些新兴市场国家跨国企业反而能借此获得更多源自新兴市场认知性制度体系的合法性地位。此种良性循环又使得新兴市场国家跨国企业在发达市场上更好地从事经营管理活动(Bitektine,2011)。而新兴市场国家跨国企业在发达国家市场中的合法性地位一经确立,模仿性制度同构便会就此产生,并会引导其他尚处于新兴市场中的企业开始依据新兴市场国家跨国企业的“高规格”重塑其自身架构。对此,有学者也指出,借助一系列新兴市场国家跨国企业在发达国家市场中的制度同构行为,新兴市场可以形成与发达市场的趋同性成长态势(Liou et al.,

2012)。整体而言,若将全球化指向“一国经济、政治、文化、社会及其相关体系融入世界的过程”(Clark et al.,2003),那么制度同构无疑可以在一定程度上强化这种全球化发展态势(Liou et al.,2012)。鉴于上述新兴市场国家跨国企业在母国及东道国市场对于制度压力的反应策略,不难发现,事实上新兴市场国家跨国企业在发达国家市场中所扮演的角色与在新兴市场中所居的主导性地位领导者身份间存在一定的兼容性,而此身份特征也使得新兴市场国家跨国企业在全球化进程中发挥重要的传导机制作用,即借助新兴市场国家跨国企业在母国市场及东道国市场上的双重努力,对于发达市场制度压力的一致性要求会在一定程度上加速新兴市场与发达市场制度领域的趋同性发展态势(Liou et al.,2012)。

5.5.2 实质性管理、象征性管理与制度同构

另一方面,如前述分析中所提及,尽管当发达国家东道国市场监管性制度压力较强之时,新兴市场国家跨国企业所处的母国市场与其东道国发达市场间的监管性制度压力并不一定存在明显的冲突性,但是当东道国市场监管性制度压力与新兴市场国家跨国企业母国市场上规范性制度压力及认知性制度压力不相兼容之时,两者间的冲突性就会比较突出(Liou et al.,2012)。当面对母国与东道国市场制度体系的潜在冲突性时,迫使新兴市场国家跨国企业子公司不得不采取一些策略性的应对方式,以缓解由此而来的矛盾或冲突。在之前基于跨国企业国际化战略的研究文献中,针对此问题有学者提出跨国企业内部合法性(基于跨国企业自身层面)与外部合法性(基于东道国层面)的取舍权衡问题。一方面,为了获取跨国企业内部的合法性,跨国企业的子公司所执行的企业管理实践及惯例往往需要与母公司保持一致性;另一方面,为了获取在东道国市场上的合法性,跨国企业的子公司还需要在执行企业管理实践及惯例的过程中符合东道国市场制度环境的要求,而这往往需要以牺牲跨国企业内部合法性为代价。一些经验研究同样表明,东道国制度同构压力,相比较于跨国企业内部的制度同构压力,会对跨国企业子公司的行为决策显示出更为强劲的影响力,例如,在海外市场进入模式选择方面(Davis et al.,2000;Lu,2002),在人力资源管理实践方面(Rosenzweig et al.,1994),在国际汇兑交易所的组织设置及实践方面(Zaheer,1995)等。如前述文献所提及,当新兴市场国家跨国企业在发达市场上面对更大限度的威胁与风险时,其往往会主动放弃与本国企业管理实践的一致性,转而寻求与东道国制度同构压力的趋同性。

尽管现有相关文献大多指出,新兴市场国家跨国企业在发达国家东道国市场会选择与其制度压力要求保持一致性,但与此同时,新兴市场国家跨国企业在东道国市场所采取的管理实践与其母国制度体系间的冲突程度无疑会直接影响到新兴市场国家跨国企业所采取的应对策略及方式的类型。在现有相关制度理论文献中对此问题已经有所提及。一般而言,获取制度压力一致性的方式或途径无外乎有两种,一种是实质性的管理(Substantive Management),另一种是象征性的管理(Symbolic Management)(Ashforth et al.,1990;Pfeffer,1981)。而新兴市场国家跨国企业对于制度压力一致性的寻求程度,在一定程度上又取决于母国与东道国市场间制度压力的冲突程度。换言之,新兴市场国家跨国企业会倾向于选择与发达国家市场中的监管性制度体系保持一致性,但问题是这种一致性的程度如何,到底是实质性的一致性还是象征性的一致性。而这些问题又涉及发达国家市场中监管性制度体系所要求的管理实践是否与新兴市场中规范性制度体系及认知性制度体系所认可的管理实践相冲突。例如,由独立外部人士组成企业董事会制度在发达市场国家是由相关法

律明确规定的(Johnson et al.,1996),而此制度尤其在家族企业中可被视为"最佳管理实践";与此同时,作为重要的监督职能架构,此制度在新兴市场国家认知性制度体系内也得到了极高的认可(Bhaumik et al.,2010)。但毋庸置疑的是,传统式家长治理模式与现代企业董事会治理模式存在显著的冲突性;继而表现在发达市场所倡导的企业管理实践与新兴市场所偏好的企业管理实践存在明显的制度性冲突。对此情形,有学者仍然指出,在发达国家市场上应对制度压力采用象征性管理实践的同时,仍然可以继续在其母国市场采取实质性的管理实践方式(Liou et al.,2012)。

那么,何为象征性管理实践(Symbolic Adoption)呢?对此概念的系统阐述可以借助新兴市场国家跨国企业所面临环境保护方面规制的案例予以说明。近期一份针对跨国企业对外直接投资区位选择的研究显示,跨国企业更倾向于投资于与母国环境规制严苛程度相似的国家或地区(Madsen,2009)。此研究表明,跨国企业倾向于选择与母国制度环境相似的海外市场进行业务拓展。而对于新兴市场国家跨国企业而言,发达国家东道国市场与发展中国家母国市场的巨大制度距离是不可回避的,但是基于上述原因,新兴市场国家跨国企业子公司需要与发达国家市场的制度环境监管要求保持一致性,以获取东道国市场必要的合法性。在具体一致性要求方面,相比较于发达国家市场较为严苛的管理实践规范,新兴市场国家跨国企业则会酌情采取不同程度相对友好的环保方面的管理实践方式。例如,从企业下游活动的变革开始,如获取更为先进的生产设备以有效控制污染物的扩散等,到整合现有价值链活动用以推广环保、节能等方面的良性优质技术(Shrivastava,1995)等,这些管理实践方式不仅包括生产设备的选择,还包括生产流程、产品设计及产品传送机制等。整体而言,上述提及的环境保护方面的友好式的管理实践(Friendly Practices)可能会是成本高昂的;此外,鉴于发展中国家市场大多都是低成本驱动型的,因而,上述做法也可能会在一定程度上削弱新兴市场国家跨国企业的原有竞争优势。鉴于此,新兴市场国家跨国企业可能并不会完全照搬发达国家市场的管理实践模式,而是酌情部分或不同程度地采取相应的管理实践方式,即所谓的"象征性管理实践应用"。尽管是采用象征性的管理实践方式,新兴市场国家跨国企业仍然可以以此获取在东道国市场上的合法性地位,并且无需改变其母国市场中极具竞争优势的组织管理实践及惯例。

另外,在某种特定情形下,如果发达国家市场中的某些制度规制,如采用某种会计准则等,与新兴市场中居于主导性的管理实践不相矛盾或冲突,那么在不存在冲突的前提下,象征性管理实践动机也就不复存在;相应地,企业会选择实质性管理实践方式。简言之,当东道国与母国市场间制度压力冲突程度较高时,新兴市场国家跨国企业更倾向于采取象征性而非实质性管理实践以应对发达国家制度压力一致性问题;而当东道国与母国市场间不存在或较少存在制度压力冲突时,新兴市场国家跨国企业更倾向于采取实质性而非象征性管理实践以应对发达国家制度压力一致性问题(Liou et al.,2012)。

介绍完象征性管理实践概念之后,还需转回早期讨论焦点,即新兴市场国家跨国企业对于制度压力的策略性回应如何导致发展中国家市场与发达国家市场间的制度同构形成,而上述提及的两类应对制度压力一致性的不同方式(象征性及实质性管理实践)则会对此制度同构进程产生影响。如果发达国家市场中的监管性制度要求与发展中国家市场中的规范性或认知性制度预期(Expectations)发生冲突,那么新兴市场国家跨国企业不太可能对发展中国家市场制度体系进行变革,相应地,这些跨国企业更倾向于采取象征性管理实践方式。这些象征性管理实践并非指向发展中国家制度领域,而是仅限于发达国家制度环境内(Liou et al.,2012)。基于上述新兴市场国家跨国企业对于发达国家市场环境保护方面规制的一致性案例,不难发现,在发达国家市场中象征性管理实践方式的应用,如先进性生产设备采用等,并不会移植回其母国市场,因为这些象征性管理实践仅能用于在发达国家东道国市场获取合法性地位。因而,处于发展中国家制度体系内的其他企业也不会采用模仿焦点新兴市场国家跨国企业在发达市场的象征性管理实践模式行为,而后者事实上也意味着并非适合新兴市场的"最佳管理实践"。此种情形下,新兴市场国家跨国企业已不再是特定制度体系下同构效应的代理人。而在实践当中,鉴于较少企业能够将在发达国家市场中适用的管理实践完全移植到发展中国家市场中来,制度同构的速度也将呈现缓慢态势,即发展中国家与发达国家间制度同构的速度将因新兴市场国家跨国企业在应对发达国家市场监管性制度体系采取象征性一致性而非实质性一致性而受到限制(Liou et al.,2012)。

5.6 小　结

本章讨论内容与近期新兴经济体制度移植(Institutional Transitions)问题(关于制度移植问题的详细论述参见第 6 章内容)的相关研究密切关联。如上所述,新兴经济体通常被视为以关系网络为基础的个人交易结构向以规则制定为基础的非个人化交易体制的转化阶段(Peng,2003),进一步的研究表明,新兴经济体更倾向于经历两阶段的过渡(Kim,et al.,2010;Peng,2003):在早期阶段,新引进或是新出现的市场导向型制度体系与传统旧有制度体系并存;在后一阶段,不同制度架构,如正式性法律法规、常规信仰体系等,对以市场为导向的制度体系进行重构及发展(Kim et al.,2010)。大多数学者对于环境所起的决定性作用持一致性观点,并认为企业在制度体系过渡的不同阶段收益也有所差别(Kim et al.,2010)。例如,学者 Kim 等(2010)利用收集到的从 1993 年到 2003 年韩国制造型跨国企业数据进行深入分析后发现,企业集团化对于企业国际化发展的影响作用呈现显著性差异,通常集团化企业在制度体系过渡的第一阶段,相比较于独立性企业,绩效表现更为糟糕;而在制度体系过渡的第二阶段,则呈现出较好的企业绩效。

本章研究则是在一定程度上对于基于环境决定论视角下的相关研究给予的必要补充及完善,强调新兴市场国家跨国企业在回应新兴经济体过渡过程中竞争性制度要求的组织代理人问题(Liou et al.,2012)。新兴市场国家跨国企业在发达国家东道国市场采用实质性管理实践方式会在一定程度上加速其母国制度环境的两阶段过渡进程。对此,还需要特别提及的一点是,新兴市场国家跨国企业可以在其母国制度体系过渡的第一阶段便将发达国家市场导向型管理实践引入母国市场;在第二阶段,新兴市场国家跨国企业可以借助联合进一步巩固市场导向型制度体系的构建。此外,实质性管理实践是否采取则取决于新兴市场国家跨国企业母国与发达国家东道国间制度压力间的冲突程度。当两者间冲突程度较高时,新兴市场国家跨国企业不倾向于在发达国家东道国市场采取实质性管理实践,同样也无法便利其在母国新兴市场中的制度体系过渡(Liou et al.,2012)。

通过识别新兴市场国家跨国企业在母国及东道国市场上的策略反应,本章内容尤为强调新兴市场国家跨国企业在同时应对发达国家市场制度要求及便利新兴市场制度发展过程中的代理人作用(Liou et al.,2012)。而同时具备对于新制度体系的接纳与对原有制度体系的兼容,使得新兴市场国家跨国企业在加速发达国家与发展中国家间制度领域同构过程中发挥重要作用,并进而在一定程度上推进了全球化的纵深发展。而这种制度同构速度则取决于发达国家市场制度压力的本质特征以及发达国家市场与新兴市场间制度体系冲突性的程度。当监管性制度体系压力较大时,新兴市场国家跨国企业倾向于采取一种及时性的应对方式与发达国家市场制度性要求保持一致性。而当其母国与东道国市场制度性要求存在较高的冲突性时,新兴市场国家跨国企业更倾向于采用象征性管理实践策略,以应对发达国家东道国市场较为严苛的制度要求,相应的,此种情境下,制度同构速度也会受到局限。

整体而言,本章研究内容通过多层面(企业策略反应、国家制度领域等)及多区位(新兴市场国家跨国企业母国与东道国)分析,对于当前国际商务及制度理论文献的贡献如下。

首先,基于制度理论视角,系统探究新兴市场国家跨国企业的竞争劣势问题。就现有理论分析框架而言,未来研究中相关实证分析仍有较大发展空间,尤其在新兴市场国家跨国企业在发达国家东道国市场中的运营绩效问题。鉴于新兴市场国家跨国企业进入发达国家市场的规模不断增加,本研究结论无疑对国际商务理论研究及管理实践均具有重要启示及借鉴作用。例如,相关学者可以进一步探究新兴市场国家跨国企业在发达国家市场上的制度一致性反应,包括实质性或是象征性管理实践方式,或是进一步探究新兴市场国家跨国企业就如何提升在母国及东道国市场运营绩效而采取的策略反应等。如本章内容所述,在发达国家市场中的象征性管理实践采用可能是新兴市场国家跨国企业维护其母国市场原有最佳管理实践的首选方案。

其次,鉴于国家环境层面异质性及多样性的考量,一些研究学者已经首肯基于制度理论视角探究国际商务前沿问题已经成为当前学界研究主流(Hoskisson et al.,2000;Wright et al.,2005)。如学者 Peng(2003)所言“新兴经济体的制度变迁为制度视角及战略选择视角的融合提供了一个极好的机会”。而一些国际商务学者探究新兴经济体的制度变革问题后,大多认为,企业应该采取必要的战略选择以顺应制度体系压力的变化(Peng,2003;Tan,2005)。也有学者则提出了另一个研究视角,即聚焦于母国与东道国市场制度压力冲突情境下,新兴市场国家跨国企业策略选择的交互机制(Liou et al.,2012)。通过对这一过程的详细阐释,进而提出新兴市场国家跨国企业不仅在应对发达国家市场制度压力时会采取相应的一致性策略,对于新兴市场制度体系变革也会起到积极作用。而本章内容研究在系统梳理相应文献基础上,为国际商务学者在基于制度理论及战略管理理论视角下,探究(新兴市场国家)跨国企业在全球市场制度同构过程中的作用机理及作用效果问题提供了重要的理论分析框架。

最后,对于制度理论的贡献则在于,通过探究多制度约束条件下的组织反应特征,从而对原有制度理论进行了拓展。但现有制度理论文献中仍存在的一个广泛争议性问题是,社会结构或组织代理人(Organizational Agency)是否会对组织行为产生决定性作用(Hirsch et al.,1997)。近期的荟萃分析(Meta-Analysis)研究试图对此问题给予明确性的解答,但是,鉴于缺乏对于制度约束的组织反应过程性研究,研究结论仍然具有不确定性(Heugens et al.,2009)。现有相关文献显示,聚焦于制度压力的相关制度理论研究大多试图阐释特定制度领域中组织行为所带来的同构效应(Boxenbaum et al.,2008)。而本章研究内容中所涉及的是源于两种不同制度体系的制度压力冲突问题,研究结果显示,单一制度体系内企业的行为方式选择会显著影响到企业自身结果及该制度体系自身演变。除了上述提及的新兴市场国家跨国企业行为策略对其绩效影响之外,通过新兴市场国家跨国企业在其母国与东道国市场上的双重努力,对于发达国家市场制度压力的一致性趋同会加速新兴市场制度体系演变,借此也会在一定程度上有助于减少跨国企业海外投资决策的不确定性(North,1995),与此同时,也相应地刺激新兴市场的经济增长。至此,本章研究思路及研究结论对制度理论学者进一步探究制度约束条件下的组织行为反应问题具有重要的借鉴及启示作用。

第6章

制度逻辑、商业伦理与跨国企业制度性策略回应

鉴于全球化背景下，跨国企业拥有可以影响经济、社会，甚或政治格局的强大影响力(Simpson,1982)，商业伦理和国际商务学者长期以来早已充分意识到探究与跨国企业相关的商业伦理问题的重要性及紧迫性。现有文献对于跨国企业在全球范围内大行其道大多给予乐观预期，并认为总部位于发达国家的这些跨国企业往往代表着一整套完全的，涵括行为规范、企业社会责任(Corporate Social Responsibility,CSR)在内的伦理哲学，并期待通过推行一系列具有普世性的组织形式及商业伦理标准，用以在发展中国家构建新的商业惯例模式(De George,1993)。在与此相关的一份近期研究中，学者 Kwok 和 Tadesse(2006)研究发现，跨国企业在过去四十年的发展的确有效降低了东道国社会的腐败水平。但是事与愿违的是，随着全球化发展速度的增强，基于跨国企业的上述乐观的观点正逐渐面临诸多挑战；随之伴随的现象则是跨国企业在母国与东道国社会常常采取迥然不同的道德伦理标准(Tan,2009a)。

第一，一些跨国企业，如 Nike 在印度尼西亚、Gap 在巴西，在 20 世纪 90 年代中期阶段，非但没有推行所谓的普适性道德伦理模式，反而利用东道国松散的企业伦理规制，进而剥削血汗工厂的员工(Arnold,2003；Varley et al.,1998)。第二，中国作为新兴市场国家发展迅速，在获取世界经济大国地位的同时，也需要获得其自身相关政策议程及制度的自信，此种情形下，跨国企业在华子公司无疑面临东道国文化、制度及法律层面与母国情形下直接冲突的压力不断增强。例如，互联网企业里的谷歌及雅虎均被其母国社会指责与中国政府合作，用以自查其在中国政治方面及文化方面任何不合时宜的信息及内容(Dann et al.,2008)。第三，源于发展中国家及转型经济体国家的对外直接投资发展态势迅猛，2006 年联合国统计数据显示，其总量占到世界资本外流的 17%(UNCTAD,2006)。此背景下，大量发展中国家如阿根廷、印度、中国、南非、泰国、土耳其等国的跨国企业迅速崛起，并以惊人的速度开始海外业务拓展，而鉴于这些国际市场新进入者自身的企业伦理规范局限性，尤其当进入另一些发展中国家时，便会在全球商业伦理视角下产生额外的复杂性问题(Aykut et al.,2004)。而上述这些挑战也在一定程度上不断吸引相关学者、企业管理者及公众的关注，同时也更需要一个新的理论分析框架用于阐释跨国企业在母国与东道国迥异的制度环境下的企业道德伦理问题的应对策略及具体方式(Tan,2009b)。

有鉴于此，本章研究内容将重点探究跨国企业如何在母国与东道国道德压力间寻求平衡点，以便采取相应的行为策略。与此同时，为了能够系统阐释不同制度环境或背景下的跨国企业如何面对及处理一系列东道国市场道德伦理相关问题，如人权、劳工权利、腐败及环境问题等，本章研究将基于制度理论视角下引入制度逻辑概念。而制度逻辑概念的引入，一方面是为了系统阐述高级阶段社会制度体系下潜在的差异化信仰体系如何形成个体

及组织的认知体系及行为特征,以及如何积极重塑及改变其原有信仰体系(Jackall,1988;Friedland et al.,1991;Scott,2000;Thornton et al.,1999,2008);另一方面,尽管基于制度理论视角下,现有制度逻辑研究文献累积速度较快,但是大多数研究仍然仅局限于单一地理边界范围内,或单一国家情境下,而跨国界情境下相关问题的关注点则聚焦于,植根于母国制度环境中的企业制度逻辑将会面临企业国际化过程中新制度环境下的适应性挑战问题(Stovel et al.,2006;Meyer et al.,2006;Suddaby et al.,2005;Thornton,2004)。例如,在企业国际化过程中,仅就制度逻辑层面而言,跨国企业所面临的特定挑战是什么,跨国企业又该如何回应,回应之后所产生的后果又是什么,对于这些问题的系统回答不仅可以为相关国际商务学者提供一个独特视角用以阐释及预测相应的跨国企业道德伦理行为及策略,而且借助国际商务理论及概念的拓展也会进一步推进对于制度逻辑概念的深入理解。此外,在现有国际商务理论及商业伦理理论研究基础上,引入制度逻辑概念探究跨国企业相关行为决策问题,对于原有企业国际化理论及跨国公司理论的拓展及完善无疑具有重要的借鉴及启示意义。

针对上述问题提出,本章研究内容将重点解决如下三个问题:

(1)识别企业国际化发展过程中所面临的制度性困境;

(2)剖析跨国企业应用母国及东道国道德伦理压力所采取的不同行为决策;

(3)在此基础上,探析跨国企业借以形成及重塑制度环境及道德伦理环境的同质化过程(Co-Evolution Process)。

此外,基于跨国界情境下,拓展原有制度理论视角下制度逻辑相关研究文献,对当事方如何,以及为何制定及改变制度逻辑问题给予更为直接的回应(Thornton et al.,2008;Tan et al.,2011)。

6.1 制度逻辑与伦理理念研究综述

长久以来对于商业伦理(Business Ethics)问题的探究多是基于文化视角(England,1975),而相关实证研究也经常持续不断的,采取不同的研究方法就同一伦理性问题的文化层面解释给予经验数据验证(Ford et al.,2005;Goodwin et al.,1999;Rashid et al.,2008;Sarwono et al.,2001;White et al.,1992)。而制度理论又再次印证了文化倾向性对于自身异质性信念观点的复制及强化作用(Tan et al.,2011)。通常,源于制度理论视角,一种独立性文化体系可以被理论化成为一种制度体系,即基于社会层面的同构压力要求组织或个体需持有适宜的信念或观点,以及采取相应的行为规范用以获取合法性地位。

而作为剖析组织与其周边制度环境间交互作用的重要理论工具,制度理论同样能够提供统一性的分析框架用于跨国企业行为方式的理论化分析(Westney,1993)。但是,鉴于跨国企业所面对的跨文化的复杂性问题通常会直接挑战结构化及同质性(Homogenous)假设,结果导致对于跨国企业行为方式的潜在解释,在某种程度上尚未达到完全意义的实现。

相对而言,制度理论在其早期发展阶段强调的多为制度体系在同质性居主导的结构化环境内的塑型效果(Molding Effect)。其假设条件是:组织受限于强制性制度压力、模仿性制度压力及规范性制度压力,而后者可使其以一种可预期模式形成商业惯例或规则,从而促使同构效应形成(Dimaggio et al.,1983;Meyer et al.,1977;Powell et al.,1991;Zucker,

1977)。相应地,在海外市场运营过程中,跨国企业面对的挑战则是,需要同时迎合不同的理性预期,用以在不同国家及文化背景下获得外部合法性地位(Glynn et al.,2002)。与此同时,跨国企业积极应对而非消极应对东道国市场制度环境的能力同样不应被低估。

有鉴于此,基于跨国企业伦理行为的理论分析框架应该更多融入全球化背景下多样性及异质性特质,以及跨国企业对于这些复杂性问题的意识形成及应对能力等(Tan et al.,2011)。假定跨国企业应对东道国及母国市场伦理性问题的不同预期及反应本质上属于一种多层次现象,那么,任何尝试构建的理论分析框架,都必须同时包含组织及社会层面的制度性因素。在此基础上,有学者指出,制度逻辑理论可以为解决上述问题提供一个独特的研究视角(Tan et al.,2011)。

制度逻辑是一个特定的社会群体内所持有的价值观及其相关理念体系(Friedland et al.,1991;Jackall,1988;Lounsbury,2007; Meyer et al.,2006;Thornton et al.,1999)。作为制度理论中一种新的研究视角,制度逻辑相关文献明显区别于传统制度理论体系下的制度同构视角(Dimaggio et al.,1983; Meyer et al.,1977;Powell et al.,1991;Zucker,1977),而是侧重于更多强调个体或是组织以一种非确定性行为方式应对制度压力,尤其当面对制度逻辑共存性与竞争性之时(Thornton et al.,2008)。在此理论分析框架下,利己性的(Self-Interested)制度创新者(Institutional Entrepreneurs)会利用旧有的制度逻辑催生出新的制度逻辑,并最终诱发制度性变革产生(Dimaggio et al.,1988;Fligstein,1987;Maguire et al.,2004)。现有研究显示,制度创新者会以编故事(Storytelling)的方式(Zilber,2006),或是迂回式策略(Rhetorical Strategies)(Suddaby et al.,2005),或是以工具套袋式(Tool-Kit)方法(Boltanski et al.,2006;Swidler,1986)促使其所偏好的制度逻辑得以确立。而不同的个体或组织反应可能会重塑社会层面的价值及信念体系。具体而言,同一社会中个体或组织所持有的制度逻辑会体现出此社会中居于主导性制度逻辑的基本面及基本特征,尽管就其竞争性制度逻辑构成及这些制度逻辑的实践方式而言,组织间差异会比较明显。但上述特征会使得制度逻辑概念这一理想工具可以用来调节制度创新者与制度同质性及制度同构间紧张作用关系(Tan et al.,2011)。简言之,制度逻辑与伦理观念间存在一定程度的关联性,而两者间作用关系对于跨国企业应对母国与东道国间制度伦理压力而采取的行为决策同样具有重要影响作用。

6.1.1 制度逻辑本质内涵

本章研究内容的核心假设是制度逻辑明确某种行为活动是否符合伦理(Ethical)标准。而特定情形下的伦理理念被定义为,既有文化或国家层面的一种制度逻辑。而当学者Alford和Friedland(1985)首次提及"制度逻辑"一词时,将其定义为一系列植根于明确的行为指导规范的惯例,附带经确立的法律、法规,以及采取行为的隐含前提。两位学者在后续研究中对此概念进行了必要的修正,将"制度逻辑"概念重新定义为一系列实质性惯例及象征性架构,用于组成一个机构或组织的组织原则(Friedland et al.,1991)。学者Thornton和Ocasio(1991)进一步将其概念细化为"实质性惯例、假设、价值观、信仰的社会层面构建的历史形式,个体用以产生及再生产其物质生活资料,组织时间及空间,以及赋予其社会现实存在的意义"。但与此同时,借助某些制度规范及限制某些行为发生,进而重新制定某些制度逻辑并使其具有持久性,就此层面而言,制度逻辑也常常会使得个体及组织感知到制度环境层面的含糊不清及模棱两可(Suddaby et al.,2005)。

制度理论体系下,基于制度逻辑视角相关研究的一个重要贡献在于,将社会概念化为一个社会部门的制度间系统,其间,每一个部门代表不同的个体及组织的行为及社会关系的预期(Alford et al.,1985;Friedland et al.,1991;Thornton,2004;Thornton,Ocasio,2008)。就现实情形而言,当前主流西方社会的核心制度架构被制度学者概况为资本主义、官僚机构及民主政体(Alford et al.,1985),资本主义市场、官僚体制国家、民主、核心家庭、基督教义(Friedland et al.,1991),或是市场、企业、行业、国家、家庭及宗教(Thornton,2004)。整体而言,将社会视为一个制度间系统可以使得相关研究学者将任何一种情景环境都视为受限于不同社会部门竞争性制度逻辑的潜在影响之下(Thornton et al.,2008)。而这些具有共存性及竞争性的制度逻辑能够使得个体及组织基于异质性视角下较好的诠释其所处含糊不清的制度环境(Suddaby et al.,2005;Thornton et al.,2008)。

6.1.2 制度逻辑核心价值及外延构成

尽管现有制度逻辑相关研究文献中并未给出制度逻辑概念的明确界定条件,但是一些学者已经将价值观(Values)视为制度逻辑不可分割的重要构成要素(Thornton et al.,1999,2008)。学者Rokeach(1973)将价值观定义为"一种持续性的理念,相对于相反的行为或是存在的终态形式,个体或社会所更为偏好的特定行为模式"。关于价值观的其他定义还包括:一种理想化的概念(Kluckhohn,1951)、一种偏好标准或准则(Williams,1968)、一种持续性的理念(Rokeach,1973)、一种可具评价性的理念(Marini,2000)、组织良好的认知架构(Michener et al.,2004)等。

早期学者Schwartz和Bilsky(1987)已经识别出现有价值观定义中所共享的5种特质:思想或信念、理想的结束状态或行为、超越特定情形、指导选择或是评价行为或事件、相对重要性排序。基于人类价值观的普适性心理架构理论被提出,并经过相关学者的经验数据验证(Schwartz,1992,1994;Schwartz et al.,1987,1990;Schwartz et al.,2001;Smith et al.,1997)。此研究脉络旨在识别出跨文化背景下不同类型的基本人类价值观综合谱系。例如,学者Schwartz等(2001)就总结出10种不同动机的价值观构念,并利用跨国界数据对其差异性进行了实证检验。

在上述文献基础上,本章节研究将价值观视为个体的持续性理念(Rokeach,1973),并用以服务其"对于社会评价的潜在指导作用"(Hitlin et al.,2004)。而核心价值观(Core Values)则是指一种聚合式(Aggregate)的价值观构念(Structure),是一种基于组群层面的现象(Hitlin et al.,2004)。核心价值观通常嵌入于同一文化内价值观体系内,且被大多数同一文化体系内个体所共享。例如,学者Feldman(1988)识别出三类美国人的价值观:支持机会平等、经济个人主义、自由企业制度。相对而言,核心价值观通常位于制度逻辑中心区域,而制度逻辑的外延构成(Peripheral Components)则由核心价值观所确立。由于核心价值观可以派生出许多互补性衍生物,借助这些外延构成可以使制度逻辑达到完美极致。例如,支持自由贸易可被视为源于美国支持自由企业制度核心价值观的外延性构成(Feldman,1988)。

6.1.3 制度逻辑地理边界

因地理边界而产生的文化异质性通常被用以阐释企业管理实践层面差异性的重要原

因。例如,学者 Saxenian(1994)曾杰出性地分析并比较了"硅谷"①和"波士顿 128 号公路"②对于两地间依靠本地文化提升企业合作程度的影响差异性。研究结论显示,核心价值观及制度逻辑存在于同一地理边界(Geographical Boundaries)范围内,并随着地理边界的跨越而发生变化;但核心价值观的地理差异性也会随时间变化而趋向于稳定(Hitlin et al.,2004)。例如,Schwartz 和 Sagie(2000)的研究指出,苏联解体之前东欧与西欧之间存在明显的价值观优先次序,而这些核心价值观的差异性时至今日仍得以存在。

此外,制度逻辑亦会在一国地理边界内随地域不同而有所差别(Marquis,2003;Marquis et al.,2007;Marquis et al.,2007)。例如,学者 Lounsbury(2007)就曾比较过波士顿和纽约两地区的两类竞争性制度逻辑,尽管都是基于美国共同基金行业(Mutual-Fund Industry)内的调查,但是相关数据却发现其在对新型管理实践推广及扩散方面的影响作用存在明显差异。

尽管就单一情境(通常限定于有界地理区域范围内)而言,竞争性制度逻辑共存现象已经得到广泛共识(Friedland et al.,1991;Scott,2000;Suddaby et al.,2005;Thornton,2004;Thornton et al.,1999,2008)。在实践中,虽然有时有界地理区域发生变化,但是仍然可以共享同一核心价值观。例如,美国共同基金行业(Lounsbury,2007)中两类竞争性制度逻辑就共享美国核心价值观——支持机会平等、经济个人主义、自由企业制度(Feldman,1988)。而这两类制度逻辑的差异性,即波士顿趋于保守主义,纽约趋于投机主义,则同样都是美国核心价值观的衍生物。两者间的差别则主要在于制度逻辑的外延构成,而非共享的核心价值观本身。

另外,也有研究显示,基于特定地点或地理边界的核心价值观和制度逻辑通常植根于特定文化传统之中,并经过较长时间的累积而形成。有研究指出,日本家庭作为日本式制度逻辑体系产生的源头可以追溯到封建江户时代(1600—1868 年),日本家庭提供了一种制度逻辑用以日本企业网络化形成及日本企业管理实践,而这些与西方社会体系项下的家庭功能截然不同(Bhappu,2000)。

6.1.4 制度逻辑移植

如果某一海外市场的文化环境与母国市场截然不同,那么此种情形下,一个企业如何将其商业活动范围扩展至海外市场,此时又会发生何种情形呢?针对美国共同基金行业的案例表明(Lounsbury,2007),当波士顿企业选择将其业务拓展至纽约之时,不仅为纽约市场带来资金的注入;同时借助员工移居、管理实践复制、总部公司与子公司交往互动等也带来波士顿式的制度逻辑。尽管波士顿企业在纽约的子公司迟早会发现其是在一个纽约式制度逻辑居于主导地位的新环境中从事商业活动,但是旧有的波士顿式制度逻辑仍然在一段相当长的时期内持续发挥其组织原则核心作用,因为制度逻辑具有一定程度的稳定性,且不轻易改变(Thornton et al.,2008)。此案例研究在一定程度上也证实了一个波士顿企业作为新市场进入者可以移植波士顿式制度逻辑的成功案例。学者也将此现象称之为"制度逻

---

① 硅谷,位于美国加利福尼亚州北部,旧金山湾区南部,最早是研究和生产以硅为基础的半导体芯片的地方,因此而得名。后来这个名词引申为所有高技术企业聚集的地方。现在硅谷是当今美国乃至全世界的资讯科技产业的先锋。

② 波士顿 128 号公路是美国波士顿郊区的一条高速公路,长 108 千米,距市中心 16 千米,环绕波士顿呈半圆形。因公路两侧的高科技产业密集区(包括米德尔塞克斯、萨福克、诺福克和埃塞克斯)被称为"美国的高技术高速公路",目前聚集了数以千计的研究机构和高科技企业,呈线状分布,并与麻省理工学院、哈佛大学等大学相连。

辑移植”或“逻辑移植”,用以指由于母公司原有业务扩张或业务迁移,将母公司原有制度逻辑全部或部分移植到东道国市场子公司之中(Tan et al. ,2011)。

另外,鉴于波士顿和纽约都位于美国东海岸,且共享美国核心价值观,因而上述案例也仅能作为一个特殊案例处理,毕竟位于纽约的子公司仍然拥有一种“在家”的感觉。然而,基于一个更大的研究范围内,如20世纪中后期跨国企业在全球范围内的迅猛发展则见证了经济全球化背景下大量跨国企业的制度逻辑移植。例如,美国企业已经将呼叫中心服务(Calling-Center Services)外包给印度;将低端制造业生产外包给中国;甚至将某些研发活动移植到海外国家,而这些国家或地区的制度逻辑与美国式制度逻辑截然不同。与此同时,这股源自全球化发展而带来的无形的制度逻辑移植浪潮给母国企业及东道国企业也都带来了前所未有的挑战。尤其是当母国企业核心价值观与东道国企业核心价值观相悖之时,由此所带来的制度逻辑移植本身所涉及的制度逻辑困境(Logic Dilemma)问题。一方面,意欲直接移植母国制度逻辑的新进入者会面临在东道国市场适应新制度环境的挑战;另一方面,被东道国市场新制度逻辑所包围的新进入者也会面临维系母国市场旧有制度逻辑的挑战。此种情形下,跨国企业需要同时满足母国与东道国市场竞争性制度逻辑预期及需求,才能在两种制度逻辑体系下获得生存。而当跨国企业需要满足的母国市场制度逻辑预期与需求与东道国市场制度逻辑预期与需求相矛盾时,制度逻辑困境便由此产生。例如,学者 Schwartz 和 Sagie(2000)研究中曾指出,冷战结束较短时间内,当西欧企业向东欧市场拓展其业务时,会更倾向于面临制度逻辑困境问题,因为相比西欧制度环境,当时东欧的核心价值观仍具显明意识形态特征及持续性。

鉴于此,后续章节研究内容将在上述文献回顾基础上,借助制度理论、国际商务理论、商业伦理理论等研究成果,系统探究具有母国制度环境特征及制度逻辑的跨国企业如何应对东道国道德伦理预期问题;在系统梳理基于跨国企业制度逻辑外延内容及核心价值基础上,构建相应的差异化道德伦理应对策略规划,以期达到与东道国制度环境的一致性。

6.2　道德伦理压力与跨国企业社会责任深固性

6.2.1　东道国市场道德伦理压力

梳理现有相关文献不难发现,大多研究将跨国企业制度环境视为不同价值观、规范及传统等多样性的拼接,而没有普遍适用的道德伦理标准。在实践中,则表现为在一些国家符合某种标准规范的实践活动在另一些国家可能会被视为不符合伦理道德标准。跨国企业在海外市场的子公司往往身处不同制度逻辑划分范围之内,而基于这些制度逻辑体系之下的道德伦理行为也常常被赋予截然不同的定义及诠释。因而,对于跨国企业而言,对于东道国市场中的道德伦理行为预期可能会与母国市场中的迥然不同。例如,美国跨国企业发现日本人对于终身雇佣问题的预期普遍与美国人就此问题的预期相悖;同样,印度跨国企业也会发现其加拿大籍雇员对于就业保障及医疗保健方面拥有更高的心理预期。此外,虽然某些道德伦理规范如反腐败问题等,已经得到广泛认可并在全球范围内得以接受,但是与这一具有普适性的价值观相关联的一些特殊行为及惯例在全球范围内仍存在较大差异性。鉴于此,有学者(Tan et al. ,2011)指出,东道国道德伦理压力常具有异质性特征,并会形成跨国企业在特定东道国市场中的道德伦理认知及处事方法。通常情况下，东道国道德伦理压力越大，跨国企业维系其母国原有道德伦理标准的难度也就越大。

6.2.2 跨国企业社会责任深固性(Ingrainedness)

当前，跨国企业社会责任概念已经被广泛应用于商业伦理研究之中，尽管现有文献对于企业社会责任概念的定义仍然有些含糊不清，且有待于进一步深入拓展(Carroll,1999; Fisher,2004)。就某种程度而言，对于企业社会责任概念的讨论已经超出本章节研究内容的范畴，但是基于制度逻辑视角给予企业社会责任概念一个明确、适宜的定义还是很有必要的，即企业社会责任是组织为追求外部合法性地位而用以满足社会层面、制度层面及道德伦理层面的预期(Tan et al. ,2011)，就企业自身而言，其社会责任范畴已经远超越其纯粹经济层面及法律层面的责任与义务(Boatright,2007)。而企业社会责任深固性则是指企业在其整体战略规划中对于企业社会责任的优先顺序，以及将企业社会责任系统化、常规化融入企业日常管理实践的程度(Tan et al. ,2011)。对于拥有具有较高程度企业社会责任深固性的跨国企业而言，企业社会责任原则会被视为一种理所当然的重复性社会行为而得到普遍应用，并能产生自我复制过程(Greenwood et al. ,2008)。

尽管现有研究显示，在针对企业社会责任存在性问题的研究中发现(Gugler et al. , 2009)，近10年间的大多数企业社会责任运动发源于发达国家，并呈现出明显的南北分割态势(即发达国家—发展中国家)，但是也有学者质疑，相比较于发展中国家，发达国家跨国企业必然拥有较高水平的企业社会责任深固性(Tan et al. ,2011)。而此质疑主要源于许多发达国家跨国企业未能成功维系其原有企业社会责任原则的事实，如德国西门子公司商业贿赂案等；而相比之下，一些发展中国家跨国企业，如墨西哥水泥集团(Cemex)和巴西石油公司(Petrobras)，都已经成为同行业中实践企业社会责任原则的领导者(UNCTAD,2006)。若剔除跨国企业国籍属性，则跨国企业社会责任深固性程度越高，其放弃现有企业社会责任原则，进而采用东道国社会道德伦理标准实践的倾向性越低。

6.3 制度逻辑与跨国企业道德伦理应对方式及策略

跨国企业在东道国市场所面对的道德伦理压力及其企业社会责任深固性会对跨国企业东道国市场道德伦理行为决策产生直接影响。具体影响结果如图6.1所示(Tan et al. ,2011)。

图6.1显示，横轴代表东道国市场道德伦理压力水平，从左向右依次增强；纵轴代表企业社会责任深固性程度，从下向上依次增加。单元格1(上左)代表具有较高水平企业社会责任深固性的跨国企业进入处于较低水平道德伦理压力的东道国市场；单元格2(上右)代表具有较高水平企业社会责任深固性的跨国企业进入处于较高水平道德伦理压力的东道国市场；单元格3(下左)代表具有较低水平企业社会责任深固性的跨国企业进入处于较低水平道德伦理压力的东道国市场；单元格4(下右)代表具有较低水平企业社会责任深固性的跨国企业进入处于较高水平道德伦理压力的东道国市场。而在这4种情境之下，跨国企业也会相应采取不同的道德伦理行为方式及应对策略。

东道国市场道德压力感知 →

跨国企业社会责任感知深固性		弱	强
↑	高	1. 反抗 定义：跨国企业违背东道国市场道德伦理预期，用以维护其母国市场制度逻辑核心内涵及外延构成内容。 道德风险：低。 例如：传统跨国企业所体现的全球性商务公民身份。	2. 伪装 定义：跨国企业行为方式类似变色龙，在东道国市场力争维护母国制度逻辑核心内涵的同时，模糊其外延构成内容。 道德风险：高。 例如：谷歌在中国进行搜素内容自我审查的同时，在美国仍然宣称新闻自由。
	低	3. 谈判 定义：跨国企业巧妙处理其母国市场制度逻辑核心内涵及外延构成内容，用以满足母国市场与东道国市场道德伦理预期。 道德风险：高。 例如：耐克公司在印度尼西亚违反劳工协议的商业行为，不论在跨国公司母国还是东道国市场均出现道德伦理滑坡现象。	4. 依从 定义：跨国企业依从于东道国市场道德伦理预期，从而放弃其母国市场制度逻辑核心内涵及外延构成内容。 道德风险：低。 例如：中国跨国企业在美国的子公司遵从美国关于商业贿赂的法律及规制。

图 6.1　制度逻辑与跨国企业道德伦理应对方式及策略概念框架图

资料来源：Tan J, Wang L, 2011.

6.3.1 反抗

现有相关研究文献显示，就管理模式及所有权特征而言，早期跨国企业大多源自发达国家，如美国、欧洲国家或日本等国。虽然近10年全球化的发展见证了来自发展中国家跨国企业的崛起，但是跨国企业伦理问题的传统研究视角仍然聚焦于发达国家跨国企业如何在发展中国家进行有效的经营管理。例如，学者 Barnet 和 Müller(1974)认为欠发达国家是跨国企业管理者所面对的“最高层面管理问题”。而在技术先进性、经济发展水平、社会公平等方面，发展中国家相比较于发达国家的滞后性，在过去的一个世纪里仍未得到有效缓解，在全球化大潮中，仍有很多国家及地区处于被边缘化的境地。而借助对于欠发达国家或地区的投资活动，跨国企业可以向东道国市场引入并推广在母国市场已经得到广泛验证的“理论方向正确的管理伦理”商业惯例。而这种基于跨国企业道德伦理行为的乐观论点也已经成为国际商务研究文献的主流(Ralston et al. ,1997)，并在一定程度上表明发展中国家期望吸收被西方工业化国家广泛接受的价值观及意识形态(Dunphy,1987)。此种情境下，跨国企业随之亦成为被视为具有合法性的、具有普世性价值观的传播载体。而一些对跨国企业持乐观态度的学者更将其视为先进管理技术及经验、效率，甚或是企业社会责任践行的代表。例如，IBM 公司的一位管理者，因其在从事相关工作及商业活动中所体现的所谓普世价值观，而会受到世人的普遍尊重(England et al. ,1974;Simpson,1982)。

那么，跨国企业在面对东道国道德伦理预期情形下，如何传播那些源于工业化国家或是自称所谓文明国家的理所当然的普世价值观呢？依据制度逻辑理论，借助不同社会部门间竞争性制度逻辑间的内在冲突性，个体及组织有能力塑造对其有利的制度环境(Thornton et al. ,2008)。但对于在各自截然不同的社会部门构成的两类社会(母国与东道国)中经营的跨国企业而言，尤其在制度逻辑移植过程中，这种能力无疑具有其自身局限性。例如，当一个美国企业投资于一个腐败水平较高的发展中国家时，其将面对的挑战是如何在母国与东道国道德伦理标准间寻求平衡点。而反抗性策略则会忽略东道国市场行为规范及价值体系，并能抵御来自东道国市场的制度压力。在上述例子中，如果东道国普遍认为美国企业处理腐败问题的方式是适宜的，那么在涉及东道国腐败问题上会向美国跨国企业施加相对较小压力，而美国企业也会选择维系其美国式制度逻辑特征，并继续以其美国方式从事商业活动。此种情形下，跨国企业子公司可以复制一个基于母国制度体系下的组织层面的微社会（Micro-Society），并且完全独立于东道国社会。

反抗性策略的优势在于，在其组织内部可以维系其原有制度逻辑一致性，即在跨国企业总公司与子公司之间不存在制度逻辑冲突。当跨国企业在东道国市场与母国市场中的行为决策保持一致性时，不仅无需牺牲原有行为规范标准及原则，特别在国际社会层面，还能有效避免潜在的道德伦理困境出现。而这种反抗性策略也为东道国学习及采用源于发达国家的普世价值及理念奠定了基础。公然抗衡东道国道德伦理预期，借助国际社会监管压力，展现其商业活动中的"清洁性"一面，培养已将所谓普世价值理念根深蒂固的年轻一代专业人才，跨国企业常常借此以一种东道国制度变革者代理人身份示人（Kwok et al.，2006）。那么，在何种情形下，跨国企业反抗性道德伦理应对策略更为适用呢？对此，有学者指出，当拥有具有较高水平企业社会责任深固性的跨国企业进入处于较低水平道德伦理压力的东道国市场时，跨国企业更倾向于无视东道国道德伦理预期，并维系其原有制度逻辑核心性内容及外延性构成（图6.2）（Tan et al.，2011）。通常情况下，反抗性策略包含较低水平的道德伦理风险。

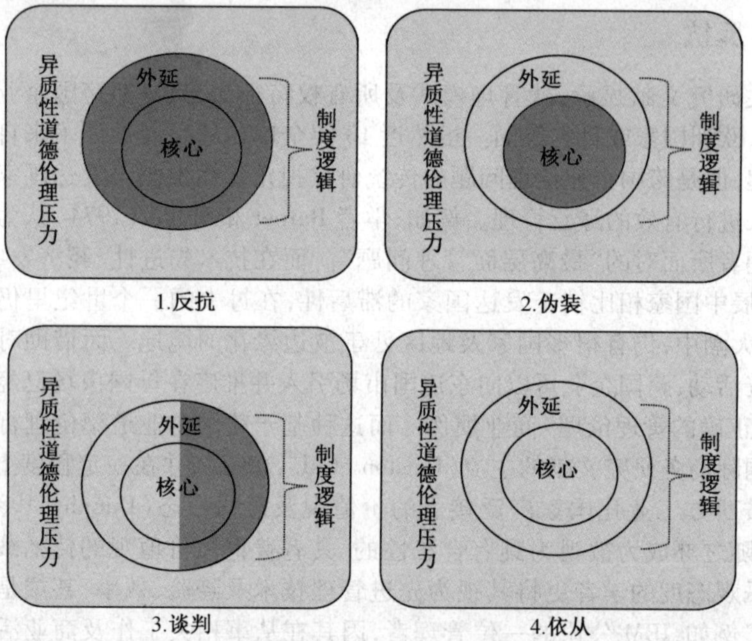

图6.2　四类道德伦理应对方式及策略对比图

注：正方形代表的是东道国道德伦理预期，圆形代表的是组织制度逻辑的构成，即核心价值观及外延内容。

资料来源：Tan J，Wang L，2011.

与此同时,反抗性策略也有其自身劣势。首先,反抗性策略可能会使得跨国企业忽略对其潜在东道国市场客户需求的感知。在反抗性策略情境之下,跨国企业没有充足的积极性在基于东道国市场价值观及信念体系下全面理解当地客户需求。此种情形下,东道国市场客户也会无视跨国企业产品或服务的合法性地位。其次,在反抗性策略情境之下,跨国企业可能会面临失去东道国商业机会的风险,因为东道国市场当局会视跨国企业行为具有不适当性及不可接受性。在一些极端情形之下,跨国企业还会面临最终被迫撤离东道国市场的危险。

简言之,反抗性策略可以使跨国企业回避内在制度逻辑冲突,但却以丧失在东道国市场的竞争优势为代价。而当在东道国市场丧失竞争优势的成本变得不可承担之时,对于跨国企业而言,反抗性策略也不再是行之有效的解决之道。

6.3.2 伪装

谷歌(Google),总部位于美国的互联网搜索引擎公司,曾被强烈指责在中国大陆侵犯基本人权,并最终退出中国大陆市场。在中国大陆的分公司,应中国政府要求,也不得不自查是否存在中国政府认为不恰当的言论等内容。另一个著名互联网公司雅虎(Yahoo),也在中国大陆市场面临同样的境况(Dann et al.,2008)。尽管这些美国企业已经通过发表声明遵守中国政府相关法律法规,从而为其企业行为进行正当辩护,但是这样的解释通常并不能获得国际社会所认可的全部合法性,因为在国际社会眼中,中国的审查法律体系自身并不具有"公平性"(Dann et al.,2008)。而另一方面,对于谷歌公司的指责无疑严重伤害其在其他国家海外市场中的声誉,因为这些国家的利益相关者中,包括互联网用户,亦会因此事件而质疑谷歌公司在信息自由方面的道德伦理标准(Brenkert,2009)。

那么,这些跨国企业为什么会甘冒向其自身道德伦理标准妥协,甚至会潜在性地危害到母国市场业绩的风险呢?答案是显而易见的,那就是无法忽视日益强大的中国市场。当前,中国已作为世界第二大经济体,中国市场需求之重要,令诸多的跨国企业无法舍弃,以至于甘冒母国道德伦理之风险。但与此同时,对于跨国企业而言,同样不可忽略的一点是,中国政府强大的"铁腕式"执政方式。

通常而言,不同文化传承间存在的巨大差异会形成本国人群价值观及信仰的特质性(Ralston et al.,1993)。例如,中国政府对于谷歌公司在互联网色情方面的打压就得到了国内民众的广泛支持(Juan et al.,2009)。而为了解决跨文化间道德伦理冲突问题,学者Hamilton等(2009)提出了一个探索性的决策模型,该模型虽然在理论方面很有见地,但在实践中却较难实现。主要原因在于:新兴市场国家在经济持续快速增长的同时,也使其在现存政治层面、制度体系层面、社会架构层面及其传统价值观及信仰层面重获信心,而这些在很长一段时间内是与西方发达国家所持有体系截然不同的。因而,当跨国企业决定选择在这些新兴市场从事商业活动之时,无疑将面对来自东道国政府及民众的较高程度的道德伦理压力(Tan et al.,2011)。

当跨国企业所拥有的社会责任深固性水平较高时,应对东道国市场如此道德伦理压力的最为行之有效的方式就是采取所谓的"变色龙"策略。变色龙可以将其身体皮肤颜色进行伪装,使其与周边环境相吻合。在其透明皮肤之下,变色龙拥有若干个不同颜色的细胞层,足以使其为适应环境而变换皮肤颜色。通常情况下,当变色龙身体细胞中的颜色料过于集中之时,变色龙身体颜色会呈现出浅色;而当其细胞中的颜色均匀分布之时,变色龙身体颜色会呈现黑色。当变色龙改变其身体颜色以融入其所处周围环境之中时,皮肤细胞中的颜色重新排列会仅发生于细胞层面,而其内部结构特征仍完好无损。而与变色龙身体皮肤颜色改变相关联的"伪装"概念也已经成功借鉴到相关研究之中,用以描述与变色龙相似的个体行为,即对迥异文化环境进行表面迅速同化的应对行为(Downie et al.,2006;Johnston,2007;Walker,2003)。例如,伦敦影业的创始人 Alexander Korda(亚历山大·科达,1893—1956),就曾被视为一个高明的文化领域"变色龙":"当面对截然不同的潜在外来文化之时,他(Korda)迅速调整为当地行为方式……在抵达维也纳之时,这位年轻的导演以更加成熟的形象示人,留了胡子,戴着单片眼镜,甚至拿着手杖,给人一种既是经验丰富的潜在电影投资人,又是一位成功电影制作人的形象。而在好莱坞时,他虽然剃掉了下颚胡须,但是却留起了上颚的小胡子,并玩起了匈牙利人的异国情调。而在伦敦的时候,他会将胡须全部剃光,并穿着昂贵的套装,一副与潜在伦敦影业投资者洽谈生意的成功城市金融家的样式。"(Walker,2003)。

有学者将"伪装"定义为借助部分或全部的与制度逻辑外延内容形成同化的作用形式,组织得以应对制度逻辑移植困境的策略反应,从而在东道国市场维系其植根于母国市场的制度逻辑核心价值观(Tan et al.,2011)。伪装策略是跨国企业在东道国制度压力适应性及满足母国道德伦理要求授权间权宜之计或两者妥协的结果。而这种妥协使得组织可以在其内部维系制度逻辑一致性,并能在东道国市场获取竞争优势。与变色龙的行为方式相同,跨国企业也可以在母国市场与东道国市场维系其合法性地位(Johnson et al.,2006)。

当一个组织采取了伪装策略,那么之后发生的变色龙身体颜色改变的作用机理又是什么呢?下述分析会更加清楚阐释这一问题。通常而言,伪装策略会涉及对于外来制度逻辑外延构成内容的借用,并使其融入到或植根于母国市场制度逻辑要素之中。学者 Hannan 和 Freeman(1989)首先提出,鉴于分离过程用于建立边界,而此种融合过程则会侵蚀到既有的制度逻辑范畴边界。对此观点,已经有很多学者给予了回应(Axelrod et al.,1999;Gutierrez,1999;Rao et al.,2005)。如果依据此观点,组织追求伪装性策略会"借用竞争对手的规章条例、人工产品,甚至是象征符号,并会创造性地将其融入自身制度逻辑构成要素之内"(Rao et al.,2005)。

与上述研究思路相一致,学者 Tan 和 Liang(2011)认为,涉及伪装策略的制度逻辑融合过程是具有层次体系特征的。在制度逻辑体系的核心区域,即以核心价值观为蓝图、为准则,并且需要蕴含认知识别及必要的持续性(Carroll et al.,2000;Rao et al.,2005)。而当外来制度逻辑构成对于原有制度逻辑核心价值观的兼容性越强,两类制度逻辑的融合也越加容易,因为相比较而言,核心价值观是具有一致性且稳定性的。虽然基于制度逻辑外延构成内容的融合过程会在一定程度上侵蚀原有两种制度逻辑的边界,但是制度逻辑核心价值观却仍能保留独立且呈现分离状态。换言之,此种融合过程仅会在制度逻辑等级层次的最底层发生(如外延构成部分),而不会在制度逻辑等级层次的顶层发生(如核心价值观)。

整体而言,伪装策略的特征之一是等级层次性融合,且有别于同质性文化情境下的融合现象(Rao et al.,2005)。通常而言,伪装策略包含更为复杂的组织挑战及更高程度的道德伦理风险(Tan et al.,2011)。此论点与现有文献的相关研究结论相一致,即处于外国情境下的组织获取合法性,相比于国内组织获取合法性,要面临更多的困难与挑战(Johnson et al.,2006;Berger et al.,1998)。此外,伪装策略也不能长久维持,尤其当东道国道德伦理风险水平过高之时。例如,迫于国内质疑之声甚嚣尘上,谷歌公司最终不得不退出中国大陆市场。简言之,当拥有较高水平企业社会责任深固性的跨国企业进入处于较高水平道德伦理压力的东道国市场时,跨国企业更倾向于采取伪装策略:用以维持其制度逻辑核心价值观的同时,融入东道国市场制度逻辑的外延构成内容之中。而伪装策略则通常包含较高水平的道德伦理风险(Tan et al. ,2011)。

6.3.3 谈判

基于跨国企业的传统观点,大多是乐观地认为源自发达国家的跨国企业能够向欠发达国家传播在西方工业化国家已经得以系统化的普世价值观及信仰体系,并含蓄地指出跨国企业迟早会将其企业社会责任原则及实践同样植根于东道国社会。但是,与此乐观观点相背离的是,许多发达国家跨国企业却恰恰利用了发展中国家薄弱的监管体系及较低水平的制度压力。与此同时,近期源于发展中国家间彼此海外投资的迅猛发展,使得这一问题的影响结果更为凸显。这些源于发展中国家的跨国企业通常拥有较低水平的企业社会责任深固性,而拥有良好企业社会责任深固性的跨国企业会在其战略规划中优先适用企业社会责任原则,并在其日常管理实践中系统性、常规性的融入企业社会责任原则。相对应的,不具有企业社会责任深固性的跨国企业会无法将企业社会责任实践作为理所当然的重复性社会行为。而当这些不具有企业社会责任深固性的跨国企业进入同样不具有较强道德伦理压力及相应政府监管措施的海外市场时,其更倾向于妥协于原有自身道德伦理标准,而用以获取东道国市场潜在的商业机遇(Tan et al. ,2011)。

制度理论视角下,谈判策略包含的是母国制度逻辑的本土化转换过程,而非单纯进行制度逻辑移植、传播。学者 Zilber(2006)提出过关于制度化过程的两个比喻:"将'传播(Diffusion)'比作一个物理现象,即一个既定实体从一个空间传递到另一个空间的过程",而"'转化(Translation)'则比作一个语言学现象,即包括双方谈判及重塑最终所传递内容的互动过程(制度化过程)"。也有学者指出,当前制度理论发展重点已经从"传播"发展到"转化"模式,再到对于制度化过程的理解(Creed et al. ,2002; Czarniawska et al. ,1996; Doorewaard et al. ,2001;Frenkel,2005;Perry,1995;Sahlin-Andersson,1996;Zilber,2006)。具体而言,学者 Latour(1986)对于"转化"概念的定义是"包括主张、规则、人工产品、财产等在内任何事物在人手中传播的时间及空间:这些人中的任何一个人都可以采用不同的方式,让与之相关的记号或表征终止,或对其进行修改,或使其发生偏转,或将其完全出卖,或对其进行加增或占用"(Latour,1986)。也有学者认为对其概念的定义则是强调"当一种概念从一种社会情境下脱离到另一种社会情境下之时,其概念本质会发生何种变化(Czarniawska et al. ,1996),如当一种抽象概念移植到现实世界中的客体之时(一种理念转化为客观实际),或是当一种抽象概念移植到已制定的实践管理之时(一种理念转化为行动)"(Frenkel,2005)。

与某一领域或发展方向中单一实践惯例看似平滑的扩散方式不同(Strang et al. ,1998),制度逻辑移植过程通常会包含制度逻辑间的竞争性以及由此引发的抵抗性。因为在此种情形下,制度环境本身是呈现分裂状态,并且会受到一定程度的质疑(Schneiberg,2007;Schneiberg et al. ,2005)。因而,在制度逻辑移植过程中,跨国企业通常不得不在面对及处理制度逻辑差异性问题,并采取适当的东道国制度逻辑转化方式。具体而言,谈判策略包含双向转化过程。一方面,源于母国的常规性制度逻辑的"传播"需要转化为东道国市场被制度逻辑移植组织所接受的程度或状态;另一方面,植根于东道国市场的管理实践及制度逻辑同样需要转化为被母国市场及企业所能接受的程度或状态。因而，谈判策略不仅是简单的一个拒绝或采用某种价值观或信仰体系问题，而是差异性制度逻辑彼此转化、诠释以及整合为新的混合式制度逻辑的一个辩证的过程。而谈判策略的最大优势则在于，在兼具掌控制度逻辑核心及外延构成的同时，兼具满足在母国市场及东道国市场的道德伦理预期；而当具有较低水平企业社会责任深固性的跨国企业进入处于同样较低水平道德伦理压力的东道国市场时，跨国企业则更倾向于采取谈判策略。同样的，谈判策略也包含了相对较高水平的道德伦理风险（Tan et al.,2011）。

6.3.4 依从

依从策略是指跨国企业对于东道国道德伦理预期的完全依从，包括遵守东道国市场的法律法规、模仿东道国制度体系构建及践行东道国市场行为规范等（Oliver,1991）。跨国企业子公司模仿东道国市场合作方的制度体系架构，成为东道国主流社会的"土著民"。依从策略最为明显的优势在于，跨国企业在东道国市场的竞争优势得以维系，东道国市场当地企业随之也将跨国公司视为具有合法性的市场参与者；与此同时，东道国市场客户也倾向于将其产品或服务视为具有合法性的产品及服务。

现有文献显示，依从策略的应用主要集中于，但并非仅局限于发展中国家跨国企业在以发达国家为东道国市场的企业运营制度环境情境下，在此种情境下，在东道国市场制度环境内，相对成熟、规范的价值体系已经得到政府监管部门、非盈利性监督机构及消费者监督机构的有利支持。学者 Gugler 和 Shi（2009）在研究中举例说明，大多数中国企业在开始学习企业社会责任之初表现出较强的公正性，并会为确保与国际市场客户签订合同协议而有强烈的动机参与到企业社会责任实践之中。但就目前相关数据来看，参与海外投资的中国企业的数量及等级规模仍然都是非常有限的。当一个中国跨国企业在美国这样的发达国家东道国市场开始经营之时，迫于东道国市场高强度道德伦理预期同化压力之下，需要在企业社会责任这条高速路上开始学习之旅。例如，2004 年，中国企业联想收购 IBM 个人电脑部门之后，这家中国大型跨国企业便开始强调，联想不是"一个思想封闭、僵化的传统中国企业；相反，新联想的企业文化是全球化、开放性的。而联想企业的官方语言也被设定为英语"（Tung et al.,2007）。与此同时，联想也开始迅速践行企业社会责任理念。其当前官方对于企业社会责任的多维度承诺包括产品质量安全、员工福利、企业商业道德伦理行为、社会投资、环境事务等，上述这些基本上与美国跨国企业所推崇的企业社会责任标准相一致。

但与此同时，依从策略同样包含制度逻辑内在的冲突性，并对跨国企业总部和完全本地化的子公司间沟通协调及协作构成了极大的挑战，因为两者间制度逻辑存在根本性差别。极端情境下，两者中的一方会视另一方行为完全不具合法性。而这种内在性的制度逻辑冲突可能会在一定程度上抑制跨国企业总部与子公司间的组织协同效应，并最终导致组织低效或绩效欠佳。简言之，依从策略允许市场进入者在东道国市场不输掉其竞争优势，但同时也伴随着以内在性制度逻辑冲突为代价。而通常情况下，只有当具有较低水平企业社会责任深固性的跨国企业进入处于较高水平道德伦理压力的东道国市场时，跨国企业也才更倾向于采取依从策略，以期与东道国市场道德伦理预期保持一致，并放弃其原有制度逻辑核心及外延构成。但相对而言，依从策略通常包含较低水平的道德伦理风险（Tan et al.,2011）。

6.4 小　结

6.4.1 研究内容总结

本章研究借助制度理论、国际商务及商业伦理三类研究文献交叉融合基础上，以制度逻辑为研究切入点构建理论模型用以阐释跨国企业的道德伦理行为及相关决策。基于制度逻辑视角，探究相关跨国企业现象，剖析在母国市场已经构建其制度逻辑体系及原则的跨国企业如何应对东道国市场本地化过程中冲突性的企业道德伦理预期。借助对于跨国企业制度逻辑所含“核心”及所涉及“外延”进行系统划分，通过 2 × 2 矩阵概念模型（图 6.1），用以系统阐释以下内容。

（1）当具有较高水平企业社会责任深固性的跨国企业进入处于较低水平道德伦理压力的东道国市场时，跨国企业更倾向于无视东道国道德伦理预期，并维系其原有制度逻辑核心内容及外延构成。

（2）当具有较高水平企业社会责任深固性的跨国企业进入处于较高水平道德伦理压力的东道国市场时，跨国企业更倾向于采取伪装策略，用以维持其制度逻辑核心价值观的同时，融入东道国市场制度逻辑的外延构成内容之中。

（3）当具有较低水平企业社会责任深固性的跨国企业进入处于较低水平道德伦理压力的东道国市场时，跨国企业更倾向于采取谈判策略，即在兼具掌控制度逻辑核心内容及外延构成的同时，兼具满足在母国市场及东道国市场的道德伦理预期。

（4）当具有较低水平企业社会责任深固性的跨国企业进入处于较高水平道德伦理压力的东道国市场时，跨国企业更倾向于采取依从策略，即与东道国市场道德伦理预期保持一致，并放弃其原有制度逻辑核心内容及外延构成。

在此基础上，对跨国企业如何在母国市场与东道国市场中选择适宜的道德伦理策略及“正确”的价值观核心内容及外延构成提出相应建议。

6.4.2 研究启示及未来研究方向

1. 理论贡献与启示

本章研究通过探究跨国企业道德伦理行为，以及对跨文化情境下企业社会责任概念进行重新解读，对现有国际商务及商业伦理研究文献有所贡献。

社会学家发现组织可以从其竞争对手处借用某些象征符号，并将其创造性地融入其自身类别构成要素之内，进而导致原有类别边界的侵蚀及含糊（Rao et al.，2005）。而对于文化作用的认知，有学者也指出，“文化并非是推动行为方向一致性的唯一系统；相反，文化体系更像是一个工具包……个体可以在其中选择不同的适用工具”（Swidler，1986）。而本章的研究结论则显示出，跨国企业在面对母国与东道国制度环境及制度逻辑过程中所呈现出的两面性特征。一方面，跨国企业会借用东道国某些外延性制度因素，并将其融入源于母国的制度逻辑之中；另一方面，也会存在维系其母国自有制度逻辑核心内容的可能性（Hitlin et al.，2004）。本章研究结论在一定程度上也证实了上述相关研究结论在基于跨国企业情境下的适用性。鉴于此,本章研究借助识别制度逻辑黏性及弹性问题,拓展了原有相关文献中仅聚焦于“趋同—分散—跨趋同”的传统研究视角。简言之,借助发展制度边界含糊策略,借助母国制度逻辑与东道国制度逻辑基础,并实践于东道国市场之内的“混合式”制度逻辑创新,在此融合过程中,跨国企业的某些行为方式更像一个制度创立(创新)者所为,尽管对其改变任何发展良好的制度逻辑核心价值观的能力仍然有所局限。

整体而言,本章研究对于制度逻辑理论文献的贡献可以归结为以下三个方面:首先,将原有制度逻辑研究文献拓展至跨国界情境之内,组织面临不同国家间制度规范及规则冲突的挑战。而当母国社会与东道国社会的核心价值观存在根本性差异时,跨国企业需要面对跨国界制度性压力。而在全球化背景下,跨国企业所面对的此种压力与日俱增,而本章研究基于制度逻辑一般性及适用性问题的深入探究对现有制度逻辑理论文献无疑具有重要理论贡献。其次,本章研究借助区分制度逻辑核心内涵与外延构成,对原有制度逻辑概念进行了必要的拓展及深入。通过对于关键性概念构成的探究,并基于现有制度逻辑研究文献基础上,借助理论分析框架(概念模型)用以系统剖析制度逻辑体系中的某一部分在其余部分保持完好的情况下如何被改变的情形。最后,理论模型构建过程中涉及制度逻辑伪装及制度逻辑谈判分析框架,借此制度创立(创新)者可以主动利用制度逻辑以解决其所面临的源于制度逻辑移植过程中的制度逻辑困境问题。而关于制度逻辑伪装及制度逻辑谈判的后续研究也将会进一步拓展原有制度逻辑理论,并在制度逻辑理论与国际商务理论间搭建一座桥梁,用以在制度逻辑视角下系统探究国际商务问题提供了新的研究视角及研究空间。

2. 未来研究方向及启示

一直以来,全球化被视为一种同质化的过程,因为随着跨国企业管理实践的传播扩散,会在一定程度上促成不同国家间制度及文化的相似性增加(Chandler,1970;Meyer et al.,1997;Ritzer,2008)。学者 Robertson(1995)最早提出全球化(Globalization)概念,是为了用以刻画在此过程中同质化与异质化交错进行的方式。依据此观点,全球化是“一般性中的特例及具体事件的普世化过程”。

那么,什么是普世化过程,什么又是特殊性凸显呢?有研究指出,制度逻辑移植主体(跨国企业或组织)在制度逻辑移植过程中会本能地抗拒制度逻辑核心价值观的改变,尽管他们也会刻意借用某些外来性制度逻辑体系中的外延构成内容以缓解其在东道国制度环境内所面对的制度性压力(Tan et al.,2011)。一方面,由于制度逻辑外延性构成内容的借用及融合,整个世界已经看似越来越具有同质化特征了;另一方面,由于制度逻辑核心内涵价值观的持续性及差异性特征,整个世界又仍然呈现出异质性及多样化态势。尤其是上述研究中提及的4种不同类型的道德伦理应对策略也为系统理解全球化背景下同质化及异质化现象共存提供了一般性的理论分析框架。而借助制度逻辑移植现象的进一步深入剖析,更多细致性的问题还有待于深入探究。

此外,相关理论模型构建,尤其是理论命题论证,还需要大样本实证研究做支撑。而关于组织移植制度逻辑的过程以及如何追求伪装策略及谈判策略等同样需要典型案例分析或相应的质性分析方法,以期对现象达到全面深刻的理解及阐释。还需要特别提及的一点是,基于现实观察发现,跨国企业对于道德伦理压力的反应行为最终会影响到东道国市场制度环境,进而导致东道国社会制度性变革。事实上,如果基于2×2概念模型就会清晰发现,4类不同特征的道德伦理应对方式对东道国会产生不同程度的影响。其中,反抗策略和依从策略代表跨国企业道德伦理应对行为的两个极端:如果跨国企业追求前者,采取类似传教士身份的方式传播其既有的价值观及信仰体系,则会对东道国社会形成较强的影响力;如何跨国企业追求后者,则会对东道国社会形成较弱的影响力,因为其已经完全同化于东道国当地制度环境内了。相比之下,伪装策略和谈判策略则居于两类极端策略的中间地带:它们对于东道国社会的影响作用还需要结合具体个案分析结论来判定。至于伪装策略和谈判策略如何影响东道国社会的制度变革,跨国企业道德伦理行为反应如何与东道国制度环境保持同步发展,这些相关问题在未来研究中的系统呈现也会进一步丰富现有文献关于与跨国企业相关联的道德伦理问题的理解及诠释。

6.4.3 管理实践启示

基于组织研究文献,企业应该依据其所处环境采取行动,企业管理者也应该经常考量环境在其行为决策制定机制中所发挥的作用。此结论同样适用于那些因母国与东道国市场预期不一致而深感挫败的跨国企业管理者。一旦制度及文化层面的鸿沟进一步扩大,必然会导致道德伦理问题出现,而跨国企业管理者常常也会陷入这种冲击之下。例如,外籍管理者经常会同时遭到其母公司同事及海外子公司客户的误解,尽管这些外籍管理者学识渊博,对于各方需求都了然于心。

那么,跨国企业应该如何回应这些源于母国与东道国道德伦理预期冲突的挑战呢?2×2矩阵模型提及的回应性行为策略是依赖于跨国企业对于企业社会责任原则根深蒂固的程度,以及东道国对其自身道德伦理预期的程度。基于不同的情境之下,跨国企业会追求不同的道德伦理策略:反抗东道国制度压力、行为方式模仿变色龙、为了自身利益进行谈判、完全顺从东道国道德伦理预期,而这些道德伦理策略则包含制度逻辑核心内涵及外延构成在内的不同组合。上述分析框架的特色之一便是,构建了一个广义的制度逻辑概念,此概念不仅需要明确的定义,同样需要利用质性研究方法进行经验验证。例如,学者Lounsbury(2007)在针对美国共同基金行业研究中,识别出两类竞争性制度逻辑,如受托人逻辑与绩效逻辑。而本章研究中这一特色却增强了理论分析框架对于不同类型情境的适用性。但是,另一方面也意味着此理论分析框架无法为跨国企业管理者提供清晰的管理实践指导,除非制度逻辑在特定研究情境下被给予明确界定及定义。例如,在针对跨国企业工会化方法的实证研究中,跨国企业管理者就处于应对全球范围内制度逻辑冲突的情境之内。在此研究中,制度逻辑被设定于公会化特定情境之下,如果依据2×2矩阵模型,就可以预测持有前公会化制度逻辑的跨国企业是否应该维持其原有制度逻辑(反抗策略),或是完全放弃其原有制度逻辑(依从策略),或是转换其原有制度逻辑(谈判策略),或是像变色龙一样采取行为对策(伪装策略)。而这些选择需要依赖东道国市场制度压力的强度以及跨国企业的企业社会责任深固性程度。例如,沃尔玛公司的管理者在中国的行为就明显区别于联想公司的管理者在美国的行为。

此外,还需要特别说明的一点是,当跨国企业拥有较高程度的企业社会责任深固性,并与同样较高程度的东道国道德伦理预期不相符合时,会采取变色龙策略;而当跨国企业拥有较低程度的企业社会责任深固性,且东道国道德伦理预期同样程度较低时,会采取谈判策略。据此不难发现,相对而言,伪装策略是全球化过程中的新的副产品。例如,在西方社会强烈质疑之声过后,谷歌公司退出中国大陆市场。如果依据2×2矩阵模型,谷歌公司在退出中国大陆市场之前应该采取的是变色龙策略,而恰恰是谷歌公司所面临的尴尬窘境生动地展现出伪装策略中所暗含的高道德风险。鉴于策略回应与环境要求从来都不是一成不变的,反而呈现出彼此相互影响,共生共存的态势(Tan et al. ,2005),而跨国企业的变色龙行为或是谈判者行为都有可能偏离其原有普适性道德伦理标准的议程,因为跨国企业可能会利用母国与东道国间道德伦理及制度预期,或是对此无可奈何,勉强接受。

简言之,建立一个全球性的治理结构(Detomasi,2007)或是建立一套具有普适性、统一性的行为方式及规范(De George,1993)仍然有学者提及,但是就当前现实发展状况而言,这一研究议题的完成早已远超任何单一跨国企业能力所限。

第 7 章

制度逻辑、社会认同与跨国企业多元化制度安排

面对全球化背景下，跨国企业多元化的制度性安排问题，现有文献大多基于传统的新制度理论视角予以诠释；相对而言，基于制度逻辑概念的相关研究仍然非常有限。鉴于此，本章研究内容重点聚焦于制度逻辑概念，而非传统的针对组织现象的新制度理论视角；本研究旨在提供一个理论分析框架用于深刻阐释跨国企业的多元化制度安排以及跨国企业研究框架下涉及个体及组织行为中的各样制度性协议及安排。

在涉及国际商务及管理相关研究文献中，基于跨国企业特殊性及复杂性为主题的相关研究已经得到许多国际商务学者的特别关注。对此问题研究的兴趣点则常常源于学者们试图系统剖析跨国企业区别于仅局限于一国境内运作的组织或是国内企业的特征及属性(Roth et al. ,2003)，而对此问题讨论的核心则在于国内市场环境与东道国市场环境交集区域的识别，以及作为跨国企业特殊性核心所在的全球化背景(Henisz et al. ,2008；Roth et al. ,2003)。尽管如此，跨国企业复杂性在现实中还有诸多不同程度的特征呈现。

尽管国际商务及管理相关研究的许多特质是源于跨国企业的复杂性问题，但是跨国企业外部环境及内部条件作为附加的复杂性构成因素却颇具代表性。对此现象特质有两点说明需要进一步指出：首先，国际环境增加了跨国企业内、外部环境的变数，并意味着彼此变化间呈现出更为复杂的关联性(Devinney，Pedersen et al. ,2010；Roth et al. ,2003)。其次，同样复杂的相关构念及概念定义还应与其适宜的测度方法的便利化操作相匹配(涉及相关实证研究)。与此同时，随着全球化的高速发展使得全球化、本土化及外国(非本土地界)设定的相关边界愈发模糊；相应地，经济、政治及法律规则逐渐成为聚焦跨国企业运作过程中多元化情境的重要度量尺度(Roth et al. ,2003)。当然，这种多元化情境还包括涵盖不同战略目标制定及治理体系在内的跨国企业内部异质性问题。

在此背景下，跨国企业多元化制度性安排不仅用于体现商业活动情境下制度体系间的复杂关联性，还应用于阐释跨国企业内、外部制度压力对其行为决策的影响作用。例如，学者 Henisz 和 Swaminathan(2008)就曾提出基于非简单因素考量的制度架构情境研究，并提出基于制度理论视角下的国际商务研究应该考虑“借助国家自身及其所处国际环境状态体系的二维度划分，对一国框架内相互依赖的组织结构及体系进行更为系统的排序”。同样，学者 Kostova 等(2008)也强调跨国企业制度体系嵌入的多样性、碎片化、非精确性及动态性特征；在其分析框架内，因跨国企业组织行为决策过程中的控制权水平及其特殊制度化进程，而使得上述嵌入性特征呈现差异化特质。

整体而言，企业国际化背景在一定程度上促成了跨国企业差异化及多元化制度性安排的形成及发展(Henisz et al. ,2008；Kostova，Roth et al. ,2008；Roth et al. ,2003)。因而，跨国企业管理相关研究也应该更多采取制度理论视角，聚焦于跨国企业总部及下属子公司、相

关分支机构如何应对全球化及本土化压力而采取的战略规划及相关行为决策(Kogut, Walker et al.,2002)。尤其是现有制度理论相关研究文献中已经明确指出制度同构概念及合法性概念的重要性(具体内容参见第3章及第4章),即认为保持与制度性压力的一致性是获取及确保组织生存的必要条件(DiMaggio et al.,1983;Eden et al.,2001;Kogut,1991;Meyer et al.,1977)。尽管如此,就其组织层面而言,跨国企业仍需面对诸如组织多样性及碎片化等诸多挑战,而在具体的制度环境内,这些问题也会得到不同程度的凸显。与此同时,这些挑战也在一定程度上表明,对于服务于企业或组织成员,并用以诠释相关管理问题及其采取适宜的回应方式及策略的制度逻辑概念的准确理解尤为必要。这里还特别需要指出的一点是,跨国企业在将多种决策逻辑转换成具体的不同执行方式,在或实施、或调试、或放弃的实践过程中会面对较为复杂的环境变化(Gamble,2003;Gamble et al.,2009;Kostova et al.,2002)。此背景下,制度逻辑概念可以为解决特定制度框架下的多元化制度安排问题提供必要的理论分析框架。

鉴于现有相关跨国企业管理研究文献中对于制度逻辑的相关研究仍然较少涉及,本章研究内容旨在提供一个解决跨国企业多元化制度性安排的理论分析框架。通过聚焦制度逻辑概念,而非传统针对组织现象的新制度理论视角,探究及诠释跨国企业所处的制度环境特殊性问题;借助描述跨国企业在单一性及多样化制度性安排情境下的影响结果,进一步清晰阐释基于制度理论视角下的相关国际商务及管理现象;并借此提供一个更具综合性的研究框架用于探究制度理论对于跨国企业层面相关个体及组织的行为决策影响作用。

7.1 制度逻辑与制度多元化研究综述

在学者Alford和Friedland(1985)的相关研究中,制度逻辑被描述为内生于西方社会制度体系内的理念及实践,例如,资本主义及官僚体制等。后续研究中两位学者对此描述进行了一定程度的精炼,将其指为"跨理性秩序(Trans-Rational Orders)",用以指导个体及组织的行为选择(Friedland et al.,1991)。在此制度逻辑概念界定下,此两位学者又基于新制度理论视角,提出制度领域多样性(Diverse)及共存性(Coexisting)概念,并为借此挑战制度同构理论提供了理论分析基础(Thornton et al.,2008)。相对而言,在制度理论研究文献中,制度逻辑已经成为一个应用广泛的概念,很多制度理论学者借此探究更为复杂的制度性安排问题。

在一定限度内,制度逻辑也可被视为包含象征意义及实际意义的一整套体系,具体包括假设、实践、价值观、信念及规则等,用以帮助个体及组织在特定情境下行为决策的正确制定(Friedland et al.,1991;Thornton et al.,1999)。除了复杂性制度情境的考量外,制度逻辑概念本身还提供了不同分析水平间的联系(Thornton et al.,2008)。

现有研究文献显示,基于制度逻辑的相关研究多聚焦于以主导性霸权(Hegemony)逻辑为基础的相关研究;当然,现有学者的相关研究中也包含了制度多元性(Institutional Pluralism)相关议题(Kraatz et al.,2008)。近期的经验研究则具体包括新制度逻辑如何影响(挑战)现有制度逻辑(Reay et al.,2009),制度逻辑如何产生共存性问题(Purdy et al.,2009),以及现有制度逻辑前提下组织如何应对社会变革(Herremans et al.,2008)等。此外,也有学者探究制度逻辑对于新兴(或新生)惯例实践传播扩散的影响作用(Lounsbury,

2007)，以及源于单一领域内组织间制度逻辑差异性而导致的惯例实践所采取的不同形式(Goodrick et al.,1996;Townley,1997)等。相比较之下，现有文献中针对制度逻辑研究的关键性成果则主要涉及多种制度逻辑共存性(Coexisting)(Friedland et al.,1991)概念的提出，此观点的提出也在一定程度上构成了与传统新制度理论体系视角的分离。此概念的另一个关键点还在于，多种制度逻辑共存情境下彼此间冲突性的存在，而这也正为进一步探究制度性变革及制度代理人等问题奠定了现实基础(Thornton et al.,2008)。

简言之，尽管现有相关研究文献已经凸显出制度逻辑多元化问题的重要性，但是也有学者指出，多种制度逻辑共存仍然尚未对现有制度环境产生压力或构成挑战(Greenwood et al.,2011)。尽管如此，多种制度逻辑间由此产生的冲突概念及矛盾水平依然应该引起相关研究学者的进一步关注，以便于更好地理解所处矛盾性制度环境之下的组织所经历的制度性驱动变革及发展。相关学者也应该重点关注组织变革研究中的一些关键性问题，即制度逻辑的冲突性问题。相关冲突包括对于逻辑共存性问题持反对观点的主张及要求(Battilana et al.,2010)，共存性制度逻辑研究前提下，各方所接受的目标间不一致性问题(Purdy et al.,2009)，以及各方所持理念的差异性等(Reay et al.,2009)。

另外，现有制度理论的研究脉络也显示，制度逻辑对于个体及组织行为决策的影响作用并非具有直接性，但是其会借助某种中介作用机制，尤其是借助所谓的社会认同作用(Reay et al.,2009)，从而发挥其对于个体及组织行为决策的影响作用(Christiane,2012)。就此方面，学者Townley(1997)对于认同其组织风气的个体如何应对制度性压力提供了相应说明及详细阐释。

社会认同(Social Identification)概念源于社会认同理论。在学者Ashforth和Mael(1989)相关研究中，社会认同理论开始被应用于组织分析研究之中。社会认同，通常是指源于个体就其所处环境内对于社会群体成员的一种心理感知过程及状态。基于此种分析框架，制度逻辑可以用于形成个体的特定行为方式，而当个体形成其社会群体归属感时会依赖此种制度逻辑。但是，制度逻辑、社会认同及个体行为间相互关系并非简单明了(三者间作用关系将在下述章节详细论述)。在制度逻辑共存性条件下，假定个体可以感知其作为不同社会群体成员的归属性，则基于个体及组织行为层面的制度逻辑相关影响研究就需要聚焦于多元化的社会认同视角。反过来，关注多元化社会认同视角又意味着对于身份表现形式及身份凸显性等问题的深入探究(Christiane,2012)。

一言以蔽之，制度多元化产生出更为复杂的制度环境，而共存于跨国企业内的制度逻辑则会使这一制度性冲突得以一定程度的呈现。尽管制度逻辑的影响作用需要借助某种作用机制，如社会认同中介作用得以发挥，但与社会认同相关联的一些内生性条件也会产生由跨国企业制度多元化所引发的更为复杂的驱动机制。有鉴于此，本章后续研究内容将系统梳理制度逻辑与社会认同理论文献，并借此构建跨国企业多元化制度安排理论分析框架。

7.2 制度逻辑、社会认同与跨国企业多元化制度安排

7.2.1 社会认同概念及其相关研究综述

社会认同概念源于社会认同理论。在学者 Ashforth 和 Mael(1989)相关研究中,社会认同理论开始被应用于组织分析研究之中。社会认同通常是指源于个体就其所处环境内对于社会群体成员的一种心理感知过程及状态。

现有制度理论研究学者已经将社会认同作为制度逻辑用以指导个体及组织行为决策的具体方式及途径(Thornton et al.,2008)。例如,学者 Townley(1997)曾指出,高等院校对于制度同构压力的反应表明一种独特的,并且极具价值性的组织认同(Organizational Identity)。学者 Reay 和 Hinings(2009)进一步探究了个体对其职业的自我认同,在此基础上,学者 Battilana 和 Dorado(2010)识别出小额信贷企业对于员工的认同度如何关联于该类企业内部的两种制度逻辑冲突性问题。

基于跨国企业情境下的相关研究则显示,社会认同被认为是跨国企业管理者及个人行为决策的关键影响因素(Vora et al.,2007)。而社会认同的特定变化也常与跨国企业子公司管理者所经历的冲突角色相关联(Vora et al.,2007)。对于母公司的社会认同也常被视为影响跨国企业成功实现国际化布局的关键所在(Kostova,1999)。

社会认同概念源于社会认同理论。学者 Ashforth 和 Mael(1989)在其研究中为在组织研究中应用社会认同理论及相关概念奠定了理论分析基础。而社会认同,作为一种感知性及认知性构念,更接近于群体认同(Group Identification)概念。与之相关的经验研究则主要集中于社会认同的两大主题,一类是将社会认同作为一种心理状态加以研究;另一类则将其视为一种认知过程。尽管行为和情感状态并不一定源于社会认同,或受社会认同所影响,但是此两者在一定程度上也可以理解为具有某种可能性的集体认同(Collective Identity)结果(Ashforth et al.,1989)。因而,在复杂性环境之中,行为也可以被视为现存多种社会认同框架下的产物。

社会认同通常借助以下方式得以进行。在其所处环境下,通过与社会群体或类别建立联系,个体进而对其自身及他人进行定义(Ashforth et al.,1989)。据此,个体构建一种自我意识,包括人格特质(Personal Traits)及社会身份(Social Identity),也可以将其定义为社会或集体归属性感知。社会认同,作为群体内成员的一种感知,可以为其提供自身属性的部分答案。

尽管在单一性或简单化群体或组织内,个体并不一定会获取其自身社会(身份)认同(Ashforth et al.,1989;Dutton et al.,1994),但是基于较大规模的组织层面,或是基于具有较高复杂性的组织结构内部,反而可能会为不同社会(身份)认同的发展提供基础(Ashforth et al.,2001)。与此同时,随着个体在不同社会群体中发展的增进,个体的自我概念中也可能会包含多重的社会身份(Dutton et al.,1994),而通过多种社会(身份)认同,这些多重身份也会出现某种程度的不一致性(Ashforth et al.,1989)。

鉴于制度逻辑借助社会认同可以形成或影响到个体及组织的行为决策,但三者间作用

关系的表述也并非如此简单明了(Christiane,2012),还有必要强调的是身份凸显性(Identity Salience)概念及身份表现形式(Identity Forms)特征,此两者共同作用可以在一定程度上决定特定情形下的社会(身份)认同。

7.2.2 身份凸显性及身份表现形式

学者 Ashforth 和 Johnson(2001)对于多重身份识别问题进行了更为详细的论述。其中,身份凸显性(Identity Salience)是指引发一种特殊身份的可能性。在此概念基础上,身份认同作为一种特定的相对凸显性载体,等级概念及层级体系(Hierarchy)可借此得以确立,尽管在此操作过程中存在一定的困难度。与此同时,两位学者还提出两类决定既定身份凸显性的影响因素:一是其主观重要性,即指个体核心自我意识中身份认同所占据的地位;二是与特定情境的关联性,即指特定情境下与身份认同适宜性相关联的因素。此外,两学者还识别出身份凸显性的三维度测度指标:①特殊性(Distinctiveness)维度,源于对身份独有性或兼容性的感知;②抽象性(Abstraction)或具体性(Concreteness)维度;③与个体距离或接近度(Proximity)。

相对而言,较高程度的身份特殊性、具体性及与个体的接近性,通常被认为更能凸显身份认可(Ashforth et al.,2001)。但是身份凸显性水平也会发生变化,并且多重身份认可也可能会同时被引发(Invoke)。如果某种身份认同被主观认知性屏蔽或是与其他身份认同相剥离,个体会选择在单一时间内仅引发单一身份认同。

身份表现形式则是与身份配置结构(Configuration of Identity)相关联的,尤其是指不同身份重叠的程度。对此,学者 Vora 和 Kostova(2007)对可能存在的身份表现形式(Identity Forms)进行了区分:①独特型身份(Distinct Identities)或是具有完全单独性身份(Completely Separated Identities);②复合型身份(Compound Identities),即最为常见的一种身份表现形式;③嵌套型身份(Nested Identities),即一个身份之中又包含其他的身份。整体而言,身份表现形式会影响到个体对于同一时间内单一身份或是多重身份识别的可能性。例如,如果某一身份被认为与其他身份有所差异,那么个体很可能会仅识别出此一种身份,而忽略其他身份表现形式。如果存在对于身份重叠的感知,则个体可能具有在同一时间内存在多重身份的可能性。此外,相关研究还显示,当身份被识别为嵌套型时,多重身份的凸显性也会随之增强。

简言之,在身份多样性情境下,既定状态下的身份认同会源于多方面条件综合的结果。而另一方面,不同身份的存在,也未必会产生身份认同的自相矛盾,反而会有助于培养制度逻辑影响过程中的复杂驱动机制。

7.2.3 制度逻辑与社会认同:探究跨国企业制度多样性的理论分析框架

1. 制度逻辑冲突与跨国企业制度多样性

跨国企业管理复杂性研究通常会涉及企业异质性(Heterogeneity)问题。跨国企业全球布局过程中所遇到的特殊情形及结果常常需要国际商务及管理研究学者借助制度距离、文化距离等构念,探究跨国企业特征的差异性问题。而潜在的推论则是,跨国企业的异质性程度越高,其所不可预测的行为决策发生的可能性也越大。换言之,当跨国企业母国与东道国市场环境差异性较小情境下,在跨国企业全球网络布局管理体系中的对立性反应及应对性举措会相应减少。

在涉及制度逻辑的研究文献中，异质性问题同样会潜在地引发不可预见的复杂行为决策，而这种不可预见的复杂行为决策会视组织设置不同而有所差别（Christiane,2012）。此结论也同样可以适用于特定组织内多种制度逻辑共存情形之下，制度逻辑的潜在矛盾性问题。正如有学者所提及，现有研究中也已经将这种制度逻辑矛盾性问题视为制度环境复杂性的必要条件（Greenwood et al.,2011）。

学者 Beechler 和 Yang（1994）在相关研究中，借助日本人力资源管理（Human Resource Management，HRM）实践的探究，提出以下观点，即跨国企业不同行为决策源于其所雇用员工认知体系间的差异度。研究对象选取了位于美国田纳西州和纽约州的 10 家日本跨国企业，研究者发现位于纽约州的日本跨国企业的人力资源管理实践具有较高程度的美国化趋势；位于田纳西州的日本跨国企业的人力资本管理实践则更能体现对于当地员工需求及田纳西州商业环境的适应性。田纳西州雇员对于日本企业人力资源管理模式认可的开放度则源于其对于日本企业在其工作期间内所给予的安全感及长期性所带来的感知重要性，以及与日本企业员工所拥有的共同愿景；而在纽约州的情境下，对于同样的日本企业人力资源管理实践的负面消极反应则与工资的优先级顺序及工作的安全性状态相关联。在此案例中，管理实践是否被拒绝或被接受很大程度上依赖于此种制度逻辑，即如何向雇员解释跨国企业工作程序的相关规制。

此外，学者 Almond 和 Colling（2005）的一份研究还指出，嵌入于组织成员间的制度逻辑异质性与行为结果复杂性间存在一定程度的关联性。上述研究还列举了美国跨国企业在英国的子公司员工对于源于美国的不同管理方式在英国复制的各类反应。研究发现，鉴于美国企业管理方式的适用性问题，将其管理实践在东道国市场简单复制的过程可能会由此引发紧张气氛，因为这些管理方式很可能与当地制度逻辑相互矛盾，尤其在工作处理中涉及相关问题时，表现尤为明显。

简言之，当制度逻辑内容间存在矛盾性时，跨国企业制度多样化会增强，复杂性行为决策会发生（Christiane,2012）；而当组织成员所认可的制度逻辑间矛盾的缺失或差异性较少，以及支持管理实践的相关制度逻辑的存在，则会在一定程度上限制制度多样性及复杂性行为决策的产生。

2. 社会认同中介作用

尽管借助社会认同发挥中介作用，制度逻辑会影响到个体及组织的行为决策，但是与特定社会认同状态相关的情形条件也会构成促使这一作用机制更具复杂性的必要条件。在一些规模较大，更具复杂性的组织内，如跨国企业组织内部等，其间个体会接触到各色人等，同样涉及自身身份认同问题，并据此获取其群体归属感。例如，有研究显示跨国企业子公司管理者会面临双重身份识别问题，进而会影响到自身工作绩效（Vora et al,2007）。换言之，跨国企业管理者时常在是将跨国企业作为一个整体进行身份识别，还是仅在跨国企业子公司内部进行身份识别两者间艰难取舍。此外，当跨国企业子公司管理者拥有一个更为强烈的基于组织整体性的群体归属感时，即将跨国企业作为一个整体进行身份识别时，跨国企业子公司管理者在其东道国市场中对于自身管理者身份的维护及认同会更加明显（Delmestri,2006）。由此可见，身份凸显性问题及身份表现形式问题会形成具体的身份安排（Arrangement of Identities），并且在一定程度上也会促使单一或多元制度逻辑的影响作用机制发生。

另外,由个体所感知的身份具体性程度、接近性程度及独特性程度也会决定特定身份所引发的可能性。因此,与身份认同系统测度相关的上述三维度较高水平的量化数据也意味着身份凸显性(Identity Salience)更加显著,并为与身份认同相关的制度逻辑影响作用提供必要条件。在基于跨国企业组织认同双重性的研究中,学者 Vora 等(2007)指出,对于跨国企业总部与子公司的相同认同水平及认同度有助于跨国企业管理者更好地履行其职责,但这些职责会因其内部组织部门支持及执行的差异性而呈现出某种矛盾性特征。例如,一个职责履行的绩效获取需要管理者充分理解跨国企业公司总部与子公司的战略意图及偏好;此外,另一个额外的职责还需要管理者履行的便是,在满足跨国企业总部利益之前,还需要妥善保障子公司的利益需求。这些研究结论为在跨国企业子公司或总部公司中较高程度的身份凸显性缺失条件下,子公司管理者如何处理及应对其自身管理职责履行过程中的复杂性事件提供了例证。

简言之,当与跨国企业制度逻辑多样性及制度逻辑共存性相关联的身份认同具有相似的凸显性水平,即具有相似的具体度、接近性及独特性之时,跨国企业制度多样化会增强,复杂性行为决策会发生。

3. 身份凸显性及身份表现形式

身份认同的具体度、接近性及独特性会影响既定身份的潜在凸显性特质,而同时引发单一或多重身份识别的可能性与既定情境下的特殊身份设置相关联。当与制度逻辑相关联的身份认同明显区别于其他身份之时,即具有独特型或是具有完全单独性身份之时,个体及组织所采取的行为策略会与特定制度逻辑内容保持一致。相对应地,如果身份认同属于嵌套型或是属于复合型,则制度逻辑多样性可能会削弱,进而导致行为决策呈现较少程度的复杂性特征。

学者 Vora 等(2007)的研究结论同样显示,跨国企业子公司管理者间角色及职责的冲突与其身份相似度具有负向关联性。换言之,身份认同的相似度越高,跨国公司子公司管理者间所经历的角色及职责冲突越少。这一研究结论进而引发对于特定环境的关注,即在跨国企业框架下,当多种身份边界无法清楚识别之时,嵌套型身份或复合型身份可能由此产生。

此外,现有相关文献中对于跨国企业海外派驻人员生活于相对独立且封闭环境内的相关研究为进一步理解如何在跨国企业工作期间紧张局势环境下坚守一份明显区别于可以提供同样工作机会环境中所产生的身份认同提供了相关说明(Lauring et al. ,2009)。在针对丹麦企业派往阿联酋子公司的外派人员的研究中,Lauring 和 Selemer 发现,与其家人一同生活于同样封闭环境内的丹麦管理者与丹麦跨国企业外派人员仅在小范围内与丹麦人交往,而回避与阿联酋当地人及其他国家民族的人员往来,而这种丹麦人群体间的认同感增强以及区别于其他身份认同的感知会相应转化为在企业工作场中所表现出的行为特征,进而产生子公司内部组织成员间的紧张气氛。例如,办公场所非正式聚会场合中丹麦语的使用,使得非丹麦藉人士无法理解谈话内容。同时,研究者也强调,此种“丹麦方式”在跨国企业子公司内部已占据主导性,丹麦藉管理者对于任何与其自身标准不符的行为均不报以信任感。此研究同时也表明一种情形,即当跨国企业内部成员对其身份认同及群体归属性感知明显区别于周遭环境中的其他成员之时,会放大环境设置多元化的潜在效应,并使其行为方式在子公司内部的生活及工作趋于困难。对此，也有学者总结出，当与制度逻辑多样性及制度共存性相关联的身份凸显性明显区别于其他身份之时（独特型身份），制度多元化会增强，复杂性行为决策会得以发生；而当与制度逻辑多样性及制度共存性相关联的身份凸显性被识别为嵌套型或复合型时，制度多元化会削弱，复杂性行为决策产生的驱动力也会随之降低（Christiane，2012）。

图7.1提供了学者Christiane基于上述分析的一个综合性的理论模型构建图示。从左向右，依次显示制度逻辑、社会认同及行为决策间作用关系。如上述分析所示，不同制度逻辑的结合、各自制度内容体系、彼此间潜在矛盾冲突为制度多元化产生提供了必要条件。但是，此作用机制并不意味着一定会增加跨国企业框架下的制度多元化倾向及其复杂性行为决策的产生，因为还需要结合组织内部与制度逻辑共存性相关联的身份认同，以及与社会身份认同相关联的身份凸显性程度及特定身份配置形式感知等。

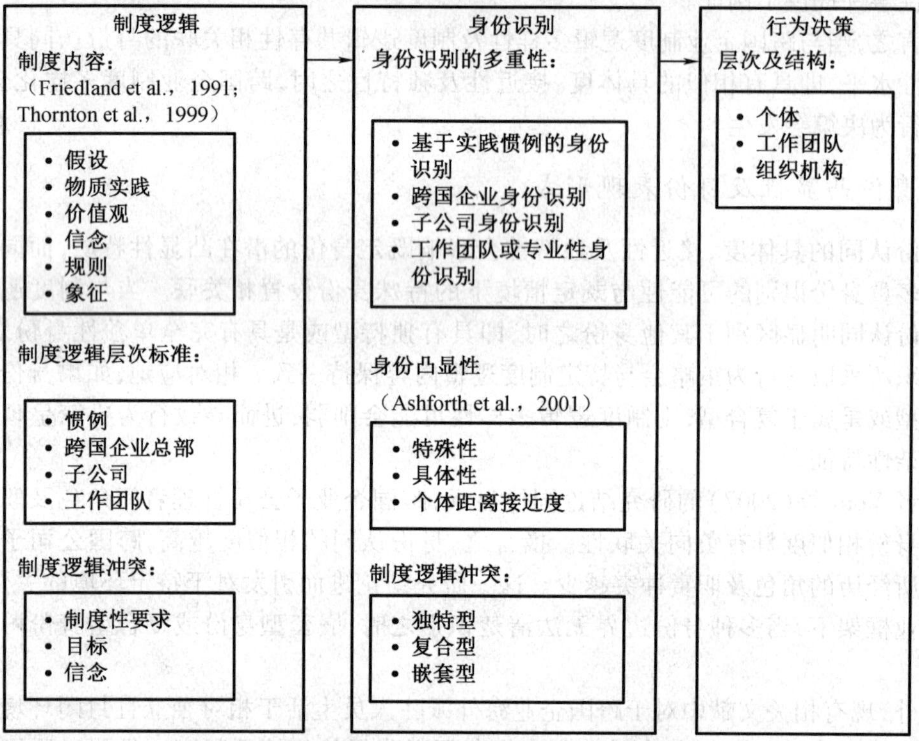

图7.1　制度逻辑对行为决策影响机制概念模型框架图

资料来源：Molina C，2012.

此外，依据图7.1所示，特定行为产生源于制度逻辑及社会认同的确定性组合。跨国企业全球布局网络环境内所采取行为决策间的复杂性程度在一定程度上被认为源于制度多样化发展的差异性。相应的行为结果也已经得到不同程度水平的观测及分析，既包括从微观层面，也包括从宏观层面，以及国际商务领域的不同情境。例如，学者Bruton，Ahlstrom和Puky（2009）的研究就涉及不同洲际间企业管理层面的制度逻辑异质性如何影响到具体的企业国际商务运营模式。学者Glover和Wilkinson（2007）对此也有相应的案例说明。在针对韩国跨国企业子公司的相关研究中，由于不同的管理性制度逻辑占据主导，组织内不同水平间会呈现紧张情势。相对韩国管理者采取高压控制力，英国管理者则更偏好多方参与式管理方式。而关于子公司应该以何种方式治理的截然不同的观点常常源于跨国企业内部各部门间错综复杂的利益构建，尤其是跨国公司总部在子公司目标设定中所起的作用。除此之外，其他的紧张局势在子公司内部也会加强，例如，当两部门管理者在人力资源管理中执行不同的项目或方案时，此问题也尤为突出。

简言之，本节内容重在阐述制度多元化如何非必然体现在跨国企业的任何阶段及时期，但是在条件适宜的情形之下，制度多样性特征呈现也会愈加明显。在此基础上，下述章节将重点论述基于制度逻辑及社会认同理论分析框架下的跨国企业东道国管理实践问题。

7.3　制度逻辑、社会认同与跨国企业管理实践转移

7.3.1　跨国企业管理实践转移

管理实践转移（Practice Transfer）或称本土化，是指一种管理实践的复制，通常认为在相同时间内被跨国企业网络内部单一组织内所较好适用的管理实践可以视为在此组织外同样适用的最佳替代方案（Szulanski，1996）。适应性（Adaptation）则被识别为国际化扩张的内生性条件及跨国企业必须回应的情形之一（Tallman et al.，2001）。而针对其他情境下的适应性目的之一便是达到相应组织要求的适配性，具体包括不同组织人群，如客户、政府等。当企业更具知识密集度之时，通常便不再只单一寻求自然资源禀赋，而是转而寻求用以植根于海外市场区位选择的商业化进程，或是从事海外市场技术开发（Tallman et al.，2001）。因而，对于东道国市场环境的适应性，既可将其视为跨国企业对于新市场环境的一种（适应性）反应，也可将其视为对于商业管理制度层面潜在性创新的关键。

鉴于跨国企业组织的本质是基于其国际化经营的协同效应（Kostova，1999；Tallman et al.，2001），因而，对于跨国企业而言，完全的本土化适应性并非总是一个可行的最优选择。在全球化整合及本土化适应方面两者间取得平衡，或许才是跨国企业国际化发展的关键核心目标。但在此种情境下，通常会引发关于跨国企业战略范围的争论，即本土化对全球化战略问题，或是地区性对全球性战略问题（Birkinshaw et al.，1995；Rugman et al.，2008）。这种争论也会增加国际商务学者对于跨国企业战略范围、国际化经营绩效及增长间彼此关联性的确立及理解的关注度（Kogut et al.，1993；Tallman et al.，2001）。

基于跨国企业借助其全球范围内运营所产生的协同效应可以实现其资源高效配置及使用的前提假设，国际商务学者进而就跨国企业内部管理实践转移进程中所涉及的诸多层面进行深入探究。一些学者的研究重点聚焦于管理实践转移过程本身（Kostova，1999；Kostova et al.，2002）；另一些学者的研究重点聚焦于能力转移或知识转移（Kogut et al.，1993）。在此基础上，也有学者明确指出，跨国企业建立及利用国际范围内运营所产生的协同效应的此种能力是跨国企业拥有及维系其竞争优势的核心所在（Jensen et al.，2004）。

如上所述，在全球化整合与本土化适应两者间寻求平衡点是跨国企业所面对的核心问题。因而，管理实践转移问题必须加以全面考量（Gamble et al.，2009）。对于相关国际商务学者而言，对此问题关注的初始动机可以追溯到20世纪末日本作为最重要经济国家在世界范围内崛起之时。最初的关注点聚焦于日本母国企业的管理实践，但是当其中多数企业开

始国际化经营时,其国内管理实践是否应该在海外继续推广的疑惑便由此产生(Beechler et al.,1994)。尽管针对此问题的相关文献研究已经有较多程度的积累,但是相关研究结论多有不一致性,并呈现出不同程度的分歧点。一方面,现有研究显示,管理实践的转移并不总是如预期计划发生(Björkman et al.,2007),例如学者 Vo 和 Rowely(2010)在其研究中就曾指出,在与东道国当地组织机构合作过程中,跨国企业可能甚至会将其母国的管理实践搁置一旁。另一方面,一些经验研究则显示,尽管跨国企业子公司内的管理实践与东道国市场环境中的主导性企业管理实践具有一定程度的相似性,但同样与母国企业管理实践也具有一定程度的相似性(Gamble et al.,2009)。学者 Kostova 和 Roth(2002)研究发现,管理实践采取的不同模式,可依次从最大限度的采用(积极采用)到中度限度采用,再到最低限度的采用,而对于跨国企业母国情境下的管理实践在东道国市场执行过程中适应性问题的具体量化分析在未来研究中还应持续关注。

此外,现有研究文献的另一个特点是多集中于人力资源管理实践方面(Björkman et al.,2007;Björkman et al.,2007;Gamble,2003;Myloni et al.,2007),尤其集中于管理实践转移过程中的约束条件探究。相关理论分析大多强调东道国市场环境的影响作用(Kostova et al.,2002),也有文献以母国与东道国间文化距离或制度距离为着眼点(Beechler et al.,1994;Jensen et al.,2004;Kostova,1999)。尽管如此,强调情景化特质的现有文献仍然与当前主流研究存在明显差别,相比较而言,当前主流研究多集中于组织层面,或是组织代理人问题(Gamble,2010),或是组织构成问题(Beechler et al.,1994)。

整体而言,现有相关文献显示,管理实践转移研究的核心所在仍是关注此转移过程的结果性问题。相关文献中对此问题的探究则聚焦于管理实践实际成功转移的程度如何,即指母国管理实践在东道国市场的实际执行水平(Kostova,1999;Kostova et al.,2002)。依据此研究逻辑,基于管理实践转移成功性问题的相关经验研究多集中于转移后的管理实践保留其原有形式特征的程度问题,并常以转移到子公司的管理实践与最初形成于跨国企业总部的管理实践两者间相似度作为度量指标(Myloni et al.,2007)。也有一些研究学者除了探究管理实践最初版本与转移后版本间纯粹的相似度之外,还将研究视角投向基于管理实践转移结果的其他测量维度。例如,学者 Björkman 和 Lervik(2007)就在其理论分析模型中整合进入内部化(Internalization)概念及一体化(Integration)概念,用以提供一个基于管理实践转移效果的更为宽泛的评价体系。

此外,现有文献中涉及的其他相关研究还包括,作为一种管理现象,管理实践转移涉及的分析层面,以及这些研究分析层面对于系统阐释管理实践适应性问题的动态发展趋势的贡献及影响作用(Gamble,2010)。同样,以跨国企业为代表的组织形式所产生的复杂性问题使得区分不同相关环境特质及其相对重要性问题变得愈发困难。而关于何种因素导致管理实践得以不同水平或程度的采用,以及为何管理实践转移会因着研究框架及管理实践类型不同而呈现不同的作用机制等问题,仍有待后续学者的进一步深入探究。

简言之,尽管管理实践转移过程可以成为跨国企业竞争优势的来源,但是另一方面,考虑到与东道国市场环境匹配的切实需要,这一转移过程本身会呈现出各种错综复杂之势。相关经验研究对此问题的量化分析也都显示出较高程度的方差系数(即计量模型中测度数据的变异程度较大,回归模型的稳定性较差)。而与跨国企业内、外部因素相关联的另一种诠释或许可以为回答复杂性管理实践转移问题提供部分参考答案(Gamble et al.,2009;Kostova et al.,2002)。基于跨国企业情境下对于上述问题的系统性研究中,制度逻辑及社会认同分析框架无疑提供了一个基于跨国企业制度安排如何影响组织成员行为决策变化的研究视角，相关研究结论对于跨国企业管理实践转移问题同样具有适用性。

7.3.2 跨国企业自身制度逻辑

共存于跨国企业内的制度逻辑来源便是跨国组织，即母公司与子公司会被分别对待；子公司内部或东道国市场或行业内部，同一专业领域相关人士会被进行功能性分割。而拥有价值及显著性身份认同的组织将有潜力将其自身转化为制度体系内一部分（Selznick，1984）。将企业运营过程中基于技术层面的焦点关注替代为对于组织自我维护系统的关注，则标志着制度体系形成的过程。在实践中，跨国企业通常会超越仅局限于生产制造或提供服务的运营管理模式；跨国企业也会拥有其显明的企业个性化特征，用以帮助其面对、克服国际化过程中所经历的各样困难及挑战。因而，跨国企业自身就可成为一种制度体系，并可将其视为制度逻辑产生的来源；相应地，跨国企业母公司及其子公司也可视为制度逻辑的潜在生成者（Christiane，2012）。

某些专业人士被公认为制度代理人，因其会潜在性地构建新的制度性框架（Scott，2008a）。这些专业人士可能会在不同层面施加压力或影响力，涵盖从规范性制度体系维度到认知性制度体系维度等。就其一般性而言，既定行业通常都被认为会受到某种特定制度逻辑的规制影响（Scott，2008b）。此观点与致力于探究医学及其管理专业中的管理实践及制度逻辑影响的相关学者的研究结论相一致（Reay et al.，2009）。基于上述文献梳理及相关分析，需要进一步明确的是，跨国企业不同制度逻辑与其子公司内部不同职能部门内具有显著性代表的专业人士密切关联，而此种关联性应该被予以重点考量（Christiane，2012）。基于跨国企业制度逻辑的影响作用及相关专业人士影响力问题已经在现有文献中多有提及；而其他制度逻辑的影响作用，如源于市场或行业层面的制度逻辑影响相关问题，也有学者进行过系统探究（Thornton et al.，1999）。鉴于跨国企业更倾向于在全球范围及区域性范围内产生影响，而跨国企业制度逻辑可能产生的渠道或来源在部分环境范围框架内也已得到识别，据此仍有必要对其存在性及对组织行为决策的潜在影响性及影响过程问题有一个更为清晰的了解及认识。

7.3.3 制度逻辑对跨国企业管理实践转移过程的影响

通常情况下，跨国企业母公司制度逻辑和其子公司制度逻辑会有所区别，因为两者不仅形成于不同制度情境之下，还包括创立时不同的时空条件。这两类制度逻辑能够分别体现出母国与东道国制度环境的影响力作用，并且在特定情境下，两者也会发生冲突。

在相关案例及经验研究分析中，相关学者的研究结论也大多印证了制度逻辑差异性或冲突性对于跨国企业管理实践转移影响的实在性问题。在针对意大利籍海外企业及本国企业中层管理者间制度压力的非一致性研究中，上述冲突表现得到了实证（Delmestri，2006）。研究发现，作为在跨国企业总部或母公司内形成的群体性感知，意大利籍管理者会采用一种所谓的"Anglo-Saxon（盎格鲁－撒克逊人）"也即英国式理念管理方式。此外，意大利籍管理者表现出与全球范围内或是跨国企业母公司内部产生的管理实践相关联，但是与东道国子公司内部的管理实践则不具关联性。

学者 Edwards 和 Zhang（2008）的探究重点关注的是美国制造业跨国企业在中国的子公司所采用的雇员管理实践。其研究指出，始创于跨国企业母公司内的管理实践所反应的制度逻辑区别于在中国子公司内组织成员所遵从的制度逻辑。具体而言,美国总部企业所遵从的多样化管理模式基于美国式的意识形态及制度体系,而中国子公司则需要对管理模式多样性概念进行重新定义。而当美国总部公司向中国子公司推荐某些雇员权利的拓展范围时,例如,在不顾及婚姻状况及性取向情形下向雇员伴侣提供医疗保险制度等,这种认知体系及认知架构所导致的冲突会愈发凸显。而无论是跨国企业总部还是子公司内部的团队化管理实践执行过程中,都能凸显这些相互矛盾的制度逻辑间的交集。另外,尽管在落实新的中美双方合作体系方面已经有所尝试,并且需要每一个团队成员都能肩负其各自特定职能,但中方代表则更需要发挥明确的领导者职能。此外,由于所谓的"关系"逻辑,中国雇员对于团队合作方面的管理实践持拒绝态度,而"关系"逻辑侧重于强调基于私人关系或家庭关系联结的商业关系建立。在中国,"关系"逻辑的影响范围及其广泛。

此外,学者 Ortiz 和 Llorente-Galera(2008)在其研究中也进一步涉及此种制度逻辑的冲突性问题。借助三类不同方式的尝试,进而引出德国大众集团公司在西班牙子公司中的团队合作管理实践问题。该研究发现,在第三类尝试方案的执行过程中,对于团队合作项目,年轻的员工群体更倾向于开放性态度,因为对于如何维系其合作组织团队与其工作间的和谐关系方面,相比那些年长的企业员工,这些年轻员工通常持有一种截然不同的观点。此外,研究者还发现,必要的员工培训已经在跨国企业子公司内部得到广泛开展,而团队合作的员工指导手册通常成为成功执行新的企业管理实践的必备基础。研究最后还就如何利于制度逻辑同质性问题,如何降低或减少管理实践转移过程的复杂性以及由此产生的消极负面行为问题进行了积极的探讨。

与此同时,跨国企业内部职能部门或是工作团队中的专业性制度逻辑或是基于行业层面的制度逻辑也会存在一定程度的矛盾冲突。现有制度逻辑相关文献也同样涉及源于制度化专业或行业领域中的逻辑冲突问题。学者 Reay 和 Hinings(2009)在相关研究中探析的便是不同专业或行业背景下组织成员,如医生及其管理者等,通过彼此间合作如何维系其自身群体所持有的特殊制度逻辑。相应地,学者 Battilana 和 Dorado(2010)研究也发现,商业银行背景下的从业人员更倾向于采取源于广泛社会工作背景下组织成员内的不同管理实践。

有鉴于此,不难发现,就管理实践转移过程而言,跨国企业需要应对不同类型的制度逻辑,而后者常常用以解释在面对这些管理实践过程中组织成员所采取行为方式的多样性及差异化问题。而对于跨国企业在东道国的子公司而言,其组织成员在面对管理实践转移过程时更倾向于采取消极或负面行为方式,尤其当其自身原有制度逻辑内容与所转移的制度逻辑内容存在矛盾冲突之时。当对于跨国企业子公司的认同感强于对跨国企业内部其他社会群体的成员感知时,上述情形发生的倾向性也更高。此外,嵌入于组织成员内的制度逻辑影响力也会随着与现有有效身份既存在关联性又存在明显差异性的身份识别的出现而有所增强。如果多种身份具有同等重要性,且被感知到彼此间明确区分特征,在此情境下,多种制度逻辑影响力会导致更为复杂的行为方式产生;相对而言,单一制度逻辑的影响作用及效果则简单得多。

然而,与上述观点持相反意见的研究结论则在某种程度上意味着削弱了制度多元化所产生的影响作用及其效应。当组织内某些成员被识别为嵌套型身份时,上述情形便会得以发生。尽管这些身份表现形式可以表现其不同的身份凸显性程度,但是这些被感知到的身份表现形式也会在一定程度上阻碍某一特定身份被个体所引发的可能性。进而导致的结果便是,跨国企业母国公司管理实践的制度逻辑是否区别于嵌入于子公司组织成员内的制度逻辑这一问题已经变得不那么重要；而跨国企业子公司组织成员也更倾向于遵从这一管理实践转移过程，并对其采取接受的态度（Christiane，2012）。有鉴于此，上述两类研究结论的混合也可能会被认为形成制度多元化理论的中间地带，其中，与不同制度逻辑相关联的身份认同可以被感知为某些常见影响因素的共享。

7.4 小　　结

7.4.1 研究结论

本章研究内容提供了一个基于制度理论（制度逻辑）视角探究国际商务及管理现象的理论分析框架，且聚焦于跨国企业情境下的制度多样性问题。相对而言，前期的相关研究文献大多集中于新制度理论研究脉络，并重点强调制度同构作用及制度同质化，本章研究内容则在借鉴相关学者研究成果基础上（Christiane，2012），侧重于制度逻辑概念，进而深入探究跨国企业情境下的制度多样性、共存性及多元化制度性安排问题。借助引入社会认同概念，并将其视为制度逻辑形成个体及组织行为决策的重要通道（中介作用）；在此基础上，详细探究基于跨国企业情境下，制度多样性如何得以增强，以及如何产生更为复杂的组织行为等问题。此研究过程中还涉及身份凸显性及身份表现形式概念，且两者间作用结合能够产生跨国企业组织内成员在采取适宜行为的决策过程中所经历紧张压力及冲突事件的必要条件。

与此同时，本章研究涉及理论分析框架同样适用于跨国企业管理实践转移相关研究议题，并凸显出对于跨国企业制度逻辑问题研究的潜在解释力。管理实践转移，或是跨国企业全球网络组织内工作程序或规制的复制，可能由此产生组织竞争优势；但是这一转移过程会因着母国与东道国环境差异性而变得愈加复杂。在跨国企业管理实践转移研究中，整合进入制度逻辑及社会认同概念，可以使得相关研究在一个更加宽泛的视角范围内聚焦于跨国企业内、外部环境中所产生的不同制度性问题（Christiane，2012）。

本章研究尤其关注源于组织及行业内部的制度逻辑问题，并将跨国企业内部制度逻辑作为一个整体考察对象，不仅涉及跨国企业母公司内部制度逻辑影响效应，同时也包括受到东道国制度协议安排的子公司内部制度逻辑影响效应。通过强调制度逻辑影响作用，并以此为理论分析基础，深入探究影响跨国企业行为决策的制度体系架构问题；与此同时，相比较于监管性及规范性制度架构而言，尤其关注跨国企业认知性制度系统架构（社会认同）的影响作用。简言之，制度逻辑概念的提出，不仅可以使得基于不同层面分析跨国企业制度多样性问题的理论分析框架在一定程度上得以确立；同时，制度逻辑概念的应用也在一定程度上有助于回答当前对于跨国企业分散化及碎片式制度情境的关注（Henisz et al.，2008；Kostova et al.，2008）。此外，还需要特别说明的一点是，上述基于制度逻辑概念的研究视角及理论模型构建并非仅局限于跨国企业情境下的研究内容，同样适用于其他制度逻辑来源的相关研究，如市场或行业等（Christiane，2012）。

7.4.2 理论贡献及实践价值

整体而言，本章研究的理论贡献主要聚焦于制度理论，尤其是制度逻辑研究脉络体系以及国际商务管理理论层面。具体而言，对于制度理论的贡献在于，通过将制度逻辑概念拓展于国际化情境之内，并进而探究社会认同在制度逻辑影响个体及组织行为决策过程中的作用机理。另一个对制度理论的潜在贡献则源于对社会认同所发挥的对制度逻辑影响中介作用适用条件的探究。本章研究同样强调跨国企业情形下制度逻辑多样性及制度逻辑共存性问题；而与跨国企业组织特征相似，或是相互区别的制度体系并存的组织应给予更多关注，相关研究也应进一步跟进。虽然本章研究限定于微观层面的认知性制度架构（社会认同），但仍可为制度逻辑得以生成的中观层面及宏观层面研究提供重要借鉴及启示。

另外，本章研究也为跨国企业国际商务及管理现象的进一步探究奠定了理论基础。强调跨国企业制度逻辑作用的同时，可在一定程度上规避制度压力同质性（制度同构）问题，同时也为相关学者探究跨国企业制度体系特征的相关实证研究提供了必要的理论基础及分析框架。与此同时，本章研究中涉及的概念模型构建及相关理论命题的定性及定量分析仍需跟进。其中理论模型中涉及的相关构念及概念大多基于现有组织理论文献。例如，社会认同构念及其相关变量较多应用于组织设定情境下，如组织认同等，并在组织行为研究中已经得到相当多的关注；经过有效性检验的各类测度指标及变量也已得到不同程度的发展（Gioia et al.，1996；Mael et al.，1992）。尽管如此，在跨国企业情境下应用这些变量还需进一步调整及完善。与此同时，对于相关理论模型的验证，也还需要更多关注研究方法的选择，如多水平分析方法及对于研究结论的聚合（Aggregation）方法等（Christiane，2012）。

此外，本章研究内容同样对跨国企业管理实践具有重要启示。现有文献中将社会认同定义为个体对其所处社会群体的自我感知的思想状态，并为较强或较弱限度内的身份认同问题提供了重要的见解。社会认同，被视为一种作用机制（中介作用），可以用以实现制度逻辑的影响作用，并在特定情境下会强化制度多样性影响程度及范围。鉴于此，适宜的社会认同状态管理或将成为跨国企业管理者便利其管理措施及过程的潜在工具，尤其在跨国企业管理实践转移过程中，其发挥作用将更为突出。

7.4.3 研究局限及未来研究展望

首先，本章研究内容虽然聚焦于制度逻辑和社会认同概念，但是并没有明确提及制度代理人问题。而代理人间作用关系还需进一步理论化，并应成为未来制度多样性研究中的重要组成部分（Christiane，2012）。为此，还应系统梳理现有文献中涉及的制度创新者（Institutional Entrepreneurship）及制度形成在内的相关文献（相关内容参见第 8 章）。其次，与制度逻辑自身相关的概念还应做更多系统性考量。尽管凭借经验数据所描绘的制度逻辑存在明确差异性（Battilana et al.，2010；Purdy et al.，2009；Reay et al.，2009；Thornton，2002；Thornton et al.，1999），但是就其边界识别层面仍存留许多问题尚待进一步明确。而制度构建所涉及的固有社会性问题也促使相关学者进而思考不同制度逻辑交叉融合的程度及边界问题（Christiane，2012），这些相关概念则一直是致力于制度逻辑研究议题的相关学者们持续关注的研究重点。最后，制度逻辑方式意味着对于认知性制度架构的聚焦，而非传统研究中聚焦于监管性制度架构及规范性制度架构。因而，后续研究应在现有研究结论基础上侧重思考制度逻辑特征问题，并避免混淆认知性制度体系与法律、法规等监管性制度体系的影响作用。

第 8 章

政府主导型制度创新者与新兴市场国家制度性创新——基于 OFDI 领域研究视角

相比较于西方国家的企业自主性，一些新兴市场国家（如中国、俄罗斯等）通常被认为在促进本国企业对外直接投资（Outward Foreign Direct Investment，OFDI）发展过程中，本国政府及其相关机构发挥着更为积极并且具有主导性的作用。尽管近期的相关研究文献对此问题给予了必要说明（Voss et al.，2009；Marinova et al.，2012），但是与之相关的具有政府主导型特征的制度性 OFDI 如何运作以及相关发展问题同样引发了相关国际商务学者及制度理论学者的关注。学者 Svetla 等（2012）曾以中国和俄罗斯的 OFDI 制度架构为例，系统探究过与之相关的制度形成及演化问题。此研究尤为关注的焦点则是，在政治及经济持续发展过程中 OFDI 制度性发展的显著意义，以及与此相关的制度性创新问题。上述研究旨在提供一个阐释新制度理论发展的新视角，借助现有相关研究成果及新近经验数据，将政府主导型制度创新者与一国政治经济，尤其是对外经济事务间影响关系进行了系统化、理论化的梳理。

学者 Boddewyn 和 Brewer（1994）曾经指出，尽管不同类别政治经济体系的国家及政府广泛存在，但政府对于企业行为的管控与否无疑将会对本国企业国际化发展产生显著性影响作用。新兴市场国家通常被认可的一大特征便是在处于成长过程的市场体系范围内通过使用所有权及相关调控机制，由政府直接或间接参与商业活动（Karavaev，2002；Peng，2000；Prihodko et al.，2008；WIR，2006）。而在这许多新兴经济体国家中制度性安排在本国企业 OFDI 决策机制中则发挥极为重要的影响作用（Peng，2002；Wright et al.，2005）。正如许多学者所指出的那样，企业一方面需要面对本国政府关于 OFDI 的严苛的行政审批流程；另一方面本国政府也会给予本国企业一些必要的政策支持，用以补偿本国企业在海外投资过程中所面临的所有权劣势及区位劣势等（Aggarwal et al.，1990；Buckley et al.，2007；Buckley et al.，2007）。

鉴于此，与 OFDI 相关的制度体系架构无疑对于促进一国对外直接投资发展极为重要，而这一作用过程通常是借助于两类被广泛称之为制度性干预的措施而得以发挥。其中，一类是起到限制或禁止 OFDI 作用的调控机制；另一类是借助某些特殊方式鼓励 OFDI 的政策性激励机制，例如，对于特定市场、部门或行业的 OFDI 补贴，或是借助政府间合同谈判以获取在东道国市场 OFDI 的有利条件等。相应地，新兴市场国家企业的 OFDI 战略规划也需要嵌入于母国市场制度架构及规制范围内，以利于母国政府的相关政策执行与管控（Scott，2002）。

整体而言，在新兴市场国家经济持续性发展前提下，探究新兴市场国家社会变革过程中政治及经济层面的革新及挑战，尤其表现在政府层面致力于推进 OFDI 的制度性变革是非常必要的（Marinova，et al.，2012）。现有相关研究文献显示，已经有学者基于国家环境层面，探究过政治及经济变革对一国 OFDI 制度体系形成及发展的影响作用（DiMaggio，1991；

Scott et al. ,1995);而对于新兴市场国家而言,将制度创新者,尤其是政府主导型制度创新者与 OFDI 制度性建构相结合(Marinova,et al. ,2012),无疑对于深入理解及阐释新兴市场国家近年来呈现迅猛态势的对外经济贸易发展现状大有裨益。此外,将制度创新者作为个体或组织研究视角的引入,正逐渐成为新兴市场国家情境下,用以减少企业运营环境中的不确定性(Williamson,1975)负面影响,凸显制度属性中的规律性及连续性作用,建立及发展新型制度性规则及规范(DiMaggio,1988;North,1990),用以重塑一国 OFDI 行为规范相关研究的重要内容之一(Marinova et al. ,2012)。

鉴于此,本章研究内容将重点聚焦于新兴市场国家在制度性变革情境下,基于制度框架内的 OFDI 发展阶段及进程;在此过程中,新兴市场国家主体及相关政府机构正在探索成为本国 OFDI 发展过程中制度性创新的主导力量。另一方面,OFDI 的发展很大程度上又依赖于国家相关政策的规制及发展程度,而这些用以支撑监管、规范及认知体系的基于国家层面的相关政策法规在促进一国 OFDI 发展的同时,更对其发挥着有力的调控及监督职能作用;其间,一国 OFDI 发展成熟度与本国政府及商业领域制度性创新间作用关系同样值得相关学者的关注。

8.1 制度创新者与制度性创新

8.1.1 制度环境与制度创新者

学者 Toyne 和 Nigh(1998),Boddewyn 和 Brewer(1994)都曾强调过基于国际商务行为决策框架下制度性创新(者)相关研究的重要性。在更为广泛的研究范畴内,基于国际商务情境下的相关研究可以分为两类:一类是与制度环境相关,另一类是与超制度环境(Extra-Institutional Environment)相关(Lewin et al. ,1999)。相对而言,前者主要由政府及其对其政策做出反应的政治主流构成。鉴于环境通常都是与制度发展呈现高度关联性,尤其是与其法律、法规及相关规制的决策制定活动密切关联,因而,政府相关政策可以通过法律、规制,或是通过适宜的方式,如提供融资便利、与外国政府协商优惠条件等,塑造 OFDI 制度环境。而超制度环境则是指包含市场、人口趋势、经济增长、社会运动及技术进步等一系列范畴,超制度环境可以通过提供吸引投资及抑制投资环境从而直接作用于 OFDI 发展。鉴于新兴市场国家所处制度环境具有明显特征性,因而聚焦于制度环境视角,尤其是新兴市场国家政府主导型制度体系及架构,探究基于国家层面的 OFDI 制度性创新问题无疑具有极强的现实意义及借鉴价值。

另外,鉴于组织包含制度,而制度形成的基础又是组织成员间相关问题的共享(Hoffman,1999),因而在组织理论研究领域和制度理论研究领域中的许多术语是可以交互使用的(Lawrence et al. ,2002)。在更加广泛的政治及经济环境中所发生的关键性事件也会影响到现有制度环境,挑战"现存长久的传统的有效性或是已经确立的行为规范"(Oliver,1992)。而制度创新者(Institutional Entrepreneurs)(DiMaggio,1988)作为个体或是组织战略的行动者可以建立或是发展新的制度体系(Hoffman,1999;Streeck et al. ,2005),或是在不得已的情况下替代现有制度安排(Beckert,1999;Levy et al. ,2007),这些无疑都会在一定程度上促使原有制度环境发生变革;当然也有一些制度创新者被要求遵守现存领域内的相关法律法规。相对而言,前者常被称之为“制度制定者(Field-Makers)”,而后者则通常被称之为“制度接受者(Field-Takers)”(Child et al. ,2007)。简言之,这些行动者间彼此相关作用、相互影响,用以制定、发展相关制度性规则、制度性作用机理及相关实践。借此,通过个体或组织行动者形成或重塑相关制度体系也会在一定程度上激发或强化现有制度环境发展及其功能的规则性及连续性发挥(Marinova et al. ,2012)。

8.1.2　制度变革及“关键性事件”影响作用

尽管现有制度理论学者大多认可单一制度体系的影响作用及其重要性,但是其对于制度本身的理解仍然存在一定程度的分歧(Bates et al. ,1998;Campbell,2004;Greif,2004;Jepperson,1991;North,1990;Thelen et al. ,1992)。尽管有分歧存在,但是大多数学者还是强调作为制度本身的共同特质,制度体系所呈现出的规则性及连续性(Continuity),以及现在制度体系的存在原因问题。简言之,制度体系的规则性(Regularity)是指,加以适当控制或影响之下,社会实体的管理及走向是受限于对于某一原则、规则、规范的遵守及遵循。而制度体系的连续性通常则被理解为,在顺序性、连续性、实质性及思想性方面不被打断的连续性状态。制度体系的连续性可以包含制度变革,但是不涉及那些可以导致现有政治及经济体系本质终结的剧烈性、根本性变革。就这一层面而言,制度连续性不同于制度稳定性(Stability),后者所表达的是在扰乱影响情境下维持制度环境现状或地位的能力,即意味着制度环境稳固不变及抵抗制度结构及内容改变的能力。制度连续性也可以指一种政体及经济状态,其本质是不涉及显著性中断的发展演进过程。制度连续性能够使政体及经济朝向有利于制度体系发展的方向前进。

现有文献显示,制度理论学者常常将制度体系连续性及非连续性问题与制度体系渐进式发展或革命式发展问题结合起来。渐进式发展(Evolutionary Changes)是指在较长一段时间内持续不断的、非破坏性及累进式的发展。这种发展是基于“自我反省式行动者以一种受限于现有既定制度惯例、规范、规则、常规及认知体系内逐渐调整其制度体系”的社会学习过程(Campbell,2004)。相对而言,革命式发展(Revolutionary Changes)则常被定义为断点平衡式过程的重要组成部分,即在较长稳定或渐进式发展时期中由于危机或突发性变革而产生的中断现象(Tushman et al. ,1985)。通常,破坏性的危机产生会使得现有制度架构陷入无序状态,此时,如果没有一整套新的制度安排出现或是形成制度连续性,则很难恢复既有的制度规则性及制度连续性(Blyth,2002)。而危机通常是伴随混乱及模糊情形下产生的,在此种情形下决策制定者基于自身利益,执行某些制度性变革预案会非常困难;此外,考虑到不确定性的广泛存在,设计制度变革预案本身同样存在较大程度的困难性(Marcussen,2000)。与此同时,制度创新者为了推动制度变革进程及构建新的制度架构,不得不采取制度创新思维,而此时危机常常被认为是产生制度治理变革的触发器或导火索(Campbell et al. ,1991)。此种情境下,制度性规则制定及制度连续性可能被变革所影响或中断,而这种变革一方面指渐进式变革发展能够导致渐进式制度改革或转变;另一方面革命式变革发展则会导致现有制度体系的崩溃及替代。因而,制度性变革本身并不总是以人们预期的方式带来制度体系的连续性(Elster et al. ,1998)。

相对而言,基于制度发展过程中变革的重要作用的相关研究大多集中于发达经济体或国家框架内;而对于在一个更加宽泛的政治及经济环境内,探究这种制度变革对于转型经济体或新兴市场国家 OFDI 制度领域发展影响作用的研究文献相对较少。在针对加拿大职业会计服务的研究中,学者 Greenwood 等(2002)识别出制度形成过程中六种不同阶段,而这些阶段又会常常受到诸如对已建立制度规制的破坏,或是扰乱现有社会建构共识的新进入者(Thornton,1995)等制度环境变革所影响。相对而言,也有学者重点关注新兴市场化国家,并以中国为例,探究中国环境保护领域中的制度形成过程,并将此制度体系形成过程细化为四个阶段(Child et al. ,2007;Child et al. ,2007)。尽管不同的理论模型中涉及不同的阶段模型,但是模型中的一致性都基于宽泛制度环境内诱发制度变革的"关键性事件"的存在。这些关键性事件不仅可以破坏现有制度体系,还可以鼓励激发新的制度体系产生的制度创新者的出现,还有可能导致新的法律法规的出现,并且会逐渐转变成日常行为惯例及行为规范,继而在组织范围内部得以扩散、传播。

8.1.3 制度变革与制度创新者

制度创新者是指促使制度变革出现,并便利制度体系发展的各类行动者(Svetla et al. ,2012)。这些制度创新者可以是制度制定者,也可以是规则制定者,或是战略性行动者,以及强有力的制度代理人或是制度设计者等(Hoffman,1999;Scott,1995;Streeck et al. ,2005)。这些制度创新者通常与政府机构、行业及专业协会、各类组织团体等存在广泛联系。例如,学者 Greenwood 等(2002)研究中特别指出监管机构及专业协会在既定制度化领域会计制度变革中的重要性。另外,制度创新者也会因为面临相同亟待解决的问题而结为联盟,但是这些制度创新者的最终目的或目标可能会存在很大差异(Hoffman,1999),而这些制度创新者群体的人员构成及所起作用也会随着将其紧密联结的问题不同而有所变化。

现有相关研究文献显示,制度理论鉴于政府在制度变革中所发挥的重要作用将其视为关键性的规则制定者。政府是既定经济体系下制度监管性及连续性架构的保证人(Lewis,1955)。而制度性政治经济学家认为政府作为规则制定者所起的作用在于设定规则及限制边界,用于约束个体或组织行为决策(Boddewyn et al. ,1994)。而个体或组织反过来又会影响基于政府层面的决策制定,甚至会发挥政治行动者角色作用,参与到制度创新过程之中(Streeck,1992)。简言之,制度创新者的范围及政府在制度领域发展变革中的作用很大程度上依赖于既定环境下的特定制度性安排,以及依赖于作为规则制定者的政府的角色发挥。例如,相关学者研究指出,许多新兴市场国家中的制度性变革属于政府主导型(Child et al. ,2007;Child et al. ,2007)。同样,政府可以制定 OFDI 相关规则及规范,并且通过定向性的对于特定项目的融资支持等,可以有效激发 OFDI 相关活动行为的积极性。

整体而言,制度创新者面临的主要任务是构建制度体系的关键核心内容,具体包括监管体系、规范体系及文化认知体系(Cultural-Cognitive Pillars)(Scott,1995)。相对而言,监管性制度体系通常由被个体及组织所广泛遵守的政策、法律及法规构成;规范性制度体系则会基于程序、标准、惯例、训练及教育方案等进而产生出一系列关于个体及组织的行为代码(Code);文化认知性制度体系则包含"赋予特定含义的架构体系"的各项要素(Scott,1995)。鉴于此,制度创新者可以构建一个包含上述三维度的制度体系,而鉴于这一构建过程会涉及并会影响包括政府机构及相关组织在内的不同利益群体或集团,因而,同一制度体系在不同国家也会呈现出不同特征及相应表现形式。而在实践中,考虑到上述三类制度体系构建时间通常不具有一致性,并且三类制度体系发展演进的时间顺序在不同国家也会呈现差异性特质,因而,OFDI 制度领域内的发展演进无疑也会在不同国家呈现出不同特征;尤其在新兴市场国家情境下,政府主导型制度创新者所发挥的重要影响作用更加不可小觑。

8.2 新兴市场国家 OFDI 制度演进——基于中国与俄罗斯的对比分析

中国和俄罗斯(1922—1991 年称为苏联)作为最具代表性的新兴市场国家及“金砖”国家成员,其对外经济贸易发展近年来取得骄人成绩,不仅在全球经贸发展中占据重要地位,并且中俄两国在对外经贸发展中一些特有的制度性创新及安排也引发许多国际商务学者及制度理论学者的关注。学者 Svetla 等(2012)借助一些关键性事件识别,基于国家层面政治及经济环境变革框架下,对中国和俄罗斯两国 OFDI 制度领域内的发展阶段及特征进行了深入系统分析;在此基础上,对每一阶段的前期及同期发生的关键性事件及特定情境下的发展特征进行有效识别。相关研究不仅有助于系统梳理、阐述中国和俄罗斯在政治及经济持续发展过程中 OFDI 制度性发展的显著意义,以及与此相关的制度性创新问题,更加凸显出政府主导型制度创新者与一国政治经济,尤其是新兴市场国家政治经济及对外经济事务发展的重要作用。相关研究结论无疑对新兴市场国家及发展中国家的制度性创新及发展具有重要借鉴及参考价值。

8.2.1 中俄两国 OFDI 制度发展阶段识别

学者 Svetla 等(2012)利用源于官方公布数据及相关出版物(表 8.1),系统梳理出发生在中国及俄罗斯境内与 OFDI 相关联的制度性活动 856 件及 574 件。具体包括:官方对于 OFDI 相关法律、法规及政策的阐释,官方决策,教育方案,研究及出版活动及相关公告等。在此基础上,采用内容分析法来系统识别 OFDI 相关制度决策及活动(Neuendorf,2002)。具体研究过程包括:两名掌握双语(英语及俄语)的研究人员及两名掌握双语(英语及汉语)的研究人员进行独立编码,并且最初的一致性(Initial Agreement)检验指标分别为 92.8% 和 87.9%,已经达到有效统计检验指标要求。编码分类应用的是 6 种类别的轨迹活动(Trajectory Activities)(Child et al.,2007),其中分类 1 用以构建监管性制度体系,分类 2 ~ 5 用以构建规范性制度体系,分类 6 用以构建认知性制度体系(表 8.2 和表 8.3)。关于中国数据的编码及分类在后续内容中进行详细说明。

基于相应编码及类别识别基础上,依据制度体系形成及演进研究的相关研究方法(Lieberman,2001),对相关数据以历史年表(Historical Chronology)方式进行归类,用以识别出有助于后续分析使用的、有用的时间阶段;在此基础上,再利用公开渠道可获取信息资料、关键性事件(Hoffman,1999)、轨迹活动等可以促进中国及俄罗斯 OFDI 制度体系发展及演进的事件,依据现有相关文献中提及的研究方法进行有效区分及识别(Child et al.,2007)。

表 8.1　中、俄相关数据来源:官方出版物及相关网站

中国
—China Daily, www. chinadaily. com. cn
—Investment Service Platform China, www. fdi. com. cn
—Ministry of Commerce, the People's Republic of China, www. mofcom. gov. cn
—National Development and Reform Commission of China, www. ndrc. gov. cn
—www. china. org. cn
—State Administration of Foreign Exchange, www. safe. gov. cn
—State Council, www. china. org. cn
俄罗斯
—Известия, www. izvestia. ru
—Институт государства и права, Российской академии наук, Лучко М. Прямые иностранные инвестиции: движение и значение. Экономист, 2003, № 3.; Ведомости, www. vedomosti. ru
—Министерство экономического развития Российской Федерации, www. economy. gov. ru/minec
—Минприроды России, www. mnr. gov. ru
—Митяев, О. Частно-государственная экспансия за рубеж, РИА Новости 08/02/2008; Основные меры по улучшению инвестиционного климата в Российской Федерации, определенные на совещании Президента Российской Федерации Д. Медведева, 2 февраля 2010 г., www. economy. gov. ru
—РИА Новости 18/09/2008: Внешние инвестиции России и Китая: Пятый российско - китайский инвестиционный форум в Пекине, www. visualrian. ru
—РИА Новости Частно - государственная экспансия за рубеж, 08/02/2008
—Российский союз промышленников и предпринимателей, www. rspp. ru
—Центральный банк Российской Федерации, www. cbr. ru
—Чистый ввоз/вывоз капитала частным сектором в 2009 году и I квартале 2010 года, ЦбРФ, Бюллет н банковской статистики 2010, ЦбРФ; www. rian. ru
— www. interfaks. ru

资料来源:Marinova S, Child J, Marinov M, 2012.

依据关键性事件发生(概率)的分析(Svetla et al., 2012),中国情境下 OFDI 制度体系发展三阶段已经被成功识别出来,依次为前制度化阶段、监管部门支持阶段、理论化及制度扩散阶段。相比之下,俄罗斯情境下 OFDI 制度体系发展阶段仅能识别出前两个阶段。在整个分析过程中,T 检验被用于判定表 8.2 和表 8.3 中列明的三类制度体系构建活动发生概率在每一个相邻阶段是否存在显著性差异。其中,在法律、法规数量方面,以及类别 1 中所涉及的构建监管性制度体系活动数量方面,中国第一阶段(1984—1991)与第二阶段(1992—2000)存在显著性差异($p < 0.001$, One-Tail Test 单边检测);俄罗斯第一阶段(1987—2002)与第二阶段(2003 至今)也同样存在显著性差异。同样,中俄两国第一阶段与第二阶段差异性的 T 值也同样显著区别于类别 2 ~ 5(显示规范性制度体系构建指标)的总和($p < 0.05$)。中国第二阶段与第三阶段相关活动时间出现频率的差异性也具有统计学意义,即两者间存在显著差异性。而在中国和俄罗斯两国情境下,OFDI 制度体系发展阶段都可以嵌入相对应的相关政治及经济发展框架内。

表 8.2 中国 OFDI 领域内的制度性创新活动及制度架构形成

			前制度化阶段（1984—1991）		监管部门支持阶段（1992—2000）		理论及制度化扩散阶段（2001—2009）	
			总数	年均数(SD)	总数	年均数(SD)	总数	年均数(SD)
新出台法律、法规及规范数量			32	4.57 (4.51)	63	7.88 (3.28)	119	14.88 (2.97)
制度架构活动编码	监管类	1. 法律、法规及相关规制建立的支持活动[①]	16	2.29 (1.08)	37	4.63 (2.48)	96	12 (3.36)
	规范类	2. 与 OFDI 相关的理念及官方价值观扩散活动	12	1.71 (1.26)	45	5.63 (2.67)	69	8.63 (3.08)
		3. 代表官方承诺及 OFDI 项目资源分配活动	10	1.43 (1.18)	25	3.13 (3.89)	82	10.25 (3.21)
		4. OFDI 领域内组织间知识、经验交流活动	23	3.29 (4.26)	72	9.00 (3.28)	112	14.00 (6.18)
		5. 投资协定参与活动	18	2.57 (3.73)	27	3.38 (3.27)	93	11.63 (9.36)
	认知类	6. 对于更加广泛参与 OFDI 的社会意愿、期许构建活动	6	0.86 (0.69)	26	3.25 (3.16)	87	10.88 (5.48)

注：当前中国仍处于第三阶段。

①新的法律、法规及相关规制的确立数量与类别 1 中用于支持这些法律、法规及相关规制建立的活动数量并不一致的原因，一方面是单一活动可能会导致若干相关法律、法规的修订或颁布；另一方面一些相关活动可能并没有导致新的法律、法规的制定或颁布。

资料来源：Marinova S, Child J, Marinov M, 2012.

表 8.3 俄罗斯 OFDI 领域内的制度性创新活动及制度架构形成

			前制度化阶段（1987—2002）		监管部门支持阶段（2003—20009）	
			总数	年均数(SD)	总数	年均数(SD)
新出台法律、法规及规范数量			26	1.73 (1.98)	53	8.83 (5.29)
制度架构活动编码	监管类	1. 法律、法规及相关规制建立的支持活动①	31	2.07 (2.17)	138	23.00 (6.97)
	规范类	2. 与 OFDI 相关的理念及官方价值观扩散活动	11	0.73 (1.32)	29	4.83 1.96)
		3. 代表官方承诺及 OFDI 项目资源分配活动	15	1.00 (2.68)	97	16.17 (5.98)
		4. OFDI 领域内组织间知识、经验交流活动	7	0.47 (0.92)	39	6.50 (2.68)
		5. 投资协定参与活动	28	1.87 (10.19)	89	14.83 (5.12)
	认知类	6. 对于更加广泛参与 OFDI 的社会意愿、期许构建活动	12	0.80 (2.11)	78	13.00 (4.31)

注：当前俄罗斯仍处于第二阶段。

①新的法律、法规及相关规制的确立数量与类别 1 中用于支持这些法律、法规及相关规制建立的活动数量并不一致的原因，一方面是单一活动可能会导致若干相关法律、法规的修订或颁布；另一方面一些相关活动可能并没有导致新的法律、法规的制定或颁布。

资料来源：Marinova S, Child J, Marinov M,2012.

8.2.2 中国 OFDI 制度体系发展阶段特征

1. 第一阶段(1984—1991)：前制度化阶段

1979 年改革开放之初，中国共产党和政府强化其执政党地位的主要表现便体现在以最为强有力的制度监管者身份出现。而此种情境下，OFDI 制度领域发展的起始便是作为一个由政府主导的、自上而下实施的、由政府直接施加的、严苛的规章制度及严格限制过程。1984 年，中央政府官方宣布关于 OFDI 的国家政策，最初的 OFDI 项目也就此开始。国务院针对鼓励 OFDI 发展，开始推进与新经济政策相关的各项工作并确保相关政策的有效实施。而这些政策产生及实施通常都是借助严苛的规章制度，与此同时，随着现有国家机关，如国务院、国家外汇管理局(SAFE)、国家计划委员会(NPC)等，持续参与到 OFDI 监管过程中而不断体现出此制度领域构建过程中高度的中央集中管理特征。基于此强大的行政指导实施以及低风险投资偏好选择情境下，OFDI 过程中战略规划欠缺性问题不可避免(Cai, 1999)。而在这一过程中，关键性的 OFDI 制度制定者往往是大型国有企业，在这一阶段，大型国有企业也成为唯一的 OFDI 投资主体。

2. 第二阶段(1992—2000):监管部门支持阶段

1992 年之后,邓小平同志南巡谈话标志着自 20 世纪 80 年代末的改革停滞状态得以终结,中国所经历的渐进式变革借助更加自由开放的市场经济政策实施过程中相应政府机构改革,在一定程度上确保了制度发展过程中的制度监管性及制度连续性。而这种中国式的渐进式变革又进一步鼓励了 OFDI 制度领域中监管性、规范性及文化认知性制度体系的深入发展,尽管聚焦重点仍较多停留在监管性制度体系构建层面。但是整体而言,这种制度体系构建仍然基于政府主导型的经济转型过程之中。在此过程中,新的制度体系得以形成,鼓励支持企业以所有权结构日趋多样化的方式参与到 OFDI 进程之中,并且借此使得 OFDI 制度体系得以发展完善。另外,在更加宽泛的环境下,政体及经济领域中的这种渐进式变革以及从改革开放到"走出去(Go Abroad)"战略的转型,使得 OFDI 相关制度、规则、规范及惯例得以有效扩散传播。自 21 世纪初开始,基于政府层面的主导性作用已经逐步发展演进,并且融入到更加广泛的战略规划之中。主要表现为在基于自身需要及政策允许范围内鼓励、支持关键性企业开展国际化经营发展活动(Voss et al.,2009;Voss et al.,2009)。1991 年,中国商务部成立专门小组开始着手起草 OFDI 实施细则。1992 年,国家发改委开始正式担负起促进中国企业 OFDI 发展的行政性职能。1995 年,OFDI 正式成为中国经济发展政策中的主要组成部分,此后一段时期,OFDI 政策获益于官方的大力支持而发展迅速。

在推动中国企业 OFDI 发展过程中出现的主要的困扰则是源于对资本外流可能会阻碍国有企业重组的担忧,而彼时,国有企业重组是当时政府制定的另一项重要目标。另外一个阻碍中国企业 OFDI 发展的影响因素是源于 20 世纪 90 年代中后期的亚洲金融危机。此背景下,为了进一步推进 OFDI 进程,国家计划委员会颁布了一个政策用以加强对于国外投资项目的管理力度,主要涉及的是对于国外先进技术、资源及市场的最优利用,以及设定与 OFDI 项目审批程序相关的、更为自由的政策规制等。鉴于 OFDI 可以将"Earn-To-Use(换取外汇购买使用)"直接转变为"Buy-To-Use(直接在东道国市场购买使用)",OFDI 发展也进一步缓解了外汇市场化政策的限制(Luo et al.,2010)。至此,OFDI 相关制度接受者(Field-Takers)的范围已从业绩良好的各类规模国有企业拓展至混合所有权结构的各类企业主体。

3. 第三阶段(2001 年至今):理论化及制度扩散阶段

中央政府最终通过仅提供政策性指导以实现更加独立的宏观调控机制,将其参与 OFDI 活动的职能转变得以确立。2000 年,中央政府正式宣布"走出去"政策用以建立一个更加清晰、明确的关于政府所偏好及倾向的 OFDI 类型的指示。2004 年发行的所谓"对外投资指导目录"中则列明了优先发展行业以及通过优先获取融资、税收减免及其他相关激励方式获得东道国政府扶持的行业名录。政府对于 OFDI 所需标准是:不仅使企业获益,还需要使国家收益,即通过刺激中国国内出口,提高企业技术能力,有助于企业创造及建立国际品牌(Buckley et al.,2008)。2009 年,中央政府对于 OFDI 活动的管辖权已经下放到商务部下属的各个分支机构。同年,一个新的监管性制度架构被引入,用以显著性减少 OFDI 项目审批时间,并去除 OFDI 项目资金门槛限制。

中国的外汇管理制度在这一时期也得到一定程度的放松。许多制度相继得以出台,如为激励 OFDI 发展而便利外汇获取制度等。这些监管性制度体系的聚焦重点也已经从限制、制约 OFDI 流量转移到评估 OFDI 绩效。为了提高 OFDI 项目的扶持力度,一个基于国家层面的信息数据库已经筹备建立，用以传递信息，指导及协调所有涉及 OFDI 的中国对外投资政策。对于那些业绩良好的企业，则会由中国商务部统一管理。自 2006 年起与投资及贸易相关的优惠措施也已经逐步引入。此阶段中，针对 OFDI 监管的主要政府机构是商务部及国家发改委，OFDI 领域制度接受者的范围及数量逐步增加，包括业绩良好的企业，并涵盖各类所有权结构类型及规模企业主体。

8.2.3 俄罗斯 OFDI 制度体系发展阶段特征

1. 第一阶段（1987—2003）：前制度化阶段

俄罗斯在整个 20 世纪 80 年代都在经历持续性的经济衰退，并且伴随外生性的政治压力，两者累加在一定程度上削弱了俄罗斯原有的政治及经济地位，并且由此诱发了俄罗斯的改革进程。而这些也最终瓦解了俄罗斯原有的监管性制度体系，同时使整个俄罗斯制度架构变得极其不稳定。1991 年 8 月发生的政变失败成为俄罗斯社会变革中的关键事件及转折点，其导致的结果是代表俄罗斯旧有制度体系崩溃的突发式社会变革时期出现。而这一变革过程，是基于一整套新的政治及经济理念，以一种激进式方式摧毁俄罗斯原有三大制度体系，剥夺现有制度架构功能并危害到其合法性（Svetla et al.，2012）。这也意味着，尽管现有制度架构在法理层面得以存在，但是实际上其已不能发挥原有功能。实际上，政治及经济环境中的无政府状态及混乱已经占据主导，并引发更大限度的制度层面的非连续性。在此种情境下进而又催生出权利得不到任何限制的寡头政治执政者，其可以凌驾于监管性制度体系、规范性制度体系及文化认知性制度体系之外行使职权。紧随其后的是，这种混乱又会导致新的危机发生，即 1998 年俄罗斯经济崩溃所引发的经济层面的非连续性。由此经济崩溃所引发的基于政治层面的非连续性则带来新的俄罗斯政治领导格局出现。

相对而言，苏联时期，OFDI 制度架构主要服务于其海外投资需要，并且由政府专门从事。在 20 世纪 60 年代和 70 年代的苏联时期，均有非常可观的 OFDI 流出量。但俄罗斯改革后，由于基于私有资本参与的实体的出现，使得上述现象有所转变。自 1989 年开始，对于重建 OFDI 制度体系的呼声出现。但是 1991 年后，由于渐进式改革所带来的不确定性及监管性制度体系的削弱所产生的制度层面的非规律性及非连续性导致国家对于 OFDI 活动的监管力度大为削弱。与此同时，社会剧烈变革所带来的政治及经济领域的混乱也在很大程度上阻碍了 OFDI 制度的功能行使及制度构建的深入发展，尽管当时在俄罗斯社会曾经存在对于 OFDI 制度发展急需的共识（Karavaev，2002）。

鉴于此，整个 20 世纪 80 年代，许多苏联企业及个人基于投资海外基金的意图，开始以非官方方式创建联合基金。为了将这一过程置于政府管控之下，苏联部长会议在 1989 年曾颁布一项法令，用于监管苏联企业在海外的投资活动。两年之后的 1991 年，俄罗斯通过 OFDI 相关法律，但是相关监管机构已经被剥夺了相应的 OFDI 监管功能，并且已不再可能对 OFDI 进行有效管控。另外，由于彼时制度体系的无力无效在一定程度上也造成资本外逃的加剧。而俄罗斯政府鉴于资本外逃对于本国经济的危害性，对于非法 OFDI 流出的官方态度是极为消极负面的。在 1999 年，新的 OFDI 法律得以通过，俄罗斯官方试图以此阻止非法资本外逃。

2. 第二阶段(2003 至今):监管部门支持阶段

随着俄罗斯政府逐步恢复其监管职能,借助不断的学习及政策调整,政治及经济层面的制度连续性确保 OFDI 制度体系得以构建。2003 年,俄罗斯政府开始普京执政时期,并召开一系列官方会议,用以讨论如何帮助本国企业开展海外投资。会议决定给予并购形式开展的 OFDI 活动以优先权。2004 年,俄罗斯政府进一步明确关键性 OFDI 政策的优先发展问题。这些具体举措包括进一步加强本国的世界地缘政治及经济地位,基于俄罗斯特定行业获取资源控制力及技术升级等。2005 年,由政府扶持大型俄罗斯企业开发大规模的 OFDI 项目的政府政策得以采纳。例如,同年由俄罗斯总统普京出面帮助俄罗斯企业阿尔法购买土耳其电信企业股权。2007 年,在俄罗斯经济发展部的参与及主持下,基于国家层面的 OFDI 规划框架得以确立,并构建相应的制度性架构用以扶持俄罗斯企业的 OFDI 发展。2008 年,总统梅德韦杰夫提出一项进一步促进俄罗斯企业海外快速扩张的倡议。国家杜马批准了一项借助国家机构、俄罗斯中央银行、企业家联盟、政府与私人商业关系网络中心及相关学术机构的引入重塑俄罗斯 OFDI 战略作用的新法律。此外,俄罗斯经济发展部还开始着手整合及调整一系列法律法规,用以构建 OFDI 监管体系。此系列用以确立国家间 OFDI 合作事宜优先权及原则的法律法规已得到 80 多个政府间组织及机构的认可及支持。2009 年至 2010 年间,在俄罗斯召开了关于国际竞争力及 OFDI 的国际会议,中国和俄罗斯专家成为 OFDI 论坛的主要参与方。自 2003 年起,监管性制度体系的强化使得相关法律法规、规范及文化认知层面的 OFDI 制度架构得以发展。而确保制度规律性及连续性的,基于制度扩散及适应层面的渐进式累进变革又在一定程度上便利于 OFDI 制度架构的发展。

8.2.4 中俄两国 OFDI 制度发展阶段比较

鉴于上述分析,不难发现,中国情境下的 OFDI 制度体系构建及发展相对而言更具先进性,因为发生于政治及经济环境之中的这种制度变革及发展并未经历制度层面的非连续性,即未出现制度中断现象(图 8.1)。相对而言,俄罗斯情境下的 OFDI 制度体系构建则发生在一个相对更为复杂的政治及经济环境之下,并带有明显的制度中断特征,而制度连续性得以持续则是仅在近期才发生的。此外,俄罗斯总统叶利钦任期的突发式制度变革导致的结果是政治经济的崩溃,而由此产生的制度替代也在很大程度上阻碍了 OFDI 制度体系的发展。相应地,在一个更为宽泛的政治及经济环境中制度连续性的作用似乎对于非中断性 OFDI 制度架构发展及其持续性而言是更为重要的。

1. 制度体系内制度架构变革

基于上述分析,可以对中国、俄罗斯的政治、经济体系变革及 OFDI 制度架构发展有一个大致了解。尽管在中、俄两国中 OFDI 制度体系形成阶段具有一定的相似性,并且已经得到有效识别(Svetla et al.,2012),但是随着两国间制度体系发展的不同,以及在此过程中三维制度架构发展强度及程度的不同,中、俄两国中 OFDI 制度体系形成阶段也存在较大差异性。此外,鉴于监管性、规范性及文化认知性制度架构在同一时间内构建的非同步性及非一致性,也使得这种差异性表现得非常明显。

在中国,前制度化阶段的基础是三维制度架构并存,但是尤为突出的是监管性制度架构和规范性制度架构。而当制度体系发展之时,即监管部门支持阶段,监管性制度活动和规范性制度活动出现的频率分别以 240% 及 268% 的速度增长(表 8.2);而这一增速在第三阶段,即制度理论化及制度扩散阶段仍得以维持。相对而言,与文化认知性制度架构相关的活动出现的频率较少,但是在第二、三阶段中仍以较高增速出现。这些数据表明(表 8.2),随着时间推移,文化认知层面的制度架构已经吸引更多关注。

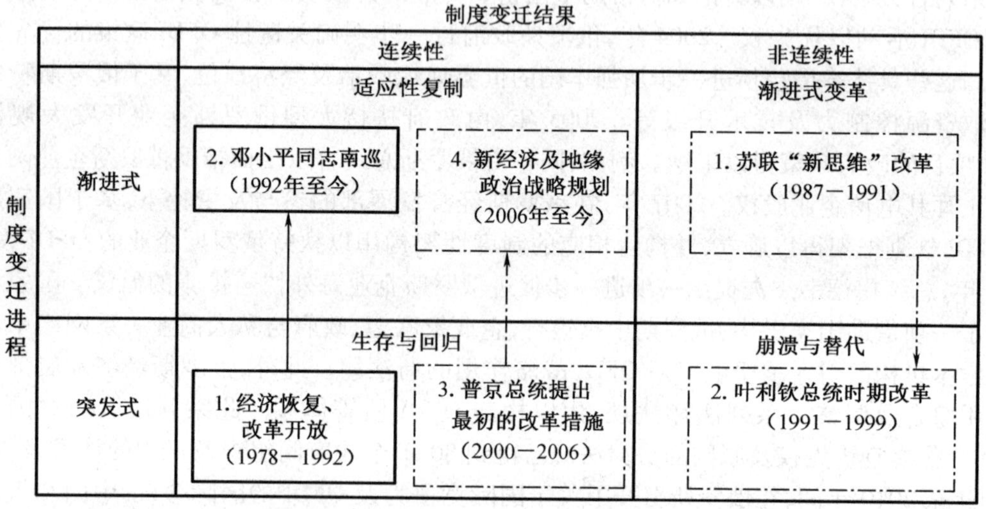

图 8.1 中国、俄罗斯制度变迁对比图

注:实线框图代表中国情况;虚线框图代表俄罗斯情况。

在俄罗斯,相对应的情形是什么呢?在整个俄罗斯改革及转型过程中,政治及经济环境都发生了较大变革,而此过程一直贯穿于叶利钦执政期间,所带来的结果则是制度体系的中断。而制度体系的中断又继而导致制度系统的瓦解,并且严重阻碍了 OFDI 制度体系的发展,其中最为严重的是影响到了与 OFDI 相关的规章制度执行的监管性制度架构的发展。因而,截止到 2001 年,中国已经成功进入 OFDI 制度体系理论化及扩散阶段,而俄罗斯仍然处于前制度化阶段。在俄罗斯,政治及经济层面的制度中断的恶劣后果一直延续到整个前制度化阶段,而每年度与三维度制度架构相关的制度创新活动出现的频率也远低于相同制度发展阶段中的中国的数据(表 8.2、表 8.3)。自 2003 年起,俄罗斯监管部门支持阶段中,即制度体系发展第二阶段中,相比较于第一阶段前制度化阶段,政治及经济层面制度连续性得以持续情境下,监管性、规范性及文化认知性相关制度创新活动每年度的出现频率以大约 12%,10% 和 16% 的速度增长(表 8.3);相比之下,在中国文化认知维度制度架构增长更为快速。

整体而言,在俄罗斯制度体系发展第二阶段,监管部门支持阶段中的监管性制度架构中,相比较中国情境下,包含较少的法律法规。这使得研究范围有所局限,并且对于相关法律法规执行方面的详细细节也有所缺失。此外,中国情境下监管性制度架构内包含更为多样化的各类政府机构,用以解释、阐述以及将各类相关法律法规如何转化为具体实践进行相关说明。在同一制度体系发展阶段,相比俄罗斯,中国情境下的规范性制度架构也同样包含更多数量且更为丰富的内容。在中国,监管部门所支持或认可的更为广泛的 OFDI 范围及规模也逐渐产 OFDI 相关法律法规、规范、程序等扩散的有利条件,进而扩大 OFDI 制度领域涉及范围的同时,也使得相关政策执行呈现去中心化(扩散性)态势(Bach, et al.,

2006)。例如,2006 年,第一部涉及私人所有权企业 OFDI 的法律开始起草,并且很快得以通过;对于中小型企业的资金扶持措施也在一定程度上鼓励其 OFDI 的发展,每一个省、市、自治区也都相应设立了对外经济关系及贸易办公室,用以审批小型 OFDI 项目流程(投资上限为 3 000 万美金)。

相对而言,俄罗斯的 OFDI 制度体系发展最初是由企业所推动的(Bulatov,2001),而俄罗斯联邦政府在其中所起的作用在后来才逐渐凸显出来,如为 OFDI 制度体系构建提供战略性信息支持等。而涉及 OFDI 的国家战略规划重点在 2003 年后期才开始出现。国家机构层面的 OFDI 相关活动也是有选择性的,仅对于国家所甄选的企业才能给予优惠性待遇等。例如,2007 年,卢克石油公司与俄罗斯经济发展部签署了一份私人协议,使其可以获得新的 OFDI 商业项目(Prihodko et al. ,2008)。此外,政府也为在战略性经济部门运营的企业提供一些针对 OFDI 的间接性担保。

简言之,在中、俄两国中,OFDI 制度体系的发展及构建均是由两国政府直接管理及指导的。但是在中国,鉴于相关 OFDI 法律法规、规范及惯例等较强的扩散效应,OFDI 制度体系形成过程呈现出更强的先进性及彻底性。相对而言,俄罗斯则仍需进一步发展监管性、规范性及文化认知性制度架构,用以提供包含更多内容的制度创新活动。在中国,政府为企业提供融资支持、风险控制措施、简化行政审批程序等(Luo et al. ,2010;Luo,et al. ,2010)。相比较而言,在俄罗斯,进一步深入系统地开展 OFDI 制度体系构建的相关扶持工作还处于探索过程中,俄罗斯政府更愿意扶持的是资金实力强劲的俄罗斯企业开展海外经营活动。

2. 制度创新者影响作用

制度创新者通常是指发起、建立并使某一制度性领域具有合法性的行为人(Garud et al. ,2007)。在中、俄两国 OFDI 制度体系建立及发展过程中,或其具体不同发展阶段过程中,制度创新者所发挥的重要影响作用不容小觑,尤其是以政府主导型为代表的制度创新者在建立、发展中、俄两国 OFDI 制度体系并使其获得合法性过程中的作用更加突显。

学者 Jowitt(1991)认为后共产主义社会是处于动荡环境之中的,现存制度性边界及特征面临极大的挑战。同时他也指出,在此情境下“领导者将比制度本身更为重要”,因为他们将要决定政治权利的分配,并确定创新性制度架构发展方向及形式。Jowitt 同时还指出,在此变革过程中,特定情境下的某些细节将对领导者角色及作用的确定具有重要作用;中国的改革领导者应该“对其政治理念及意识形态具有自信心”,但这一点对于俄罗斯领导者并不适用。

中国情境下的 OFDI 制度架构的政策基础基于邓小平同志的改革理念。为实现中国式新经济政策的需要,邓小平同志成为一项创新性制度架构的开启人(或称为改革的总设计师),而借助相关政府部门及监管机构,已经将邓小平同志的改革理念转变为具有实践意义的制度性改革措施。其中,监管机构在制度体系形成的理论化阶段,以及在促进相关理论含义共享的形成及扩散过程中所发挥的关键性作用已经得以确立(Greenwood et al. ,2002)。在此背景下,作为新制度架构内的重要组成部分,OFDI 制度体系得以确立,而主要的 OFDI 制度创新者则还要归于中国共产党及中国中央政府。尽管在相关制度体系形成的不同阶段,特定的制度体系制定者会有所不同,其中最为主要的制度体系制定者是国务院,其主要负责整体性及长远性的 OFDI 政策的监管、制定及规划。与此同时,这些 OFDI 制度体系也得到相应的 OFDI 促进及管理分支机构的大力支持与配合(如商务部、财政部等)。其中，商务部起草OFDI相关政策及管理办法，鼓励发展非金融领域的大型OFDI项目，进行OFDI项目保护机制的磋商及谈判，确保影响涉及所有FDI(外商直接投资)及OFDI(对外直接投资)活动的相关经济及贸易方面法律法规的一致性等。中国人民银行则负责监管OFDI资金流向及相关外汇政策。国家外汇管理局负责监管投资者资质认证、外汇风险管控、投资基金来源等；同时也提供海外来料加工及来件组装的信贷额度指导意见等。国家发改委则负责制定中国经济政策，确立在其政策实现过程中的OFDI职能作用。国有资产监督管理委员会则负责决策国有控股企业的OFDI活动事宜。

在中国，OFDI政策制定者的政策走向逐渐凸显出在整个中国经济发展过程中OFDI的职能作用。继"走出去"政策宣布之后，国家发展规划委员会便着手负责国家发展及改革事宜，与此同时，对外经济合作部、政策研究发展室、对外经济关系及贸易局、国际贸易及经济事务厅等都以新制度创新者的身份出现。而其他的相关制度创新者也在发展OFDI共识方面起到了重要作用。例如，专业组织、行业协会(如中国工商联合会、中国企业家协会)以及那些隶属国家层面的龙头企业，在传达国家OFDI相关政策措施方面，以及详细解读OFDI制度法律法规、行为规范方面也都作了积极贡献。

相比之下，在俄罗斯，OFDI制度体系形成基于自上而下的设计机制。在这一过程中，除了个体企业家或创业者的刺激影响之外，总统的政治权利在这一过程中始终占据主导性地位。与学者Jowitt分析结论相一致，俄罗斯总统扮演的是关键性规则制定者的角色。借助法令，俄罗斯总统可以实行有效治理，可以批准或废除某些国家立法机构已经确立的法律法规。例如，1991年11月15日的总统法令，使得俄罗斯境内所有企业包括OFDI在内的国际经济活动得以自由化。另一个例子是，总统法令在1999年7月9日后以俄罗斯联邦法律形式确立，此项法律用以监管流入及流出俄罗斯联邦的外国投资情况。总统同样可以确立与OFDI相关的新的规范。对此，普京总统在与其欧洲伙伴的会谈中就曾使用其政治影响力，用以确保俄罗斯企业的OFDI商业活动及相关事宜。

整体而言，俄罗斯政府同样是其OFDI制度体系构建的关键性制度创新者。在1987—2003年期间，俄罗斯政府将OFDI视为经济发展中不取悦人的商业活动(Prihodko et al.，2008；Prihodko et al.，2008)。但是自2003年起，俄罗斯政府改变这一观点，开始扶持并且逐渐为俄罗斯大型企业的OFDI发展提供便利，尽管扶持重点仍集中于企业兼并。自2005年开始，俄罗斯政府也开始提供政治及外交方面的扶持及游说活动，用于OFDI项目的执行及实施。此外，其他涉及的主要OFDI制度创新者还包括俄罗斯经济发展部，其主要负责协调相关OFDI活动，并负责新的OFDI监管系统的建立；俄罗斯国土资源部，其主要负责监管及便利此部门涉及的企业的OFDI活动；俄罗斯中央银行，其主要负责监管OFDI资金流向及相关财政政策。尽管俄罗斯的OFDI制度体系建立以联邦制度机构为主导，但是一些专业组织近期也以制度创新者的身份出现。例如，俄罗斯工业家企业家联盟在便利及鼓励企业OFDI发展过程中就发挥着非常积极的作用。同样，俄罗斯国际合作及投资委员会也对OFDI项目的实施提供了大力支持；俄罗斯国际中心也已开始为企业OFDI商机获取及程序等方面提供必要的信息；俄罗斯政府及私人商业关系网络中心则为政府指导及规制俄罗斯私人企业的OFDI活动提供便利。

8.3　新兴市场国家 OFDI 制度体系创新条件及特征

现有制度理论强调在制度体系构建过程中规则制定者的重要性，并且通常认为渐进式的变革会导致循序渐进式的制度转型，而与此同时，这种源于社会学习层面的制度转型通常会嵌入于现存制度环境中的惯例、规范、规则及认知体系之中（Campbell，2004）。相关研究也显示出自 1992 年以来基于中国情境下的发展趋势与上述研究结论具有一致性（Svetla et al.，2012）。OFDI 制度体系内的监管性、规范性及文化认知性制度架构的产生及发展源于 1992 年之后中国政治及经济环境中的制度连续性；而基于俄罗斯情境下的分析则显示出不同的景象，由于政治制度的非连续性导致现有制度监管体系的崩溃，并致使进一步发展制度性规范及认知架构体系成为不可能。进一步比较中、俄两国的 OFDI 制度体系构建过程，可以清晰显示这一过程是如何被政治决策者的干预所影响的，以及如何被政治体系的连续性及非连续性所影响的。相比较而言，以英、美为代表的政治制度体系较为成熟的国家，其制度架构本身在一定程度上独立于执政集团；而在中、俄两国的分析研究中上述特征并不突出，反而是具有政府主导性的制度变革及制度创新在 OFDI 制度领域发展中发挥着举足轻重的影响作用。对于新兴市场国家而言，以中、俄为代表的政府主导性制度创新，而非英、美式的制度体系建构，显然更具实用性及更加广泛的适用基础。系统梳理总结相关研究结论，无疑对于新兴市场国家 OFDI 制度体系发展及创新具有重要的借鉴及参考价值。

首先，自身制度架构独立性较低的国家，政治环境的连续性是确保发展 OFDI 制度体系的必要条件。中、俄两国的 OFDI 监管性制度架构的形成及实施都始于自上而下的顶层设计，同时也伴随政府及其相关机构作为主要的制度创新者。中国经济改革政策的发展使得 OFDI 项目的审批及实施政策呈现出去中心化（权力分散）态势，借助省、市级政府主管及当地外汇管理局机构等在决策制定过程中的参与，将部分决策权得以向地方下放。尽管 OFDI 资金流向及管控权仍停留在中央政府手中，但政策实施很大程度上已经依赖于监管当局的行政管理章程（Blanchard et al.，2000；Davies，2010），即相应 OFDI 的监管性制度体系已经得到有效的确保及实施。在俄罗斯，针对 OFDI 项目的中央监管始于 2003 年，政府监管政策保持一致性的同时，还持续性地强化及拓展了原有 OFDI 的监管架构（Prihodko et al.，2008）。此外，OFDI 行为规范及相应规则也逐渐收紧，俄罗斯联邦政府的制度构建权力也更加趋于集中化。

尽管中、俄两国的 OFDI 监管过程中存在中央政府的持续性控制力，但是还不能将此简单归结为传统社会主义国家制度体系的后遗症，因为同样限度的中央政府层面的权限力度并未在其他后社会主义国家出现，如捷克共和国、匈牙利、波兰和斯洛文尼亚等。相反，中、俄两国之所以会出现同一现象，不如说是用以表现实际中最高权威的文化特质的产物（Svetla et al.，2012）；因中、俄两国历史中从帝王将相及沙皇时期遗留的影响力到共产主义时代中央领导人的执政影响力，使得两国政府的执政特质带有明显的传统中央集权性及个人权威性。而一旦政府当局脱离这种监管及管控职能后，便会极容易产生一定程度的社会混乱，因为在政权交替之时没有可替代的制度体系及时跟进及补位。俄罗斯叶利钦时代（1991—1999）及中国“文化大革命”时期（1966—1970）都很好地证明了这一论点（Svetla et al. ,2012)。

因此,如果希望制度体系更为有效率,需要制度行动者的连续性,这些制度行动者需要学习如何制定及利用制度性规制,并保持其连续性。对此,中国和俄罗斯两国在 OFDI 制度构建过程中的制度行动者存在明显不同。在中国,通常是中国的执政党——中国共产党确保政治层面的制度连续性;而在俄罗斯,自 1992 年共产党被禁之后,导致很大程度的政治层面制度的非连续性。在中国,政治层面的制度连续性可以通过对共产主义理念的持续的、精细的、渐进式完善得以获取;但是在俄罗斯,共产主义理念已经被完全摒弃。尽管当前中、俄两国都已经引入自由市场经济体系及产权私有化,但是中央政府的核心领导权力仍然得以维系。借助以下两者的结合使得上述特征更加突显(Svetla et al. ,2012):①中央政府扮演决定性作用,尽管在操作环节中伴随着部分权力下放;②关键性企业的所有权仍保留在中央政府手中。

其次,在存留中央集权主义文化特征的后社会主义国家中,由中央政府负责 OFDI 制度体系构建方向、管控及扶持,无论 OFDI 审批及实施等操作过程中权力下放的程度如何,中央政府都应作为最主要的 OFDI 制度创新者。在中央政府扮演主要制度创新者的国家中,如果由于政治原因,中央政府放弃监管及管控职能,会引发 OFDI 制度体系的混乱。鉴于制度创新者的主要任务是构建监管性及规范性制度架构中最为基本的制度构成,借助于此,新的制度安排得以实施及规范化(Greenwood et al. ,2002)。因而,构建监管性及规范性 OFDI 制度架构往往更需要涵盖各领域的制度创新者。

在中国,制度领域制定者或创新者的范围不断得以拓展,包括新成立的政府机构、行业协会、提供专业技术的公司企业等。另外,OFDI 监管性及规范性制度架构发展的范围及力度也在不断更新,意识到 OFDI 机遇与挑战增加的同时,OFDI 制度理念的逐步扩张也已经吸引更多的参与者参与其中,从而使得认知性制度体系得以进一步加强。与此同时,伴随 OFDI 制度体系逐渐成熟,政府监管将更为独立;涵盖各领域的制度创新者将有助于规范性及认知性制度架构的发展。这些制度架构的发展进而又会服务于政府作为制度创新者的自信心增强。

最后,各国 OFDI 制度体系发展之所以会呈现出不同形式及特征,很大程度上取决于政治及经济层面制度连续性的特殊形式结合,以及制度创新者参与的不同程度及水平。

在中国情境下,资源获取为导向自始至终是政府加速经济增长的优先发展战略。随着美元持续性贬值,中国企业"走出去"在海外采购所需资产将更为便宜。此背景下,借助政府主导的战略性国际创业充分利用现有商机成为最明显的例证。对此,对于那些无论是个体还是基于企业层面的组织或集团,政府在提出政策倡议的同时还给予实实在在的政策扶持。此背景下的政府创业,不仅基于促进经济增长的战略性愿景,同时也着实因为经济环境的压力使然。相对而言,个体创业或是企业集团创业都是源于对特定商业机会的战略性愿景。因而,也可将 OFDI 制度体系构建视为一系列引导利用国际商机的国际创业活动的表现;而 OFDI 制度体系构建及发展也受到政治及经济层面制度连续性及制度创新者的影响及限制。

通常情况下,政府主导型制度体系设立的前提假定是基于制度及经济层面的连续性、战略性目标设定,政府主导的制度创立、创新活动等。政府有良好的远景规划,并能够有效利用及配置资源,但是个体及基于企业层面的组织也同样可以扮演制度创新者的角色。其中,鉴于对 OFDI 新规则制定的贡献,企业家所起的作用之一就是为制度体系构建提供实质性的要旨。作为制度创新者的企业家所发挥的作用是奋力争取产生更大限度可能性用以提高 OFDI 效率的改革产生及实施。在中国,政治及经济层面制度连续性条件下,改革开放政策可以得到清晰表达并得以实施,企业家的介入可以有效帮助新的 OFDI 制度规则及程序确立。特定环境下,基于企业层面的创新创业有助于 OFDI 制度体系构建,而其重要作用是填补更多细节及通过提供 OFDI 制度体系构建过程中的制度性规范、规则,并最终有助于构建 OFDI 文化认知层面的制度架构,从而在一定程度上便利于 OFDI 制度化形成。而自上而下式的制度体系构建方式可以给予制度体系构建总的方针,相对而言,自下而上的方式需要处理制度体系构建过程中的诸多细节。但是,当存在制度非连续性或是政府及政治体系处于无效状态时,制度创新者将会更多源于政府外部势力,或是直接源于企业部门。这些制度创新者可以建立其自有的 OFDI 非正式制度安排,虽然就其行为特征而言,与海盗行为具有某种相似性(Svetla et al.,2012);此外,这些制度创新者也会因其某些有限的局部利益而参与 OFDI 活动,而非因为整个社会的整体利益而行动。

就整个新兴市场国家成功案例而言,中国和俄罗斯并非是政府主导型制度体系形成的唯一案例。许多的新兴市场经济体及发展中国家,如越南、哈萨克斯坦、阿联酋、沙特阿拉伯、伊朗、白俄罗斯、委内瑞拉、玻利维亚和津巴布韦等同样表现出明显的政府主导型的制度体系构架特征(Goodstein,2009)。而这些国家所应用的政治及经济政策与南非、巴西、俄罗斯、印度及中国等金砖国家等主要新兴市场国家的政治及经济政策形成对比,例如巴西、印度和南非,这些国家政府在制度体系构建及发展过程中所起的作用更具限定性,而企业家创新创业所起的作用更为积极。而在政府主导型制度体系构建的第一梯队国家中,整个制度体系构建过程无一例外地呈现出自上而下的制度设计特征,后续国家则被认为在制度体系构建过程中采取的是自下而上的制度革新驱动机制。尽管如此,政府仍然应该发挥其主导性作用,尤其在协调各领域、各类别的企业创新创业活动方面,但与此同时,也要注意不要破坏现有制度体系中的规范性及文化认知性制度架构(Svetla et al.,2012)。而基于新兴市场国家的制度体系构建过程中,政府所发挥的独立性作用方面的相关研究仍需进一步深入。

8.4 小　结

本章研究重点是借助政治、经济及制度分析视角,系统探究中国及俄罗斯 OFDI 制度体系的发展情况,相关研究结论则凸显出新兴市场国家 OFDI 制度体系构建过程中政府所发挥的关键性主导作用,并以此补偿既有经济体系下企业的初始竞争劣势(Child et al.,2005)。依据学者 Streeck 和 Thelen(2005)关于制度变革进程及结果的分类,本章研究重点聚焦于一个更为宽泛的政治及经济环境变革对于中、俄两国 OFDI 制度体系构建过程中制度连续性及非连续性的影响。借助关键事件及轨迹活动,参照监管性、规范性及文化认知性制度架构水平,参照学者 Svetla 等(2012)对于中、俄两国 OFDI 制度领域形成阶段的系统理论化识别,重点阐述新兴市场国家 OFDI 制度体系发展过程中,以政府主导型为代表的关键性制度创新者所发挥重要作用及其本质特征。在此基础上,全面综合关注整体环境变革的影响、关键事件及发展阶段、制度创新者发挥作用等,用以提供一个针对新兴市场国家 OFDI 制度体系形成进程的更为全面的分析及阐释。

正如学者 Boddewyn 和 Brewer(1994)所提及的那样,借助政治及经济层面制度连续性及非连续性,制度创新者及 OFDI 制度体系构建三维度,本章研究内容进一步拓展了特定情境下的相关研究成果,进而识别政治及经济层面的制度连续性如何在制度体系框架内影响到国家对外经贸商务活动的发展。与此同时,本章研究局限及未来研究方向还涉及如下内容。

首先,未来相关研究不仅需要识别出引导制度体系构建阶段过渡或转型的关键性事件,还需进一步探究每一阶段发生的关键性事件周期及其相关活动轨迹的更为详尽的细节;识别不同类型制度创新者在开启及发展不同制度体系构成中的影响作用。如之前研究文献中所提及的,规范性制度架构及认知性制度架构会强化并依赖于更为广泛的制度创新者能力间关系,会对强化制度体系构建意义重大;而上述问题的有效解决,也将使得探究强化制度体系发展循环的本质研究产生出富有成就的研究结论及影响意义。

其次,第二个需要进一步关注的研究领域是 OFDI 制度体系内部的"关系架构"(Scott et al.,1983)问题,此"关系架构"的成熟同样可以使得制度体系朝向规范性及认知性制度架构发展的同时,获取监管机构的相应支持。而这种附加性的受益通常依赖于"关系架构"自身更大程度的灵活性,并能有效降低监管成本。对此,企业与政府机构间、政府机构彼此间"关系架构"的良好运行,能够使得彼此沟通交流更为开放,能够更好地服务于制度体系构建过程中各团体及利益集团间协作关系建立及相互理解达成。尽管就现有研究而言,对于"关系架构"如何发展及运作的研究仍较为鲜见。

再次,如本章研究指出,在新兴市场国家中,政府驱动型制度变革发生于早期阶段。这也继而引发一些相关问题的关注,如鉴于中国和俄罗斯这两个国家的自上而下的政府主导型 OFDI 制度体系形成过程,以及在这一过程中制度创新者参与的本质特征,使得这两个国家成为新兴市场国家中两个不太寻常的案例。而对于其他新兴市场国家而言,OFDI 在其企业国际化发展过程中所发挥的显著性作用则是另一个值得研究的兴趣点。在这些国家制度体系架构变革范围内,可以预期的是,这些国家政府政策及制度架构中诸多细节规制对于 OFDI 活动的影响作用将会存在很大不同。相关研究有助于在基于深入理解本国政府及相关机构职能基础上,丰富及深入理解新兴市场国家企业国际化行为及相关理论。

此外,对于相关研究中涉及的研究方法及研究对象仍存在进一步拓展的空间。为了能够更好地阐明制度创新者相关细节,基于中、俄两国研究或是基于其他新兴市场国家的深入研究仍然尤为必要,未来研究还应涉及对于规则制定者及规则接受者的深入访谈。这将有助于研究者对于官方获取数据之外的研究资料及数据的深入理解,尤其是其间涉及的关键性决策制定及流程。鉴于规则制定者与规则接受者间错综复杂的关系网络,此种情境下的相关研究也将会更具实用性、适用性及吸引力。

第9章

转型经济情境下制度创新与企业运营绩效提升

正如学者 Peng(2003)所指出的那样,直到近期,组织理论研究及战略管理研究中才开始关注转型经济体国家及地区所涉及的制度变革问题(Hoskisson, et al., 2000; Wright, et al., 2005)。此背景下,有大量经济学者开始探究制度变革及制度创新对于组织行为及绩效的影响作用,相关研究成果对于诸如世界银行等国际组织的相关行为及绩效判断同样具有重要启示(Davies, 2012),而若将战略理论与组织理论涵括其内,则无疑为相关问题的讨论提供了潜在的研究动力及研究视野(Pfeffer, 1997)。有鉴于此,本章研究将尝试整合经济学理论分析框架及经验研究结论,用以提供一个更具兼容性的组织分析视角,并充分借鉴战略选择理论(Child, 1972, 1997)和制度理论(North, 1990; Scott, 1995)相关研究成果,用以清晰阐释制度创新与组织绩效间作用关系。与此同时,借助企业高管对于制度创新反应形式(Oliver, 1991)的主观能动性(Human Agency)的核心作用体系,尝试将经济学、组织行为学及战略管理理论相关观点有机结合,并用以解决“转型经济体国家通过何种作用机理将制度创新与企业经营绩效相关联”问题,相关研究内容及结论对处于转型经济过程中的企业决策及战略规划无疑具有重要的借鉴及参考价值。

9.1 经济学视角下的制度创新与企业绩效

通常而言,“制度决定经济绩效”(North, 1990)这一观点已经被广泛接受,经济学家们在致力于解释两者间作用关系方面也作了很多实质性贡献。例如,经济学家首先且尤为关注的绩效问题就是资源配置效率,相应的核心问题便是“代理人问题(Agency Problem)”,除非其自身动机与“委托人(Principal)”要求相一致(Milgrom et al., 1992),否则,此问题可以直接激发出企业员工及管理者选择逃避或是追求其工作目标的努力程度。而“代理人问题”进而又会导致对于学者斯科特(Scott, 1995)在其制度理论论著中所提及的制度监管领域中的三个核心制度安排的引入。首先,对源于协助关系或监工工作产生的剩余收益建立产权问题(Oi et al., 2000; Weitzman et al., 1994)。在产权缺失的情况下,便不会有有效主体,也不会有人有动机努力工作,因而,此种情境下资源配置无效率最终不可避免。其次,依据学者 Kornai(1990)的观点,预算约束“软条件”或是缺乏盈利压力,同样是决定资源有效配置的关键因素。如果一个企业的高管确信,由于资源无效使用所带来的企业效益损失可以被很好地掩盖,则他们自然也没有动力规避这些损失,也不需在意或强调资源的有效性问题(Li et al., 1998)。最后,基于经济学视角,资源利用效率也依赖于竞争机制的确立,竞争机制可以确保企业在生存压力前提下有效减少松懈现象。

上述研究框架为不同类型企业探究生产效率问题提供了相关系列假设的理论基础。

如未经历改革的国有企业,常被称之为“非市场化企业”(Nee,1992),且通常具有产权不明、软性预算约束限制及有限竞争等特征,这些国有企业也常被视为经营效益低下的代表。而同属于国有资产配置项下的公共组织机构,也大多会遭遇与国有企业相似的资源配置效率抑制问题。相对而言,私有产权企业及外商投资企业则对于剩余收益具有较好的产权界定、硬性的预算约束限制及市场竞争参与等特征,这些企业也常被视为拥有更高的资源配置效率及更高的生产效率。中国的集体企业则比较难以判断(Weitzman et al.,1994),虽然这些集体企业也参与市场竞争,但仍然存在产权不清不楚的状况;此外,这些集体企业也常常需要借助当地政府帮助以缓解其预算约束问题。整体而言,与资源投入相对应的收益也会更多侧重于更易于识别的地方利益,而非遥远的中央政府利益;但与此同时,地方政府在提供资金补贴方面的能力仍然有限,因而,对于集体企业而言,更适合的称谓应是“混合型”(Nee,1992),即居于“非市场化”与私有化的中间区域。

基于中国情境下相关数据的经验研究也显示,源于中国的生产效率数据在一定程度上也得以证实了经济学家们对于不同制度安排项下效率问题的假设。例如,在改革开放前,资源利用效率的绝对水平是较低的,1957—1979 年间的年生产效率提升不足 0.5%(Chen, et al.,1988)。但是改革开放后,城镇及乡村集体企业得以迅猛发展,并贡献了工业产值增加额的 40%(State et al.,2000)。与此同时,在华外商投资企业总数已经超过 24 万家,私人部门也得以恢复,这些都使得资源在经济领域内的配置效率大为提升,并促使中国国内生产总值持续 30 年保持在 8% 以上的高速增长状态。基于全要素生产率的计量经济学统计结果显示,集体部门的全要素生产效率提升要显著优先于国有部门(Jefferson et al.,1994),并且具有明显的企业绩效等级差异性。相对而言,外商投资企业绩效水平最高,国有企业绩效水平最低,而集体企业及私营企业绩效则居中(Jefferson et al.,1996)。

尽管有学者对于中国官方提供的统计数据的有效性及可靠性有所质疑(Woo et al., 1994),但是上述研究结果仍然为探究制度安排与组织绩效及资源利用效率间作用关系问题提供了重要的借鉴和启示,同时,现有相关文献中也存在有待于进一步拓展的空间及内容。

第一,仅基于生产要素效率及生产能力来判断绩效标准似乎过于狭隘。既然研究的最终目的在于探究整体经济运行效率问题,那么无疑应将研究视角转移至更为宽泛的组织绩效概念界定,即“系统绩效(System Performance)”(Seashore et al.,1967)。“系统绩效”是指“组织在市场改革后一段较长时期内维持其自身发展的能力”。据此概念,系统绩效无疑是能够判断企业在整体经济收敛过程中是否还具有生存能力,是否还具有良好商业表现的最为适宜的选择指标。

第二,现有相关经济研究的局限性还在于,基于不同企业运营层面的制度安排复杂性仅以企业所有权类别为代表,显然过于粗糙且流于表面(Davies,2012)。而研究重点更应该聚焦于那些所有权类型虽已识别,但企业仍处于不同制度环境中,并且面临迥然“游戏规则”的企业。如学者 Brown 和 Porter(1996)所指出的那样,处于改革进程中的中国工业的本质是“从同质化向异质化的残酷转变”。在这一转变过程中,有些国有企业历史包袱沉重,而有些国有企业则管理良好,有些已经获得了巨大的商业成功,甚至有些已经在国际市场上拥有很高的竞争优势(Nolan,2001)。另外,虽然集体企业整体展现出旺盛的生命力,但其中也不乏技术落后、设备陈旧、管理者资质平平、员工文化程度低下等诸多负面案例(Liu et al.,1996)。因而,相关研究问题的焦点还在于“游戏规则”,当然,管理者的行为及企业绩效不论在不同企业所有权类型情境下，还是同一企业所有权类型情境下都会发生变化，而这些变化也应给予充分考量。

第三，现有相关研究文献将企业从资源输入到产品或劳务输出的转换过程描述为"暗箱操作(Black Box)"。那么这些企业"暗箱操作"的绩效也会因所有权不同而有所差异，因为这些企业所属的制度架构本身就有所差异。但关键问题是，在整个"暗箱操作"过程中，绩效提升如何获取，管理者的主观能动性作用如何发挥。对于这些相关问题，现有研究文献并未给予充分诠释。例如，学者 Li(1997) 在相关研究中，将针对国有企业样本分析中全要素生产率49%的增长及产出增长率36%的增长，归因于每个员工奖金数额的提升及市场参与竞争力的提高。尽管上述研究内容涉及激励、竞争及生产力三因素，并且相应的经验研究也对三者间作用关系给予了充分的验证，但是这样的研究结论对于企业高管寻求绩效提升或是在管理决策选择及相关行为决策中所发挥作用方面并没有任何实质性的帮助或启示。如果制度创新对于企业绩效的影响机理能够得到更好的理解，那么基于企业层面的经济分析无疑是非常重要的。在此情形下，可将企业视为一种功能性组织，并由所谓的"主导型联盟(Dominant Coalition)"(Child,1972)引导，在此联盟体系下，企业可以拥有一定程度的选择权，并由此产生特定的行为绩效。对此，借助诠释制度架构如何影响企业战略选择，进而又如何影响到企业绩效问题，基于组织行为理论及战略管理理论视角的相关研究可以有效补充现有经济学体系项下的研究空隙。

鉴于此，为了进一步探究转型经济体国家基于企业层面经济学分析的不足，本章研究内容将充分借鉴组织行为学及战略管理理论研究视角下的相关研究成果，将企业管理者主观能动性作为企业高管决策及行为的重要形式表现，并将其作为制度性"游戏规则"与企业绩效间作用关系的联结；进而深入探究此作用关系在企业不同所有权类型组内及组间呈现出的差异性表现问题。

9.2 战略管理理论视角下的制度创新与企业绩效

为了进一步填补传统经济学视角下现有相关研究的局限与不足，基于更为广泛的视角诠释企业绩效问题，那么超出现有研究文献中所涉及的企业所有权类型局限，更为系统地探究企业所处制度环境的差异性，并且系统梳理其对于企业管理选择及绩效提升方面行为决策的影响作用就显得尤为必要了。为此，首要任务显得相对简单，就是需要系统梳理现有组织理论及战略管理理论中涉及转型经济体国家企业绩效的相关文献，尤其在绩效衡量方面，即在财务回报率等方面的系统指标选取及解释方面进行系统梳理。其次，还需要系统识别现有文献中涉及制度变迁对于企业管理决策影响诠释的相关研究结论。例如，学者 Peng 和 Heath(1996) 基于战略选择及制度理论视角的研究显示，由于转型经济体国家企业通常缺乏发达的金融市场及产权保护体系，而企业管理者除了擅长人际关系外，在市场资源配置方面并无建树，因而依靠企业自身内生性扩展，或是借助外部兼并、重组进行扩展的条件并不成熟。基于此种情形下，企业管理者或是决策者为寻求企业增长或扩张仅能借助其他替代方案，即"模糊组织边界"。学者 Peng(2003) 曾依据转型经济体初始条件的相似性特征构建出一个动态性、纵向发展的制度变迁模型，其中随着交易复杂性的不断增加会相应导致系统范围内成本及收益的平衡趋势发生转移，即从基于关系及个人化交易为基础的治理结构向以非个人化交易及规则为基础的治理结构转变。与此研究结论相对应的则是，此情形对于企业管理实践而言，不论是市场中的现存企业、初始新创企业或是外来市场进入者都需要采取可预见的战略选择，以应对以关系网络为基础的更为广泛的市场竞争；而非单纯地采用市场化导向，以资源和企业能力为基础的战略选择。当然，企业的战略选择通常会直接影响到企业的运营绩效。通常而言，在制度变迁过程中，以市场为基础的战略决策采用与企业商业绩效间存在显著性的正相关联性，而对于企业旧有经营模式依赖的战略决策采用则与其商业绩效间存在显著的负向关联性(Davies,2012)。但同时不可忽略的问题是，当制度变迁过程尚未完全之时，企业高管会凭借与政府部门的私人关系联结而对企业的商业绩效产生正向影响，而此作用关系亦会受到企业所处行业的所有权类型、企业规模及行业增长率等因素的调节作用(Peng et al.,2000)。

对于采用市场化为基础的战略规划会相应鼓励制度变革及提升企业运营绩效命题的相关研究可以在现有文献中找的论据。整体而言，现有文献涉及相关研究可以归结为两类。

第一类研究是简单将转型经济体视为一种特殊的资源配置情形，其中在以市场化为导向战略规划的不同层面中关系网络特征更为凸显；与此同时，鉴于先前相关研究多集中于发达市场经济，因而基于转型经济体研究视角下的相关研究结论还需进一步探究及验证。学者 Luo 等(1998)针对中国乡镇集体企业的研究显示，企业所采用的市场化导向的三类战略决策，即企业自主行为、风险承担及风险分析，会显著地受到企业所处复杂性、不稳定性及敌对环境因素的影响和制约。学者 Gao 等(2007)的研究也显示，客户导向及技术导向型企业战略规划对于其运营绩效的影响作用会相应受到市场需求不确定性及技术波动的调节作用的影响。此外，学者 Tan 和 Litschert(1994)应用 Venkatraman(1989)战略导向维度划分的研究显示：20 世纪 90 年代早期阶段，中国电子行业企业便展现出截然不同的战略选择，其中防御型战略选择通常与所处环境的不确定性感知相关联，而强度越高的防御型战略则会产生出更高水平的企业绩效。但是，在后续研究中也有学者发现，在企业与环境共同成长的 12 年时间后，随着可感知的企业所处环境已经变得不那么敌对，不稳定及复杂程度也有所降低，企业的商业战略选择也愈发倾向于积极主动，但是此种情境下的企业战略选择与其商业绩效间作用关系也更加趋于复杂多变(Tan et al.,2005)。

尽管上述研究可以为将主流企业战略管理理论应用于转型经济体情境下提供必要的理论及实证研究论据，但是制度变迁或制度创新作为一个重要的研究因素仍然无法直接且明确地植入于现有理论分析框架之内，也正是基于此，还需要从现有研究文献中有针对性地寻找契合之处。

与上述第一类研究文献相对应的第二类研究文献重点考量的则是企业所面对制度环境中的同期变化问题，并重点探究这些变化因素与企业战略决策选择及其相应绩效变化间作用关系。学者 Peng 等(2004)研究结果显示，如依据 Miles 和 Snow(1978)对于战略性联盟构成的分类及界定，那么企业所有权类型可以成功用以预测其联盟成员构成，且企业相应的商业绩效在不同所有权类型间也呈现显著的差异性。学者 Davies 和 Walters(2004)则超出企业所有权类型的研究局限，而将制度设置(Institutional Settings)划分为“市场化程度较高”和“市场化程度较低”两类，相应的研究结论与学者 Peng(2003)提出的理论命题具有一定程度的相似性，也即在“市场化程度较高”的制度设置或制度环境中运营的中国企业更倾向于将其自身置于更具丰沛性的商业环境之中，采取市场化导向战略规划，并能获得较大程度的良好企业绩效（基于市场经济标准测度）。学者 Yiu 等（2005）针对 224 家中国企业组织绩效（采用资产收益率（ROAs）进行度量）的研究显示，企业绩效与其内部企业能力发展正向关联，而与企业年龄及制度变迁的两个层面——政府所有权及先前政府官员任企业高管团队的人数呈现负向关联。学者 Nee 等（2007）研究结论也显示，基于企业层面的人事任命及战略决策中政府的参与度与企业资产收益率及股本收益率（ROE）均呈现显著性的负向关联性。学者 Li 等（2006）基于国有企业样本的研究也同样发现：政府控制力的减弱，正规性、基于规则的企业治理模式，竞争性压力的增强，与企业的"市场导向度"密切关联，并且与企业基于市场经济标准下的绩效测度呈现显著性正向关联。

整体而言，上述研究结论显示出在涉及制度变迁或制度创新作为企业管理者行为决策及其绩效影响的前置变量（Antecedent）方面的企业模型构建的可行性与价值性，并且相关研究文献也已经识别出一些用以刻画制度变迁特征的零散变量，如除企业所有权类型外，还包括不同量化水平的市场化程度、企业治理模式、政府参与度及市场竞争压力等。学者 Li 等（2006）的相关研究同样采取首先通过识别其作为制度变迁的结果及其企业绩效的前置变量——市场导向，作为企业管理行为测度维度，进而揭示其制度体系如何影响企业绩效的"暗箱操作"；在此基础上，再将其作为中介变量，探究制度变迁对于企业运营绩效的影响作用机理。虽然现有研究文献在组织理论及战略管理理论层面已经有所突破，但是仍然缺乏系统的理论体系，用以清晰阐释制度环境变迁的关键性测度指标、维度设计、受制度环境变迁所影响的关键性企业管理行为决策和这些行为决策与企业商业绩效间的联结关系。

9.3 制度理论视角下的制度创新与企业绩效

上述研究文献梳理清晰显示，基于"战略选择"（Child，1972，1997）视角为制度环境下的企业行为决策研究提供了基础性的理论分析架构；与此同时，现有文献也显示，已有很多学者基于战略选择视角探究转型经济体国家的企业行为决策问题（Tan et al.，1994；Peng et al.，1996；Luo et al.，1998；Peng，2003；Davies et al.，2004；Tan et al.，2005）。

战略选择（Strategic Choice）可以被定义为"组织内权力拥有者决策战略行为方案的进程"（Child，1997）。战略选择概念强调此决策过程中个人主观能动性在解释组织行为方面的核心作用，同时也为确定性及唯意志论视角下的相关研究搭建了一座可沟通的桥梁（Davies et al.，2003）。而组织通常由居于"主导性联盟"的高级管理者所控制，这些高级管理者可以选择联盟的范围、结构及发展方向。这些选择不仅受限于组织所处的技术及经济环境，同时也不是完全毫无成本而言，相反这些选择需要经过"一系列约束条件评估及对等价值的机会评估"方可进行取舍（Child，1972）。企业高级管理者是"行为规划的解释方"（Scott，2001），其需要对所处环境给出反应，并能提供组织与其所处环境间的联结关系。而对于企业高级管理者相关行为的充分理解及系统诠释则是理解上述联结关系的"必要条件"。

传统制度理论则认为，企业管理者的解释及所采取的战略选择的方向都会显著性地受到其所处的制度环境中物质性及观念性层面的影响。就其监管领域而言，制度环境决定了主政当局所施加的"游戏规则"（North，1990），用以建立一整套供理性行为人追求自身利益的限定条件。而在规范性及认知性制度领域(Scott,1995)内,制度环境给予某些思维模式、与他人不同的价值观及相关参照体系以一定程度的特权性,赋予其目的及行为以合法性,并借助何为"好行为"对其意义进行有效界定。

在发达的市场经济国家及未经改革的指令性经济体内,制度架构被视为一种具有内生性及一贯性的管理体制,且形成鲜明的"制度逻辑"特征。在此情境下,制度理论用以强调产生制度同构及社会稳定的驱动力作用(DiMaggio et al.,1983),而非涉及此变化过程本身。然而,在转型经济体情境下,改变不可避免,就其本质而言,可以说是一个一贯性的方向,尽管并不完全。因而,制度逻辑也时常处于变化过程之中,而组织的"混合"形式也非常普遍(Nee,1992),企业管理者对其自身在制度空间内定位的理解则成为相同时间内源于市场经济及指令性经济制度逻辑形成的重要因素。鉴于制度差异客观存在的同时,很多经济体也呈现出诸多的发展机遇,而这些恰好可以成为检验组织及其所处制度环境间相互关联的理论模型的极佳条件。借助这种"天然试验场所"(Scott,1985)的提供,可以直接观测制度变革及其变革过程中企业管理者的应对方式。尽管有学者也曾指出,伴随改革进程的推进,转型经济体国家企业管理行为的制度性体现可能会相对力度有限(Hoskisson et al.,2000),但是仍然可以被证明具有一定限度的弹性及持久性,并且可以持续提供有价值的研究见地(Wright et al.,2005)。

9.3.1 计划经济体系制度逻辑特征

旧有的计划经济体系下的制度架构本质性问题已经得到过许多学者的关注。就其监管性制度架构而言,计划经济体系下监管性制度架构最本质的特征是使用计划方式或是指令性机制,代替市场调节机制用以资源配置(Child,1990;Ericson,1991;Kornai,1992;Tung,1982)。整个经济中的资源配置决策借助集中型的层级结构而仅发生于权威管理层,有些类似于市场经济中的集团型或多部门企业,同样受限于源于公司总部的严苛的官僚体系管控(Carroll et al.,1988; Peng,2003)。就企业层面而言,计划经济体系所固有的特征还体现在如下四个方面。

第一,企业管理者在原材料采购、员工招聘、产品生产及产品定价方面都没有自主决策权,而是需要听命于更高一级的行政指令。

第二,因为预算软约束的存在(Kornai,1980),企业没有必须获得商业成功的要求及标准,销售业绩及盈利能力等通常都由企业外部因素所控制;企业损失也会被政府部门一笔勾销,而企业运营资本还会照原有计划如期拨付。

第三,鉴于既有监管、规范及认知性制度体系的存在,物质激励强度极低。例如,在监管领域,政府部门禁止企业管理者提供物质利益用于奖励良好的业绩表现,所谓的"铁饭碗"政策在全国范围内普遍适用,用以确保企业管理者及员工在企业中的职位,尤其使得那些未能恪尽职守,为企业发展尽力的员工及管理者免于受到物质惩罚。同样,在既有规范及认知性制度领域内,上述"游戏规则"也得到了强有力的广泛宣传,例如,强调无私及"社会主义精神"的重要性,教导员工要为国家整体利益而努力奋斗,提供"精神层面"而非物质层面的奖励用以维护强有力的平等观念(Ding et al.,2001)。

第四,企业无论在原材料采购,还是在制成品销售环节均不存在市场竞争因素,而是完全依据上层指令向客户及供应商分配及供给。

整体而言,在计划经济背景下,组织所面对的制度逻辑体系已经相对成熟。企业的"系统绩效”,即企业维系其作为自负盈亏实体的能力,需要因相应满足不同利益相关方的需求而由不同的测量维度构成。首先,也是最为重要的一点便是,每一个企业的生产目标体系设置都需要满足政府主管部门的需要。其次,企业还需要满足更为广泛的社会性需求,例如提供就业、为企业员工及其家属提供福利等,用以符合顶层设计的政治及意识形态要求,包括物质奖励须基于平等原则基础,而非对企业贡献的多寡等。最后,同时也是更为含蓄的一点是,企业高层管理者也会尝试寻求企业管理自由裁量权,企业高管人员在企业管理过程中选择一种相对而言更加“舒适、自由的生活”,以及对于上层主管部门不合理要求迅速做出回应的能力等,这些都会在一定程度上加剧高水平的企业内部资源浮动态势。正如资源依赖模型(Davies et al. ,2004;Pfeffer et al. ,1978)所预测的那样,理性的企业管理者会借助主管部门力量获取稀缺性资源,并会致力于这种依附关系维系,以影响更高层面的主管部门,而非致力于企业运营的商业成功或是运营效率提升,因为后者并不会为其带来更多的收益。

简而言之,计划经济不会产生协作效率,反而会带来资源的系统性短缺(Kornai,1980)、信息流动性差(Boisot et al. ,1988)等问题,以至于企业管理者不得不采用学者 Peng 提出的所谓基于关系网络的企业战略,即利用私人关系网络用以确保稀缺性资源获取的可能性。尽管随着时间的推移,基于层级基础的计划性指令交易(也可内部转让)以及基于私人关系网络基础的交换模式存在一定程度上的融合,但是整体而言,由此引发的各种尝试及努力最终都无法满足人们的日常生活所需及社会发展所需,从而计划经济的系统性失败最终不可避免(Davies,2012)。尽管计划经济作为一个整体是失败的,但是其中的企业,却是依据计划经济制度逻辑体系标准得以充分运作的,即如果一个企业可以在此制度逻辑体系下得以生存,那么,它需要通过协商符合预期生产目标,使用(并且经常储备)毫无必要的大体量原料投入,提供社会就业及远超实际所需员工数量的社会福利,并由银行直接对其经营损失进行覆盖等。当然,由这样的企业所构成的经济生态系统自然不能维持长久的繁荣发展态势。

9.3.2 企业改革、去制度化与制度性差异

正如学者 Oliver(1992)所指出的那样,“去制度化”作为重要的前置影响因素之一正是源于旧有制度逻辑体系下的绩效缺乏。面对旧有计划指令经济及其制度体系的失败,中国政府及其他转型经济国家都引入了一套新的制度逻辑体系,即聚焦于以规则为基础的、非个人化交易的市场主导性制度体系构建(Peng,2003)。那么,具体到监管领域,就大多数产品领域而言,计划指令已经被市场所替代,并且已经开始逐步完善健全用以保护产权的法律制度环境。与此同时,在规范性及认知性制度领域中所强调的重点也已经逐渐脱离“精神层面”奖励及对于公益事业的无私追求,而是更多强调个人及集体物质利益获取的合法性。当中国改革开放的总设计师邓小平同志提倡“致富光荣”的时候,便给予之前被广泛认为属于非法经营或不具合法性的一系列经济活动赋予了合法性地位。

整体而言,这种新的制度逻辑的核心便是企业改革进程,其中包括三方面内容。第一,接受并促进企业成功的商业化运作,并将视其为企业的合法性目标;相对应的,新的制度逻辑体系下企业的系统绩效被解释为盈利能力、市场份额及企业增长。第二,提供必要的法律保障以及基于除国有企业、集体企业之外的其他组织形式的意识形态层面的支持。鉴于此,外商投资的合资型企业、外商独资企业及私民营企业都被允许可以自由进入大多数行

业领域。第三,涉及国有企业、集体企业自身改革,赋予其更大限度的自主经营权,允许其引入更大限度的激励机制,强化预算约束,开放自由竞争环境。

如果针对旧有计划经济体制的"去制度化过程"以及确立市场经济体制的"再制度化过程"是完全的,那么这种新确立的制度逻辑可视为拥有其自身的内在一致性,即中国企业在企业自主经营、盈利能力、企业增长及市场份额方面都可以有效模仿现有成熟市场经济体系中基本组织形式。但实际情况并非如此简单。尽管改革的方向是清晰的,但是在改革的过程中仍然存在很多的不完全性及不确定性,因而企业在转型经济过程中面临着典型的"制度性差异"问题,即不同企业间(包括不同所有制企业间及同一所有制企业群体内)存在外部性的"游戏规则"设置差别。在此情境下,"游戏规则"设置取决于高度具体的环境特殊性,而企业高管人员也逐渐意识到其所处的制度架构往往具有多维度空间特质,即每一个企业所占据的空间位置都具有多重维度。这些维度常常是企业改革的关键核心所在,而企业所处空间位置又常常由经济运行中各种相互角力甚至有时冲突矛盾的各种错综复杂的势力共同作用的结果,而形成这一结果的原因则主要还在于政府主管部门在支持市场力量的同时,也会按照其所谓"适宜"的方式进行干预及管控(Davies,2012)。

具体到企业所处多维空间特质而言,包括以下三个维度。

(1)企业所处的第一个维度就是必要的企业盈利能力。这也在一定程度上反映出企业高管人员希望采用商业价值而非指令经济体系下的广泛的社会义务原则经营企业,对此可以借助严格的预算约束加以实施(Kornai et al.,1984),即在一定程度上意味着,在没有政府补贴、政府资助的非商业政策性银行贷款或其他形式的外部支持条件下,企业需要满足其自身成本预算要求。对于外商投资企业及私民营企业而言,政府补贴及政策性银行贷款通常不易获得,此种情境下,对于企业盈利必要性的认知通常较高。就私民营企业生存环境而言,企业业主毫无疑问地明白,唯有企业获利才是企业生存之道。对于那些外商投资企业而言,如果其母公司规模较小、实力相对较弱,如中国香港或台湾的母公司,那么这些企业在中国大陆子公司的股权风险也很高,此种情境下,同样有较强的盈利需求。但是也存在一些例外情况。如果外商投资企业的母公司规模很大、实力相对较强,那么对于这些企业而言,基于在中国经营的长远角度考量,可能对其即期盈利的需求并不是很强烈。正如学者 Studwell(2002)所指出的那样,大多数大型跨国企业在中国的子公司虽然连续多年经营业绩惨淡,但是仍然得以维系,而非退出中国市场。由此可见,预算软约束也并非仅是中国国有企业的专有特权。

尽管在企业改革过程中,顶层设计试图逐渐强化对于国有企业及集体企业的预算硬性约束机制,但是一套行之有效的预算硬约束需要企业破产或关门停业作为可信的威胁存在。对此,必要的法律保障虽已实施多年,但是政府主管部门仍然不愿多加采用。究其原因,无外乎两方面:首先,在监管层面,传统持久性的观念认为,在社会主义国家企业破产缺乏道德层面的合法性基础。其次,由于企业破产所导致的工人失业以及由此可能引发的社会动荡会成为政府当局不愿支付的代价,尤其在行业就业可替代性较为缺乏的地区更是如此。

简而言之,企业所面对的盈利能力的实质性驱动力在于企业破产威胁的可信度;而企业管理者对这种实质性驱动力的预判则取决于其所处环境细节中的诸多影响因素,包括企业是否须向主管部门定期汇报工作业绩,企业高管人员是否处于政府与企业间关系网络中关键位置,企业高管人员与当地政府官员及银行管理人员的私人关系如何等。除此之外,企业所有权特征同样是不可忽视的重要影响因素。

(2)企业所处第二维度则是自主经营,对此可以借助三个更为清晰的子维度进行注解(Groves et al.,1994)。首先,政府参与企业经营决策的限度可视为企业高管人员是否独立于政府部门独立自主地进行战略规划选择的标准。其次,可以将企业自主定价以及在市场自由买卖行为视为对于原有计划体系的脱离程度的表现。最后,基于企业人力资源管理方面的自主权也代表着企业在没有政府干预的情况下自主招聘员工及职业经理人。

尽管持续的改革给予企业管理者更多自主决策的空间(Byrd et al.,1990;Groves et al.,1994;Naughton,1994;Nee,1992),但是这种自由空间的大小及程度会因企业不同而呈现出显著性的差别(Lee,1996),不仅体现在企业所有权差别,即便在相同所有权特征类型内的企业也存在显著性差别。通常而言,外商投资企业及私民营企业的企业管理者在管理决策方面相对具有较高的独立性。他们可以独立于原有招聘计划,依据其自身判断,自由招聘企业员工或职业经理人。但是,学者 Studwell(2002)的研究也指出,外资企业内部也存在随意性的政府干预行为;而对于那些存在敏感或脆弱政治触点的私民营企业而言,企业管理者常常因为不得已的苦衷而需要拉拢政府官员以实现其影响力地位(Xin et al.,1996)。相对而言,国有企业常被视为原则上拥有相当程度的企业自由裁量权,但是在具体执行过程中则会因情况不同而呈现出诸多变化。处于战略性行业中的企业,往往可以为当地解决就业问题,提供重要的社会性基础设施,因其与政府职能的高度耦合性,这些企业通常也与政府人士密切关联。而政府介入企业内部经营决策的内容主要涉及企业人员招聘、通过非市场化渠道获取资源及客户等。在企业经营自主权方面需要提及的另一类便是乡镇集体企业。集体企业通常被认为在经营自主权限度方面居于国有企业和外资、私民营企业的中间地带(Nee,1992),即集体企业也会在一定程度上受限于政府主管人员个人偏好的干预。此外,还需要提及的一点是,企业管理者对于其自主决策权的认知在不同所有制企业间以及同一所有制企业群体内同样存在偏差(Davies,2012)。

(3)企业所处第三维度是不同所有制企业间以及同一所有制企业群体内成员所面临的市场竞争强度。如有研究所指出的那样,一般情况下,政府主管部门希望借助将企业置于充分竞争的市场环境内以有效刺激效率提升(Huang et al.,1998);相应地,经济学家也将此视为市场化改革进程的重要标志之一。但是实际情况是,许多行业的进入壁垒仍然很高,来自海外市场的竞争更是受到国家层面及地方政府的双重限制,目的是为政府意欲保护的企业提供必要的免受竞争的环境。整体而言,企业所面临的市场竞争强度以及企业高管对于所处市场环境的感知都存在不同程度的差别。

简而言之,企业管理者对于"游戏规则"的外部性设置解读以及对整个企业改革进程的理解可以概括为以下五个维度:盈利必要性、竞争强度、政府对于企业经营决策的干预度、与原有计划指令性经济的脱离程度、招聘企业员工的自由裁量权。上述五个维度的测度及量化有助于企业管理者明确企业在改革进程中的定位,同时这五个维度也因企业所有权类型不同而呈现明显差异性。以此为基础的概念化模型构建无疑为相应的经济理论分析提供重要帮助,不仅为转型经济体项下的混合所有制本质特征分析奠定理论基础,同时解构市场经济体系项下的"制度逻辑"架构,为中国经济体制改革过程中的制度性空间界定无疑也具有重要的启示及借鉴意义。

9.4 转型经济情境下制度创新与企业绩效提升作用机理

9.4.1 激励机制与企业绩效

就现实情况而言,中国企业的很多高层管理者面临着“游戏规则”及其与企业行为相关的规则设置在不同企业间呈现出的明显差异性。若基于战略选择视角,这些企业管理者依据其自身价值观判断评估约束条件及相应机遇,从而成为战略行为决策的解释者,并据此采用相应的行为决策。在此条件下,如果企业改革的“程序逻辑”是有据可依的,那么对企业盈利持强烈感知的企业管理者会给予成功的商业运作以首要且具合法性的地位,并将其作为指导企业活动的最终目标;而如果企业管理者拥有自由裁量权,便可以充分调配企业资源用以上述目标的实现。另外,在制度空间的另一面,即企业管理者对于企业盈利压力的感知性较低,且对企业的商业运作成功与否并不关心,有限的经营自主权更不可能使其在企业资源配置方面有所发挥。

面对这些制度性差异,借助探究制度设置如何影响企业绩效的作用机理过程中,一个关键性问题集中于对于企业管理者而言,战略性行为选择的本质仍然取决于其最终的解释力,即其所面对的机遇与约束及两者间的权衡问题。而以追求企业商业绩效为最终目的的企业资源配置的相关行为方式则具有潜在的广泛性特征,学者 Capon 等(1990,1996)就曾识别出数百种有助于企业绩效提升的管理可控因素。尽管如此,在任何情境下,资源有效使用的最为基本的要求,如机会获取及约束条件克服等,都会引发相应的商业成功。在改革前阶段,社会所倡导的价值观是平等理念,不论是企业员工还是管理者,其报酬获得的标准是按需分配,而非按其实际投入或努力程度分配。此种情境下,物质奖励行为不允许发生;用于提升社会主义工人高风亮节的宣传及倚重反而成为刺激工人发奋工作的动力。但是,最终结果显示上述方法是事倍功半的,非但没有及时带来工人的努力及投入,反而因为努力的缺失引发整个计划经济体系的失败。鉴于此,在改革时期,物质奖励被赋予合法性,并作为企业员工及管理者在分享企业绩效所带来奖励的一种调节手段,而这种物质奖励的强度也随即成为企业管理者战略选择中重要且突出的组成部分。然而,不论企业高层管理者对于物质奖励合法性、物质奖励实际需要、物质奖励的价值体现以及物质奖励如何呈现更为强烈的激励机制等方面的解释如何,最终这些解释都将受限于企业高管人员对于自身所处制度环境的认识及理解。如果企业管理者对于盈利必要性的感知度较低,且处于有限竞争环境下,则引发努力工作动力自然不足,对其而言,引用高强度激励机制的理由也不充分。相反,如果企业管理者对于盈利必要的感知度较高,且所处竞争环境激烈,则引发努力工作的动力自然较强,企业高管人员也会通过高强度的激励机制设计以确保盈利性。鉴于此,可以提炼出影响企业管理者激励强度偏好的两个前置变量,即竞争性强度感知与盈利必要性感知,假设如下。

H1a:企业管理者所偏好的激励强度与竞争性强度感知正向关联,与盈利必要性感知正向关联。

同样问题也适用于企业自主权及其子维度情境下。如果企业管理者认为其拥有自主经营权,且独立于计划体系之外,在不涉及政府干预的情况下自由行使决策权,自由选择聘用企业员工,则会激发企业管理者更加努力工作以创造更大的价值;如果辅之以合法性依据,企业管理者也会采取更为高强度的激励机制及措施。相反,如果企业管理者的自主经营权受到制约,则工作努力的积极性并不能以其认为适宜的方式调动起来,自然对于较高价值创造及高强度激励机制的需求也不突出。鉴于此,可以提炼出影响企业管理者激励强度偏好的另外三个前置变量,即计划指令脱离度感知、企业员工聘任裁量自由度及政府在企业决策制定过程中的干预度,假设如下。

H1b:企业管理者所偏好的激励强度与计划指令脱离度感知正向关联,与企业员工聘任裁量自由度正向关联,与政府在企业决策制定过程中的干预度负向关联。

与此同时,对于企业管理者而言,其所拥有多少企业自主经营权限,相对应于其对盈利必要性及竞争压力感知度的强弱,因而,当企业管理者感知其拥有更高限度的自主经营权时,上述变量对于激励机制强度的影响作用也会愈发凸显,即上述前置变量间也存在一个交互影响作用过程。鉴于此,假设如下。

H1c:当与计划指令的脱离度及企业员工聘任裁量自由度呈现较高水平,而政府对企业决策干预度呈现较低水平之时,企业管理者的竞争压力感知及企业盈利必要性感知与激励机制强度存在正向关联性。

9.4.2　管理导向中介作用

上述理论分析到目前为止,还仅限于激励机制强度的核心作用。激励机制作为转型经济环境内企业高管所采取的战略行为选择之一,其选择与否取决于企业高管对于自身所处环境中"游戏规则"的感知。但是,激励机制本身并不会直接影响到企业绩效的改变,只有借助企业管理者的行为决策,激励机制才会对企业绩效产生影响(Davies,2012)。对此,制度理论和之前与企业改革及私有化相关的研究文献已经识别出多种方式,借此高强度的激励机制可以引发不同的管理行为。首先,在监管领域,采用高强度的激励机制会改变个体管理者的物质性机会获取架构(Merton,1949),成就感及幸福感较少依赖于外部官僚体系的决策机制,而是更多依赖于企业自身绩效表现。其次,高强度激励机制本身就是一种直接的表现形式,且是一种巨大标准规范的转变信号,之前在公有制经济体系内所禁止且被污名化的不平等现象已经具有了合法性地位,使企业管理者及员工可以自由追求所提供的物质性机会。在高强度激励机制条件下,如果企业能够拥有优质的业绩呈现,企业管理者可以累积物质财富;而这些物质财富在市场经济体系下也被赋予其合法性地位。因而,企业管理者受到物质及理念层面因素的双重影响驱动会采取绩效提升导向作为市场经济体系下得到广泛认可的企业高管任务目标。

鉴于企业战略管理文献研究中对于企业上述战略导向已经做过广泛探究,相比之下,转型经济体系内制度变迁相关研究也已然识别出四类关键性维度,这四类维度在指令性经济体系内是不存在或较少出现的,但其却对企业绩效提升有重要贡献,并且成为企业管理者控制力、责任感及相关决策行为的重要表现方面。

第一,在指令性经济体系内企业管理导向中缺失,但是却受到高强度激励机制所鼓励的便是对于效率的重视度。借助提升效率,企业运营成本可以得到削减;相应地,运营收益提升,系统绩效增强。对此,针对中国企业情境的研究结论(Nee,1992;Qian et al.,1993)都显示,中国企业已经愈发市场化,企业管理者也愈发不在意行政指令性目标的达成(Byrd et al.,1990),反而愈发重视企业效率问题(Su,1994)。在商业战略语言方面,强调企业资源效率、成本降低及成本领先,用以奠定企业绩效提升物质基础的根本性理念已经在中国企业管理者的认知体系及思想体系内居于重要地位(Wo et al.,2000)。因此,中国企业管理者也愈发认识到资源效率与企业商业绩效间的关联性;但在其追求更高限度资源效率之时,也面临合法性物质奖励与企业商业绩效间关联性问题。鉴于此,假设如下。

H2a:激励机制强度与企业高管对于效率的关注度正向关联。

H2b:企业高管对于效率的关注度与企业商业绩效正向关联。

H2c:企业高管对于效率的关注度在激励机制强度与企业商业绩效间发挥中介变量作用。

第二,借助对于企业内部功能的关注,尤其是如何更好地利用可用资源问题,可以强化对于资源效率提升企业绩效问题的理解。尽管企业生存及企业成长同样需要资源的有效使用,但是资源依赖模型(Pfeffer et al.,1978)预测,管理投入会直接指向特定企业所需资源控制的个人或组织的关系管理。对此,制度理论也强调资源提供者的识别会因所处环境中监管架构的不同而有所区别。基于指令性经济体系下的制度性安排,基于全民所有制理念下,资源控制权事实上掌握在更高一级的官僚机构手中。对此,企业管理者只能借助关系网络战略用以最大限度地确保资源的可获得性(Peng,2003),即与资源提供者发展具有双赢性质的所谓"关系"。尽管如此,在更趋市场化情境下,资源不再仅限于通过少数政府(官员)层面渠道获取;相反,资源借助正规化市场渠道获得,其中资源的最终提供者也正是企业的供应商或客户,而相应的基于客户的交易行为则会促成企业收益的增加。一方面,为企业提供原材料、劳动力、资金及技术等方面的供应商非常重要;另一方面,这些供应商的供给意愿事实上取决于其提供原材料等资源的供应价格需要足以覆盖其资源供应成本(Davies et al.,2004)。因而,基于客户思维的主导性地位以及客户导向成为企业提高运营绩效的关键性条件之一(Jaworski et al.,1993;Narver et al.,1990)。对此,也可以解释为,企业管理者及其他面对强激励机制的相关者在行为决策过程中会更大限度地体现出客户导向倾向。鉴于此,假设如下。

H3a:激励机制强度与企业高管的客户导向程度正向关联。

H3b:企业高管的客户导向程度与企业商业绩效正向关联。

H3c:企业高管的客户导向程度在激励机制强度与企业商业绩效间发挥中介变量作用。

第三,对于企业资源效率提升以及客户需求的关注,对于中国企业而言,无疑代表着企业行为方式的根本性转变。这两者中,首先指向的是企业内部的运营效率;其次指向的是企业外部环境中最为重要的参与者。但是需要指出的是,这两者同样都是聚焦于静态层面,而非动态性的企业环境改善及提升。相对而言,指令性计划经济体系下同样也缺乏创新思维,也正是基于此,最终导致整个经济体系的失败。在指令性计划经济体系下,生产型企业不被期望有寻求创新的动机及行为(Child,1990;Child et al.,1990;Naughton,1994)。行业处于功能性解体状态(Liu et al.,2001),相应的研发活动由(指定)的专业机构部门从事,并被期望将开发出的新产品或新工艺流程转移至独立的生产型企业内部。而研发部门与生产型企业间的关系被简单理解为,对于生产型企业而言,不论研发部门的研发结果优劣程度如何,都要无条件地采用;而生产型企业的绩效测度与其技术或产品研发亦无显著关联性。在此情境下,生产型企业的高管人员亦无理由将企业创新与企业绩效关联起来,因而也自然没有动机进行企业创新。但是在企业改革与制度变革情境下,企业依赖于市场化导向战略规划，即便是生产型企业也需要进行其自身的技术升级与产品研发（Guan et al.，2003）。正如学者 Nee（1992）研究指出，基于“创新”的聚焦是转型经济体国家的企业“市场化”管理者与“非市场化”管理者间最为关键的区别之一；此外，学者 Hoskisson 等（1993）及学者 Wright 等（2000）的相关研究同样也识别出创新是强激励机制作用结果之一。鉴于此，假设如下。

H4a：激励机制强度与企业高管的创新程度正向关联。

H4b：企业高管的创新程度与企业商业绩效正向关联。

H4c：企业高管的创新程度在激励机制强度与企业商业绩效间发挥中介变量作用。

第四，源于指令性计划经济体系下制度逻辑的第四个问题是企业管理者毫无意愿承担风险决策。如学者 Nee 研究指出，中国的非市场化企业管理者如果不能满足政府主管部门的要求则将面临接受处罚的危险；但是如果承担相应的风险，却没有额外的收益。在此情境下，企业管理者自然选择成为典型的风险规避者。相应地，在市场经济制度逻辑体系下，不确定性已然成为企业高层管理者工作环境的重要组成部分，而其对于风险的接受程度也被视为企业家或创业者追求更高限度企业绩效的关键性行为方式特征。鉴于此，假设如下。

H5a：激励机制强度与企业高管的风险承受意愿程度正向关联。

H5b：企业高管的风险承担意愿程度与企业商业绩效正向关联。

H5c：企业高管的风险承担意愿程度在激励机制强度与企业商业绩效间发挥中介变量作用。

至此，基于上述分析可以提炼出五个基本构念，用以界定指令性计划经济与市场经济制度逻辑间企业所处“制度空间”定位，即市场竞争强度、盈利必要性和企业自主经营权项下的三个子维度（指令性计划脱离度、政府对企业决策行为干预度、企业聘任员工自由度）。整体而言，上述构念所体现的“游戏规则”在一定程度上是由比企业自身级别更高的政府主管部门制定的；但与此同时，构念本身也恰与企业高管对于“游戏规则”的解读高度一致。需要特别关注的一点是，对于制度性安排感知的偏差会直接对企业高管人员采取的战略行为选择产生重要影响，尤其表现在对于激励机制强度的选择方面。相比较于其他的战略性行为选择，激励机制强度的凸显性主要在于，其直接决定了引发员工工作努力的程度，并在何种途径下都将成为追求企业绩效提升的先决条件之一。鉴于此，四个管理导向（效率导向、客户导向、创新导向、风险偏好）已经被识别为激励机制强度与企业商业绩效间作用关系的中介影响变量；尽管此四个管理导向在指令性计划经济体系下是缺位或处于被削弱状态，但是在市场经济体系下却成为影响企业商业绩效的重要作用因素。相关变量间作用关系概念模型如图 9.1 所示。

在进一步完善变量间作用关系概念模型之前，还需要特别提及的一点是对于市场竞争的关注。鉴于上述分析基础，企业管理者对于市场竞争强度的感知会直接影响到其所采取的激励机制设计，进而又会借助企业管理导向影响到企业绩效提升。鉴于此，有学者指出，激励机制强度在市场竞争度感知与企业管理导向关系间发挥充分且完全的中介变量作用（Davies，2012）。但是，现有经济理论及组织理论分析都认为事实上市场竞争将会发挥更为直接且复杂的影响作用，以至于激励机制强度仅发挥部分中介变量作用。首先，经济学家将市场竞争视为效率提升的最为重要的直接驱动力，相当数量的研究文献，包括涉及转型经济的 23 篇文献的荟萃研究（Djankov et al.，2002），都对此理论命题提供了大量的经验数据支持。但是,若依据战略行为选择的研究视角则清晰显示,高效率事件并非会简单“发生”,其需要企业高管人员的直接资源投向。鉴于此,假设如下。

H6:企业高管对于效率的关注度与其对于竞争强度的感知度正向关联。

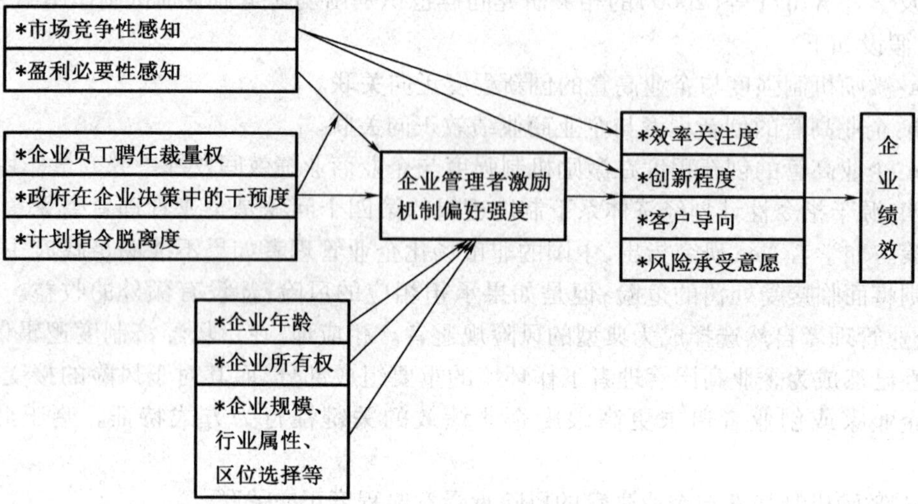

图 9.1 相关概念模型架构图

与此同时,经济理论和组织理论研究还同时指出,市场竞争会直接作用于企业管理者的创新意识,尽管两者间作用关系的方向性问题还存在一定的争论空间。一方面,若依据学者 Schumpeter(1942)提出的“创造性破坏(Creative Destruction)”概念,即在市场竞争条件下,不具竞争性意识的企业会逐渐被具有竞争性意识的企业所取代,结果导致更强的市场竞争会鼓励企业创新意识增强。但是,另一方面,组织理论则认为,创新需要一定限度的松弛度,而此松弛度通常在更为激烈的市场竞争环境中不具可获得性(Damanpour et al.,1989;Nohria et al.,1996);与此同时,经济学家也指出,市场竞争环境不利于创新的原因在于垄断租金收入的减少(Dasgupta et al.,1980),而对于竞争对手的知识外溢也会进一步强化这一趋势(Dutta et al.,2002)。尽管存在上述争论,但是现有研究也显示,似乎市场竞争与企业创新两者间的矛盾问题已经化解,学者 Cohen 和 Levin(1989)研究显示,市场竞争强度从零(垄断状态下)开始逐渐增强,一直发展到市场容纳相当数量的小规模竞争对手为止,市场竞争与企业创新间均存在正向关联性。但是,当市场可容纳竞争对手数量超出某一临界值时,市场竞争度的增强则对企业创新产生负向影响作用。上述研究结论也可简单表述为,市场竞争增强与企业创新在开始阶段存在正向关联性,但是在之后阶段则存在负向关联性。鉴于此,假设如下。

H7:企业高管的创新意识与其市场竞争强度感知间呈现倒 U 型作用关系。

简而言之,假设 H1 ~ H7 提供了一个基于制度理论及战略选择理论的视角,用于经验数据验证的变量间作用关系概念模型(图 9.1)。当然,为了有效控制计量模型出现伪回归结果的可能性(Aneshensel,2002),一些额外的相关变量及变量间具体影响路径还需要重点考量,并用以验证由上述模型假设派生出的辅助性假设条件。其中,企业年龄被予以重点考量,因为制度理论认为历史“悠久”的企业管理者会更加倾向于抵制高强度激励机制的引入,因为后者与其历史地位、理性判断及既有意识形态背道而驰(Ahlstrom et al.,2001)。鉴于此,假设如下。

H8:企业高管对于激励机制强度的认知与企业年龄负向关联。

此外,企业规模、行业属性、企业区位选择及市场竞争强度作为对企业绩效影响的控制变量仍需涵括在此概念模型框架内。同样,企业所有权类型也应涵括在内,但是仅部分用于控制变量处理,对此问题的直接考量原因还在于,探究其是否还对现有涵括相关制度性解释变量的概念模型提供了额外的解释力。一个值得讨论的关键性问题在于企业所有权类型本身作为一个制度性测度变量太过宽泛,以至于无法捕获企业间制度性安排的更为细致的差异性;相对而言,借助代表"游戏规则"的变量设置,制度性差异却能更为有效地进行度量。如果企业间的重要制度性差异都能够借助这些制度性变量得以完全捕获,那么有理由预期企业所有权类型与激励机制强度之间,以及与企业管理导向及企业商业绩效间将均不存在显著相关性。鉴于此,假设如下。

H9:若模型中的制度性变量均已得到有效控制,则企业所有权类型与激励机制强度、企业管理导向及企业商业绩效均不存在显著相关性。

另外,如果假设 H9 没有得到经验数据支持,那么企业所有权类型本身所具有的影响效应已经超越现有模型中所涵括的制度性解释变量的解释力。当然,对于上述概念模型假设及相关研究结论还需要经过相关大样本经验数据的实证检验方可证明其有效性。

9.5 小 结

本章研究旨在解决的首要问题是"转型经济情境下制度变革与企业商业绩效间作用关系如何?"借助相关研究也试图揭示针对企业改革经济学分析的"暗箱操作"问题,并提供一个基于制度理论及战略管理理论视角下关于企业商业绩效问题的较为全面合理解释。相关研究对于现有文献的贡献包括如下三点。

第一,上述理论模型构建提供了一个探究制度性变革对于企业管理行为及组织绩效影响关联性的概念性分析框架。基于制度理论视角下深入、系统诠释组织所面临的环境——作为与其自身制度逻辑具有内在一致性的制度空间,会对组织产生制度性结构及进程的同构性驱动作用;相关分析也指出,在制度变革(创新)阶段,制度逻辑会因管理体制的转变而发生变化,而制度环境也会相应被分解为不同的测量维度及侧重点。如果组织所处制度环境得以确立的上述维度是由一套更为复杂且具异质性的因素所决定,那么这些维度通常不会在制度逻辑转化过程中仍保持简单的"同步性"转换,即所有维度以同步速度从相同起始地点同步到达最终相同目的地。而事实上,因不同企业的所有权类型不同,在此转变过程中,不论是企业所有权类型组别间还是同一类型内均存在显著性的制度性差异。而这些制度性差异也恰恰为探究个体制度性变量对于企业决策行为及绩效的影响作用提供了极佳条件,并且提供了一个探究制度变迁问题的更为细致具体的研究方法(Davies,2012)。整体而言,转型经济为相关理论研究提供了非常重要且具有显著意义的应用空间,其间(制度)创新应用也更为普遍,借此可以从事基于跨部门的制度变迁分析,构建多维度的相关概念模型,并能为更具普遍性的纵向研究方法提供有价值的补充及完善。

第二,基于制度理论及战略选择理论视角,进一步发展并构建相关变量间的逻辑关联性，尤其系统追溯了企业高管人员对其所处制度环境解读对于其企业行为决策及商业绩效影响作用的相关研究文献。企业管理者对于包括企业盈利必要性强度以及所体现出的企业自主经营权限等在内的企业定位感知会影响到企业核心战略性决策行为的制定与选择，并进而决定企业激励机制的设定。而激励机制强度被认为在整体变量间作用机理过程中发挥重要的核心变量作用，本章研究已经识别出对激励机制强度产生重要影响的制度环境感知方面的五个前置性影响因素（市场竞争强度、盈利必要性、指令性计划脱离度、政府对企业决策行为干预度、企业聘任员工自由度），以及四类基础性企业管理导向（效率关注、客户导向型、创新意愿、风险承担意愿）在激励机制强度与企业商业绩效间作用关系中发挥的中介变量作用。

就某些方面而言，上述分析在一定程度上再次重申了已有针对企业改革的经济学分析结论，例如，强调激励机制的核心作用，正如委托代理理论中所指出的那样，更强的激励机制设计会引发绩效提升。但与此同时，上述分析在一定程度上也填补了现有相关研究的不足及局限。在上述研究中，激励机制不再被视为一个单纯外生性变量，或是简单视为与企业所有权类型相关联的一个影响因素，而是将其自身解释为由企业高管依据其对于所处制度环境感知所形成的企业关键性战略选择的重要构成内容。与此同时，主观能动性概念被引入，鉴于企业管理者视其拥有企业自主经营权，并在企业盈利压力之下会采取必要的行动以刺激更大的员工工作努力程度。在揭示管理导向在激励机制强度与企业绩效间发挥中介作用的过程中，一个诠释激励机制强度效应作用机理的完整分析得以展现。而对于所谓的“暗箱操作”而言，也即激励机制与企业绩效间关联性的隐匿，则借助诠释激励机制如何导致企业高管采取用以提升企业绩效的特定商业导向的系统分析也在一定程度上得以揭示。在此种情境下，企业则被塑造成一个功能性组织，其“主导性联盟”（Child，1972，1997）则会依据所处制度环境设置而采取相应的战略性行为策略。

第三，除了上述理论层面显著性贡献外，本章研究针对企业改革诠释的细节特征相比传统经济分析结论也有些许细致入微的差别。

（1）研究显示，当企业所有权类型变量得以有效控制之时，企业高管对于其所处制度环境设置感知性差异会显著影响到一些与之相关的重要变量，如激励机制强度、管理导向及绩效等。因而，基于企业所有权特征类型对于转型经济体系下企业间制度性差异影响的分析仅能部分刻画出上述差异性得以产生的原因；而借助基于多维视角对企业进行有效识别，以及企业所有权类型组别间及同一类型组内企业所面临的制度性差异，可以为相关问题探究提供更大限度的显著性额外解释力。

（2）在针对企业改革的经济学解释方面，监管领域中的强制性压力，例如企业盈利压力及市场竞争压力等，通过加强企业效率问题（作为关键性的解释变量），从而以更大限度的关注度居于主导性地位。但是，本章研究结论则呈现出一个不同于以往的学术观点，即企业盈利压力应对企业激励机制强度产生显著性的正向影响作用关系，并且间接鼓励了包括企业效率关注在内的所有用于企业绩效提升的管理导向选择行为产生。但是针对直接效应研究的实证结果（Davies，2012）则显示，创新意愿与客户导向维度不仅具有明显的显著性负向关联，整体模型的总效应在一定程度上亦不具显著性特征。对此结论的相应解释可能在于，如果将企业置于更加严苛的盈利压力环境之下，则监管当局会要求企业放弃需要长期努力投入的管理导向选择，此研究发现与美国学者 Schollhammer（1982）的研究结论遥相呼应。类似的情况也同样发生在市场竞争强度方面。尽管基于企业改革的经济学分析逻辑将市场竞争压力视为刺激效率提升的重要途径，但是相关实证研究结论却显示，当企业管理者拥有更高限度的市场竞争压力感知度时，其非但不会更加关注企业效率提升，反而会限制创新及客户导向行为发生，以至于市场竞争强度对于企业商业绩效的总体影响呈现出负向效应趋势（Davies，2012）。当然个中缘由可能部分原因在于，市场竞争压力增强会要求企业高管的关注度直接转向关注企业生存问题，相对而言，自然无法针对聚焦企业的长远发展战略考量。

（3）与之相关的一些实证研究结论也显示，一些较为年轻的企业或是规模较大的外商投资企业会呈现出更为优异的绩效表现，并且受到企业管理者脱离原有计划指令约束程度，获取在企业员工及管理者聘任方面更大决策权，以及更大限度的政府主管部门对于企业经营决策的参与度的正向影响作用（Davies，2012）。相对而言，借助监管领域中的强制性压力提升企业绩效的作用效果要略逊于基于企业高管人员更多战略选择空间及与政府主管部门建立私人关系联结的作用效果。

最后，特别需要提及的一点，也是需要进一步深入探究的一点，本章研究理论模型构建是基于现有研究文献提出研究假设，即政府主管人员对于企业经营决策的干预被视为企业经营自主权的（反向）重要测量维度，会导致企业激励机制强度降低，并且会对用以企业绩效提升的管理导向产生负向关联。但是鉴于现有相关实证研究结论与理论模型预期存在一定程度的相背离，即政府主管人员对于企业经营决策的参与度会显著增强企业激励机制强度，并且会对企业管理客户导向产生直接的显著性正向关联，与整体企业商业绩效间也存在正向关联效应（Davies，2012）。此研究结论在一定程度上也显示，现有理论研究有必要对于更加广泛的政府干预主义或是政府官员在企业改革过程中所发挥的积极作用发展趋势的合理解释予以肯定，充分认识到政府主管部门不仅简单代表并赋予其计划指令经济体系下的制度逻辑以人格化特征，发挥对于企业高管行为决策的制动作用；更为重要的是，政府主管部门实际上也充当新的制度逻辑体系建立的“先锋军”，例如，鼓励打破“铁饭碗”，倡导企业客户导向型转变等，尤其在转型经济情境下，政府主管部门的职能作用发挥更为凸显。如学者 Li（1997）所指出的那样，中国政府官员会辅之以提供“援助之手”，并且有别于西方媒体所谓的“官僚体制干预”（Chang，2001；Studwell，2002），此论点在一些小范围的经验研究中也颇为含蓄地得以体现（Nee et al.，2007；Yiu et al.，2005）。

整体而言，至此，现有理论分析已经基本满足预期研究目标的设定；当然转型经济体企业绩效的研究空间还有待于进一步拓展。现有针对企业改革的研究文献仍略显片面，企业绩效定义被赋予市场经济标准，虽被视为结果变量累积了大量经验研究文献，但是仍然大多集中于对于企业绩效前置性影响因素分析。当然，理想的商业绩效是企业已经由转型经济体完全朝向发达市场经济转化后，维持其自身生存的长期着眼点及基本需求，因而，理所应当受到相应的关注。但是，当这种经济转型尚处于不完全状态之时，旧有制度逻辑中的重要方面仍然得以维系，尤其包括企业合法性目标的替代性解释等，此种情境下，企业绩效的不同测量标准会同时得到应用，并且也会涉及不同测度体系下的前置性影响因素。正如本章研究中所指出的那样，中国企业管理者中的那些“后进型”管理者或是相关的政府主管部门管理者，通常拥有极小限度的企业自主经营权，并且处于无企业盈利压力环境之下，这些决策者自然会选择较低限度的激励机制设置，对于企业效率、客户导向、创新意识及风险担负的管理倾向性也很低,若是对其企业绩效采取市场化经济指标进行测度,其测度结果自然表现不佳。但与此同时,这些企业决策者在满足更为广泛的,包括企业在职员工、退休员工,当地政府在就业、税收等方面的要求,以及那些若没有市场保护就面临生存困难的原材料供应商等在内的一系列企业利益相关者方面可能会获得成功。当然,这些企业决策者在从政府主管部门获取较为宽松的限制条件以及满足其所需资源充足性方面,即在这些屈指可数的少数博弈过程中可能使企业呈现出高效率特征。简而言之,一个更加全面的基于转型经济体企业绩效及其前置性影响因素分析的研究不应仅关注“基于市场化”的企业绩效及其前置性影响因素,还应该关注计划指令性经济体系下制度逻辑所诠释的企业绩效表现,以及此情境下,制度环境得以形成的方式及影响企业管理者在寻求所谓的企业绩效解读过程中战略行为选择的作用机理。

与此同时,另一个值得关注的议题则是探究可选择制度逻辑结果变量与前置性影响因素间作用关系问题。更高水平的企业商业绩效是否就意味着计划指令性经济体系下的企业绩效标准水平低下?企业管理者在追求计划指令性经济体系下企业绩效过程中所选择的战略规划及行为又与其商业绩效表现是否存在正向或负向关联性?显而易见的是,虽然作为彼此的对立面,市场经济体系与计划指令性经济体系很容易识别,但市场经济体系下的企业高管同样也会以自身利益出发采取政策性战略规划用以影响政府主管当局的判断及决策(Aplin et al. ,1980;Hillman et al. ,2004);与此同时,也有证据表明企业就此方向的投入及努力也会带来相应的绩效提升结果(Hillman et al. ,1999)。有鉴于此,非常有必要平衡转型经济体系下市场经济绩效与其前置性影响因素的关注度与计划指令性经济体系下企业绩效相关分析的关注度,以及相应情境下所采取的战略行为选择及嵌入于各自制度逻辑体系内路径及目的间的内在关联性。

第 10 章

转型经济情境下竞争性制度逻辑与企业创新创业

制度过渡或制度转型过程中的制度性摩擦(Institutional Friction),主要源于不同制度体系的竞争性制度逻辑(Dueling Institutional Logics)并存的问题(Yiu et al.,2014),并且会对包括创新创业在内的一系列企业行为决策产生重要影响。其中,基于中国情境下的实证研究显示,原有计划经济制度逻辑中的国家所有权及其管控(State Control and Ownership)仍然是一个强效影响因素(Potent Factor);相对应的,支持战略性创业的新型制度逻辑则借助于企业集团内部非正式及正式性制度控制得以有效实施。通常而言,包含有国家所有权的制度逻辑会使得企业对于新的制度性需求反应僵化以及缺乏弹性,并且会在一定程度上弱化企业集团对于战略性创业的正式性及非正式性控制的正向影响效应。而包括企业集团在内的大型组织内部竞争性制度逻辑并存的问题,以及竞争性制度逻辑在其制度摩擦过程中如何引发及驱动企业创新创业发展的相关问题正日渐成为相关制度理论学者及企业管理理论学者的关注重点。

当经济从原有计划经济体系向市场经济体系转变(过渡)过程中,企业将会面临一整套基于全球竞争体系的新的制度逻辑;与此同时,还会面对仍具有主导性的、旧有的、基于计划经济体系的制度逻辑。而由此产生的结果则是,两种相互矛盾的制度逻辑间产生的制度性摩擦会影响到企业的战略规划及其相关选择(Kim et al.,2010)。而这种制度性摩擦对于企业创新创业的具体影响作用机理则成为本章探究及论述的重点。

就基于中国情境下的具体影响作用而言,关于相关矛盾的制度规范对于中国企业创新创业影响的具体表现在于:一方面,中国传统的中央集权式制度体系会导致企业选择规避创新创业;另一方面,新兴的基于市场经济的制度体系会促使企业更多参与到创新创业活动之中(Yiu et al.,2014)。而面对这两类相互矛盾的制度逻辑,中国的企业集团在便利经济体系转型过程的同时,还需要克服对于市场竞争力重视欠缺的问题。而作为一种新型的组织形式,企业集团(Business Groups)通过其生成内部市场的激励刺激作用,被视为能够显著有助于新兴经济体从市场经济模仿者、跟随者到市场经济创新者的转型过渡(Amsden et al.,1994;Khanna et al.,1997;Leff,1978)。尽管现有文献显示,就关于企业集团如何在其附属子公司间便利创新创业的作用机理尚不清晰(Chang et al.,2006),尤其是在制度转型过程中伴随竞争性制度逻辑并存的情境之内。

有鉴于此,本章重点探究竞争性制度逻辑对于以企业集团为代表的关联性组织间创新创业战略选择的影响作用。而对于竞争性制度逻辑的研究起点则始于企业建立之初的领导层构成及所有权历史,通过企业集团所强调的正式性及非正式性制度控制影响力,进而探究这些影响因素如何聚焦于、作用于企业创新创业行为决策。本章研究重点旨在深入剖析经济转型情境下的竞争性制度逻辑的驱动性作用机理,相关研究结论将对中国企业改革，尤其是以企业集团为代表的中国式国有企业改革及创新创业实践具有重要的启示及参考价值。

通过探究竞争性制度体系如何影响企业创新创业层面，本章研究对于现有相关研究文献的贡献在于：首先，基于理论层面，拓展了基于制度理论视角下对于企业战略选择及创业决策的理解，强调了战略选择环境下制度体系与组织间动态交互作用的结果（Peng，2002；Peng et al. ，2009；Peng et al. ，2008）。本章研究旨在探究的是企业在冲突性制度环境过渡过程中所做出的战略性创新创业选择问题。现有相关研究文献也显示，多元性及非连续性制度逻辑并存的现象作为一种原有制度体系的遗留深刻嵌入于国家官僚体系之中，而由企业集团所主导的市场驱动型变革及创新力量会制定及建立诸如战略性创业等新的组织规范及惯例（Yiu et al. ，2014），而企业在此决策过程中所呈现出的异质性战略决策结果则可能源于竞争性制度逻辑间不一致性呈现过程中的企业战略性选择倾向，此外，相关研究结论对于系统探究如学者 Barney（2005）在战略性创业研究文献中所提及的相关公共政策问题也将大有裨益。

其次，第二个理论贡献在于，进一步拓展了对于组织内冲突性制度逻辑并存现象的理解，尤其是借助经济转型过程中制度体系发展及演进。此外，本章研究还特别强调的一点是，高阶段（层次）制度实践领域变革如何导致低阶段（层次）制度实践层面的制度冲突及制度摩擦产生。对于高阶段及低阶段制度逻辑间竞争性问题的关注在一定程度上也揭示出历史上被普遍接受的制度逻辑如何对于新战略实施及执行产生的抗性（Resistances）问题（Fiss et al. ，2004；Lounsbury，2007；Marquis et al. ，2007）。

最后，相对而言，在现有战略性创新创业的相关研究文献中，基于针对冲突性制度逻辑得以发生的组织形式（如企业集团）的关注仍属于新兴研究。鉴于此，本章研究有助于丰富及深刻理解基于企业集团式的关联企业间制度化战略性创业中组织正式性及非正式性制度控制的影响作用。相关研究结论将对企业管理者及相关转型经济政策制定者具有重要意义，并能够有助于借此发展新型组织形式，如企业集团等，用以培养基于市场规制的实践惯例，尽管这些组织也仍然无法回避源于历史嵌入性的竞争性制度逻辑的抗性问题。

10.1 竞争性制度逻辑与企业创新创业研究基础

就中国这样的新兴经济体而言，朝向市场经济体系的制度转型及过渡过程中，对于企业而言，无疑会形成有利于促使其增强关注企业创新创业，以提升企业长期竞争力的外部压力的有利制度环境。其中尤为凸显的便是制度性创业问题。那么，什么是战略性创业（Strategic Entrepreneurship）呢？依据学者 Hitt 等（2011）的观点，战略性创业是指企业"同时面对双重挑战，即一方面利用当前竞争优势（战略管理理论范畴），另一方面探索新的商业机会（创业管理理论范畴），用于企业未来竞争优势的发展以及相关价值及财富创造路径"。若是基于制度理论视角探究相关问题，尤其是基于相关竞争性制度逻辑的文献研究，探究企业相关行为决策及战略规划问题则会更加具有现实性及实践指导意义。

整体而言，基于制度理论视角的理论基础大多是源于制度理论中涉及的社会学及经济学理论分支。有些理论学者强调的重点聚焦于制度性压力，如对于企业战略选择的约束及促进作用等（Ahuja et al. ，2011；Peng，2002；Peng et al. ，2009）。也有一些理论学者非但不将制度作为一种压力或驱动力促使企业与现存制度规范保持一致性，反而更多将制度视为一种机遇，促使企业制定或选择战略规划，用以采取一种更加有效率的方式处理经济交换等事务，借此，将制度作为一个解释变量而非一种背景或情景化选择；而基于制度理论视角下的相关研究则侧重于强调制度与组织间的互动关系，将战略视为此种互动关系的产物，并借此在一定程度上反映出企业管理者所面对的正式性及非正式性制度约束及机遇（Peng et al.，2009；Jarzabkowski，2008）。整体而言，基于制度理论视角下的相关研究（Ahuja et al.，2011）大多呈现的是企业战略结果与企业绩效在不同制度体系或制度性安排下差异性如何，以及基于制度层面而非基于企业层面或行业层面如何为企业带来额外的租金来源问题。借助企业管理者或创业者有效管理制度环境，进而形成产生非市场化租金或制度性租金的能力。鉴于此，基于制度理论视角下的相关研究可以提供一个更加全新的研究视角用于系统阐述企业战略选择来源及组织管理实践问题。本章研究借助呈现企业异质性战略结果可能源于企业面临竞争性制度逻辑并存现象及由此产生的制度非一致性，进而对原有基于制度理论视角的相关研究进行拓展及深化。

与此同时，正如新的制度体系被引入时，常常会伴随新的制度体系与旧有的制度逻辑间产生制度性摩擦，而在制度性摩擦产生期间，制度性张力（Tension）也得以存在。为了更好地面对、管理这种制度性张力，并且有效激励企业创新创业行为产生，中国政府强调，在其政策变革过程中，一种新的组织形式，即企业集团，作为经济转型过程中国企改革的重要成果及表现形式得以出现。企业集团通常被定义为具有经济及社会联结关系的、一系列具有合法性的、独立性的商业实体（Khanna et al.，2000）。相比之下，中国的企业集团与日本的企业集团及韩国的财阀有些类似之处（Keister，2000）。这种新型的组织形式，一方面需要面对来自政府方面的战略性创新创业的制度性要求，另一方面与政府监管及官僚体系间也仍存在旧有的制度性遗产关联，在此背景下，便产生了关于企业创新创业的两种竞争性制度逻辑并存的现象。如学者 Ostrom（1990，2005）所指出的那样，制度体系本身嵌套于一个又一个的环节之内。高阶段的制度体系变革（如在中国朝向企业集团实现的过程中）自然会导致与低阶段制度性安排实践的冲突与矛盾，例如，在企业集团内部的战略性创业方面等。相关学者将低阶段制度逻辑间呈现出的竞争性特征视为强化低阶段制度逻辑的重要制度性影响因素（Thornton，2002）。而对于高、低制度逻辑如何划分的问题，有学者在基于转型经济体的相关研究中（Yiu et al.，2014）指出，存在两种形式的制度逻辑，一种是高阶段的制度逻辑，另一种是低阶段的制度逻辑。通常，高阶段的制度逻辑由政府遗产（Government Legacies）或政府特征传承构成，且并不鼓励企业创新创业行为发生，这也正是国企改革过程中行政传承的特征之一，另一特点则是国家所有权特征传承。而低阶段制度逻辑则更倾向于以市场化为导向的新型制度体系，例如，国企改革过程中的改革者仍然试图灌输一种新的思维定式，从而有意于培养基于市场经济导向的新型行为模式（Yiu et al.，2005）。鉴于此，有学者也指出，以企业集团为代表的新型组织模式同样也会产生低阶段的制度性影响因素，用于鼓励企业成员增强其对于战略性创新创业的关注度（Yiu et al.，2014），例如，借助正式性制度控制体系，即使用一些具有客观性的财务控制措施用于奖励及惩戒集团内部成员企业，或是借助于一些非正式制度控制措施致力于推广能够代表社会化及强大组织文化发展特征的新的价值观及行为规范等。本章在系统梳理及充分借鉴相关研究文献基础上，重点探究国家制度逻辑与市场制度逻辑间的竞争性互动问题，在此基础上剖析对于处于转型经济过程的企业创新创业的影响作用（具体作用关系如图 10.1 所示）。

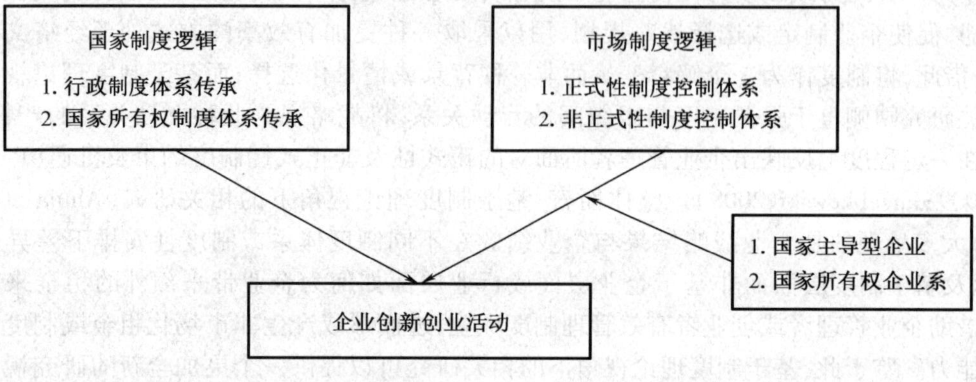

图 10.1　竞争性制度逻辑对于企业创新创业影响概念框架

10.2　竞争性制度逻辑内涵与企业创新创业作用关系

10.2.1　国家制度逻辑:制度性遗产或制度性传承

通常情况下,处于制度性摩擦阶段或摩擦时期,现存制度体系因素会阻碍、制约新的制度性实践发生(Scott,2002),而旧有的制度逻辑也不会在一夜之间彻底消失,相反,在一段时间内,旧有的制度逻辑和新的制度逻辑会竞争其主导性地位。在中国,先前计划经济体系下的政府行为相应产生出的制度性遗产制约且并不鼓励企业采用新的制度性惯例或实践,或是仅产生出一种推动力,仅用于象征性的方式采取创新创业行为。中国情境下的政府影响力可以说是无法规避的,因为政府的意愿是希望维持不受到任何挑战的政治层面的控制力及稳定性;与此同时,鼓励发展自由市场经济(Scott,2002)。但是,在一个没有安全保障的产权制度体系框架内,以及功能、设施尚不完善的资本市场制度环境条件下,政府并不能完全实现所有权的私人化。因而,政府需要在企业内部施加影响力,既包括通过直接的股份制所有权改革,也包括通过间接的建立企业集团模式。

就其实际角度而言,国家制度逻辑嵌入于社会体系之内,并且会影响到组织层面的变革,不仅仅是因为相关成文的法律法规的限制,还涉及更加广泛的一系列基于企业应该如何行为规范的共同思维模式的确立。早期的相关研究文献显示,植根于历史传承的制度逻辑会以一种不可察觉的方式产生出对于组织性变革以及新的战略规划应用的抗拒性(Fiss et al.,2004;Lounsbury,2007;Marquis et al.,2007)。学者 Newman(2000)探究了转型经济中制度变革程度与组织革新间的关联性问题,研究显示,与旧有制度性秩序相关联的企业将经历更少的革新,鉴于非正式制度逻辑受限于更加强烈的制度惰性,进而导致整个组织体系对于新的制度逻辑的适应性极为缓慢(Dacin et al.,2002; Oliver,1992)。依据此推理过程可以进一步解释企业对于创新创业问题关注的差异性问题,也有学者认为,企业受限于更强的国家嵌入性及控制影响力,会更加倾向于产生对于外部施加的、对于企业战略性创业关注的制度性压力不予回应的倾向性(Yiu et al.,2014)。而一个嵌入于旧有制度体系情境下的企业不仅会产生组织学习惰性或反学习惰性，同时也会产生组织变革及转型过程中的制度性混乱（Newman，2000）。基于此，在下述章节中，将重点探究国家制度逻辑在企业行政管理方面的制度性继承及国家所有权遗产方面的影响效应问题。

1. 行政传承（Administrative Heritage）

行政传承是指，组织做事的行为方式，通常形成于组织创建人及其领导者或其组织历史之中（Bartlett et al.，1989）。借助已经确立的最初的战略性方向以及后续战略变革的一些设置限制或制约，已建立企业会留下对于企业战略规划及结构产生影响的、不可磨灭的印记（Stinchcombe，1965）。基于中国情境下，则通常会存在更为复杂的组织形式，例如，有学者就曾识别出 16 种不同形式的中国上市公司（Delios et al.，2006），而这些不同类型的商业组织形式通常又都是企业业务自身历史发展、所有权特征及政府监管下的产物。

而当众多不同的商业形式在中国得以运作的同时，相应地，相关学者也可以依据企业集团内成员企业特征进行一些归纳总结。由此产生出的一个关键性问题便是，哪些因素影响到成员企业与企业集团产生关联性。在中国，企业能够与企业集团发生关联性的一个通常的方式是借助由不同层级政府组织发起的行政重组（Keister，2000）。而政府发起的行政重组形式包括，将传统的国有企业转变为某一企业集团的附属子公司，通过将政府许可或政府专营项目转移至某一私人部门进行企业化经营，或是通过将现存的行业部门或机构转移至某一特定企业集团内部，用以实现此部门或机构下属的所有实体企业进而成为此企业集团的关联企业（Yiu et al.，2005）。例如，首钢企业集团就是一个由政府主导的钢铁行业内部 13 个相关工业部门合并重组的产物。在由政府发起的企业集团案例中，前国有企业、行业部门或机构即便已经成为企业集团内部成员，也仍然在较大程度上维持之前的行政管理体系序列。

有鉴于此，作为原国有企业领导权限的部分存在，通过政府行政途径建立的企业（集团）仍然会更加倾向于继承社会主义"再分配"的政府主导型意识形态，因为企业领导者及其行为方式仍然会鲜有改变，即便企业已经成为企业集团的构成（White et al.，2008）。而当政府监管者要求继承政府遗产的企业集团内部具有更为高效的企业绩效表现的成员企业对其利润或收益进行再分配，即将其利润用于补贴绩效表现较差的成员企业，用以维持或保障充分就业机会或是实现其他社会福利目标之时（例如，资助当地学校建设或医疗保健等），上述情形出现或得以发生便会更加具有合规性。但是与此同时，上述情形的出现也会在一定程度上阻碍成员企业资源累积以及战略性创新创业的激励机制形成。

2. 国家所有制遗产（State Ownership Legacy）

相关学者通过基于更加广泛的企业集团内成员的观察识别出的另一个关键性影响因素就是，国有控股或国家所有权占比问题。在中国，政府部门或机构仍然会不同程度地持有企业股份或涉及所有权问题，即便该企业已经从之前的政府机构或国有企业转变为股份制企业或其他组织形式。通常情况下，也极少存在机会可以允许外部资本介入，用以实现政府将其所有权转移至私人部门的有效途径。同样，由于在经济转型或过渡阶段，通常缺乏更加严苛的预算约束机制，国有企业已经成为地方政府在缺乏有效资产市场情况下，实现土地价值现金流的重要途径（Naughton，1994）。正是基于上述原因，当前政府也仍然愿意持续维持企业所有权的一个显著性的股权比例。

然而,国家所有权无疑会降低企业对于战略性创新创业的追求意愿。首先,相比较于私人产权企业,政府所有权企业更加受限于企业管理者及政府官员的机会主义行为,由于这些企业完全由政府控股或是作为政府的下属企业或关联企业存在,企业管理者或政府主管部门会理所当然地从企业利益中抽取远超出其投入的价值及利润(Jefferson,1998)。而此种机会主义行为也会使得企业追求具有长期性的创业式增长陷入极大的风险之中。其次,政府常常会将关注重点聚焦于非营利性项目之中,例如,社会福利或就业保障等方面(Boycko et al.,1996);而对于成本降低或是质量创新等方面,通常为企业员工提供较弱的激励机制(Shleifer,1998),从而无法有效激励企业员工的创新意愿。此外,现有相关研究文献显示,政府所有权企业与作为股东价值的度量指标企业市场估值间存在负向关联性(Thomsen et al.,2000),并且企业创新活动与国家所有权企业间也存在负向关联性(Antoncic et al.,2003)。因此,国家所有权企业与企业创新创业的倾向性选择间的确也存在负向关联的理论基础。

10.2.2 市场制度逻辑:新制度焦点

在新、旧两种制度逻辑间发生的制度性摩擦过程中,新的制度逻辑会在一个新的方向上驱动企业前进。在中国,新的制度逻辑形式之一是强调市场化导向。鉴于此,本章在下述章节中,将进一步探究新的市场化导向的制度逻辑如何在企业集团内部形成制度化,尤其表现在企业集团内部的正式性及非正式性制度体系的建立方面(Thornton,2002),并鼓励集团内部成员企业开展战略性创新创业活动。

1. 正式性制度控制

中国政府在企业集团形成过程中的主要目标是将国有企业完全改革成竞争性企业(Yiu,2011;Yiu et al.,2005)。而基于市场化的激励机制是重塑国有企业的关键性途径之一。因而,在国企改革或企业集团形成过程中一个重要的任务便是设计有效的正式性管理架构及预算机制。而正式性制度控制,如预算约束,应采用客观标准(如投资回报率等),用以评估企业管理者的绩效表现(Hoskisson et al.,1988);或是作为正式性的、基于微观层面的企业制度,服务于企业集团内部附属公司行为的形成及约束。

通常情况下,以市场化为导向的制度逻辑会借助建立相应的制度控制体系得以有效支撑,而这些相应的制度控制体系会允许企业更加精确地对其行为决策进行有效判断,而作为结果,在企业集团内部也会对附属企业及整个集团都产生一定的压力,以达到建立某种标准,用于维持组织的合法性地位的目的。相关标准建立的预期则是企业的常态化发展方向及发展举措。在中国,这种标准则聚焦于创造竞争性产品及提升市场效率方面(Simons,1994)。其中,预算控制可以帮助企业达到相应财政规制的一个较高水平,鼓励更加有效的资本配置流程,对集团内部附属企业的战略性创新创业活动展开也能提供相应的激励机制。而上述论点的提出,也是基于以下共识,即相关制度控制性文献显示,财务控制作为正式性制度控制方式之一,能够显示出对于战略性创业行为发生的减震效应(Dampening Effect)(Hitt et al.,1996;Morris et al.,2006)。但是,基于制度理论视角下对于转型经济的研究则显示,财务控制可以被视为一种典型的新的正式性制度控制体系,并且会在不同的组织间或制度环境范围内产生不同的作用影响力及作用效果(Yiu et al.,2014)。

基于此种背景下,组织实施变革,即希望从之前的社会福利到市场竞争力转变过程中实现战略性定位。而制度理论观点则认为，组织的核心目标之一便是获取合法性地位。一些外在的显性规则产生的结构及象征性行为会表明对于组织而言的价值性之所在（Bates et al.，2010），这些规制和结构通常会鼓励企业以符合预期的制度逻辑方式采取相应行为（Sauder et al.，2009）。就相关理论文献的研究脉络而言，制度控制研究文献大多聚焦于成熟的经济体，进而企业对于控制体系的过分强调会缩短管理时间范围。而基于转型经济体的研究，则应强调此种正式性的制度控制有助于引入市场化定位，并且不会产生基于制度后期对于财务控制的过分关注（Yiu et al.，2014），也就是说在企业集团内部应用正式性制度控制应该有助于激励成员企业间创新创业行为的发生。

2. 非正式性制度控制

如上述分析所提及的，企业的制度性控制体系能够反映出一个组织基于微观层面的正式性制度逻辑。相对应的，基于组织信仰或信念体系也会形成的"理所当然"的行为规范，反之，基于组织内个体的社会化也会形成特定的企业行为模式（Westphal et al.，2001）。而这种社会化是源于参与方之间的交互作用，并伴随着暗含个体"被接受"这种所谓的"理所当然"的行为模式，用以获得源于组织内部的认可及相应的精神奖励（Fogarty et al.，2001）。

尽管非正式性信念就其外部构成而言，通常具有不可见性特性；但对于制度变革进程而言，却仍然发挥着非常重要且关键性的作用（Fogarty et al.，2001）。而这些非正式性信念之所以会被视为具有重要性，很大程度上是因为这些信念及价值观有助于创建一套具有反馈机制的自律或自我调节（Self-Regulation）系统，用以在参与者之间进行有效扩散（Larson，1992）。而这些共同信仰对组织产生的重要影响作用还表现在，便利新的战略规划及创新创业实践的制度化形成，尤其是当附属企业的历史背景迥异的情境下更是如此（Oliver，1992）。同样的，这些共同信仰还有助于鼓励知识获取、知识开发，以及网络中成员企业间的风险承担，而这些又进而能够鼓励更多的创新活动产生（Larson，1992；Tsai et al.，1998；Yli-Renko et al.，2001）。简而言之，企业集团内部的共同信仰有助于将集团内部附属企业进行有效联结，并有助于形成附属企业的战略性思维定式，用以战略性创新创业强度的提升（Yiu et al.，2007）。

10.2.3　竞争性制度逻辑间交互作用

转型经济中的战略性创新创业促进过程无疑将会面临诸多挑战，例如，竞争性制度逻辑并存的状态必然会导致制度性摩擦的发生。鉴于此，进一步探究竞争性制度逻辑间的彼此交互作用尤为必要。

相关学者将制度化特征概括为，制度形成组织行为的过程，而这些组织行为在一段时期内会形成标准化特征（Tolbert et al.，1996）。新的组织实践并不完全等同于制度化，因为此制度化形成过程依赖于这些新的惯例实践如何被编码（Encoded）于集体组织成员之间，而这种编码过程又在很大程度上依赖于新的惯例实践所具有的价值体系以及与这些新的惯例实践相关联的奖惩措施安排等。同样，相关学者所公认的制度化影响因素还包括对于微观制度体系产生关键性影响的相关机构或组织（如代理机构等）（Hargrave et al.，2009）。此外，也有学者指出，基于竞争性制度逻辑间交互作用的分析阐释有助于区分及识别竞争性制度逻辑间的代理效应问题（如企业集团内部附属企业间的制度性裁量权等）（Yiu et al.，2014）。

通常情况下,由大型企业集团所实施执行的正式性制度架构,遵循的是传统式的自上而下的方式,例如,强制性执行或是由附属企业模仿执行等,而这些附属企业也必须要服从或是面对源于企业集团总部的指令或制度性安排,以及由此带来的相反结果。在此情境下,正是基于权利的考量(Yiu et al. ,2014),企业集团总部才可以制定规则、监管行动及强制实施制度规范等(Wicks,2001)。整体而言,正式性制度控制不允许为组织机构(Agency)预留太多可操作空间,同时对附属企业决策者也没有太多可选择的余地。尽管如此,如果附属企业的制度性遗留或是旧有管理实践的制度化程度较高之时,新的组织惯例(如战略性创新创业等)若与先前的制度体系偏离程度较高,无疑会导致这些新的组织管理实践被贴上"非合法化"标签,并且也会导致制度刚性与创造性及灵活性的丧失(Yiu et al. ,2014)。另外,这些创新性企业可以借此实现对于新的制度性要求的良性反应(Vermeulen et al. ,2007;Volberda,1996)。换言之,当企业由国家建立、国家主导或是国家所有权比重呈现较高水平之时,企业可能不会倾向于从基于战略性创新创业的正式性组织控制效应中获取收益。

同样,采用战略性创新创业的制度逻辑有效性也会在一定程度上取决于与先前国有垄断部门相关联的领导层的认知决策的转变以及国家所有权的影响力等。而这些新的组织实践的实施与执行还需要组织成员将这些制度理念及原则进行有效编码,并且将其所蕴含的价值理念在组织内部进行有效内化(Barley et al. ,1997)。非正式性制度控制以及与这些制度控制相关联的社会适应性会允许更多的与制度变革相关的机构与自由裁量权出现,其中也包括附属企业中自下而上式的战略性创新创业行为发生的可行性。正如学者Vermeulen等(2007)所指出的那样,构成非正式性制度控制的重要制度架构,即规范性制度架构和认知性制度架构间的交互作用会在企业集团或组织内部形成意义共享系统。现有相关研究文献也显示,正式性制度规则摒弃、组织身份及组织目标共享、对游戏规则中风险价值的认知转变等,都将会有助于创新创业活动的成功实施(Vermeulen et al. ,2007)。但是,如果在由政府主导及国家所有权方面存留较强的遗留效应,则上述战略性创新创业活动的实施仍然会面临很多的困难。因而,新的管理实践的成功制定,还需要与原有组织的历史情境相分离,以便可以使得组织成员更加完全地识别新的组织目标,例如,增强对战略性创新创业的关注度等(Barley et al. ,1997)。鉴于上述分析,可以清晰识别出,伴随国家制度体系遗留的持续性,会在一定程度上弱化非正式制度控制对于企业战略性创新创业的影响效应,具体而言,国家主导型企业相比非国家主导型企业,会弱化企业集团正式性制度控制对于成员企业对战略性创新创业关注度的正向关联效应;国家主导型企业相比非国家主导型企业,会弱化企业集团非正式性制度控制对于成员企业对战略性创新创业关注度的正向关联效应;而国家所有权比例提升,会弱化企业集团正式性制度控制对于成员企业对战略性创新创业关注度的正向关联效应;相应地,国家所有权比例提升,也会弱化企业集团非正式性制度控制对于成员企业对战略性创新创业关注度的正向关联效应。

10.3　转型经济情境下竞争性制度逻辑对于企业创新创业研究启示

本章研究内容重点在于经济转型过程中,以企业集团为代表的国企改革过程中如何对竞争性制度逻辑予以合理反应,尤其在制度摩擦出现的情形之下,对于新的组织惯例——战略性创新创业的关注度问题。本章研究内容及相关研究结论对于处于经济体制变革过程中的企业改革者及创新创业者而言,无疑具有重要的启示及借鉴意义。

首先,基于国家层面而言,不论其主观意图如何,都不能忽略其制度设置中的历史嵌入性特征问题。相关学者也不能理所当然地假设战略性创新创业是转型经济情境下的必然现象及其功能呈现,而应当充分考虑到,转型经济过程中存在的竞争性制度逻辑问题对企业提升基于战略性创新创业的关注度会相应产生正向或负向影响效应。相应地,基于中国情境下的相关实证研究结论也显示,中国企业集团内部所呈现出的竞争性制度逻辑问题,同样导致集团企业成员对于战略性创新创业的关注度出现差异化的现象(Yiu et al.,2014)。而基于制度理论视角下的相关研究则显示出,此种异质性战略结果可能源于企业在面对制度性摩擦过程中的战略选择。具体而言,嵌入于政府主导型企业或是国家所有权占主导地位的企业的较低水平的制度体系会制约企业采取战略性创新创业行为的发生。与此同时,借助企业集团的正式性制度控制和非正式性制度控制进行市场经济导向的制度变革努力会便利其价值观的重新编码,并能使其企业成员重新定位以利于战略性创新创业行为的选择及发生。相关研究进而还发现,正式性制度控制与战略性创业正向关联,但会受到政府主导及国家所有权的弱化作用影响,而非正式性制度控制与战略性创业间的关联性也会随着国家所有权比例的提升而由正向关联转向负向关联(Yiu et al.,2014)。

具体来说,在基于制度性摩擦的阶段中,国家制度逻辑的嵌入会强烈负向关联于企业集团对于战略性创新创业关注度的提升(Yiu et al.,2014)。此研究结论与当有决策者或行动者在组织中具有高度权威(权力),并且植根于旧有制度逻辑体系之中时,企业更倾向于改变其制度逻辑(Westphal et al.,2001)的研究结论相一致。而借助政治性影响关系的嵌入或是创立企业与政府间紧密政治性联结关系,以及企业创立者(或政府)处世哲学及认知性嵌入等,基于此种情境下的企业创立无疑也会持续性地对组织(变革)产生影响作用(Eden et al.,1998)。

而相比较于企业创立,政府持股的持续性将更能体现国家制度逻辑的强劲影响效应。通常情况下,政府所有权负向关联于企业集团内部附属企业对于战略性创新创业的关注度,此种负向影响效应会随着国家所有权比例的上升而有所增强,即便在企业集团内部存在明确的正式性及非正式性制度控制机制下也是如此(Yiu et al.,2014)。此研究结论对持有强有力的组织行动者观点予以有利支持,例如,国家所有者在企业集团内部会持有很大比例的股权,而在面对与其自身利益相冲突的新的制度性要求时,即在面对实际采用新的组织惯例选择之时更倾向于一种象征性的回馈反应(Oliver,1991;Westphal et al.,2001)。一些研究文献也指出,在中国转型经济体系下存在多种不同类型的国家所有权形式(Delios et al.,2006)。对于国家所有权影响效应的进一步探究还需要应用传统模型将国家所有权分为绝对的国家所有权(由中央政府或地方政府直接管控)和集体所有权(由集体所拥有的小规模市场化导向型企业，即集体企业拥有产权，而事实上这类集体企业的产权最终仍属于当地地方政府）（Nee，1992；Walder，1995）。相关研究发现，国家所有权与企业集团内成员企业对于战略性创新创业的关注度显著性负向关联，而集体企业所有权与企业集团内成员企业对于战略性创新创业的关注度显著性正向关联（Yiu et al.，2014）。对此，进一步的研究还应侧重于探究不同类型的国有控股形式对于企业采用市场化实践的影响作用，并借此提供一个更加广泛的基于国家所有权影响作用的理解与阐述。

其次，现有研究显示，新型制度性惯例的制度化会在不同组织间形成差异化，而主要原因则在于相关组织行动者对于制度性压力的不同反应程度（Sauder et al.，2009）。尤其需要指出的一点是，研究发现，在企业集团内部应用正式性制度控制以增强成员企业对于战略性创新创业的关注度方面的确有效果（Yiu et al.，2014）。而此研究结论中有趣的一点还在于，在更加成熟的制度架构内应用客观性、正式性评价体系被发现反而不利于激励企业管理者致力于更具风险性的企业长期性的战略性创新创业行为及活动（Hoskisson et al.，1988）。基于转型经济情境下，通常具有高度的信息不对称性特征，企业集团成员也同样具有选择性。一个具有更加正式性的、基于纪律惩戒权限（Disciplinary Power）的评价体系更能服务于成员企业绩效的简化及分层信息管理，并且能提供成员企业以必要的激励机制用来实现新的制度性要求的执行及实施（Sauder et al.，2009）。尽管如此，正式性制度控制影响效应仍会随着政府主导型及国家所有权形式的凸显而有所弱化，但是相关研究结论还显示，正式性制度控制依然与政府创立企业及拥有较高程度国有产权的企业的战略性创新创业行为间存在正向关联性（Sauder et al.，2009）。而这一研究发现也显明，正式性制度控制能够有效转变企业集团成员内部的制度逻辑，进而提升其对于战略性创新创业的关注度。相应地，企业集团也能够成为制度性行动者以利于战略性创新创业行为的展开，即便面对与政府制度体系遗留效应相关联的强劲的制度逻辑。

尽管非正式性制度控制与企业提升其对于战略性创业的关注度正向关联，但是上述效应的发挥还要依赖于所处的特定情境。相关研究结论显示，国家所有权负向调节非正式性制度控制与战略性创新创业间作用关系，即伴随国家所有权比例的上升，非正式性制度控制与战略性创新创业间作用关系由正向关联转变为负向关联，基于中国企业集团的大样本数据的实证研究对此予以了经验数据的证明（Yiu et al.，2014）。此外，也有研究指出，新近成立的企业集团仍然大多具有国家创建或是国家所有权特征，并且更具社会主义思维定式（White et al.，2008）。有鉴于此，在制度体系转型前的早期阶段中根深蒂固的意识形态及思维定式的嵌入，与战略性创新创业相关的价值观及信念在拥有高度国家所有权特征的企业内部的内化无疑将要花费更长的时间才能呈现出果效。

上述分析及相关研究结论无疑对中国国有企业改革及企业集团在转型经济中的发展提供了重要的启示及见地。在中国企业改革进程中，政府旨在引入各种激励机制用以提升生产效率及国有企业或是企业集团的运营绩效。但是，相关研究结论却显示，正式性或非正式性制度控制的执行或实施与战略性创新创业关注度具有正向主效应的同时，此主效应也会因为国家制度体系的遗留而有所弱化（Yiu et al.，2014）。有鉴于此，国有企业管理者及政策制定者需要谨慎对待新型组织惯例的制度化过程与企业治理及控制方面间的一致性问题。尽管正式性制度控制的应用依赖于结构化的审批及适宜性的行为规范的制定，并且在短期内似乎能产生更大的效果，但是对于其长期有效性而言，强调战略性创新创业的支持性文化层面（即非正式性制度架构）的改变仍然是非常必要的。

最后,就理论层面而言,本章研究结论提供了两点非常重要的见解。

其一,借助对于竞争性制度逻辑并存以及如何影响到企业战略性创新创业活动的详尽阐释,有助于基于制度理论视角下对于企业战略性创新创业问题的深入理解。对此,相关学者也指出,需要借助管理学研究视角更大限度地加深对于公共政策问题的认知(Barney,2005),而应用基于制度理论视角的相关研究则可以帮助相关学者更为关注政府角色的作用,尤其是政府制度逻辑仍然在转型经济过程中发挥重要的渗透作用。

其二,聚焦新型组织惯例(诸如战略性创新创业)制度化过程中的组织机制问题,在一定程度上呈现出制度与组织行为间的递归(Recursive)关系。据此,也可以进一步诠释企业间应用战略性创新创业的差异性,以及借此形成转型经济过程中的企业目标达成问题。

简而言之,转型经济是世界经济中的重要组成部分,但是对转型经济国家经济前进的推动力的研究还需要更大限度地理解发生在国有企业内部的战略性创新创业问题。本章研究提供的理论分析基础有助于加深对于上述问题的理解,但是更多相关研究还需要进一步跟进。例如,在改革的早期阶段,当相关研究还处于起步阶段之时,并没有足够多的企业所有权类型可供研究;相对而言,在市场化发展的后期阶段,伴随制度体系的完善,可供研究的企业所有权类型日趋多样。而在一个理想化的状态下,拥有更大规模的样本用以更加细致的凝练、分析不同类型的企业行为决策无疑是最佳选择。相比较于早期学者的相关研究时点,当前基于中国情境下的可供选择的企业类型、样本规模及范围无疑扩展了很多。有学者基于不同的政府及私人产权范式,已经识别出至少 16 种不同类型的企业形式(Delios et al.,2006)。而对于这些企业类型对战略性创新创业影响以及竞争性制度逻辑在每一类企业中所发挥作用的理解能力无疑是极富深刻鉴查力的。尽管相关学者的经验研究中的样本规模及数据质量都有所局限,但是相关研究方法及研究结论对于未来相关研究议题仍然具有重要的借鉴及参考价值。此外,对于除中国外的其他国家寻求重组前国有企业的规则及经验(Filatotchev et al.,2003)问题的探究还需要进一步深入理解。此领域需要在基于制度理论视角,以及作为辅助性的基于战略性创业理论视角下进一步拓展及深化(Bruton et al.,2010)。

另外,对于探究制度逻辑伴随制度转型发展过程如何兴起与衰落的问题,纵向研究不可或缺。例如,基于制度性变革的一些尝试常常表现为制度性摩擦,从而发挥相互抵消性作用(Yiu et al.,2014)。而伴随私有化的持续进展、不同所有权类型的出现及演进,未来相关研究应选择跨时期的大样本用以探究组织形式演进过程中的战略性创新创业问题。此外,在未来研究中还要有选择性地应用纵向研究方法(Longitudinal Methodology),可以借此提供基于中国情境下的渐进式制度变革影响问题的更为深入的见地与认识;相比较而言,以俄罗斯为代表的激进式制度变革所带来的则是较短时期内尝试制度革新所引发的突发式制度变革(Hitt et al.,2004)。

10.4 小　结

整体而言,本章研究的理论基础是基于制度理论的研究视角,在此理论视角下,可以深入理解企业在竞争性制度压力并存情境下,对于战略性创新创业实施的差异性问题。另一方面,基于制度理论的研究视角下的相关研究分析,也有助于深入讨论公共政策问题(Barney,2005),而提高对于公共政策问题的理解,例如,对于深入理解国家如何鼓励朝向市场经济体制的转型问题仍然是尤为重要的。

简而言之,本章研究重点在于竞争性制度逻辑在转型经济情境下的企业集团内部并存现象,即聚焦转型经济过程中制度摩擦时期的特有现象,与此同时,也凸显出转型经济情境下,对于战略性创新创业的关注度已然成为一国寻求振兴国有企业的关键所在。尽管如此,相关研究也表明,致力于改革的尝试须经过深思熟虑及特别的设计方可实行。通常而言,正式性制度设计旨在奖励相关改革及创新活动,而非正式性制度设计则有助于形成及发展新的文化架构,此点对于创建理想的战略性结果同样非常关键。尽管上述影响效应的发挥会在一定程度上受限于国家制度逻辑嵌入的影响,但整体而言,本章强调用以鼓励战略性创新创业的途径及约束机制,对转型经济体中企业管理者及相关政策制定者来说具有重要启示及借鉴意义。

第11章

制度领域拓展对国际商务理论及实践影响研究

近些年来,与制度领域相关的法律法规及相应规范已经取得显著进展;与此同时,伴随一些新的制度领域的兴起(对于游戏规则的重新阐释及制定),也对传统制度领域内涵及边界产生一定程度的冲击及影响作用(Martinez et al.,2012)。有鉴于此,本章研究重点旨在拓展原有制度领域界定基础上,通过聚焦于制度领域新的分类及相关规则制定,进而阐明制度领域拓展,对于国际商务研究学者基于传统跨国企业理论研究的纵深进展以及跨国公司(Multinational Enterprise,MNE)管理者及决策者的决策制定无疑具有重要启示意义。

传统制度理论研究的重点内容之一便是基于制度环境的定义,即将制度环境视为一系列基础性的政治、社会、经济及基础法律安排,用以构建生产、交换及分配的基础(Davis et al.,1971)。若是基于制度环境变迁的考量,则无疑当前新的制度格局应赋予全新定义及相应的理论分析,即借助认可新兴制度领域的兴起,以微观层面群体(如个体或团体组织间的行为及相关作用)和宏观层面行动者(超国家机构和民族国家)间的重新定位及相互作用为着眼点(Martinez et al.,2012),重新聚焦最初制度理论研究的两大焦点——制度安排作为一种应对现实世界情形的适应性解决方案,应随着新的社会现实的调整而有所变化(Coase,1998;DiMaggio et al.,1991;Furubotn,2001;Furubotn et al.,2005);相关研究需要更好地阐述制度环境的异质性来源以及制度变迁的推动过程(Powell,1991)。

就现实情形而言,近期在全球范围内发生的诸多事件均在不同程度上反映出制度安排的重新"洗牌",与此同时,也表明制度环境不仅指单一国家范围内的个体社区,也包括跨国界情形。

通常情况下,一个社区是以一个社会化的关系网络形式存在的,而不论其物理性地理边界存在与否(Bott,1957)。同一个社区内部成员间共同的行为规范及习惯会呈现出普遍性特征。而个体则会表露出一种自然的意愿,即与他人交往,彼此熟悉,同情及信任他人。即使对方属于少数派,并且可能会因此而激怒大多数人,个体也有这样的动机及冲动(Tönnies,1955)。人与人之间的沟通与关系构建借此得以发生,并在此过程中使得个体的行为规范进一步得到发展(Buber,1947)。

在现实中,这样的社区会日益跨越民族国家的地理边界而迅速呈现规模态势,并且会对传统企业国际化理论及跨国公司理论中就企业如何拓展海外市场的国际化经营活动的基础性前提假设提出质疑及挑战。此外,随着这类跨国界的社区团体的迅猛发展,也会在一定程度上对主权国家的政治及社会稳定产生负面消极影响,如动荡的"阿拉伯之春",俄罗斯、英国及西班牙发生的大规模的反对派抗议,以及美国的占领华尔街运动等。随着新技术或新兴通信方式及社交媒体的出现,尤其在个体间或个体与组织间联系中的应用(如云计算、网络攻击和政策限制黑莓用户使用大众汽车等),以及经济层面和金融层面的约束管制等(如金融部门的监管增强、全球住房抵押贷款危机等)无疑都在一定程度上催化了上述社区运动的出现及所带来的负面消极影响。

整体而言,基于社会层面视角下对于制度理论的进一步探究,就其本质而言仍然是基于微观层面的视角,而这一研究视角的确立很大程度上又要归功于早期以卡内基学院为代表的行为主义研究学者(Cyert et al. ,2001;Simon,1997)。这些学者打开了企业的"暗箱"并进而揭示出其核心内容,即个体有限理性面对决策过程的复杂性。而就组织层面而言,行为主义研究学者认为,在知识有限性、不确定性及非一致性偏好情境下,多个个体的决策过程会依赖于组织层面的规则制度等用以降低不确定性,并允许其使用认知权利来解决其自身问题。据此,制度环境或"前提"形成了这样一个背景——规范限制行为者的选择范围及其可能或可接受的结果范畴。

现有相关研究文献显示,从微观层面阐述企业层面的行为决策近期又重新得到相关学者的关注。在2011年的管理学年会上,学者Jay Barney指出管理学研究学者需要聚焦于企业竞争优势的微观基础,他尤其呼吁探究过程研究的学者们的未来研究方向及重点应聚焦于验证个体层面人力资本的作用及其与企业超越其竞争对手能力的关联性。过往学者们对此问题的讨论多集中于战略管理层面,并认为微观基础能提供一个更为完整的方法及框架用于理解制度规范与企业能力的关联性;与此同时,也包括与组织创新与组织绩效的关联性等(Abell et al. ,2008)。同样,在国际商务研究领域,相关学者们也已经发现欠缺对于微观层面知识流程与跨国企业组织安排及结果间因果关系及相关作用机制的关注(Foss et al. ,2004)。鉴于此,本章研究重在解决以下两类问题:

(1)微观和宏观制度领域如何发展及其适应性的差异化问题,以及不同时期基于规范、规则的社会结构或配置问题;

(2)基于国家层面或是超国家层面的社会团体是如何相互作用及其运作机理如何的问题。

上述问题的系统剖析及阐释,对于推动基于跨国企业层面的战略规划及绩效提升(Peng et al. ,2008)又有哪些重要启示及借鉴意义,则成为国际商务研究学者的关注重点及焦点。

11.1 制度领域再概念化研究背景

11.1.1 制度领域的传统分析框架

传统制度理论重在分析在一个社会环境中组织间(如政治主体、经济主体、社会主体及教育主体等)协作或联合行为的方式,以及其如何适应于监管环境、认知条件及规范条件的变化(Scott,1998)。而组织通常由拥有共同的愿景目标的一群人构成。制度则是人类创造的产物,具有动态性、意会性特征,并可以用于指导当事方成员或组织以恰当的方式采取行为,从而赋予其行为动机及目标明确意义(Scott,1995)。学者North(1990)将组织定义为"社会中游戏的规则,即人类设计出的影响人类互动的约束规则"。而制度则包括正式性及非正式性行为规范,其中正式性制度或行为规范通常具有因政府立法而确立的显性特征,包括成文的规则、条例、法律及契约等,通常代表的是赋予其与他人关系结构的社会选择。

而非正式制度或行为规范包括具有内在执行力的行为模式，借此可以完善行为，形成对于社会成员的主观认知，即行为规范、价值观、态度及习惯等。

尽管现有相关研究文献显示，不同研究领域的研究学者对于制度概念的聚焦重点及研究层面各有不同，但是仍有相当数量的研究成果在理论基础及认知体系层面具有重叠性。例如，学者 Scott(1995)认为制度理论学者从整个研究体系频谱上看，包括政治学、经济学、社会学、人类学、认知心理学等，不同理论体系交叉融合，从而呈现出对于传统制度理论研究的三大理论支柱(认知、规范及监管)的影响，在提供社会结构稳定性的同时也赋予其明确的社会行为含义(Scott,1998)。其中，认知制度体系是指共享及意义构建过程，通常定义是由一个社会现实所支撑的社会文化层面的行为规范；规范制度体系包括特定社会中规范及价值观所能接受的道德治理架构；监管制度体系则是指具有合法性的规制条例及执行机制，用于维护社会秩序及最小化不确定性。同样，学者 Davis 和 North(1971)将个人与组织行为者的决策空间定义为制度环境，或是"基础性政治、社会及法律环境的集合，用以建立生产、交换、分配的基础"。

其他一些相关学者则强调了制度理论研究中"合法性"的重要性问题。他们指出，当组织共享一个环境空间，尤其当所处的环境具有较强的不确定性时，组织会认为接受外部定义的某些标准将是适宜的，而在与其他组织的交互过程中这些标准会得到进一步的增强(DiMaggio et al.,1983；Haunschild et al.,1997)。此外，也有另一些学者聚焦文化和历史架构及社会网络视角，重点探究个体和组织行为决策选择过程中的嵌入性(Embeddedness)特征(DiMaggio,1997；Dunning,2003；Granovetter,1973,1983)。

整体而言，上述基于制度理论的研究视角都具有双重性特征，即其相关研究的理论基础是基于集体逻辑：一方面是同一组织环境中参与方(个体和组织)两层面间的交互作用；另一方面是侧重日常活动构建的组织能力、行为监管的组织能力及提供共同生活工作规则的组织能力等。简而言之，作为一种特定设计用以强化有序性及降低不确定性(DiMaggio et al.,1991；North,1981；Ostrom,1990)。鉴于上述相关制度理论研究文献成果，同时也充分考虑到现有制度环境变革的突出性，以及对相关制度理论体系的拓展和影响作用，本章后续章节将就传统制度理论领域拓展问题进行较为详细的阐述及分析。

11.1.2　制度领域再概念化基础

学者 Martinez 和 Williams(2012)曾经在相关文献中提及制度理论的再概念化(Re-Conceptualization)问题，即在参与当事方和组织在一个制度性(法律性、政治性及社会经济性)架构内的相互作用，此相互作用进而形成相应的经济活动(North,1990；Scott,1995)的基础上，提出对于个体及组织所处制度环境结构及配置的关注度问题。而事实上，学者 Martinez 和 Williams 提及的再概念化问题中涉及两个关键，一个是当事方之间的作用关系，另一个是个体或组织所处制度环境。相对而言，当事方之间的相互作用关系在当今世界中早已经被视为一类新的结构，作为现存理论本章内容不再赘述；而组织环境包括的则不仅是一个微观层面(个体或组织)及一个宏观层面(国家层面)，还应包括一个附加的维度，其维度定义已经超越物理边界。

在现有制度理论中，这个无界或相对分散的环境存在于因个体或组织彼此合作而共存的物理环境中，其分布式运动也已经以一种无形的方式跨越国家地理边界范畴。鉴于作为高科技社会的表征结果之一，非正式规范及价值体系出现及扩散的速度已经远超上一代人所想,作为一种通信媒介互联网的可获得性及可接受程度也已经可以使得虚拟团队获得存在的合法性,使得全球范围内的个人社区(如消费者、雇员、创业者等)用一种社会层面可以接受的方式彼此联系,而无需被单一文化或国家的地理边界所局限。这种制度环境及规范的改变为如何管理如此浩大体量的信息收集及扩散提供了一个很好的例证。此种情境下,传统纸质版的《大英百科全书》可能就此过时,而以谷歌、维基百科等具有流动性特征为代表的在线专业及非专业团体,将作为信息收集及分享的重要贡献者。

当现实与虚拟世界的规范相互碰撞之时,即基于国家层面的正式性规范和规则与源于分散的社区形式的非正式规则碰撞之时,制度张力由此而起。谷歌在中国的阵痛恰好表明了这一点。对于跨国企业而言,尤其是基于互联网业务的跨国企业更是逐渐发现,基于互联网信息的透明度并非是一条普遍适用的原则,相应地,鉴于中国的特殊国情,中国政府希望谷歌公司搜索服务的内容(如色情、暴力言论等)及其可获得性加以限制;而谷歌公司却执意于维护其开发搜索网站的权利,此种情形下,基于国家层面的正式性制度规范与基于互联网企业所形成的分散性社区形式的非正式性制度规范间制度张力由此凸显无疑。而企业总是试图在正式性制度法律和非正式性制度规范中间寻找一个公共空间,其常常需要面对一个复杂而又困难的选项,正如 Bill Gates(2010)所言“你必须要做出选择:是否遵守你所在国家的法律,或是其他,否则你将可能会终止所有的商业活动”。

就当前客观环境而言,制度环境的范围已经进一步扩大,企业、组织、个体从事商业活动或遵循契约规则,在宏观、微观制度层面已经油然兴起。鉴于技术进步的支撑,正式性规范及规制具有非正式性特征,能够接受行为及规范的代码化,如社交媒介等,而不再需要受限于传统地理定位,相反还可以互调物理空间。总之,越来越多的制度理论学者认为,这种基于技术层面的发展会影响到企业制度空间的设定,并且也会重新定义何为制度理论研究的支柱问题,即“提供社会稳定性及社会行为明确含义”(Scott,1995)。

11.2 制度领域再概念化的适用性

传统制度理论认为,当一个社会中正式性制度水平较弱之时,政府不能提供有效的产权保护或是契约执行法律,而社会组织会创造出替代的或是非正式性制度用以提供必需的经济治理(North,1990,2005)。但是当法律及行为规范并存的情况下,非正式经济活动往往会挤占正式性经济活动,甚至会带来更大限度的非正式性收益(De Soto,1989;Rodrik,2003)。学者 Dunning 和 Lundan(2008)所信奉的制度理论研究方法是“将宏观及微观层面的研究方法相结合,即将正式性及非正式性制度安排囊括其中”,以期进一步理解当前跨国企业的不同表现形式。基于此种逻辑,有学者进而指出,基于社区结构或配置层面出现明显不同的规制,其中有一些形成于无边界的、分散式的空间,有一些则形成于同地协作式的物理空间,跨越宏观、微观制度层面(跨越或限定于一国范围内)会影响到当事方的选择集合及行为决策,进而导致成员间不同类型的交互方式。当然,也可能包括一个更大限度的,包含潜在结果的产出函数。

此外,源于现有制度理论的扩展所带来的另一层复杂性还表现在,成员方间(个体和组织)思考合法性及法律活动重要性的感知层面的细微差别。原则上而言,此种二分法可以应用于微观层面(个体或组织)的分析,也可以应用于宏观层面,例如,更加宽泛的基于国家层面的分析。学者 Webb 等人从理论层面曾探讨过此类问题,在强调非正规性经济重要性的同时,基于接受及坚守合法的行为规范与法律规范方面,构建出一个理论模型用以强调社会子群体间的差异性。也有学者指出(Candace et al.,2012),Webb 等人的观点为扩展原有制度理论提供了一个新的研究视角,并且强调正式性规则与非正式性规范的交叉重叠有助于增强其行为决策主体(既包括个体决策者、组织层面的决策者,也包括国家层面的决策者)的社会选择集合。

图 11.1 将较为抽象的制度理论再概念化模型辅之以具体解释,依据图 11.1 显示出四个不同的制度环境区域(单元 1 ~4),四个单元间彼此交集部分显示单元间潜在的相互依赖性。其中,两个制度层面(微观和宏观)和两个组织定位配置(分散式和同地协作式)共同定义了这四个区域,并由此产生出新的意义构建机制(Sense-Making Mechanisms),其不仅能够限制主体行为,并且成为治理人类社会个体及组织交互作用关系的正式性及非正式性游戏规则调整的产物。

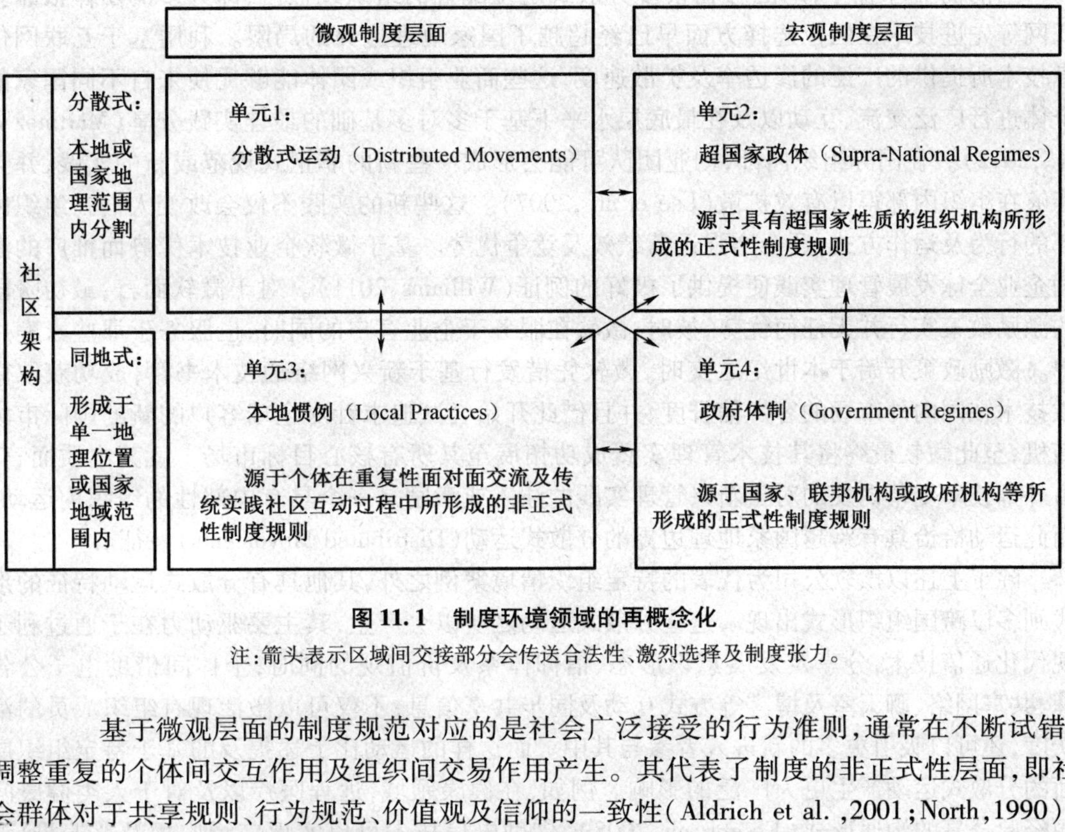

图 11.1 制度环境领域的再概念化

注:箭头表示区域间交接部分会传送合法性、激烈选择及制度张力。

基于微观层面的制度规范对应的是社会广泛接受的行为准则,通常在不断试错、调整重复的个体间交互作用及组织间交易作用产生。其代表了制度的非正式性层面,即社会群体对于共享规则、行为规范、价值观及信仰的一致性(Aldrich et al.,2001;North,1990)。更确切地说,它包含了个体及组织共同的可接受的行为准则;但是,并不涉及对于非遵从性行为的法律制裁的有效保护或威胁。相对而言,基于宏观层面的制度规范则包括通常源于立法程序建立起来的,具有超国家或国家层面性质的成文的规则、规范。

整体而言,如图 11.1 所示,微观层面和宏观层面的两类制度规范能够产生两种不同类型的组织定位配置——分散式和同地协作式。其中,分散式的组织(社区)规范不仅指源于网络空间的非正式性行为规范,并且能够有效指导社交媒体、博客及虚拟社区等可接受的行为。此类规范也包括可替代正式性规则的维度,其影响或传播的范围是超国界的,或是深入国家边界的。同地协作式组织(社区)是指那些在单一国家或地域位置,共享一个物理或地理空间,其规范及规则也已经被发展成为一种面对面式的交互式结果。

简而言之,组织和制度边界的变迁会产生相应的机遇与挑战。不仅对于那些由志趣相同的个体组成的团队(社区)而言非常重要(一些成员或有希望借此成为行业或地区领袖),对于那些跨国企业组织也有同样的影响效果,甚至基于制度空间的这些变化会最终影响到基于国家层面的商务活动及外交、政治活动的运行和结果。对此,如果跨国企业希望在所处制度领域范畴内,在新的国际商务环境中获取并维持可持续的竞争力优势,无疑需要充分意识到并且能够遵循新兴的制度规范及规则。

11.2.1 制度领域区域单元划分

1. 单元1:分散式运动

当前商业环境中,广泛存在很多分散式定位配置的组织或社区,即许多的团体依靠互联网等先进技术在区位选择方面早已经超越了国家地理边界的局限。利用基于互联网信息技术所提供的广泛的渗透率及扩散速度,这些商业组织或团体能够促使来自不同国家的个体进行广泛交流、互动以及在最底层水平下基于多对多基础的最佳实践分享(Martinez et al.,2012)。在国际组织内部,创业团队可能会形成一些新的非正式规范或新的实践,并且能够在组织内部得以有效扩散(Lee et al.,2007)。这些新的实践不仅会改变人们在组织内部的行为及运作方式,还会增强运营绩效及竞争优势。基于微软企业技术优势而推广的激励企业全球发展管理实践便提供了极好的例证(Williams,2011)。对于微软而言,最初阶段的激励政策实行并无任何优势,彼时,微软在服务于企业客户的同时,也服务于那些家庭用户。激励政策开始于本世纪之交时,微软凭借发行基于新兴网络的技术书籍,成功获取微软技术在国内外市场的客户信誉度,并且借此开始尝试追求针对全球客户的新的国际市场商机,至此微软最终将其技术管理实践成功拓展至其所有核心目标市场。就其本质而言,由外部技术变革诱发的对于新兴管理实践的注入或激励是一个具有内部性的组织内运动,而此运动恰恰具有跨越国家地理边界的分散式运动(Distributed Movements)特征。

除了上述以微软公司为代表的特定组织情境案例之外,其他具有分散式运动特征的形式则多以跨国组织形式出现。这些分散式运动之所以会产生,其主要驱动力在于通过利于现代化通信技术,分享及发展意识形态、信仰体系及价值观的同时,个体间借助电子公告牌、共享网络、聊天室及博客等方式互动及同步共享信息,不仅可以激活现有组织成员的活跃度,还可以吸引更多的新进入者参与其中。而这样的运动比上述提及的基于特定组织层面的分散式运动产生更为广泛的影响。例如,在健康领域,远程医疗以及对于人类健康问题经验分享的沟通形式(Eysenbach,2008),借助电信技术可以实现广泛应用及普遍推广。现有技术已经可以允许外科医生调整时间及打破距离阻碍,进而操作针对远在千里之外的患者的远程外科手术。这样的远程外科手术可以及时挽救很多患者的生命,如同在企业层面的最佳管理实践一样,具有高效性特征。而在跨越国家地理边界的分散式运动中,基于行为及习惯的新规范的影响力及作用效果无疑是极其深远的,其中之一便是其会与政治层面的激进行为相关。在此背景下,全球性组织会得以形成,用以讨论共同性的政治问题,寻求联盟,鼓励激进行为及资源交换,甚至挑战当权者的合法性地位等。由所谓的"阿拉伯之春"所带来的政权变更,以及IS国组织的扩展更是印证了这种没有地理边界限制的草根运动所产生的巨大影响力，而社交媒介的出现及使用，在全球范围内迅速扩散及强化上述分散式运动所带来的价值观冲击，以及由此产生的滚雪球效应则不应忽视。

2. 单元 2：超国家政体

这一单元代表的是宏观层面的正式性规范，用以在超国家（Supra-National Regimes）层面直接采取行动。一些国际组织，如世界贸易组织（WTO）、国际货币基金组织（IMF）及世界银行等通常在成员企业或政权实体内进行政策制定及政策干预（如 WTO：TRIPS/TRIMS与贸易有关的知识产权协定/与贸易有关的投资措施协议；IMF：技术援助项目；世界银行：贷款及非贷款活动等）。这些组织的职权范围已经远超过任何一个国家地理边界的限定范围，而这些组织所施加的制度性限制无疑将对个体、企业、政府甚或单一主权国家产生重要影响。而超国家政体的跨国界范围的规则授权也常常引发一些争议，如其直接挑战（或仅在法律层面）一国主权，例如，由于国际货币基金组织因其介入希腊主权债务危机而不得不采取的债务重组及金融援助计划而导致的毁誉参半等。

3. 单元 3：本地惯例

在一国地理边界范围内，特定组织内某一行为规范可以产生，也即在同地协作的个体可以形成某种规范或是本地行为惯例（Local Practices），用以指导其相互关系及行为。而这些行为惯例通常具有地理范围局限性特征及组织范围局限性特征。通常情况下，此种行为惯例的组织性及地域性观点强调的是单一区位内而非跨国界的组织学习状态及学习期限（Brown et al.，1991；Lave et al.，1991；Wenger，1998）。学者 Orr（1990，1996）对复印机技术员的行为进行过系统探究，结果发现这些复印机技术员不仅具有某种特定的行为规范，并且这些行为规范还具有某种特定含义，如在控制及流程环节，技术人员与层级管理者之间的信任度具有明显的动态性特征。此外，另一些学者的研究重点则在于探究此类同地协作产生的行为规范对于知识共享的制约程度，以及传统科层关系中对于上层管理者忠诚度的激励程度等（Hislop，2003）。德国大众公司用以阻止其德国工人在轮班时间之外利用黑莓手机进行信息传递的新政策恰好证实了这一点。

4. 单元 4：政府体制

政府（Government Regimes）（单一民族国家政体、联邦政体、地方机构等）是宏观层面的实体组织，用以建立及执行、规制公民社会及商业事务的法律法规。基于国家层面，国家立法者（如议会或美国国会等）在一国地理边界范围内产生、讨论、修改及确立相关法律法规，并且借助司法体系予以执行。许多由国家政府机构制定的法律会直接影响到国内及跨国企业的游戏规则，因而也会相应改变企业的竞争格局。例如，相对于范围更加宽泛的商务活动，企业改革法案会鼓励或是限制企业成长及创新能力，如涉及新创企业建立问题、增雇员工获取信贷问题以及从事跨境贸易等诸多事宜（Allard et al.，2012）。跨国企业在新的目标国市场从事商务运营需要遵守正规的，经批准、确认的国家法律法规，深刻理解国家间正规法律的不同，从而在这些法律法规与企业战略决策间寻求契合点，对于致力于国际化经营的跨国企业尤为重要。此外，也有一些国家在其国家边界范围内分配立法权力。而地方及省级政府同样有权制定法律用以确定当地社会的成员包括一些组织实体如何采取及开展商务活动等，在法律规则形成过程中，本单元将地方政府在内的第二层及第三层政府机构权威也纳入其中。

11.2.2 制度领域区域连接部分影响

图 11.1 所示四个制度区域的每一个部分(单元)都有潜在的可能性会影响到社会中个体及组织的功能方式。通过强化现有规范及规则,或是通过建立新的法律法规,用以提高社会的整体有序性及降低不确定性,进而这些制度区域会影响到经济生产、交换及分配。此 2×2 概念模型表明不仅是制度层面(如宏观、微观层面),也包括个体及组织间物理距离(如分散式、同地协作式)都是定义明确的制度环境中的重要关键因素。此制度区域划分的一个重要启示在于,制度协同发展的方式及相互影响作用。学者 Martinez 和 Williams(2012)认为此区域划分的交界面(Interfaces)对于现代制度变革方式极为重要,因为其是区域间相互依赖关系的重要传导管道。通常情况下,传导机制得以发生作用,是由于跨区域协调者的出现,即个体或组织成员在同一时间内,不同区域内的有效操作;或是其处于不同区域内的社会节点上,使其可以理解及解释行为惯例发展的影响及在不同区域内行为的结果、含义。相关依存关系之所以会发生,则是因为资源及知识可用于交换,也可能是由于某种意识形态或价值观的扩散及注解等。

关于微观及宏观制度环境(单元 1 和单元 2)下分散式组织如何影响微观及宏观制度环境下同地协作式组织(单元 3 和单元 4)的具体例证如下:

(1)分散式运动可以鼓励在一些特定国家边界范围内新的本地行为规范(Local Practices)的产生,或是在这些国家边界范围内新的正式性规范的产生,例如,谷歌街景(Google Streetview)计划导致一些国家新的隐私保护措施及相关法律确立,一些中东国家修改某些严苛的法律用以缓和其国内民众的抗议势头等。

(2)超国家行动方会带来国家层面法律的某些变革,如欧盟如何改变其固有法律的权威性以及在欧盟成员国范围内确立新的法律体系等。

关于微观及宏观制度环境(单元 3 和单元 4)下物理区位(地域)接近的组织如何影响微观及宏观制度环境下分散式组织(单元 1 和单元 2)的具体例证如下:

①强有力的国家政体会影响到规模较小或实力较弱的国家、组织和联盟,例如,美国会在谈判过程中就优惠待遇等问题向其贸易伙伴方如欧盟或东盟施压。

②本地组织会有效激励其他国家内相似组织的出现,通过采用分散式运动技术规范建立在线形式以吸引并影响更加广泛的国际性组织出现,用以分享相似或相同的目标,例如中美洲一些福音派组织(Evangelical Organizations)在近年成员的显著性增长主要源于利用虚拟网络技术跨国界进行本地最佳实践的拓展。

此外,制度区域划分的交界面部分还能传递出更多的制度性特征。

首先,合法性可以借助这些交界面进行有效传递。单一制度区域内成员可能会接受某些新的或是变革后的特殊行为及其合法性,因其在另一制度区域内的广泛性及有效性所赋予的含义及适当性。鉴于个体或组织行为通常不能独立于特定制度区域,尤其是在分散式组织定位配置中,这些制度区域划分交界区域具有传递及促发合法性问题的能力。

其次,这些制度区域划分交界区域允许激进式选择可以在跨区域范围内转移。单一区域内新出现的制度性惯例或规范可以成为在其他制度区域内个体或组织的选择。若不选择,而仅对特定制度区域内相关行为做调整,则其效果对于特定制度区域内制度传承及智慧感知的影响作用将更为舒缓,即在一定程度上仅以一种渐进式的方式进行。但是,对此也有学者指出，若采取激进式方式选择，对单一制度区域以一种有意义的方式进行制度演进是非常必要的，即更好地适应新的或是变革后的制度环境（Martinez et al.，2012）。

最后，社会压力或制度性张力（Institutional Tensions）可能会通过这些制度区域划分交界区域而超越固有的制度划分区域，而其他制度区域内制度张力的承认及内化则有助于焦点区域内的制度演进。

11.3　制度领域拓展对于国际商务理论研究及实践的启示

本章对于制度领域划分的再概念化研究对于国际商务学者、跨国公司管理者及相关政策制定者具有重要的启示及借鉴意义。

首先，此研究框架表明个体及组织需要关注的是不同制度划分区域内的制度规范如何同步产生，以及这些制度规范间彼此交互作用如何影响到其行为决策方的职能及功效。以跨国公司为例，当东道国制度变革速率存在某种程度的差异性，而使得宏观层面的正式性制度规范与微观层面的非正式性制度规范不相协调之时，跨国企业将会面临极大的挑战（North，1990，2005），谷歌中国就是一个很好的例证。不同制度划分区域内制度规范的同步产生也意味着单一制度区域内制度规范对于其他制度区域的影响作用与其他制度划分区域内制度规范的此种影响作用几乎也同步发生。而这些制度规范及行为规则的重叠也无疑会加剧跨国公司管理者在全球范围内开发及利用国际商机的潜在困难性。跨国公司决策者及管理者需要充分了解这种复杂的制度环境现实是如何进展及演进的，制度规则产生的影响力及倾向性所在，对于跨国企业而言，这些外部变革又是如何关联于企业发展的机遇与制约的。跨国公司决策者及管理者需要跨越宏观层面（基于国家层面和超国家层面）心理倾向，进而思考在一个社交媒体影响力不可小觑的现实世界里，分散式、非正式性运动及拥有较强实践性的组织是如何影响到企业战略规划及竞争力保持的。

其次，有学者认为某种制度规则的出现是无法事前预测的（Candace et al.，2012）。但是对于跨国公司决策者及管理者而言，时刻保持对于可能发生的国家层面或超国家层面制度规则变革的关注度或是预判性仍然具有一定程度的可能性（如通过互联网或是游说政府及国际组织等）；另一方面，对于跨国公司决策者及管理者而言，对那些微观层面实践组织及分散式运动如何产生影响社会经济交往的新的行为规范及价值观体系进行洞察（渗透）或是回应则是略显困难的。微观领域（既包括分散式也包括同地协作式）的组织差异性极强。因而跨国企业需要维持一个较高的灵活性，即使跨国企业在识别及跟进方面存在一定的困难，但是建立一个对于微观领域影响事件反应敏感的主导性的逻辑体系仍显得尤为必要。此外，跨国企业需要能够识别不同制度划分区域的交互作用，并将其视为构成企业国际化发展战略规划及运营环节中不确定性的一个额外来源而加以重点考量及关注。

最后，本章研究框架暗含制度领域演进所含的创业层面影响作用。上述制度领域的演进可能会导致跨国企业发现新的创业机遇。鉴于在此制度领域演进框架内市场机遇的识别既需要时效性，又具有一定的困难度；同时，对于市场机遇的洞悉能否及时采取有效行动还取决于企业自身的灵活性，而这些无疑都将成为企业成功获取竞争优势的来源。对此，跨国企业应该比国内企业拥有更好的定位以便识别及评估那些具有国际性的，同时基于分散式及虚拟式(非同地协作式)制度领域的新的市场商机。借助企业层面运营的国际性网络(总部－区域/总部－子公司)有效识别创业商机,对其全球性合作伙伴而言,能够识别及分享源于跨领域制度性变革而产生的新的市场商机则成为参与国际竞争及国际合作的必要条件。

整体而言,上述思维对于国际商务学者具有重要启示,尤其是对于那些致力于探究具有微观基础的传统企业国际化及跨国公司理论学者。此领域内学者一直被诟病缺乏与利于程序及能力开发,或是利于组织成长及效率提高的组织内成员间行为及互动相关的理论发展(Abell et al.,2008;Foss et al.,2004)。相对而言,社会网络理论则强调社会成员间社会关系质量,并将此类关系作为知识和机会来源的量化程度(Burt,1997;Nahapiet et al.,1998)。依据学者Burt(1997)的观点,“人力资本无疑是成功的必要条件,但若没有使其可以得以应用的各种机会的社会资本也是徒劳无益的”;相应地,社会资本被认为是一个“人力资本的情境补充(Contextual Complement)”(Burt,2000)。此观点的核心在于社会架构能够创造个体或组织的竞争优势,而社会性联结及互信也已经被经验验证为对于国际性组织间的资源交换具有正向积极作用,并有利于企业创新(Tsai et al.,1998)。社会资本(结构、关系及认知)对于企业而言同样非常重要,因其能够促使企业生成新的智力资本(Nahapiet et al.,1998;Tsai et al.,1998)。

基于上述研究框架及论述,通过思考不同制度领域所具有的微观层面交互作用及跨国企业不同组织及功能中社会资本的影响力,相关研究学者能够识别出基于微观基础理论的传统研究不足及局限。尤其是上述提及的规则、规制产生机制(规则产生的同步性、规则产生的不可预测性、制度领域演化过程中的创业机制等)也会对于微观现象和跨国企业的社会资本间作用关系及与跨国企业相关的宏观结果产生影响。

当不同制度区域内制度规则同时出现时,跨国企业内部个体管理者将会面临各种用于指导资源分配决策及企业战略规划选择的新的制度性知识。基于企业内部关系网络管理者间的交互关系不失为解决跨国企业新兴规则相关性及其优先级响应问题的策略之一。当规则以一种不可预期的方式产生之时,跨国企业管理者需要展现其应对的灵活性。一些新的规则也可能并不需要应对,而另一些则需要迅速反应。如果反应速度滞后于制度性影响的严苛度,那么企业运营效应会受到不同程度的损伤。此外,基于微观层面的企业管理者间的交互作用也常被要求用于确定企业应对上述制度环境冲击的恰当反应。最后,需要提及的一点是,上述基于制度领域演进的讨论中还涉及一个创业因素影响,即在微观个体决策层面与组织结果间作用关系的派生产物。就其本质而言,对于新的创业机会的感知、评估,以及对于这些创业机会的选择及寻求均源于制度领域的演进,而这一系列与创业相关的行为又都发生在基于跨国企业运营过程中不同情境之下的微观环境之中(Williams et al.,2011a,2011b)。相对于个体对于商业机会利用的感知,组织则会进一步注释及完善此商业机会。如果跨国企业能够将其自身能力与其在微观层面的恰当的制度性安排保持一致,则最具盈利机会的商机可以被有效识别、被准确选择及合理开发利用,企业运营绩效也会大为增强(关于制度领域拓展对企业国际创业的影响分析参见后续章节)。

简而言之,上述提及的基于制度划分区域演进过程中微观层面能力及其作用关系并不是完全相互排斥的。对于上述内容的系统总结凝练及对于国际商务学者的相应启示见表11.1。

表 11.1 制度领域拓展及其微观研究基础对于国家商务研究的启示

制度体系构建特征	对于跨国企业管理者的启示	国际商务学者未来研究焦点
新制度规则出现的同步性	需要深入理解制度领域拓展过程中新制度规则所呈现出的此种复杂性特征,及这些制度规则所产生的影响作用及发展趋势,以及与这些外部性的制度变革相关联的跨国企业发展所面临的机遇与制约条件	跨国企业管理者对于新制度规则的反应策略及互动关系,以及相关策略选择的优先级顺序问题
新制度规则出现的不可预见性	需要对制度领域变革保持高度的灵活性,并且能够建立具有主导性的制度逻辑,用以对那些不易洞悉的、对微观层面产生影响力的制度性变革保持敏感性	对于制度变革所产生的冲击的反应时效性,制度性冲击的严重程度以及对于企业绩效的影响
制度领域拓展过程中的创业因素	需要认识并识别制度领域拓展过程中新的创业机会的存在及兴起,并能将其视为企业竞争优势的潜在来源	伴随制度领域拓展过程中,基于微观层面的跨国企业制度性安排,以及对于由此产生的(创业)商机的识别、拣选及开发利用能力

资料来源:Candace A M,Christopher W,2012.

11.4 制度领域拓展对于企业国际创业的影响作用——基于互联网使能研究理论分析

如前文提及的,基于制度领域演进的讨论中还涉及一个创业因素影响,即在微观个体决策层面与组织结果间作用关系的派生产物。就其本质而言,对于新的创业机会的感知、评估,以及对于这些创业机会的选择及寻求均源于制度领域的演进,而这一系列与创业相关的行为又都发生在基于跨国企业运营过程中不同情境之下的微观环境之中(Williams et al.,2011a,2011b)。相对于个体对商业机会利用的感知,组织则会进一步注释及完善此商业机会。如果跨国企业能够将其自身能力与其在微观层面的恰当的制度性安排保持一致,则最具盈利机会的商机可以被有效识别、被准确选择及合理开发利用,企业运营绩效也会大为增强。而基于技术层面的考量,互联网技术以及与互联网相关的规则制定已经为国际创业者提供了大量的国际商机获取机会,并且成为国际创业领域不可小觑的重要使动能者(Enablers)。

先进的信息技术和通信技术已经被识别为国际创业(International Entrepreneurship,IE)的重要使动能者。通过提高参与方交易和沟通的速度与质量,减低交易成本,这些先进的信息技术及手段使得那些传统的资源局限性企业可以更加便利地从事国际化经营活动

(Gassmann et al. ,2007;Mathews et al. ,2007;Oviatt et al. ,2005)。尽管当前越来越多的企业利用互联网技术获取国际市场商机,并且随着互联网技术在商业活动应用中采用水平的不断更新与提升,这种对于企业国际化发展的巨大潜在影响尚存在很大程度的可开发空间;但在学术界,国际创业理论研究领域中关于电子商务对国际创业企业的影响作用问题的相关文献仍然较少。鉴于此,学者 Reuber 和 Fischer 在相关文献基础上发展出一个关于组织资源的概念模型,此模型被认为是电子商务使能与创业企业国际市场机会开发、识别相关性的重要理论模型。此理论模型的构建主要基于下述相关理论研究领域的相关文献,如创业理论、国际商务理论、战略管理理论、信息管理系统理论及营销理论等。而在基于互联网的国际创业相关研究文献中,三类资源被认为与企业成功获取国际市场商机显著正相关,即在线声誉(Online Reputation)、在线技术能力(Online Technological Capabilities)、在线品牌社区(Online Brand Communities)。以此为研究切入点,Reuber 和 Fischer(在对发表于 2000 年至 2010 年间的 33 类相关期刊中关于互联网使能与国际创业的相关文献进行系统梳理后,构建理论概念模型并提出相关理论假设;相关理论文献综述为国际创业研究学者提供了一个从上述三个资源视角下理解互联网使能与国际创业关联性的理论框架,并在互联网使能市场环境中,这三类资源如何(How)以及为什么(Why)会对企业国际创业机会开发与识别产生影响的作用机理给出清晰阐述。

首先,在线声誉尤为重要的原因在于,在互联网使能市场环境中存在一个较大规模的竞争者群体。而在互联网使能市场中,企业早期获得的在线声誉之所以可以产生实质性的竞争优势的原因在于,伴随着买家模仿之前买家的购买决策,互联网使能市场环境中存在一种不断扩大的放牧行为能力,即羊群效应。通常在线声誉的表现形式表现在两个方面:一方面是在线可视化(Being Visible),另一方面是被视为可提供更高品质的产品及服务。在传递质量信号方面,有利的在线质量信号传递极为重要,如在线商家及产品质量信誉等级与评论、信号传递的数量及一致性等。与此同时,考虑到声誉信号如何被感知,还需要考虑感知的可信度问题;而在跨文化环境中,这种声誉感知还会受到跨文化的差异性影响,因而声誉信号传递也被认为与企业成功获取国际市场商机间接相关联。

其次,在线技术能力在企业成功获取国际市场商机过程中也同样发挥着极其重要的作用,因为其可以使得企业更好并更快地先于竞争对手发现并利用国际市场商机。企业在线技术能力中尤其重要的方面在于:网络应用程序与后端数据库和系统的集成度;企业对于特定市场客户在线体验的客户定制能力;企业的技术机会主义行为。而这些也往往被认为是企业高层管理者支持的重要表现方面,即企业高层管理者对企业在线技术举措的评估及其参与度等。

最后,在线品牌社区可以帮助企业发现、评估、开发利用国际市场商机的原因在于,其可以向企业提供关于买方的大量信息,支持购买过程并建立更为积极的品牌含义。潜在的外国购买者可以通过对于产品社区的观测,或是通过直接询问现有产品买家来进一步基于客户视角了解公司提供的相关产品或服务。在线品牌社区中来自不同地理区域的成员的存在可以作为一个有力的传递信号给那些潜在的国际买家,企业也可以以此更为有效地服务于海外客户。企业可以使用在线品牌社区用以观测并进一步接触处于地理上分散的不同类型的客户,从而有效避免在线海外市场陷于孤立的危险。

Reuber 和 Fischer 在研究中也进一步指出，上述三类互联网使能资源与早期企业国际化的关联性研究显示，在企业成长阶段的早期如何能够获取并很好地利用这些互联网使能资源，便可以拥有更高的倾向性从事国际创业活动并获得成功。当然，从个体到环境层面的影响因素也会影响到企业成功获取海外市场商机的可能性，并会在整个互联网使能市场环境中，在这三类资源影响企业国际创业机会开发与识别作用过程中起到一定程度的调节作用，其中也包括一些负向效应，如过度标准化的诱惑、盲目的海外市场扩展、针对当前和潜在买家离线交互机制关注的不足等。这些基于互联网使能的、在线交易框架下的国际创业领域的相关研究问题也将成为国际创业学者、国际商务学者及电子商务领域研究学者未来关注的焦点。

11.4.1　研究问题背景介绍

先进的信息技术和通信技术已经被识别为国际创业的重要使动能者。通过提高参与方交易与沟通的速度与质量，减低交易成本，这些先进的信息技术及手段使得那些传统的资源局限性企业可以更加便利地从事国际化经营活动。伴随着越来越多的电子商务创新模式及企业国际创业模式的出现，上述论断的真实性及正确性在实践中不断被验证。其中，一些企业可以提供数字化服务，如在线网络电话业务 Skype、在线拍卖网站 eBay、在线航空公司易捷航空等，这些互联网公司虽然也是为客户提供传统的商品或服务，但是其与客户沟通与交易的大部分环节都是基于在线方式，也即在线互联网模式可以使企业更加迅速地获取国际市场商机，并据此开始国际化经营。在过去十年间国际在线交易市场的扩展催生出诸多行业中的大量新生企业成为"天生国际化"企业（Reuber et al.，2009）。

互联网使能驱动下的企业国际化现象看似不太可能被限制在高度关注的案例中。尽管基于互联网的跨境贸易数据不太便于获取，但有证据表明，即使是最小规模的企业用户也是活跃的互联网用户之一。加拿大 2007 年的数据显示，95% 的企业（企业规模员工数为 20～99 人）可以自由上网，74% 的企业建有企业网站，69% 的企业进行在线采购，13% 的企业进行在线销售业务。针对 OECD 28 个国家的 6 个不同部门的数据显示，有大量企业通过互联网进行在线采购及在线销售业务，对大多数调研企业或跟踪企业而言，在线交易成为企业交易方式中的常见模式。在澳大利亚、加拿大、德国、爱尔兰、新西兰、瑞士、英国等国，有超过一半的企业（企业规模多于 10 人）通过在线方式进行采购业务；在澳大利亚、爱尔兰、新西兰、荷兰、挪威、瑞士、英国等国，有超过四分之一的企业通过在线方式进行销售业务。这些数字表明，数百万的企业通过互联网可以从事国际市场经营活动，即存在国际创业的可能性。

尽管当前越来越多的企业利用互联网技术获取国际市场商机，并且随着互联网技术在商业活动应用中采用水平的不断更新与提升，这种对于企业国际化发展的巨大潜在影响尚存在很大程度的可开发空间；但在学界，国际创业理论研究领域中关于电子商务对国际创业企业的影响作用问题的相关文献仍然较少。虽然现有相关研究已经指出，相比较于其他类型的企业而言，技术型企业或是创新型企业更倾向于快速的国际化发展模式（Aspelund et al.，2007；Coviello et al.，2004；Dimitratos et al.，2005；Fischer et al.，2008；Keupp et al.，2009；Rialp et al.，2005），但对于互联网使能与创业企业国际化发展的相关问题现有文献并未给出特别说明。现有国际创业学者对于互联网应用方面的有限研究并没有真实地反映出不断增加的创业型企业互联网应用在其国际创业过程中所带来的社会层面或是经济层面的显著作用或影响。而这种理论研究与实践相脱离或严重滞后的关键原因还在于,国际创业理论体系在互联网兴起之前已经建立(McDougall et al.,1994;Oviatt et al.,1994),而后续相关研究多集中于对于国际新创企业(International New Ventures)影响因素的识别及探究。但是随着企业实践的不断深入及拓展,国际创业领域的研究方向及内容应该更多地将互联网相关现象包含进创业型企业国际市场机会识别影响因素范畴之内,并将其作为国际创业研究领域的研究重点之一(Reuber et al.,2011)。

学者 Reuber 和 Fischer 在基于企业资源观(Resource-Based View)的理论框架下(Amit et al.,1993;Barney,1991;Penrose,1959),系统回顾了现有文献中基于企业层面资源识别视角下与互联网相关的国际创业相关研究;在此基础上,从一个更为广泛的研究领域(包括创业理论、国际商务理论、市场营销理论、管理理论及信息管理系统理论等),构建出更为深刻理解上述资源的研究框架,即与创业型企业成功获取国际市场机遇相关的概念模型。在此理论模型构建过程中,三个主要的研究方面需要提及的是:首先,理论体系构建是基于当前被学界广泛认可的国际创业理论(Oviatt et al.,2005),即国际创业是跨国界对机会的发现、制定、评价和利用的过程,是用以创造未来产品或服务的过程。此概念内涵与创业领域中的相关概念保持一致(Shane et al.,2000),即创业是发现、评价和利用机会的过程。因而,在基于企业层面的相关研究则更多集中于在互联网使能市场竞争环境中,企业获取或追求(Pursuit)国际市场商机的成功性问题,而在整个追求过程中又具体包括发现(Discovery)、制定(Enactment)、评价(Evaluation)及利用(Exploitation)机会的子过程。通过将基于企业层面的资源与创业企业国际市场机遇相关联,Reuber 和 Fischer 详细定义并构建出预测创业企业上述国际创业机会成功追求的概念模型,而不仅仅是局限于创业型企业成功追求国际创业商机的倾向性问题。在既定组织实践路径依赖(Teece et al.,1997)和国际市场新进入者学习优势(Autio et al.,2000)背景下,基于机会的国际创业定义并没有限制互联网使能对新生企业国际化发展的影响作用;相反,企业如果在其成长阶段的早期就已经获取并很好地利用其资源,那么这样的企业也会有更高的倾向性从事互联网使能国际创业并获取成功。关于此论点背后的合理性及逻辑性分析,将在后续章节中重点讨论。国际创业领域另一个需要重点考虑的问题就是企业的快速国际化,即企业进入初始海外市场后,海外市场地理领域拓展的速度增加,海外市场运营收入也随之迅速增加(Oviatt et al.,2005);或是企业建立的国外域名网站数量增加(Kotha et al.,2001;Rothaermel et al.,2006)。对此,学者 Reuber 和 Fischer 则指出上述关于创业企业快速国际化的分析框架在一定程度上制约了基于互联网使能市场需求方面的影响分析,并且已经有学者指出这其中也确实存在基于全球供应链的供给方面影响及离岸劳务外包等方面的影响(Gefen et al.,2008;Klein et al.,2009)。

第二个需要重点提及的方面是:聚焦于企业层面探究相关问题的原因在于更加符合基于企业资源观的研究视角,虽然现有研究学者从环境因素层面探究互联网使能市场对创业企业国际化发展的影响,如法律环节、监管环节和税收制度等(Anderson et al.,2010;Zhu et al.,2005)、支付渠道和国家层面的技术性基础设施等(Oxley et al.,2001),以及行业规范和基于地理层面的集群效应等(Zacharakis et al.,2003),但这些超出企业层面外的影响因素均不在本研究范畴内。

沿袭 Varadarajan 等(2008)的研究框架,Reuber 和 Fischer 采取了一个更加宽泛的互联网使能市场观点,即将互联网使能市场定义为“供买卖双方交流信息、交易及采取与交易相关的行为之前、交易期间和交易事后通过信息基础设施网络和设备连接互联网的基础性网络协议”。尽管现在已经越来越普遍地谈论企业将其业务植入于互联网环境中所创造的价值或是协调与客户的价值创造活动(Barua et al.,2004),但系统区分互联网使能市场与电子商务概念仍然十分必要,而上述互联网使能市场定义在一定程度上可用于识别、区分互联网使能市场与“电子商务”的异同性(Amit et al.,2001)。鉴于此,下述相关文献梳理不仅局限于纯粹的电子商务企业,还包括出售电子化、虚拟产品或服务的企业。

11.4.2 研究方法介绍

为确保国际商务和国际创业领域之外的相关学科的相关研究内容被系统地包含在内,学者 Reuber 和 Fischer 对发表于 2000 年至 2010 年间 33 类期刊中的相关论文进行了系统梳理,而此时间段的选取则是基于此 10 年间恰为信息通信技术层面飞速变革的 10 年。与此同时,为确保文献梳理的全面性及针对性,对于 2000 年前发表的相关文献也有所涉及。其中,在期刊选择方面,涵盖了创业领域、国际商务领域、管理领域、管理信息系统领域和市场营销领域的顶级重要期刊,同时考虑到期刊文献获取的可行性及系统性,文献梳理范围主要集中于 33 类国外相关专业期刊(表 11.2)。而这些期刊选取的标准则是依据《金融时报》(*Financial Times*)用于 2010 MBA 课程排名所列出的 40 种期刊目录或是依据 2008 汤姆森路透社 (Thomson Reuters)的期刊影响因子列表排名目录。尽管表 11.2 中所列期刊种类中大多数期刊属于管理类期刊,但是鉴于许多管理类期刊也发表更为专业性的论文,如创业领域、国际商务领域或是信息管理系统领域等专业性极强的论文,因而此 33 种期刊覆盖范围仍具有一定的合理性及科学性。

在对相关议题的确定方面,Reuber 和 Fischer 采取了两阶段研究方法:在第一阶段,研究助理人员需要手动查验所有期刊论文在每一个年份中的所有文章,用以确定某一篇论文是否可以列入文献梳理目录中,即论文研究内容关于互联网使能市场中的企业相关商业行为。通常情况下,此类论文集中于讨论激励企业互联网应用的驱动因素及导致企业互联网应用成功的影响因素;基于企业层面或是行业层面的互联网应用特征;企业参与互联网使能市场活动的结果。第一阶段的文献梳理过程中共收集相关文献 569 篇。第二阶段,研究者对上述每篇文章进行通读,用以明确在对深刻理解互联网使能市场中创业企业国际化行为决策及效果方面是否具有研究价值以及研究价值所在;在此基础上,进一步提炼出明确提及国际创业与互联网应用关联性的论文 21 篇(表 11.3)。总体而言,现有国际创业(IE)研究领域相关文献已经识别出三类资源对创业企业成功获取国际市场商机的重要性,相关文献梳理也是以此为基础理论构架进行更为广泛的文献回顾与整理;据此,探究对于现实问题更具解释力的新型理论模型框架,以及针对互联网使能市场环境下创业企业国际化问题的经验数据支持。

表 11.2 33 种期刊文献名称及类别回顾

研究领域列表	期刊名称
创业 Entrepreneurship	1. *Entrepreneurship Theory and Practice* 《创业理论与实践》 2. *Journal of Business Venturing* 《企业创业》 3. *Journal of International Entrepreneurship* 《国际创业》 4. *Small Business Economics* 《小企业经济学》 5. *Strategic Entrepreneurship Journal* 《战略性创业》
国际商务 International Business	6. *International Business Review* 《国际商业评论》 7. *Journal of International Business Studies* 《国际商务研究》 8. *Journal of World Business* 《世界商业》 9. *Management International Review* 《国际管理评论》
管理 Management	10. *Academy of Management Journal* 《美国管理学会学报》 11. *Academy of Management Perspectives* 《管理学会展望》 12. *Academy of Management Review* 《美国管理学会评论》 13. *Administrative Science Quarterly* 《管理科学季刊》 14. *California Management Review* 《加利福尼亚管理评论》 15. *Harvard Business Review* 《哈弗商业评论》 16. *Journal of Management* 《管理学期刊》 17. *Journal of Management Studies* 《管理学研究期刊》 18. *Organization Science* 《组织科学期刊》 19. *Organization Studies* 《组织行为研究》 20. *Research Policy* 《研究政策》 21. *Sloan Management Review* 《斯隆管理评论》 22. *Strategic Management Journal* 《战略管理期刊》
管理信息系统 Management Information Systems	23. *Communications of the ACM* 《美国计算机协会通讯》 24. *Information Systems Research* 《信息系统研究》 25. *Journal of MIS* 《管理信息系统期刊》 26. *Management Science* 《管理科学》 27. *MIS Quarterly* 《管理信息系统季刊》
营销 Marketing	28. *International Marketing Review* 《国际营销评论》 29. *Journal of International Marketing* 《国际营销学报》 30. *Journal of Marketing* 《市场营销》 31. *Journal of Marketing Research* 《市场营销研究期刊》 32. *Journal of the Academy of Marketing Science* 《营销学学报》 33. *Marketing Science* 《营销学》

资料来源：Reuber R，Fischer E，2011.

表 11.3　互联网使能市场环境下国际创业相关文献梳理

序号	作者(年份)	研究内容	研究方法	研究结论
1	Andersen(2005)	*信息技术变革对出口中间商的影响作用	*交易成本理论、经济学理论 *概念模型构建 *案例分析	*尽管出口中间商在进出口贸易中仍然发挥重要作用,但是新兴的基于互联网模式的交易中介已经兴起,如 eBay 等 *交易中介将会尝试专业化分工,或是强调其在营销渠道中的战略定位
2	Arenius 等(2006)	*检验互联网作为销售渠道的显著性作用 *互联网如何降低外来者劣势及资源局限的负面影响	*Futuremark 公司的案例研究	*利用互联网作为销售渠道对销售业绩的提升相比寻求代理商或是分销商更为有效 *互联网应用减少进入不同海外市场进入策略及技巧的关注度;降低运输、分销成本,便利交易达成
3	Berry 和 Brock (2004)	*基于 Uppsala 模型视角下,检验互联网应用对企业国际化发展的影响作用	*基于对德国 112 家小型技术型企业的调研	*互联网应用可以克服企业国际化过程中的资源性壁垒 *企业高管的互联网体验相比其国际市场运营业务经验更加会影响到企业国际化过程中的互联网应用
4	Chandra 和 Coviello (2010)	*提出消费者个人作为国际创业者的研究视角	*构建概念模型 *交易成本理论、经济学理论、关系网络理论、服务主动理论、企业资源观理论	*互联网可以为个体性的国际创业者提供机会,截止到目前为止,国际创业理论研究中对于此问题一直有所忽略,在互联网使能市场环境中,这一点对于企业早期的国际化发展尤其重要
5	Katz 等(2003)	*描述虚拟即时全球化创业过程及其支撑市场环境特征	*概念模型构建 *基于交易成本理论的研究视角	*在全球销售环节中,中介服务机构发挥重要的证明作用及较高的可操作性 *中介服务机构在一定程度上降低企业对于国际化专业知识的需求,并使之出现非技能化趋势

表 11.3(续 1)

序号	作者(年份)	研究内容	研究方法	研究结论
6	Kotha 等(2001)	*检验与纯粹美国互联网企业开发特定国家网站倾向性相关联的企业层面的特殊影响因素	*基于98家公开上市的美国纯粹互联网公司档案数据	*与企业相关的外国域名网站数量可以体现出:公司的媒体曝光度、互联网用户的可达性、所有公司网站访问者的数量、企业竞争性活动水平、企业协作活动水平
7	Lituchy 和 Rail (2000)	*检验小旅馆业的订房及订餐业务如何利用互联网技术吸引其他国家的顾客	*基于 114 家加拿大和美国的小旅馆调研数据	*在互联网市场环境下,小型企业需要与较大规模的、全球性竞争者相区别,尽管互联网可以降低大型企业相对于小型企业的优势 *小型企业现在通过互联网可以接触到越来越多、不同类别且多样化的外国客户,对这些外国客户的深入了解也格外重要
8	Loane(2006)	*探究互联网使能企业快速国际化发展背后的行为决策及战略规划	*基于 218 个源于澳大利亚、加拿大、爱尔兰和新西兰的初始案例,及在此基础上的 53 个深入访谈	*伴随着互联网应用技术的成熟度不断提升,企业也在不断尝试各种不同功能及作用的互联网应用方式 *企业也在寻求方式用以协调及支持企业国际化发展目标或战略规划的实施 *互联网应用不是一个逐渐累积的过程,互联网应用需求常常是在新的业务操作出现之时,尤其是在知识获取方面
9	Loane 等(2004)	*探究基于互联网使能企业的国际化发展战略规划	*基于爱尔兰、北爱尔兰、瑞典、比利时、美国和加拿大的 8 家企业案例分析	*互联网有利于企业快速国际化发展 *企业的竞争优势源于如何有效将互联网技术与商业模式相整合 *先发的技术优势可以被后来者居上,并被其迅速侵蚀,但一旦错失技术应用机会则会危及企业的生存 *企业的IT技术能力需要与丰富的信息资源相结合

表 11.3(续 2)

序号	作者(年份)	研究内容	研究方法	研究结论
10	Lynch 和 Beck (2001)	*基于 20 个国家的个体,探究互联网相关问题的异同性	*基于就职于跨国公司的 515 名办公室人员的在线问卷调研	*在互联网相关问题的态度及行为决策方面存在显著的地域差别 *欲开展国际化的企业需要考虑其在技术层面的相关设计与开发
11	Moen 等(2003)	*探究小型出口企业如何利用互联网开展其国际市场营销活动	*基于 6 家挪威软件企业的案例分析	*互联网可以用来构建及传递企业形象 *标准化产品更易于在线销售,但是可能会降低企业的竞争优势
12	Moen 等(2008)	*探究 B2B 营销活动中,互联网应用及营销绩效如何影响信息及通信技术	*基于 635 家丹麦和挪威中小企业的调研数据	*信息及通信技术可以降低企业市场进入壁垒,信息的使用权是维持和发展企业关系的有效成本方式 *企业管理者对于使用信息与通信技术不会察觉其与绩效相关的任何正向影响作用,反而会认为在用于销售环节中,对海外市场知识学习方面,会产生一定的壁垒
13	Moini 和 Tesar (2005)	*检验企业管理者如何感知互联网转化为企业营销决策的优缺点	*基于 125 家美国威斯康星州小型制造业企业的调研	*企业通过互联网开展国际化经营的范围或程度通常会受到来自企业内部因素的影响,如企业高管对于信息技术应用有效性的认知,其对信息技术应用的体验;而非企业外部影响因素,如客户压力等
14	Morgan Thomas 和 Bridgewater(2004)	*识别企业成功应用基于互联网出口渠道的影响因素	*基于 705 家拥有企业网站的英国出口商的调研	*企业有效应用基于互联网的出口渠道通常与下述因素相关:企业拥有自身的销售团队、对于互联网技术的承诺与投资、客户和竞争对手互联网技术应用外部压力

表 11.3(续 3)

序号	作者(年份)	研究内容	研究方法	研究结论
15	Mostafa 等(2006)	*企业创业导向与互联网承诺的关联度	*基于 71 家英国中小型制造企业的调研	*通常拥有较高创业导向的企业所有制或管理者,也有较高的互联网应用承诺,包括资源承诺、使用及感知收益等
16	Nguyen 和 Barrett (2006)	*检验越南企业国际商务活动中互联网应用中的知识创造作用	*基于越南 306 家应用互联网开展国际化经营活动的小型企业的调研	*市场导向和学习导向与互联网应用正相关 *互联网应用通过相关信息感知和知识内化间接地与企业海外市场销售强度相关联
17	Ramsay 和 Ibbotson (2006)	*检验企业与电子商务相关的创业导向与动机	*基于爱尔兰和北爱尔兰 80 家中小型企业的调研	*大多数企业所有者主动应用互联网技术,尤其在与客户的互动环节中;但也有一些企业以比较特别的方式应用互联网技术
18	Reuber 和 Fischer (2009)	*探究国际市场中企业声誉信号的有效性	*基于 Download.com 中 343 家软件产品卖家档案数据	*存在三类声誉信号传递机制:高价格、广告、品牌保护伞,显著影响产品试制,但是通常情况下高价格往往会产生负面影响
19	Rothaermel 等 (2006)	*探究纯粹的美国互联网企业选取海外市场的基础要素	*基于分布在 39 个国家中的 179 家美国互联网企业的档案数据	*国际市场的规模会减少在海外市场进入过程中国家风险、文化距离、不确定性规避及制度距离等产生的直接负向影响,同时会增强在海外市场进入过程中个人主义和男性气质的直接正向影响
20	Sinkovics 和 Penz (2006)	*基于消费者的中小企业网站授权度量	*基于 306 名澳大利亚消费者的调研数据	*消费者希望与企业开展在线业务关系,以获取企业信息 *重要问题在于网站的安全性、简洁性以及在线环境下的个性化能力
21	Wynne 等(2001)	*检验旅游行业价值链环节中互联网的作用	*基于南非旅游行业的案例分析	*中介机构支撑着规模经济及常规化交易,其可以降低企业成本并增加企业产品的标准化 *即便互联网应用会导致非中介化产生,买卖双方仍然存在动机与中介交易,因其不仅可以提供重要信息,还可以节约时间与金钱

资料来源:Reuber R,Fischer E,2011.

11.4.3 相关文献梳理

在进行更为广泛的文献梳理之前,需要集中于国际创业理论研究领域,识别出与之相关的互联网使能市场文献,并据此构建出初始理论研究框架。为此,前期的文献梳理主要聚焦于互联网应用框架下的国际创业研究。基于离线(线下)视角下,与国际创业相关联的多维度企业层面影响因素已经在现有文献中被广泛提及,如企业创新(Knight et al.,2004)、商业关系网络(Coviello,2006;Mesquita et al.,2008; Prashantham et al.,2010)、企业生产能力(Fan et al.,2007)、企业学习能力(Jones et al.,2005;Sapienza et al.,2004)、知识获取(Fernhaber et al.,2009)、企业所有权(George et al.,2005)、企业管理者的国际化承诺和团队动力(Reuber et al.,1997;Reuber et al.,2002)等。针对上述企业层面的诸多影响因素,没有理由怀疑其在互联网使能市场环境中同样发挥着决定性作用,鉴于此,相关文献回顾将更多集中于与在线(线上)环境相关联的、具有特殊性的企业层面的影响因素。相关文献梳理遵循基于企业资源观的理论框架,在此理论框架下,组织被认为资源与能力的组合(Amit et al.,1993; Barney,1991;Penrose,1959)。基于企业资源观的理论视角在其理论构建之初,就作为国际创业理论体系构建的重要理论基石,并且提供了深入了解及阐述促使国际创业企业早期国际化发展及广泛国际化发展的重要资源的理论分析框架,如国际化知识和国际市场竞争能力(Fernhaber et al.,2009)、国际创业企业社会资本及关系网络(Coviello,2006)。如表 11.3 所示,Reuber 和 Fischer(2011)已将与互联网使能市场环境下与国际创业相关的 21 篇文献进行了系统识别,整体而言,这些研究涵盖了不同国家的 B2B、B2C 企业。虽然基于 21 篇文献的系统梳理尚不能构成大量文献累积的理论基础,但是通过深入系统地梳理这 21 篇文献,仍然可以发现在现有文献中作为相互独立支撑且对国际创业具有重要影响作用的三类资源已经被系统识别,即在线声誉、在线技术能力、在线品牌社区。整体而言,现有文献中关于相关概念模型构建的研究仍存在一定不足之处;而相关构念的量表开发、度量及相关性研究已经在其他相关领域发表。此外,21 篇文献中有 6 篇文献发表于 2004 年之前,仅有 3 篇文献发表于 2006 年以后,这也意味着大部分针对互联网市场环境的相关研究现在已经略显过时。因而,本部分文献梳理环节将系统定义每类互联网使能资源,并就每类资源环境下的国际创业特定研究文献进行总结;在此基础上,将结合更为广泛的与企业资源观相关的文献回顾,以期进一步深入发展与创业企业成功追求国际创业机会相关的概念及理论框架。

1. 在线声誉

在与互联网相关的国际创业研究文献中被识别出的第一类资源就是在线声誉资源。一个企业的声誉是指“代表一个企业过去行为和未来前景的一种感知,其常被描述为与企业其他主要竞争对手对比而言,企业自身对其所有关键受众的整体吸引力”(Fombrun,1996);而企业的在线声誉则是指在线受众中的这种代表性感知。一个企业的声誉通常被广泛视为企业的有价资源(Amit et al.,1993;Barney,1991),拥有良好声誉的企业可以获得更多的收益,因其对投资者、客户、供应商及员工都更具吸引力;这种吸引力会产生价格优势、成本优势、选择优势等,并且会随着时间的推移而得以持续(Roberts et al.,2002),进而这种声誉还会产生更多的可见性及质量声誉等(Rindova et al.,2006)。现有国际创业理论文献表明,互联网通过降低创业企业沟通成本、搜索成本、互动成本,从而可以更好地促使创业企业克服有形资源的局限性(Arenius et al.,2006;Berry et al.,2004;Chandra et al.,2010;Lituchy et al.,2000;Loane,2006;Moen et al.,2008)。因而,创业企业如果想在国际市场上获取竞争优势,需要获取一个基于在线声誉的无形资源。而实际上,声誉被认为与新生电子商务企业的在线国际化发展紧密相关(Kotha et al.,2001)。

2. 在线技术能力

基于与互联网相关的国际创业理论文献识别出的第二类资源是创业企业及其高层管理团队的在线技术能力。在线技术能力常常被定义为一种约束,即"一种程序、先前的或新兴知识、分析过程及简单的规则将信息技术转变为客户价值"(Zhu et al.,2002)。对于国际创业企业而言,基于企业层面的特定能力的重要性在企业国际创业初期,尤其在国际市场探索阶段尤为突出(McDougall et al.,1994)。互联网使能市场的最大不同则在于与技术相关的能力更为重要。事实上,学者 Berry 和 Brock(2004)已经指出,高层管理者的互联网体验相比较于较多积累的国际市场经营业务经验对企业国际化发展过程中的互联网应用有着更为重要的影响作用;而 Mostafa 等(2006)也指出,这种互联网体验与管理者的创业导向紧密相关。在线技术能力是一种十分重要的基于企业层面的特殊资源,而不仅仅局限于技术手段本身,因为基于技术层面的竞争优势的可持续性在于企业处于迅猛技术变革情境下配置和利用技术组件的能力(Zhu et al.,2002)。基于此研究视角,Morgan Thomas 和 Bridgewater(2004)指出,在技术层面进行更高水平财务及管理投资的企业会更加倾向于成功采取基于互联网进行商品出口的模式探索。考虑到进行在线商务交易会存在交易者态度及行为模式的跨文化差异性(Lynch et al.,2001;Rothaermel et al.,2006),因而,如果能够清楚地掌握如何将信息技术融入企业日常运营模式之中(Loane et al.,2004;Moini et al.,2005;Ramsay et al.,2006)、融入企业营销相关活动之中(Lituchy et al.,2000;Moen et al.,2003;Nguyen et al.,2006;Sinkovics et al.,2006),无疑将为创业企业在海外市场获取收益提供极大的便利。

3. 在线品牌社区

依据前述与互联网相关的国际创业理论文献梳理,提炼出第三类资源就是在线品牌社区。在线品牌社区是指一种在线形式下的"专业化的、没有地理范围约束的社区,基于某一品牌仰慕者之间的一套结构化的社会关系网络"(Muniz et al.,2001)。与上述两类资源相同,在线品牌社区同样可以提供竞争性报酬,即越来越多的个体买家能够,并且只愿意与卖家沟通(Schau et al.,2009)。潜在的买家希望通过在线卖家质量信息降低其搜索成本(Chen et al.,2002),而在线品牌社区可以为此提供积极扶持。整体而言,互联网降低了当前买家的转换成本(Switching Costs),使其可以轻易地由一个新的更具竞争性的卖家所吸引,而中断原有的购买渠道(Moe et al.,2009);但是在线品牌社区可以培育客户的情感支持,并由此增加买家的转换成本(Schau et al.,2009)。

在上述文献梳理及分析基础上,本章后续内容将进一步结合与上述三类资源相关的更为广泛的文献梳理结果,进而构建理论概念模型,并提出相关理论假设及命题(图 11.2),相关构念量表开发见表 11.4。

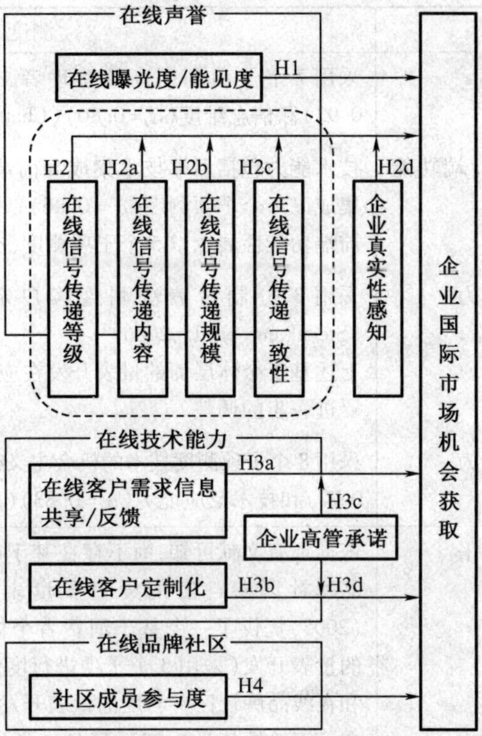

图 11.2　互联网使能情境下创业企业国际市场机会获取概念模型

表 11.4　相关构念测度维度划分及量化开发(依据现有文献梳理)

构念		测度
在线声誉	1. 在线曝光度	现有文献中尚不存在具体的量表开发;建议采用在线相关产品或市场搜索过程中,相比较于竞争对手而言的,企业网站的在线排名顺序
	2. 在线信号传递内容等级	在线产品评价等级的平均数(Chevalier et al. ,2006; Zhu et al. ,2010)
	3. 在线信号传递内容规模	在线产品评价的数量(Chevalier et al. ,2006; Zhu et al. ,2010)
	4. 在线信号传递内容一致性	在线产品评价等级的变动系数,通过计算平均评价等级数的标准差获得(Zhu et al. ,2010)
	5. 信任度感知	采用 4 个子项测度从卖方获取相关信息的信任度,包括诚实和能力维度(组合信度检验值为 0.88) 采用 6 个子项测度从卖方购买相关产品的信任度,包括能力、诚信和善行维度(组合信度检验值为 0.87)(Pavlou et al. ,2006)

表 11.4(续)

构念		测度
在线技术能力	1. 高层管理者支持度	采用 7 个子项测度高层管理者支持度,包括参与维度($\alpha=0.93$)和信念维度($\alpha=0.80$)(Chatterjee et al.,2002)
	2. 后端技术集成及前端功能展示	技术能力包括后端技术集成和前端功能性展示,其中后端技术集成以 2 个子项测度($\alpha=0.86$); 前端功能性展示以 5 个子项测度($\alpha=0.80$)(Zhu et al.,2005)
	3. 网站客户定制化能力	采用 3 分制量表法测度客户定制化感知度($\alpha=0.65$)(Steenkamp et al.,2006) 上述基于个体层面的量表开发在应用于企业层面的过程中还需要进一步的调整
	4. 技术的机会主义行为	采用 8 个子项测度技术的机会主义行为,包括技术感知能力($\alpha=0.77$)和技术反应能力($\alpha=0.83$)(Srinivasan et al.,2002)
在线品牌社区	1. 社区成员参与度水平	依据现有文献可知,尚不存在基于产品或企业层面的对于在线品牌社区参与度的度量及量表开发。但是 Algesheimer 等(2005)提供了一个基于消费者个体层面的在线品牌社区识别的量表开发(采用 5 个子项进行度量,组合信度检验值为 0.92)和在线品牌社区参与度的量表开发(采用 4 个子项进行度量,组合信度检验值为 0.99),且各变量(子项)间均呈现出显著性的正向关联。据此可以作为后续相关问题研究的起点,但同时还需要注意,在考虑到海外社区成员与国内社区成员的差异性以及在线品牌社区的参与度水平差异性问题时,对于上述子项还应做进一步的说明

资料来源:Reuber R,Fischer E,2011.

11.4.4 研究假设与模型构建①

本章研究内容在上述文献梳理基础上,结合相关领域研究成果,从在线声誉机制构建、在线技术能力应用和在线品牌社区参与三维度下进一步细化,提炼出互联网使能情境下具体影响创业企业国际市场机会获取影响因素;提出相应研究假设并构建概念模型(图 11.2)。

1. 在线声誉机制构建

企业良好声誉通常暗含较高市场曝光度/能见度(Online Visibility)及企业产品质量保证;互联网使能情境下,情况亦然。但激烈的市场竞争使得互联网使能情境下企业在线曝光度/能见度存在较大差异。学者 Reuber 和 Fischer(2011)将企业在线曝光度/能见度定义为"相对竞争对手而言,在线受众(客户/潜在客户)对企业的熟悉度"。与消费者线下行为决策类似,潜在客户更倾向于购买相对熟悉的企业产品/服务。通常情况下,互联网使能情

① 此部分内容曾发表于《科技进步与对策》2015 年第 5 期,作者刘娟。

境下企业可通过向信息服务公司（如 Google 等）购买关键词以达到提高企业在线曝光度的目的；或是优化搜索引擎，以便当客户/潜在客户进行在线搜索时公司网站可出现在搜索结果列表顶端或接近顶端位置。基于此，提出如下研究假设。

H1：企业在线曝光度与企业国际市场机会获取正向关联。

信息经济学认为传统线下产品声誉信号传递机制主要是高价格和高额广告投入费用，但线上环境下价格和广告投入仅作为企业产品声誉弱信号传递；相比之下，在线产品信息披露则成为企业声誉信号传递的重要渠道，而在线声誉信号传递结果——信号传递等级，又会受到传递内容、规模、一致性以及企业真实性感知因素的影响。

在线信号传递等级指在线环境下企业获得的正向/负向支持度。现有文献显示两类基于企业自身的信息披露可作为企业高质量信息传递信号：一类是第三方背书/保证、与有声誉的人/组织的关联性、第三方奖励/证书/奖状等；第二类是企业所属国别/地区披露，因为基于某一国家层面积极/消极的固有印象会直接影响潜在客户/利益相关者对其公司及其相关产品/服务的感知度，此类信息常被认为与企业声誉直接相关。学者 Steenkamp 和 Geyskens（2006）研究显示消费者基于品牌产品网站访问而获取的消费者价值感知度很大程度受到产品来源国的影响；而国际企业也更易于导致潜在消费者对其产生固有印象的倾向性，如消费者对某一全球性品牌的认知被认为与该品牌质量声誉感知正向关联（Steenkamp et al.，2003）。

除企业自身进行信号传递外，互联网技术环境也拥有在线信用排名/评价的先天优势，因而在线模式下企业声誉信号传递机制早已超出企业自身控制范围；尽管此种声誉信号传递结果（声誉/信誉等级）可能与企业自身的信号传递结果并不一致，但却为消费者选择提供更多重要信息资源；而除企业在线声誉信号传递等级外，传递内容、规模及一致性成为学者探究企业在线声誉评价问题的关键。有相关学者研究显示（Dellarocas，2003），鉴于在线声誉信号传递的信息规模、地域范围可达性及信息披露方的隐匿性，在线声誉排名/评价与传统线下口碑相传（背书）模式有较大差别。而对于在线信号传递一致性问题，现有研究结论也存在分歧，例如，学者 Chevalier 和 Mayzlin（2006）研究显示在线声誉排名/评价通常具有压倒性正向效果，但负向排名/评价的消极作用更为明显，且与企业销售绩效存在显著负向关联；当多种声誉信号均可获取的情形下，信号传递声誉等级一致性相对于不一致性更易于导致消费者对企业产品高质量感知。此外，在线声誉排名/等级对于不太受消费者欢迎的产品销售存在更大程度负向影响。此研究表明由于特定市场中消费者缺乏对所购产品/服务的前期熟悉度，因而在线信号传递过程中高水平的评价满意度、较多信息传递内容（规模）及较高信息传递内容的一致性，对于互联网使能情境下致力于拓展海外市场的创业企业具有积极意义。基于此，提出如下研究假设。

H2：企业在线声誉信号传递等级与企业国际市场机会获取正向关联。

H2a：企业在线声誉信号传递内容正向调节企业在线声誉信号传递等级与企业国际市场机会获取间作用关系。

H2b：企业在线声誉信号传递规模正向调节企业在线声誉信号传递等级与企业国际市场机会获取间作用关系。

H2c：企业在线声誉信号传递一致性正向调节企业在线声誉信号传递等级与企业国际市场机会获取间作用关系。

此外，上述企业在线信号传递作用机理在一定程度上会受到消费者对企业真实性感知影响。由于在线环境下消费者对企业存在某种程度的不熟悉性,多数消费者与在线商家的交易次数非常有限,因而消费者对企业/商家真实性感知在互联网使能市场环境中尤为重要。研究显示同一国别地区或地理范围较为接近(Forman et al. ,2008)或跨文化背景下(Sia et al. ,2009),消费者对企业真实性感知度与特定类型的企业声誉信号传递存在一定程度关联性。基于此,提出如下研究假设。

H2d:企业真实性感知正向调节企业在线声誉信号传递等级与企业国际市场机会获取间作用关系。

2. 在线技术能力应用

RBV 视角下,学者 Zhu 和 Kraemer(2005)强调技术能力整合的重要性,并将企业电子商务应用进行划分:一类是后端集成技术(Back-End Integration),将企业网站应用与后台数据库链接,用以便利企业内部信息共享;另一类是前端功能性设置(Front-End Functionality),为消费者提供在线产品信息,用以便利在线交易环节、简化交易流程、实现客户定制化及个性化服务。两位学者基于 10 个国家 624 家零售型企业的调研分析显示,相比前端功能性设置,后端集成技术对企业国际市场拓展过程中的电子商务价值创造更具影响力;而基于大数据情境下对海外客户需求的迅速反馈(如商品交付/需求预测等),无疑也为创业企业国际市场机会获取提供便利。在前端功能性设置中的客户定制化(Customization)设计可有效提升企业与特定区域/市场的客户沟通能力,此点对于借助互联网构建企业国际市场影响力/竞争力尤为关键。现有文献显示跨文化背景下消费者在线购买行为存在差异性,且与网站设计特征存在一定关联性(Lynch et al. ,2001);学者 Steenkamp 和 Geyskens(2006)基于大样本调研数据分析指出,网站设计中是否包含消费者隐私/安全感知度及是否针对不同国家地区消费者植入一些当地/本地信息内容会直接影响到消费者对于网站价值的整体感知度。有学者基于香港和澳大利亚网购用户的对比研究中发现,两者在与建立最有效的在线信任机制相关的网站设计内容方面存在较大差异性。整体而言,在其网站设计中采用客户定制化设计的企业会更加注重不同文化背景下潜在客户的需求偏好,更倾向于成功获取国际市场商机。基于此,提出如下研究假设。

H3a:企业在线客户需求信息共享及反馈与企业国际市场机会获取正向关联。

H3b:企业在线客户定制设计与企业国际市场机会获取正向关联。

多学科相关研究均显示企业高管承诺是企业成功采取互联网技术的重要前置变量。企业高管承诺的重要性在于企业技术应用成功很大程度上取决于企业战略规划设计、必要的资源配置及相关能力培养、企业内/外部利益相关者战略规划的制度化实施。因此,企业在线项目价值评估及项目参与度等环节中企业高管承诺/支持被定义为积极的高管团队信念(Chatterjee et al. ,2002);上述研究结论也与传统 IE 文献研究相一致,即企业高管信念和行为直接影响企业国际化战略规划与绩效。简而言之,互联网使能环境下企业高管对在线技术应用的承诺/支持无疑会影响企业在线技术能力,进而对创业企业国际市场机会获取产生正向调节作用。基于此,提出如下研究假设。

H3c:企业高管承诺正向调节企业在线客户需求信息共享及反馈与企业国际市场机会获取间作用关系。

H3d:企业高管承诺正向调节企业在线客户定制设计与企业国际市场机会获取间作用

关系。

3. 在线品牌社区参与

互联网使能情境下在线品牌社区作为企业国际创业的重要价值性资源，关键在于社区成员积极参与讨论产品/服务以及如何使用这些产品/服务的程度。当社区成员积极融入讨论之中，基于客户视角，潜在海外买家可凭借对社区成员讨论内容的简单观测，或在那些被认为比企业自身拥有更多产品/服务客观信息的买家所构成的社区论坛中进行提问，便可充分了解企业提供相关产品/服务的重要信息。而来自不同地域社区成员的参与，也可被视为对潜在国际市场买方的信号传递，即企业可以且能够为海外客户进行高效服务。此外，企业在线品牌社区参与不仅利于其监测市场客户反映，还利于与地理区域分散用户进行接触，从而有助于拓展及维系海外市场；避免企业陷入与其在线海外市场过于疏远或隔离的危险之中(Yamin et al. ,2006)。尽管有研究显示，互联网使能环境可有效降低当前消费者转换成本，使其可轻易被新生的、更具竞争性的商家/企业所吸引，从而中断原有采购渠道，但在线品牌社区却可凭借培育客户情感支持用以增加消费者转换成本，提高消费者对商家/企业品牌忠诚度的同时，也为企业获取更多市场商机提供契机与平台。基于此，提出如下研究假设。

H4：在线品牌社区成员参与度与企业国际市场机会获取正向关联。

11.4.5　研究局限及未来研究方向

依据与互联网相关的国际创业理论研究文献的系统梳理，可以清晰识别出与企业成功追求国际市场商机正向关联的三类资源：在线声誉、在线技术能力与在线品牌社区。当然，三类资源识别仅是相关问题研究的逻辑起点，Reuber 和 Fischer(2011)就每一类互联网使能资源的提炼都是基于大量相关文献分析整理，并在此基础上析出关键问题研究内容。其中，相关梳理文献共涉及 2000 年至 2010 年间不同商业研究领域中 33 类重点期刊论文。在此基础上，本研究构建概念模型，并提出有待于未来进一步进行经验数据实证检验的理论命题(图 11.2)。为了有助于相关领域研究学者就此问题在未来开展的相关工作的顺利进行，Reuber 和 Fischer 还利用现有文献梳理及析出，就理论模型中相关构念的测度维度及量表设计开发等内容进行了系统说明(表 11.4)，以便于相关学者就此问题进行后续实证检验。整体而言，上述文献梳理可以为国际创业研究学者提供系统理解上述三类资源影响作用的概念模型及其相关构念的测度、量表设计开发等内容的分析框架，也包括在互联网使能市场竞争环境下，上述三类资源如何以及为何会与企业成功追求国际市场商机相关联的理论基础。此外，Reuber 和 Fischer 还就上述相关研究在理论层面的研究贡献之处以及在基于互联网使能的国际创业研究领域中的未来研究方向及研究重点进行了较为系统的阐释。首先提及的便是对上述概念模型构建中理论命题适用性问题产生一定局限性的情境因素分析。

1. 情境局限

对于情境问题的讨论还是十分重要的，因为研究问题的特定情境决定了何时、何地，相关理论的适应性问题，以及在此基础上的研究结论的推广及拓展空间(Johns，2006；Zahra，

2007)。而上述研究中情境因素构成的研究边界条件在一定程度上制约了概念模型构建中理论命题适用的普遍性:与市场进入相关的准入门槛或限制程度。随着全球经济一体化趋势不断增强,国际市场规模不断拓展,其中,对于一些外国企业而言,进入某些国家的国内市场仍然存在一些较高的结构性市场准入壁垒,如一些涉及管辖权的规定、文化方面的准入壁垒等(Porter,1986)。然而,在现实中,上述市场准入壁垒在一定程度上确实存在,因而并不能期望在上述情境下,基于企业层面的特殊资源可以显著影响到企业对于国际市场商机的成功追求。需要指出的一个问题是:对于特殊类型企业而言(如技术型企业与非技术型企业;纯粹的电商企业与实体型企业),或是特殊类型的产品或服务而言(虚拟产品与有形产品或服务),或是特殊类型的消费者或客户群体而言(如 B2B 或 B2C 业务模式等),上述理论命题是否具有同样的理论适用性(适用性较强或是不具有适用性)。对于上述问题的回答是"NO",因为,可以清晰看出上述基于企业层面的因素在理论模型中都作为重要的内生变量而存在。基于企业资源观视角下,企业试图做什么,以及在哪些方面企业可以获取成功,企业间存在一定程度的差异性,并与其拥有的资源密切相关;然而对于许多企业而言,能够清晰地进行资源识别、分类,并在此基础上强调企业资源的独特性作用已经越发困难。然而,在上述企业三类资源作用探究的框架下,企业逐渐强化,并且逐渐提高互联网使能应用技术的效率,可以促使创业型企业处理更多的基于在线需求层面的相关业务,最大程度地将其产品或服务虚拟化或数字化,并扩大向企业用户和消费者个体用户销售产品或服务的规模。事实上 Chandra 和 Coviello 在 2010 年就已经指出,互联网环境下,企业用户与消费者用户之间的区别(边界)会变得愈发模糊。一个例子就是,推动上述边界融合的创业型企业 FreshBooks. com,该公司主要提供在线账务服务,而这类业务服务通常并不被视为国际性业务,基于技术层面的,虚拟化或数字化,或是直接面对消费者;然而,该公司的所有业务需求及交易几乎全部基于在线方式进行,其发展的虚拟化或数字化产品可以与其他企业提供的虚拟产品相整合,并且该公司拥有一个非常活跃的在线品牌社区,公司视其企业用户与消费者用户完全一样。目前,企业客户群体中仅有 14% 来源于国内市场,其余客户均来源于不同国别地区的海外市场。这个案例再次表明,创业型企业通过参与基于互联网使能条件下的市场竞争,可以转变企业竞争模式的本质特征,迄今为止,相较于所有相关行业的企业类型(模式),其在追求国际市场机遇过程中获取了更大的成功。

2. 未来研究方向

(1)企业早期国际化行为

本章内容研究的一个重要假设前提是,基于互联网使能的技术应用可以为创业型企业的国际市场机会识别开发提供重要途径。尽管从基于机会视角(Opportunity-Based)下对创业行为(Shane et al. ,2000)及国际创业行为(Oviatt et al. ,2005)进行定义,可不再局限于企业早期国际化发展与晚期国际化发展的区分。然而,在组织实践中特定路径依赖存在(Teece et al. ,1997)和企业国际化进程中新进入者学习优势(Autio et al. ,2000)的假定前提下,企业早期国际化发展行为与上述研究中涉及的在互联网使能市场环境下,与企业成功追求国际市场商机相关联的三类企业资源间可能确实存在一定程度的关联性。而对于这些关系的深入系统探究则会成为未来此领域研究学者的重要研究方向及内容,并会产生出更多更为丰富的研究成果。就具体操作层面而言,未来研究的一个重要问题在于:早期国际化发展企业是否能够借助发展在线声誉从而更好地促使其成功追求国际市场商机。对此,Reuber 和 Fischer 两学者推测此类现象确实会发生,而此类事件发生也意味着企业在其早期国际化发展阶段就已经能够在对外国市场客户互动过程中累积在线声誉传递信号,如各种信用评级、奖项、认证及背书、保证等。这些用以传递企业在商务活动中经营成功的信号,又会进一步导致海外市场买家对于企业信任度的更为有利的评价(Forman et al.,2008;Lim et al.,2006)。相反,如果一个企业在海外市场进入之前仅仅在国内市场进行长期运营,其积累的在线声誉信号则以针对国内市场为主。未来的相关研究需要进一步验证相关假设,并就相关研究启示提供更为深入系统的阐释及说明。

未来研究的另一个重要问题在于,基于互联网使能市场环境下,企业早期国际化发展阶段中的企业在线技术能力是否会更加有利于其成功追求国际市场商机。通常情况下,国际市场知识被认为能够将技术元素转变为客户价值。尤其在本书上述讨论中,鉴于特定的战略规划及策略安排可以有效改变跨文化背景下的企业行为决策安排及效果的差异性,因而对于跨文化背景下相关国际市场知识的了解及掌握对于为企业在线交互多种方式或模式的提供具有十分重要的意义。就此问题的未来研究方向及内容应集中于验证在企业国际化进程中,对于新进入海外市场相关知识的吸收与同化,新生企业(年轻企业)是否比老企业更具优势,或具有更好的绩效表现等(Autio et al.,2000)。

在未来相关研究中还需要进一步探究的问题是,需要验证早期国际化发展企业在其早期国际化发展阶段中发展在线品牌社区是否在其成功追求国际市场商机过程中具有明显的竞争优势。对此问题的合理解释是,通常基于互联网使能市场环境下的企业的早期国际化行为会更加倾向于在企业在线品牌社区中累积大量比例的海外客户(买家),而此信号传递出的信息内容不仅在于明确此公司可以有效地为海外消费者或客户提供服务,而且会为企业提供关于海外市场消费者或客户的重要价值性信息。与此同时,企业的早期国际化发展也会使其在国际化发展早期阶段便努力发展在线技术能力,用以监测及管理在线品牌社区的国际市场运营内容。总之,国际市场环境下,在线品牌社区的收益、成本及其面临的挑战等问题会成为未来国际创业领域学者研究的重点关注视角及研究内容。

(2)调节作用

未来相关研究中另一个不同的研究方向是探究理论命题中相关变量作用关系中的调节变量。对此问题上述相关研究中并未特别提及的主要原因在于,在理论框架下,大量潜在的调节变量需要被系统进行识别;而试图将所有可能的潜在调节变量都融入理论模型构建中,也会使得上述文献梳理工作变得过于冗长并具有一定程度的探究投机性倾向。对此问题的探究,更适宜在未来研究中采取实证检验的方式进一步明确。

其中,研究对象是集中于产品层面,还是企业层面或是行业层面,成为模型中调节变量考量(选取)的重点;并且在不同的分析层次框架下,每一个变量间的作用关系都有可能会受到调节变量的影响。例如,在企业在线声誉(包括企业信任度感知方面)与企业成功追求国际市场商机间的作用关系的调节变量可能会是产品层面的特征因素。而这也似乎意味着,由于买家对于从新企业或是不熟悉企业处购买产品具有一定程度的不确定性,另一方面,买家对企业自身也存在一定程度的不确定性(Ghose,2009;Shepherd et al.,1998)。在此背景下,企业声誉作为不确定性降低机制(Shapiro,1983)得以系统运行。这也表明,在实践中,当确实存在大量关于产品或服务的不确定性时,如当产品购买存在更大风险,或是产品本身仅是一种体验产品而非任意搜索购买的产品之时,在线声誉信号传递内容会与需求方面的结果强烈相关,如海外市场销售等(Gurhan et al.,2004;Huang et al.,2009;Reuber et al.,2011)。对此问题相关假设的实证检验需要在后续研究中重点进行。相对而言,企业在线技术能力、企业成功追求国际市场商机关联性作用关系中的调节变量可能会是基于企业层面的因素,如企业营销能力等。因为,通常企业在开发源于企业技术创新方面的潜在收益时,企业营销能力被认为发挥着重要作用,如客户定制化(Park et al.,2004)。一些经验研究也显示,企业的营销能力在基于企业层面上,对企业技术能力、企业出口绩效收益(Prasad et al.,2001)和企业电子应用绩效(Saini et al.,2005)的影响关系中会发挥调节变量作用。但是,未来的相关研究还需要进一步确定上述调节效应的普遍适用性。例如,Prasad等(2001)的相关研究显示,受访企业中有68%的企业拥有企业网站,而这一比例在现今的企业实践中会有很大程度的提高,而Saini和Johnson(2005)的相关研究也仅是聚焦于单一行业,即电子经纪(E-Brokerage)服务提供商。而关于企业在线品牌社区参与度与企业成功追求国际市场商机相关联的作用关系中的调节变量,更可能是基于行业层面的影响因素。因为企业在线品牌社区的收益在不同行业领域存在一定程度的差异性。因而,未来相关研究应重点验证新兴行业与快速发展行业是否与上述作用关系存在强关联性,而对此问题的探究,很大程度上鉴于在此两类行业环境下,企业及潜在消费者或客户均存在较高程度的学习意愿及学习需求。

如不借助于未来更深一步的系统探究,基于产品层面或是企业层面或是行业层面对于模型变量间作用关系的调节作用尚无法给出清晰合理的阐释。因而,对于相关学者而言,对于相关调节变量的识别及验证将会从不同理论模型分析层次及框架下的考量、探索中获得更多有益的启示及收益。

(3)个体层面和环境层面的影响因素

未来研究中除了需要系统识别及经验验证理论模型中潜在调节变量外,未来研究的另一个重点还在于,需要考量超出基于企业层面资源识别之外的,企业成功追求国际市场商机的前置变量。如上述研究中已经识别出的基于个体或团队层面的企业高层管理者支持因素,但除此之外,还应该包含其他的影响因素。其中,一个潜在的具有重要实践性的研究方向就是基于个体层面考量,尤其是与在线市场相关联的新的互联网使能技术应用,如由创始人或在线品牌创始人发起的社交媒体的使用,这两种情况下,都可以促使企业从一个更大范围内的潜在利益相关者群体中获取重要资源及在线曝光度(Fischer et al.,2010;Fischer et al.,2011)。换言之,未来的研究应该进一步验证在互联使能市场环境下,在线品牌社区的创始人个人特质及行为如何以及多大程度上影响到企业追求国际市场商机的能力。

在环境层面,在未来的相关研究中有两个重要因素值得深入探讨:电子商务市场的参与情况及在线创新社区的参与情况。在电子商务市场环境下,买卖双方聚集在虚拟的市场空间内进行相关信息交换并完成交易,如eBay和亚马逊。相对而言,卖方更有动机参与电子商务市场交易,因其可以有效降低交易成本,及通过与其他相关市场参与者的联系以进行产品或服务的质量信号传递(He et al.,2006)。

按照电子商务发展过程中国际化运营范围的不同拓展,电子商务市场本身也在进行着更新与变革。Reuber和Fischer(2009)在对基于美国电子商务企业Download.com(软件下载资源网站)电子商务市场的研究中发现,其公司软件产品卖家来自 25 个国家,在所有披露其所属国别地区的卖家信息中,最大单一国家来源国是美国,且该比例数字是 47%;那些访问了该公司网站的潜在软件买家则来源于庞大规模且具有多样化的英语及非英语国家,在所有披露其所属国别地区的买家信息中,最大单一国家来源国同样还是美国,但该比例数字不足 26%。需要明确的一点是,并非所有的电子商务市场都具有国际性特征。尽管在没有进行深入系统的研究之前,无法系统了解其他电子商务市场中卖家的所属国别地区信息,但是通过 Alexa. com(提供全球范围内网站相关信息的网络公司)相关数据可知其公司网站访问者(潜在买家)的重要信息,此网站通过提供网络流量信息内容,相关数据进一步显示出电商企业在吸引不同国家地区潜在海外客户方面程度上的差异性,使其电子商务市场范围也存在显著的不同。例如,相比较于 Download. com 企业数据中来自最具代表性单一市场中的 26% 的访问者,Etsy. com(源于美国的一家手工制品网站)的相应访问者比例为 67%,而 Dawanda. com(源于德国的一家手工制品网站)的相应访问者比例为 77%。通常来说,那些有能力参与或拓展国际性电子商务市场的企业也更倾向于被海外买家所观测到。这种参与度也会在一定程度上便利互联网使能环境下企业的国际化发展(Andersen,2005;Katz et al. ,2003;Wynne et al. ,2001)。需要指明的一点是,这种企业对于电子商务国际市场的参与度并不取决于企业层面的特殊资源条件,除非企业相对于其竞争对手而言,拥有更为有效的参与电子商务国际市场的特殊资源。例如,如果选择不加入 Tripadvisor. com 网站(全球最大的旅游者社区及旅行评论网站),对于一些旅店企业而言将会在一定程度上失去其竞争优势,但是如果这些旅店企业的竞争对手选择加入 Tripadvisor. com 网站,并不意味着上述旅店企业的竞争对手就可以此增加其竞争优势。而旅店企业的竞争优势则是通过电子商务市场平台所反馈的旅店企业的在线声誉信号得以发挥的(如该旅店服务获得的星级数量等)。在既定的电子商务市场数量、多样性及影响力下,未来研究需要集中于探究以不同方式参与电子商务国际市场对企业成功追求国际市场机遇作用、效果及意义的充分阐述及说明。

基于环境层面的另一个需要进一步探究的问题是,促使某些类型的企业可以参与到在线创新社区的影响因素识别。这些在线创新社区不仅仅是基于客户导向或是市场导向,而是基于产品生产者导向。一个开发式的创新社区是指一个"由一群无偿提供服务的志愿者组成的社区,这些志愿者采取非正式性的工作方式,并试图保持其公开化的创新过程及确保任何符合条件的参与者或贡献者都可以获得,及寻求无偿参与分配相关工作"(Fleming et al. ,2007)。尽管在实践中,第一个开放式的创新社区由大量学院派计算机专家组成,而现在的社区成员已经遍及到许多其他相关领域,如基因组学科领域、运动器材领域及出版领域等(Franke et al. ,2003)。如果一个企业处于具有创新社区特征的环境之中,那么参与到创新社区之中无疑对企业而言是极为有益的。这种对于创新社区的积极参与可以使企业更具创新思维,并且能够及时获取社区内成员的相关创新信息(Franke et al. ,2003)。此外,如果企业在创新社区参与过程中被视为社区活动的主导者,则对于企业而言更具益处,因为这也在一定程度上意味着该企业被视为行业技术创新领导者。这不仅有利于个人或其他组织的宣传与推广,对于企业而言,也更具可能性影响到对其有利的行业标准(Dahlander et al. ,2005),并在其国际市场销售业绩中获取收益(Mesquita et al. ,2008;Moen et al. ,2003)。当然,只有当企业与其竞争对手相比更具特殊资源优势的时候,企业无论是参与或是主导在线创新社区都可能会使其在海外市场中获得特殊的竞争优势。鉴于此,未来的研究需要聚焦于哪些因素会促使企业积极参与在线创新社区,用以避免企业竞争力损失,以及那些与之相关的企业竞争优势收益。

(4)消极效应

基于企业资源观视角下,探究企业层面的特殊资源与企业成功追求国际市场商机间的关联系问题,会将研究重点集中于一个正向的(积极的)作用结果。但是,在基于传统的线下情境下的相关研究中,在企业国际化程度与其营销绩效间并不总是存在正向关联(Bloodgood et al.,1996; Lu et al.,2001;McDougall et al.,1996;Westhead et al.,2004),而在在线(线上)情境下的相关研究也可能会出现类似的研究结论。因此,在基于互联网使能环境下,企业国际化发展问题的相关研究会出现负向研究结果的可能性,因而在未来的相关研究中,在研究设计方面需要进行重点考量。

负向结果产生的一个原因可能在于对于提供产品或服务过度标准化的诱导。例如,Bierman 和 Hitt(2007)的研究发现,伴随经济全球化的一个重要特征是日益增加的法律性职业商品化的趋势增强,Moen 等(2003)则指出,产品的标准化切断了软件产品企业的利润增长空间,尽管这些标准化产品极利于进行在线销售。因而对此问题的未来相关研究应集中于探究与产品标准化相关的利益得失权衡问题,以及企业如何在两者权衡过程中达到最优状态。

第二个与负向结果相关的原因可能是海外市场的迅猛拓展。Petersen 等(2002)在研究中就已经指出,企业网站的建立可以使得企业对于其海外合作方及客户而言,具有更高的可见性或曝光率,这也会在一定程度上导致企业获得更多的由客户主动提供的订单(Unsolicited Orders),从而导致海外市场进入趋势急速增强,并且以超出预期的速度飞快增长。而如此漫无目的的所谓"市场刮脂"策略所带来的危害性已经在 Bingham(2009)的相关研究中有所提及。Bingham 在对新加坡、芬兰和美国的软件行业进行过相关研究后发现,经过深思熟虑总结出,具有连贯性的选择海外市场之所以称之为成功的(或是称之为不算失败的)海外市场进入的原因有两点:首先一点是企业在选择进入市场壁垒较高的海外市场前,通常会选择进入壁垒较低的海外市场,以便于企业管理者积累,从相对熟悉的市场到相对不熟悉的市场,或是从相对规模较小、不太显著的市场到相对规模较大、更具可视性的市场拓展过程中的相关企业国际化经营经验。其次一点是在企业早期的成功海外市场进入过程中,较低壁垒的市场进入可以作为后续较高壁垒市场进入的重要传递信号,从而赋予企业管理组织外部对其合法性及能力认知判断及评价的能力。与此同时,企业海外市场进入的成功率越高,反而会降低企业寻找国际市场商机过程中的随意性,而增加企业在国际市场商机利用(执行)过程中的随意性;相反,在企业海外市场进入的成功率越低的情形下,上述作用关系恰好相反。对此,未来研究还需要进一步剖析:在企业通过互联网使能市场获取国际市场商机的过程中,这种危害性是否会更为突出,或是在线情境下的相关特征因素是否会为在上述情形下的危害问题的发生提供一些解决方案等。

Yamin 和 Sinkovics(2006)的相关研究中也指出,企业基于互联网在线方式参与企业国际化运营有可能被视为陷入"虚拟化陷阱",而这种所谓的"虚拟化陷阱"是指国际化企业的一种认知,即"通过虚拟环境下的交互式学习就可以省却通过传统非虚拟方式下的关于海外目标市场的知识学习"。而这种"虚拟化陷阱"的产生很大程度上源于线上与线下东道国市场进入模式的隔离，以及线上与线下东道国市场进入时间间隔的大幅度缩减。依据O'grady 和 Lane(1996)的研究结果，两位学者通过探究心理距离及与有过跨国经营经验的企业管理者的访谈后发现，在线环境下的企业国际化发展会降低企业管理者对于不同海外市场差异性的主观感知度。然而，在企业国际化进程中，海外市场差异性等相关知识的学习作为市场进入的重要壁垒客观存在，而对于这些国际市场相关知识学习重要性的忽视也必然会导致对企业国际化经营绩效的负向影响。因此，未来相关学者有必要就利于互联网使能市场进行国际化发展的企业是否以及多大程度上陷入这种所谓的"虚拟化陷阱"相关问题进行系统探究，并探讨企业如何规避这种"虚拟化陷阱"的作用机制等极具现实性的问题。

在关于未来研究方向及内容的探讨中，就上述相关领域重点提及的原因还在于，尽管连贯性的市场进入顺序选择及精确的市场感知，在线下海外市场进入过程中也同样十分重要，但是基于线上环境下的企业竞争动力，会格外倾向于助长这种不具有内在连贯性的海外市场进入选择以及易于陷入"虚拟化陷阱"。究其原因还在于，由于在互联网环境下存在明显的羊群效应(Duan et al.,2009)或是赢者通吃的局面，因而企业有极强的外部压力以获取及维持先动优势。相比较于构建具有较大规模，且有承诺基础的用户群体而言，营利与否常常被视为不再具有重要性；而这也会在一定程度上导致企业过于强调决策的急迫感、扩张意愿提升、具体执行问题以及决策速度等，而完全忽略了企业国际化过程决策内容本身(Perlow et al.,2002)。未来国际创业研究领域一个重要的研究内容应集中于探究在企业国际市场机遇追求过程中，国际创业企业如何经历并抵抗这些外部压力，以及如何减轻这些外部压力对企业国际化发展所带来的负面效果。

此外，也有证据表明，在互联网市场环境下，先行者未必能够获取成功。一项基于 4 个国家(法国、德国、荷兰、英国)内发行的 98 份报纸(所有报纸均采用互联网作为分销渠道)的研究显示，在互联网市场环境下，作为先行者存在着需求方面的优势；但是相比较于先行者而言，作为市场先锋的追随者却更为有利，因为对于先行者发生的高昂成本的技术性失误，后续追随者可以从中吸取经验教训，并由此节约大量成本(Geyskens et al.,2002)。Srinivasan 和 Moorman(2005)基于其他研究视角的研究也得出了相似的研究结论，即相比较于市场已经成熟确立环境下的客户购买行为，在早期市场环境下的客户购买行为期望及需求偏好存在较大程度的差异性。这也在一定程度上意味着，企业试图通过吸引早期客户群体，用以在早期阶段迅速建立客户忠诚度，反而在当市场规模不断扩大之时，也即当针对更大规模的后续客户群体时，凸显企业竞争环节中的短板或竞争劣势。对此，未来相关研究需要聚焦于探究上述先行者劣势在企业国际化发展过程中的具体作用表现，尤其是对于那些在企业成立初期阶段便开始国际市场拓展及海外市场进入的企业的具体影响。

(5)对研究基于互联网使能环境下企业国际化行为的挑战

最后，在未来研究中，基于互联网使能市场下的企业国际化发展研究中，还有三个极具挑战性的问题需要提及。第一个问题是，对相关构念的测度方法及量表开发工作需要进一步深入进行。尽管前述相关研究中已经就相关构念的测度方法等内容进行了系统说明，并对国际创业领域学者的后续相关经验数据验证工作提供了极大的便利，但是就具体研究情境下相关构念应用的适用性问题还需要进行深入探究，与此同时，关于相关构念测度问题的研究尚存在两个明显的研究空白点(表 11.4)：依据现有文献中无法找到关于在线曝光度的测度指标,而可以获得的关于在线品牌社区的测度维度仅是源于消费者行为理论研究领域中基于个体(消费者)层面的分析,而非基于企业层面的分析。第二个极具挑战性的问题是数据收集。尽管基于常识性角度,可能会认为在线方式下,通过企业网站或是营销网站或是信息中介服务机构网站,可以自由获取大量不同类别的相关数据,但实际上这些数据规模极大(或可以称之为海量数据),并且这些数据在单位时间内的变化速度也极快(如用户发布的在线产品评论),对此,研究者需要认真考量在与其研究框架及研究内容相吻合的前提下,且在特定的时间框架内,如何获取这些体量庞大的潜在数据。例如,在截面数据研究中,解释变量和被解释变量的数据需要同时采集。对于收集网上定量数据,在研究设计中还需要包括更多的编程技巧,如基于在线情境下的相关数据采集,一些研究者使用 Java "spiders"应用程序用以实现定期访问网站并自动收集相关数据的目的(Forman et al.,2009)。对于收集网上定性数据,则有必要熟悉掌握网络志方法论(Methodology of Netnography)(Kozinets,2002),即民族志(Ethnography)研究方法在网络环境下的应用。最后一个对国际创业研究学者极具挑战性的问题是,在精益化研究方式下(Fine-Grained Manner),需要限定其具体研究的技术性情境。对于需要这种限定或详细说明的主要原因在于,一个宽泛的归类可能会掩盖研究问题中涉及的真实性差异。例如,关于"社交媒体"的归类则包含了大量活动,而其中不同的社交媒介间(如 Twitter 和 Facebook)则存在着实质性差异(Fischer et al.,2011)。对于需要这种限定或详细说明的另一个原因还在于,鉴于在相关的业务领域内,实践层面的变革速度使得需要对相关研究学者对基于过去技术环境下的相关研究结论的依赖程度有所限制。例如,学者 Leamer 和 Storper(2001)、Globerman 等(2001)都曾指出,基于互联网应用而对国际商务活动产生的这种差异性影响将是渐进式的而非革命式的,而且传统方式下面对面的接洽以及在当地的物理性呈现在建立交易双方间信任关系的过程中仍然十分必要。但是,随着不断增强的复杂性能更高的信息通信技术的发展,如 Skype(一种网络语音沟通工具,俗称网络电话)的出现及应用、更加有效的客户定制化及信任生成机制等。总体而言,基于互联网交易模式下的上述作用机制的运行,会极大地提高交易双方间的彼此熟悉度;而相比较于 2001 年时的互联网使能市场环境已经与今天的互联网使能市场环境存在极大的不同。因而,基于早期技术时代观测到的相关结论或论点,在今天的技术环境下并不能被简单地认可其正确性,还需要基于当代技术环境下的相关证据进行支撑。

尽管上述提及的,对于国际创业领域学者的后续研究极具挑战性的问题具有一定的现实性及真实性,但是本书研究内容还是有助于国际创业领域学者充分理解上述挑战性问题如何在其他研究领域中被得以解决。正如互联网使能市场可以为创业型企业提供国际市场商机,互联网使能市场也同样可以为国际创业理论研究学者提供同样的研究机遇。

11.5　制度领域拓展对于企业国际创业的影响作用——基于互联网使能研究实证分析①

互联网使能对企业国际化发展的影响作用是新近国际创业理论研究的热点议题。本节利用调研问卷数据,基于 Logistic 模型对互联网使能情境下创业企业国际市场机会成功获取影响因素进行了实证检验。结果显示,企业所属国别地区在线披露、后台信息共享及反馈、在线第三方背书、在线声誉曝光及企业高管承诺会显著提高互联网使能情境下创业企业国际市场机会成功获取的概率;而前端在线客户定制化、在线品牌社区参与及企业特征因素和海外市场目标国地理距离等特征因素的影响作用并不显著。

11.5.1　问题提出

互联网使能(Internet-Enabler)情境下的信息网络技术及新型商务模式对创业企业国际化发展的影响作用如何?现有研究文献及管理实践对此问题给出了一定程度的肯定答复:一方面,先进的互联网信息技术及创新型电子商务运营模式凭借其在提高参与方沟通及交易速度与质量,降低交易成本,规避信息不对称等方面的巨大优势,极大地便利了传统商务模式下资源局限型企业的国际化经营活动(Oviatt et al.,2005;Mathews et al.,2007;Gassmann et al.,2007)。依据基于社会资本理论框架探究与创业企业或其利益相关者相联结的各种社会关系网络资源如何作用于企业国际化发展过程中的关系网络理论(Coviello et al.,1997;Coviello,2006;Mesquita et al.,2008;Fernhaber et al.,2009;Fernhaber et al.,2009),不仅已被国际创业学者广泛采用以阐释企业国际化问题,且相关研究还显示互联网作为关系网络构建媒介,其作用既突出又独特(Katz et al.,2003;Andersen,2005),尤其在赋予消费者权限方面(Chandra et al.,2010),在线环境下消费者能够利用互联网与其他消费者进行彼此沟通,同时还可与交易企业建立关联(Sinkovics et al.,2006)。对于创业企业而言,此种在线交互模式能够为其提供(潜在)目标市场重要信息(Wynne et al.,2001),从而有助于其发现、评估及开发潜在国际市场商机(Reuber et al.,2011)。在实践中,众多中小型创业企业借助互联网平台(如 eBay、阿里巴巴等)成功获取国际市场商机并开始国际化经营;过去十几年间国际在线交易市场的拓展催生出诸多行业中的大量新生企业成为“天生国际型企业”(Born Global)或国际新创企业(International New Ventures)(Reuber et al.,2009,2011)。在此背景下,先进的互联网信息通信技术及商务模式也被国际商务学者识别为企业国际创业(International Entrepreneurship,IE)的重要使动能者(Gabrielsson et al.,2004;Loane et al.,2004,2006;Prashantham,2005;刘娟,2010,2012)。

尽管现有研究文献及管理实践均显示,互联网使能对企业国际创业尤其是企业国际市场机会获取的重要性已经得到学界及企业管理者的认可,但在定量分析基础上进一步识别出互联网使能情境下创业企业国际市场机会成功获取的影响因素,将对国际创业企业管理者的管理实践及国际化发展战略规划具有重要的借鉴及启示作用。此外,互联网媒介跨越

① 此部分内容曾发表于《国际商务》(对外经济贸易大学学报)2015 年第 2 版,作者刘娟。

地理国境条件制约特征是否在创业企业国际市场机会获取过程中发挥同样作用,传统企业国际化理论中提及的"心理距离"(Johanson et al.,1977,1990)等影响因素在互联网使能环境下是否不再发挥原有制约作用?上述问题的系统探究,不仅可真实反映出基于互联网技术及商务模式应用对创业企业国际化发展的积极作用,还可进一步完善及强化原有企业国际化理论或国际创业理论对于创业企业国际化发展的解释力及适用性。

鉴于此,本书拟将在系统总结梳理现有理论文献基础上,以主流国际创业理论及创业理论研究核心机会获取为切入点,进一步梳理出互联网使能情境下创业企业国际市场机会成功获取的影响因素,利用调研问卷获取大样本数据进行实证检验,以期全面呈现互联网使能对创业企业国际市场机会成功获取作用效果,以利于创业企业国际化发展战略规划及管理实践。

11.5.2 理论基础与假设提出

学者 Reuber 和 Fischer(2011)将"互联网使能市场(Internet-Enabled Markets)"定义为"基于互联网协议,通过特定信息基础设施网络及与网络相连接的设备,用以供买卖双方交换信息、进行交易及执行与交易发生事前、事中及事后相关的活动"。本书借鉴上述观点,将"互联网使能"定义为用于上述活动执行的特定协议、规则、技术及运营模式等,即包括基于互联网信息网络技术及其应用在内的各种电子商务应用模式。考虑到国际创业已被当前主流学界广泛认可为"跨国界对机会的发现、制定、评价和利用,用以创造未来产品或服务"的过程(Oviatt et al.,2005),此概念内涵也正与创业理论中的核心概念相一致,即不论是北美学派将创业定义为发现、评价和利用机会的过程,认为机会存在于环境之中(Shane et al.,2000),还是欧洲学派的秉承社会构建观点,认为机会是创业者主观构建的产物,并取决于创业者对环境因素的感知、理解和阐释(Gartner et al.,2003),此两种观点下互联网使能无疑为创业企业国际市场机会发现、制定、评价及利用提供极大契机及操作平台。鉴于此,本书将以国际创业理论和创业理论核心机会获取为切入点,系统梳理现有相关文献后发现,互联网使能对创业企业国际市场机会成功获取的影响作用可以归为以下内容。

1. 在线声誉机制构建

企业声誉是指"代表一个企业过去行为和未来前景的一种感知,常被描述为相对于其他主要竞争对手而言,企业自身对其所有关键受众的整体吸引力"(Fombrun,1996);企业在线声誉(Online Reputation)则是指互联网情境下在线受众中的这种代表性感知。现有 IE 文献表明互联网通过降低创业企业沟通、搜索、互动等相关成本,不仅利于克服或弥补创业企业有形资源局限性(Loane,2006;Moenet al.,2008;Chandra et al.,2010),更利于创业企业获取基于在线声誉的无形资源,为其拓展国际市场、获取国际市场商机提供极佳路径。尽管互联网使能环境下创业企业国际市场机会获取具有高效性且不受地理距离局限特征,但企业也面临更为激烈的市场竞争(Loane et al.,2004;Reuber et al.,2009)。为此,创业企业需要建立并发展在线声誉机制:企业不仅需要从事在线营销活动,还需要被客户/潜在客户识别为可提供高质量产品/服务的优质企业。由于互联网使能市场存在显著的羊群效应,即潜在购买者易于模仿先前购买者的购买决策行为(Duan et al.,2009),因此对于新创企业而言,如果能够较早获取在线声誉,便可在基于互联网使能的国际市场运营中获取可观的竞争性收益。学者 Kotha 等(2001)研究显示在线声誉与新生电商企业在线国际化发展具有显著相关性。而企业良好声誉通常暗含较高市场曝光度/能见度。Reuber 和 Fischer(2011)将企业在线曝光度/能见度定义为"相对竞争对手而言,在线受众(客户/潜在客户)对企业的熟悉度"。互联网使能情境下,企业可通过向信息服务公司(如 Google 等)购买关键词以达到提高企业在线曝光度的目的;或是优化搜索引擎,以便当客户/潜在客户进行在线搜索时公司网站可出现在搜索结果列表顶端或接近顶端位置(Liu et al.,2010)。

现有文献也显示两类基于企业自身的信息披露也可用于构建企业在线声誉机制:一类是第三方背书/保证、与有声誉的人/组织的关联性、第三方奖励/证书/奖状等(Moen et al.,2003;Dewally et al.,2006),即便对某些披露信息背后的含义存在不充分/不完全的理解,如第三方认证的批准程序等(Beltramini et al.,1993),但仍有助于消费者/客户对不太熟悉的企业质量信息进行全面系统评估(LaBarbera,1982);第二类是企业所属国别/地区披露,因为基于某一国家层面积极/消极的固有印象会直接影响潜在客户/利益相关者对其公司及其相关产品/服务的感知度(Han,1989;Gurhan et al.,2000),此类信息常被认为与企业声誉直接相关。学者 Steenkamp 和 Geyskens(2006)研究显示消费者基于品牌产品网站访问而获取的消费者价值感知度很大程度受产品来源国的影响;而国际企业也更易于导致潜在消费者对其产生固有印象的倾向性,如消费者对某一全球性品牌的认知被认为与该品牌质量声誉感知正向关联(Steenkamp et al.,2003)。基于此,提出如下假设。

H1a:在线曝光度/能见度与创业企业国际市场机会成功获取正向关联。

H1b:在线第三方背书与创业企业国际市场机会成功获取正向关联。

H1c:企业所属国别地区在线披露与创业企业国际市场机会成功获取(正/负向)关联。

2. 在线技术能力提升

在线技术能力被定义为一种约束,即"一种程序、先前的或新兴的知识、将信息技术转变为客户价值的分析过程及规则等"(Zhu et al.,2002)。对 IE 企业而言,企业层面特定资源或能力在企业国际创业初期,尤其在国际市场探索开发阶段尤为重要(McDougall et al.,1994);而互联网使能情境下,基于在线技术层面的企业资源或能力的影响作用将更为凸显。基于在线技术能力的竞争优势获取以及其可持续性不仅局限于技术手段本身,还在于企业处于迅猛技术变革情境下配置及利用技术组件的能力(Zhu et al.,2002)。学者 Morgan 和 Bridgewater(2004)指出,技术层面进行高水平财务及投资管理的企业更倾向于尝试在线产品出口贸易,并更易于获得成功。也有学者指出在线商品/服务的交易行为会受到跨国/跨文化间交易者认知及行为方式差异性影响(Lynch et al.,2001;Rothaermel et al.,2006),因而,将互联网信息技术融入 IE 企业日常运营管理(Loane et al.,2004;Moini et al.,2005;Ramsay et al.,2006)及营销管理活动(Lituchy et al.,2000;Moen et al.,2003;Sinkovics et al.,2006;Nguyen et al.,2006)之中,无疑将为创业企业海外市场拓展及机会获取提供便利。企业资源观(RBV)视角下,学者 Zhu 和 Kraemer(2005)强调技术能力整合的重要性,并将企业电子商务应用进行划分:一类是前端功能性设置(Front-End Functionality),为消费者提供在线产品信息,用以便利在线交易环节、简化交易流程、实现客户定制化及个性化服务;另一类是后端技术集成(Back-End Integration),将企业网站应用与后台数据库链接,用以便利企业内部信息共享。其中,前端功能性设置中的网站客户定制化(Customization)设计可有效提升企业与特定区域/市场的客户沟通能力，此点对于借助互联网构建企业国际市场影响力/竞争力尤为关键（Singh et al.，2002）。现有文献显示跨文化背景下消费者在线购买行为存在差异性，因而使得针对不同国别地区客户的网站设计也有所不同（Lynch et al.，2001）。Steenkamp 和 Geyskens（2006）基于大样本调研数据分析指出，网站设计中是否包含消费者隐私/安全感知度以及是否针对不同国家地区消费者植入一些当地/本地信息内容会直接影响到消费者对于网站价值的整体感知度。有学者基于香港和澳大利亚网购用户的对比研究中发现，两者在与建立最有效的在线信任机制相关的网站设计内容方面存在较大差异性（Sia et al.，2009）。整体而言，在其网站设计中采用客户定制化设计的企业会更加注重不同文化背景下潜在客户的需求偏好，更倾向于成功获取国际市场商机。而学者 Zhu 和 Kraemer（2005）基于 10 个国家和地区（巴西、中国、丹麦、法国、德国、日本、墨西哥、新加坡、中国台湾和美国）624 家零售型企业的调研分析显示，相比前端功能性设置，后端集成技术对企业国际市场拓展过程中的电子商务价值创造更具影响力；而基于大数据情境下对海外客户需求的迅速反馈（如商品交付/需求预测等），无疑也为创业企业国际市场机会获取提供便利（Reuber et al.，2011）。基于此，提出如下假设。

H2a：前端在线客户定制与创业企业国际市场机会成功获取正向关联。

H2b：后台信息共享及反馈与创业企业国际市场机会成功获取正向关联。

3. 在线品牌社区参与

在线品牌社区指一种在线形式下“基于某一品牌消费者/潜在消费者之间一套结构化社会关系的、专业化的、没有地理范围约束的社区”（Muniz et al.，2001）。互联网使能情境下在线品牌社区作为企业国际创业的重要价值性资源，关键在于社区成员积极参与讨论产品/服务以及如何使用这些产品/服务的程度。当社区成员积极融入讨论之中，基于客户视角，潜在海外买家可凭借对社区成员讨论内容的简单观测，或在那些被认为比企业自身拥有更多产品/服务客观信息的买家所构成的社区论坛中进行提问，便可充分了解企业提供相关产品/服务的重要信息。而来自不同地域社区成员的参与，也可被视为对潜在国际市场买方的信号传递，即企业可以且能够为海外客户提供高效服务。此外，企业在线品牌社区参与不仅利于其监测市场客户反映，还利于与地理区域分散用户进行接触，从而有助于拓展及维系海外市场，避免企业陷入与其在线海外市场过于疏远或隔离危险之中（Yamin et al.，2006）。尽管有研究显示，互联网使能环境可有效降低当前消费者转换成本，使其可轻易被新生的、更具竞争性的商家/企业所吸引，从而中断原有采购渠道（Moe et al.，2009），但在线品牌社区却可凭借培育客户情感支持用以增加消费者转换成本（Schau et al.，2009），提高消费者对商家/企业品牌忠诚度的同时也为企业获取更多市场商机提供契机与平台。基于此，提出如下假设。

H3：在线品牌社区参与度与创业企业国际市场机会成功获取正向关联。

4. 企业高管承诺

诸多研究文献均显示企业高管承诺是企业成功采取互联网信息技术的重要前置变量（Chatterjee et al.，2002；Piscitello，2004；Brews et al.，2004）。企业高管承诺的重要性在于企业技术应用成功很大程度上取决于企业战略规划设计、必要的资源配置及相关能力培养、企业内/外部利益相关者战略规划的制度化实施(Montealegre,2002)。因此,企业在线项目价值评估及项目参与度等环节中企业高管承诺/支持被定义为积极的高管团队信念(Chatterjee et al.,2002;Srinivasan et al.,2002)。上述研究结论也与传统 IE 文献研究相一致,即企业高管信念和行为直接影响企业国际化战略规划与绩效。学者 Berry 和 Brock(2004)指出,企业高管的互联网体验相比于累积的国际市场业务经验对企业国际创业过程中在线技术应用决策更具影响力,这种互联网体验常与创业者(国际)创业导向密切相关(Mostafa et al.,2006)。简而言之,互联网使能情境下企业高管对在线技术应用的承诺/支持无疑会影响企业互联网使能应用效果,进而对创业企业国际市场机会成功获取产生影响。基于此,提出如下假设。

H4:企业高管承诺与创业企业国际市场机会成功获取正向关联。

11.5.3 研究设计

1. 样本选择及数据来源

本书拟通过调研问卷方式获取相关数据,调研对象主要包括京津地区范围内中小型国际创业企业,调研工作历时 6 个月(2013 年 3 月至 8 月)。含笔者在内的三名调研人员借助地方商务主管部门获取相关调研企业样本库,向其发放“互联网使能与创业企业国际市场机会获取”调研问卷 300 份,并成功回收有效问卷 156 份。具体调研问卷内容主要包括三部分:①企业基本信息,包括企业规模、创建时间、所有制类型等;②企业国际创业基本信息,包括企业互联网信息技术及电子商务应用情况、企业借助互联网使能获取国际市场商机的国别地区分布及方式路径等;③创业企业对互联网使能情境下企业国际市场机会成功获取影响因素作用的主观感知度,包括企业在线声誉曝光度、在线品牌社区参与度、在线第三方背书情况、前端在线客户定制化程度、后台信息共享及反馈程度、创业企业所属国别地区在线披露与否及创业企业高管承诺度。本书在获取上述企业数据基础上,重点收集创业企业不同国别地区国际市场机会成功获取信息,并以此作为本书实证检验的最终样本数据。鉴于调研企业不同国别地区国际市场机会获取情况不同,经全面整理相关数据后共计获取实证样本数 367 个。

调研企业样本涉及不同行业,其中包括制造行业(医疗器械、通信设备、纺织品服装、家具、金属合金模具及配件等)企业共计 113 家,占比(相对样本总数)72.4%;服务行业(贸易服务、咨询服务、软件出口、游戏美术外包等)企业共计 43 家,占比 27.6%。按样本企业所有权类型进行划分,私民营企业共计 110 家,占比 70.5%;合资企业 41 家,占比 26.3%;集体企业 5 家,占比 3.2%。所有样本企业均为中小型企业(员工人数低于 500 人),创立时间低于 10 年且均有海外投资或出口贸易业务,符合国际创业企业条件。

2. 变量测量及说明

(1)被解释变量

本书在充分参考借鉴学者 Ellis(2011)关于 IE 企业国际市场机会识别方式路径、学者 Reuber 和 Fischer(2011)关于互联网使能市场定义及相关企业访谈调研基础上,将创业企业国际市场机会成功获取(即交易达成)路径或方式分为两类:一类是基于互联网使能情境下,即通过企业网站、第三方电子商务平台(如阿里巴巴等)、专业的在线信息名录服务商

(如 Kompass、Google 等)、搜索引擎优化等方式成功获取国际市场商机;另一类是通过传统国际贸易或国际商务营销方式,如广交会、展会、商务洽谈会、面向海外的营销杂志或报刊等;或是基于创业企业(家)社会关系网络,如同学、老乡、客户、朋友等私人社会关系获取国际市场商机。为便于模型简化及计量统计,本书将被解释变量互联网使能情境下创业企业国际市场机会成功获取(IO)设置为 0 ~ 1 变量,借助第一类方式或途径成功获取国际市场商机的设定为 1,相应的借助第二类方式或途径成功获取国际市场商机的设定为 0。

(2)解释变量

本书在前述文献梳理基础上拟选取解释变量依次为:互联网使能情境下创业企业在线声誉曝光度(OLV)、在线品牌社区参与度(OLC)、在线第三方背书情况/程度(OLE)、前端在线客户定制化程度(FOC)、后台信息共享及反馈程度(BIS)、创业企业所属国别地区在线披露与否(FIN)及创业企业高管承诺度(FIC)。其中,除解释变量创业企业所属国别地区在线披露与否(FIN)设置为 0 ~ 1 变量外(披露设置为 1;未披露设置为 0),其余 6 个解释变量拟采用 Likert Scale 5 分制量表法,即通过对上述问题进行提问,分别设置 5 个选项,依次为"程度非常高""程度较高""程度一般""程度较低""程度非常低",对应于 5,4,3,2,1 不同计分值;拟通过调研问卷方式获取相关数据,作为解释变量的赋值。

(3)控制变量

为进一步验证互联网使能情境下,创业企业国际市场机会成功获取是否会受到传统企业国际化理论中提及的"地理距离""心理距离"等因素影响(Johanson et al.,1977,1990),本书拟将选取"地理距离(GED)""心理距离(PSD)"和"文化距离(CUD)"三类指数作为控制变量。其中"地理距离"原始数据参照 Maritimechain. com(2007),即与目标国最近港口间的物理距离;"心理距离"和"文化距离"测度数据则参照学者 Ellis(2009,2007)论文附录相关内容;鉴于上述三类控制变量数据均为定序数据,且地理距离数据相对较大,为便于模型计量统计,本书拟将对上述三类数据进行必要处理(取自然对数)后引入模型。

此外,考虑到国际创业企业大多为"天生国际型企业"或是创建时间较短的中小型企业(Oviatt et al.,1994,1995),且与其他所有制类型企业相比,私民营企业往往更具创新力及洞察力,在企业国际市场拓展过程中更能充分利用(互联网)资源整合优势(王玉荣 等,2010),本书拟将企业规模(FIS)、企业年龄(FIA)和企业所有权类型(FIO)作为控制变量引入模型。其中,企业规模拟采用企业员工数量(单位:每百人)测度,企业年龄拟采用企业创建时间(单位:年)测度(取自然对数后引入模型),企业所有权类型拟设定为 0 ~ 1 变量,私民营企业设定为 1,其他企业所有权类型设定为 0。

11.5.4 实证分析

1. 初步分析

(1)预期符号方向

基于前述理论假设提出,可以预先设定各解释变量对互联网使能情境下创业企业国际市场机会成功获取影响的符号方向(表 11.5)。具体而言,互联网使能情境下创业企业较高的在线声誉曝光度(OLV)、在线第三方背书情况/程度(OLE)、前端在线客户定制化程度(FOC)、后台信息共享及反馈程度(BIS)、在线品牌社区参与度(OLC)及企业高管承诺度(FIC)会相应地使得创业企业国际市场机会成功获取的几率提高;但创业企业所属国别地区(中国)在线披露(FIN)的符号方向待定,这是因为海外客户对于中国制造产品或服务的质量声誉主观认知存在一定差异性,且这种差异性在针对不同类型产品或服务时会更加突出。对于控制变量而言,考虑到一方面传统理论认为物理、心理和社会层面存在的阻碍沟通交流的情境局限因素会制约信息(机会)获取(Bagozzi,1978),即便是在线交易行为也会受到跨国/跨文化间交易者认知及行为方式差异性影响(Lynch et al.,2001;Rothaermel et al.,2006),另一方面也有学者指出互联网使能可以极大地便利创业企业获取国际市场商机(Reuber et al.,2011),因而,地理距离(GED)、心理距离(PSD)、文化距离(CUD)的符号方向均为待定。此外,现有研究也指出私民营企业或是创立时间较短、规模较小的创业型企业更具灵活性及创新性,也更倾向于利用互联网使能市场寻找国际市场商机,因而控制变量企业所有权类型(FIO)的符号方向预期为正;企业年龄(FIA)和企业规模(FIS)的符号方向预期为负。

表 11.5　各解释变量对被解释变量(IO)影响的预期方向及实际方向

变量	OLV	OLE	FIN	FOC	BIS	OLC	FIC	GED	PSD	CUD	FIS	FIA	FIO
预期符号	+	+	?	+	+	+	+	?	?	?	−	−	+
实际符号	+	+	+	---	+	+	---	---	---	---	---	---	---

注:实际符号的详细解读参见后续"实证检验结果"部分;"---" 表示变量的相关系数未通过显著性检验。

(2)相关性分析

上述模型中所有变量间相关系数如表 11.6 所示。从表 11.6 中相关数据可以简单看出:①被解释变量(IO)与企业规模(FIS)和后台信息共享及反馈程度(BIS)存在显著相关性;②解释变量企业在线声誉曝光度(OLV)、在线第三方背书情况/程度(OLE)、创业企业所属国别地区在线披露与否(FIN)、前端在线客户定制化程度(FOC)、后台信息共享及反馈程度(BIS)、在线品牌社区参与度(OLC)及创业企业高管承诺度(FIC)彼此间存在显著相关性,且相关系数较高①;③两组控制变量企业规模(FIS)与企业年龄(FIA)、企业所有权(FIO)存在显著相关性,地理距离(GED)与文化距离(CUD)、心理距离(PSD)存在显著相关性,但上述控制变量(FIS 除外)与被解释变量和解释变量并不存在显著关联性,这也在一定程度上表明互联网使能情境下创业企业国际市场机会成功获取并不受传统理论中目标国地理距离、文化距离、心理距离等因素制约,也与企业年龄和所有权性质没有多大关系。当然,进一步的量化分析还需要接下来回归模型的实证检验。

2. 实证检验结果

本书实证检验部分利用统计软件 SPSS 17.0,针对前述研究假设进行经验数据实证检验。鉴于本研究中被解释变量(IO)为两分类变量,此处采用 Logistic 模型进行回归:先将被解释变量(IO)和 6 个控制变量(FIS,FIA,FIO,GED,CUD,PSD)进行回归,然后再分别和 7 个解释变量(OLV,OLE,FIN,FOC,BIS,OLC,FIC)逐一进行回归,具体实证检验结果参见表 11.7。

① 为避免由此可能产生的多重共线性问题,本实证研究中将对上述解释变量数据进行中心化处理,并采用逐一回归分析方法。

表 11.6 Pearson 相关系数矩阵

变量名称	FIS	FIA	FIO	IO	OLV	OLE	FIN	FOC	BIS	OLC	FIC	GED	CUD	PSD
FIS	1													
FIA	0.656** (0.000)	1												
FIO	-0.340* (0.017)	0.192	1											
IO	-0.298* (0.038)	-0.275	0.077	1										
OLV	0.270	0.156	0.212	0.198	1									
OLE	0.206	0.123	0.239	0.219	0.742** (0.000)	1								
FIN	0.261	0.287* (0.045)	0.403** (0.004)	0.234	0.867** (0.000)	0.80** (0.000)	1							
FOC	0.202	-0.115	-0.105	0.157	0.627** (0.000)	0.715** (0.000)	0.600** (0.000)	1						
BIS	0.197	-0.082	0.015	0.292* (0.042)	0.698** (0.000)	0.610** (0.000)	0.644** (0.000)	0.683** (0.000)	1					
OLC	0.490** (0.000)	0.019	-0.368** (0.009)	0.109	0.636** (0.000)	0.519** (0.000)	0.504** (0.000)	0.522** (0.000)	0.625** (0.000)	1				
FIC	0.172	-0.018	0.003	0.086	0.638** (0.000)	0.559** (0.000)	0.485** (0.000)	0.477** (0.000)	0.670** (0.000)	0.530** (0.000)	1			
GED	0	0.325* (0.023)	0.116	0.037	0.117	-0.052	0.139	-0.148	-0.036	-0.070	-0.123	1		
CUD	-0.224	-0.096	0.084	0.088	0.034	-0.126	0.004	-0.086	-0.031	-0.099	-0.053	0.539** (0.000)	1	
PSD	0.01	0.151	-0.010	-0.035	0.110	-0.040	0.07	-0.083	-0.067	-0.016	0.103	0.443** (0.001)	0.596** (0.000)	1

注：** 表示在 1% 水平（双侧）显著相关；* 表示在 5% 水平（双侧）显著相关。

表 11.7　Logistic 模型逐一回归实证分析结果

解释变量		H1a	H1b	H1c	H2a	H2b	H3	H4
FIS	−0.13	−0.051** (0.039)	−0.042	−0.07	−0.032	−0.062	−0.057	−0.021
FIA	−0.861	−0.14	−0.337	−0.063	−0.391	0.335	0.076	−0.704
FIO	0.336	−0.726	−0.644	−1.889	0.057	−0.626	0.142	0.188
GED	0.454	0.186	0.374	0.112	0.349	0.174	0.106	0.5
CUD	−0.17	0.066	0.111	0.109	0.003	−0.05	0.11	0.017
PSD	−0.394	−0.823	−0.64	0.892	−0.454	−0.437	−0.646	−0.67
C	−0.358	0.083	−2.049	1.14	−2.102	−2.257	−0.282	−0.96
OLV		0.610** (0.044)						
OLE			0.656** (0.041)					
FIN				0.815** (0.015)				
FOC					0.39			
BIS						0.772** (0.023)		
OLC							0.618	
FIC								0.245* (0.068)
卡方	5.861	10.404	10.666	14.083	7.838	12.192	6.882	9.593
Cor & Snell R2	0.113	0.191	0.196	0.25	0.148	0.22	0.131	0.178
Nagel kerke R2	0.151	0.255	0.261	0.333	0.197	0.294	0.175	0.237

注：* * 表示在 5% 水平（双侧）显著相关；* 表示在 10% 水平（双侧）显著相关。

(1)解释变量的检验结果

依据表 11.7 中统计数据可看出,在对解释变量的回归分析中,OLV(相关系数为 0.61,p 值为 0.044),OLE(相关系数为 0.656,p 值为 0.041),FIN(相关系数为 0.815,p 值为 0.015)和 BIS(相关系数为 0.772,p 值为 0.023)均在 5% 的置信区间水平上呈现出显著相关性;FIC(相关系数为 0.245,p 值为 0.068)在 10% 的置信区间水平上呈现出显著相关性;解释变量 FOC 和 OLC 则未通过显著性检验,即假设 H1a,H1b,H1c,H2b,H4 均通过验证(无法拒绝原假设),假设 H2a 和 H3 则没有通过显著性检验,即拒绝原假设。

具体而言,5 个显著性影响因素(OLV,OLE,FIN,BIS,FIC)的相关系数符号方向均显著为正,证明互联网使能情境下,企业在线曝光、在线第三方背书、企业在线所属国别地区披露、后台信息共享及反馈和企业高管承诺程度的高低与互联网使能情境下创业企业国际市场机会成功获取具有显著性的正向关联,即在互联网使能情境下,无论是在线声誉机制构建、在线技术能力提升还是前置影响因素企业高管承诺都会对创业企业国际市场机会成功获取产生直接的积极影响,此结论基本上与前述相关文献研究结果相一致(Reuber et al.,2011)。但对实证结果进一步观察后发现,与其他解释变量的相关系数相比,FIN 的相关系数数值明显高于其他解释变量(数值为 0.815),且显著性检验指标 p 值也是最小的(p 值为 0.015,即相关性最为显著),对此结果应该如何理解呢?现有文献显示,由于基于某一国家层面积极/消极的固有印象会直接影响潜在客户/利益相关者对其公司及其相关产品/服务的感知度(Han,1989;Gurhan et al.,2000),因而企业在线国别地区披露对其在线情境下国际市场机会获取的影响效果并不明确。但是考虑到本书实证检验样本均为从事商品或服务出口贸易的中国企业,结合本书实证检验结果可知,这些中国企业能够在互联网使能情境下成功获取国际市场商机,很大程度上得益于“中国制造”属性的在线披露/呈现。这也在一定程度上说明,“中国制造”的品质保证,尤其在中国传统制造业商品上的声誉及价格优势往往成为海外客户在线购买/需求搜索的首要考量因素。而对于致力于国际市场拓展的企业而言,传统型的“中国制造”产品或是极具竞争力的“中国制造”产品在线环境下的“中国制造”信息披露无疑将对企业成功获取国际市场商机具有重要意义。此外,实证结果还显示,FIC(相关系数为 0.245,p 值为 0.068)仅在 10% 的置信区间水平上通过显著性检验,表明高管承诺或称之为高管团队信念(Chatterjee et al.,2002; Srinivasan et al.,2002)对互联网使能应用的效果(机会成功获取)的显著性影响效果稍差,此结果(两变量间直接关联的显著性效果较差)可能意味着变量间的作用关系还有待于进一步调整(FIC 是否发挥调节变量作用?),而不同产品类型或是企业特征(组织类型或战略规划)是否也会对两变量间直接作用关系产生影响等问题也尚待于深入探究。

解释变量 FOC 和 OLC 则未通过显著性检验,即前端在线客户定制化程度和在线品牌社区参与度对互联网使能情境下创业企业国际市场机会成功获取的影响作用并不显著。就实践层面而言,对这两个结论的解释并不难:其一,目前国内企业网站在线客户定制化设计程度总体水平不高,相比大数据背景下企业会借助第三方信息平台获取后台信息资源共享(BIS),企业在前端的客户定制化投入往往非常有限,更多企业仅是针对单一客户需求设置。究其原因不仅在于企业,尤其是中小企业在在线客户定制化方面资源投入的局限及制约,还在于目前国内许多外向型企业海外客户订单不稳定,在海外客户市场细分方面无法深入展开。其二,国外文献显示关于在线品牌社区参与问题更多针对的是知名品牌、成熟度较高的品牌或是一些高新技术、科技型产品或品牌(Muniz et al.,2001),但本书实证检验样本企业大多从事的都是贴牌出口，自有品牌出口较少，因而在线品牌社区参与问题尚不具有典型性及适用性。

（2）控制变量的检验结果

依据表 11.7 实证检验结果可知，除 H1a 假设检验中 FIS 通过显著性检验（相关系数为 -0.051，p 值为 0.039），即在 5% 的置信区间水平上呈现出显著相关性外，其余控制变量均未通过显著性检验。此实证结果再次证明：①企业互联网使能技术应用及其效果（国际市场机会成功获取）与企业规模、企业年龄、企业所有权没有相关性。在当前互联网信息技术迅猛发展背景下，企业基于互联网使能的系统技术应用及战略规划已成为必然趋势；而在当前商业环境下，任何企业都无法回避互联网使能环境下新型商务模式对企业运营管理的影响及冲击；尤其对于那些致力于国际市场拓展的国际创业企业而言，此点尤为重要。而事实上，国内最早一批利用互联网、电子商务拓展国际市场的正是那些从事出口贸易的中小型贸易企业。②在所有控制变量的实证结果中，FIS 的相关系数符号方向均为负（虽然仅 H1a 通过假设检验），但此检验结果仍然可以给予一些有价值的信息，即被解释变量（IO）与企业规模（FIS）间存在某种程度上的负向关联，也即通常情况下规模较小的企业更倾向于利用互联网使能技术获取国际市场商机，此结论也与大多数国际创业文献研究结论相一致（Oviatt et al.，1994，1995）。③互联网使能情境下企业获取的国际市场商机与目标国的地理距离、文化距离和心理距离不具有相关性。此结论再次印证了互联网“跨国界”特征，同时也再次为传统企业国际化理论框架下资源局限性中小企业的国际化发展及国际创业提供经验数据支持。

11.5.5　结论与启示

本研究在相关文献梳理基础上，提出研究假设；并利用 Logistic 模型将互联网情境下影响创业企业国际市场机会成功获取的企业属性因素（企业规模、年龄、所有权类型）、目标国市场特征因素（地理距离、文化距离、心理距离）和企业互联网使能应用情况（创业企业在线声誉曝光度、在线第三方背书情况/程度、企业所属国别地区在线披露情况、前端在线客户定制化程度、后台信息共享及反馈程度、在线品牌社区参与度和企业高管承诺度）一并进行考察用以验证提出假设。本研究通过调研问卷获取相关数据的实证检验结果显示：①按影响效应的大小排序，企业所属国别地区在线披露、后台信息共享及反馈、在线第三方背书、在线声誉曝光及企业高管承诺会依次显著提高互联网使能情境下创业企业国际市场机会成功获取的概率；②考虑到当前国内企业互联网使能应用情况的局限性，前端在线客户定制化和在线品牌社区参与对提高互联网使能情境下创业企业国际市场机会成功获取的影响作用效果并不显著；③在控制变量的考察中，虽然中小型创业企业更倾向于利用互联网使能开拓国际市场获取商机，但整体而言不具有统计学意义上的显著作用，其余控制变量也均未呈现出显著关联性。

在上述实证结论基础上，本研究的重要启示在于：其一，当前国内外商务环境下，互联网使能对于创业企业国际市场机会获取的重要作用不仅得到业界及学界的认可，更在一定程度上得到经验数据的验证。因而以互联网使能应用为重点的企业国际化发展战略规划及具体应用实施需要在国际创业企业的管理实践中得以体现；对于那些传统企业国际化理论体系下资源局限型中小企业而言，互联网使能为其降低国际市场进入门槛的同时，更为其提供了与大型（跨国）企业同台竞技的操作平台。其二，针对国内企业样本数据的验证结果显示，国内企业互联网使能技术应用选择具有一定局限性，且对影响创业企业国际市场机会成功获取的作用效果也不尽相同；因而，对于（国际）创业企业而言，互联网使能技术或商务模式的选择往往还需要基于企业产品特性或行业特性的考量，同时还需要考虑到国外市场客户需求特点及消费习惯等。其三，就互联网使能市场自身而言，也可视之为企业技术创新及商务模式创新的产物。激烈的市场竞争环境下，（创业）企业生存、发展及能否先行一步成功获取（国际）市场商机，很大程度上取决于企业对于技术或商务模式创新的敏锐度、洞察力、适应性及实践性。考虑到当前国内外市场环境下，企业不论大小、类别，都已融入互联网使能市场大环境之中，对于国际创业企业而言，互联网使能应用创新无疑更具重要的现实意义。

11.6 小　结

整体而言，国际商务领域强调制度的重要性并不是一个全新的概念。但是，对于制度领域再概念化的系统探究，借助重回制度理论根基（包括微观层面和可观测到的现实世界现象）的讨论，系统阐释与制度理论相关的新的概念（模型），不仅可以有效拓展原有理论基础，还能够更好地展示跨国企业在新世界环境秩序中所面临的各样机遇与挑战。就其机遇而言，基于互联网使能及新兴电子商务模式对于企业（国际）创业的积极影响作用本章上述章节已经做了系统的诠释，而基于制度领域拓展视角下对于此问题的关注及探究正日渐成为相关研究学者及企业管理者的焦点所在。与此同时，就其面临挑战而言，数字化和先进的技术变革能够极大地改变传统的政治、社会、经济及竞争格局，并且能够培育新的个体及组织的定位配置，即可以共享一个实体性物理空间，或是具有分散式的、虚拟空间等。由此产生的作用结果之一是企业决策者（或政策制定者）将会感觉到自身控制力的降低。此外，具有世界影响力的重大事件或是基于企业层面的细枝末节事件将会更加频繁地出现或发生，而无需传统科层体系下自上而下地下达命令。社交媒体应用的逐渐普及及推广，以及虚拟环境下跨越国家边界限制的草根阶层运动，使得世界各国领导人及行业领袖常常自叹能力不足与局限。而当新兴市场国家政治危机越发呈现出蔓延性扩大及不确定性增强的态势之时，整体性政治风险，尤其是征收威胁等则变得越发难以解决。此外，正式性规则、规制区域与非正式性行为规范、指导区域的重叠部分也增加了另外一层的复杂性，即如学者 Aguilera（2011）所提及的“全球性资本主义的变革能力”。

对于现存制度架构内某些缺点的认识无疑将对跨国企业及全球资本具有重要意义及启示。当前的新闻中充斥着各类分散式个体及组织利用其在无边界、不可视的新型制度环境区域内的运作能力所造成的负面消极影响案例。例如，互联网黑客能够成功地破坏及进入世界大型银行、企业、国防项目承包商的保密性数据库等，由此凸显出正式性法规能否具有保护无辜、起诉罪犯的能力问题（Gorman，2011；Sarno et al.，2011）；法律能否以一种具有现实意义的方式进行修改并执行，用以在无边界限制的世界中可以有效保护个人及企业特定信息。

对于跨国企业而言，有效解决上述问题的关键在于，利用规则出现的快速的变革速度，在这一过程中获取可持续性竞争优势。为此，跨国企业需要首先意识到正式性规则和非正式性规范在分散式及同地协作式组织内、微观制度层面及宏观制度层面间所发挥交互作用的重要性；其次，认识到新的区域定位配置意味着企业层面控制力降低的同时，其对于微观层面实践型（惯例型）组织所构建的非正式性规范的依赖性增强；最后，理解创业机会源于制度区域内或跨区域的新互联性。尽管上述研究已经讨论了制度区域规则演化的复杂性，跨区域规则出现的同步性，同时也排除了跨国企业对于制度变革的系统性预测，但同样强调了企业拥有灵活性在降低未来面临的不确定性及保持竞争力优势的重要意义所在。

参考文献

陈菲,2009. 制度同构理论与欧洲一体化——以欧盟监察专员制度的建立为案例[J]. 世界经济与政治,(4):64-71.

陈扬,许晓明,谭凌波,2010. 组织制度理论中的"合法性"研究述评[J]. 华东经济管理,26(10):137-142.

韩炜,2010. 基于扎根理论的外生性产业集群异变机理研究[J]. 科技进步与对策,27(12):62-66.

黄胜,周劲波,2013. 创业机会视角下的中国企业早期国际化研究[J]. 科学学研究,(2):232-239.

蒋冠宏,蒋殿春,2012. 中国对发展中国家的投资——东道国制度重要吗?[J]. 管理世界,(11):45-56.

李军,王玉荣,2013. 制度学习,网络中心性和市场进入——外国风险资本在华投资的实证研究[J]. 国际贸易问题,(1):131-145.

刘娟,2015a. 互联网使能情境下创业企业国际市场机会成功获取影响因素研究——基于Logistic 模型的实证分析[J]. 国际商务,(2):133-143.

刘娟,2015b. 跨国企业制度学习研究述评与展望[J]. 外国经济与管理,(2):29-37.

刘娟,2015c. 外资风险资本、关系网络与国际创业企业制度学习[J]. 科技进步与对策,(1):89-93.

刘娟,2012. 小额跨境外贸电子商务的兴起与发展问题探讨——后金融危机时代的电子商务及物流服务创新[J]. 对外经贸实务,(2):89-92.

刘娟,彭正银,2014. 关系网络与创业企业国际市场机会识别与开发——基于中小企业国际创业的案例分析[J]. 科技进步与对策,(8):74-79.

刘娟,彭正银,王维薇,2014. 企业家社会关系网络、创业机会识别与企业国际创业海外市场选择——基于中小型国际创业企业的实证研究[J]. 国际商务,(2):83-94.

刘雪峰,2009. 网络嵌入性影响企业绩效的机制案例研究[J]. 管理世界(增刊),3-12.

庞仙梅,胡仕福,2011. 企业国际化成长路径和模式研究:网络组织动态演进的观点[J]. 中国城市经济,(3):75-77.

钱海燕,李嘉,杨忠,2010. 横向关系、纵向关系与中小企业国际——一个跨案例研究[J]. 科学学与科学技术管理,(5):187-192.

任兵,郑莹,2012. 外来者劣势研究前沿探析与未来展望[J]. 外国经济与管理,34(2):27-34.

王玉荣,李军,杨震宁,2010. 天生国际化企业:股权结构、国际创业与绩效的关系研究[J].

科学学与科学技术管理,(8):143-149.
王志涛,职鹏飞,2009.基于网络的国际新创企业知识转移影响因素分析[J].科技进步与对策,26(2):136-139.
吴晓波,高钰,2012,窦伟.中国民营企业跨国投资距离对海外子公司多元化影响的实证分析[J].浙江学刊,(6):183-188.
谢高峰,2007.基于关系网络的企业国际化知识获取研究——以我国制造业为例[D].长沙:中南大学.
薛求知,李明,崔瑜,2009.基于网络视角的中小企业国际化研究方法评述与展望[J].兰州学刊,(10):80-82.
薛有志,刘鑫,2013.国外制度距离研究现状探析与未来展望[J].外国经济与管理,35(3):28-36.
阎大颖,2011.制度距离、国际经验与中国企业海外并购的成败问题研究[J].南开经济研究,(5):75-97.
杨俊,2013.新世纪创业研究进展与启示探析[J].外国经济与管理,35(1):1-11.
章进,2006.基于知识基础理论的企业国际化进程研究——国际化知识的外部获取以及网络获取[J].经济师,(5):37-38.
曾萍,邓腾智,2012.企业国际化程度与技术创新的关系:一种学习的观点[J].国际贸易问题,(10):59-67.
郑准,王国顺,2011a.企业国际化网络理论的起源、基本框架与实践意蕴探讨[J].外国经济与管理,33(10):9-16.
郑准,王国顺,2011b.动态网络环境下企业国际化战略转型——基于关系运作与网络演进视角的案例研究[J].商业经济与管理,(9):27-33.
郑准,王国顺,2009.外部网络结构、知识获取与企业国际化绩效:基于广州制造业企业的实证研究[J].科学学研究,27(8):206-212.
周劲波,黄胜,2013.关系网络视角下的国际创业研究述评[J].外国经济与管理,35(2):22-33.
周劲波,黄胜,2010.基于关系网络视角的企业国际化成长机制研究[J].科技进步与对策,27(3):66-69.
周小虎,贾苗苗,2011.高层管理团队社会资本、组织学习和中小企业国际化[J].战略管理,(3):29-36.
周小虎,2006.企业社会资本与战略管理——基于网络结构观点的研究[M].北京:人民出版社.
Aiello L C, Dunbar R I M, 1993. Neocortex size, group size, and the evolution oflanguage[J]. Current Anthropology, 34(2):184-193.
Alford R R, Friedland R, 1985. Powers of theory: Capitalism, the state, and democracy[M]. New York: Cambridge University Press.
AL-Laham A , Soutitaris V, 2008. Network embeddedness and new venture internationalization: Analyzing international linkages in the German biotech industry[J]. Journal of Business Venturing, 23(5):567-586.

Alston J P, 1989. Wa, guanxi, and inhwa: Managerial principles in Japan, China, and Korea[J]. Business Horizons, 32(2): 26-31.

Ambler T, Witzel M, Xi C, 2009. Doing business in China[M]. 3rd ed. Abingdon: Routledge Curzon.

Amsden A H, 1989. Asia's next giant: South Korea and late industrialization[M]. New York: Oxford University Press.

Andersen P H, 2005. Export intermediation and the internet: An activity-unbundling approach [J]. International Marketing Review, 2(2): 147-164.

Ando N, 2012. The ownership structure of foreign subsidiaries and the effect of institutional distance: A case study of Japanese firms[J]. Asia Pacific business review, 18(2): 259-274.

Arnold D G, 2003. Exploitation and the sweatshop quandary[J]. Business Ethics Quarterly, 13 (2): 243-256.

Ashforth B E, Gibbs B W, 1990. The double-edge of organizational legitimation[J]. Organization Science, 1(2): 177-194.

Axelrod R M, Cohen M D, 1999. Harnessing complexity: Organizational implications of a scientific frontier[M]. New York: Free Press.

Axelrod R, Hamilton W D, 1981. The evolution of cooperation [J]. Science, 211 (4489): 1390-1396.

Aykut D, Ratha D, 2004. South-south FDI flows: How big are they? [J]. Transnational Corporations, 13 (1): 149-176.

Babiak K, Trendafilova S, 2011. CSR and environmental responsibility: Motives and pressures to adopt green management practices [J]. Corporate Social Responsibility & Environmental Management, 18(1): 11-24.

Barnard H, 2010. Overcoming the liability of foreignness without strong firm capabilities — the value of market-based resources[J]. Journal of International Management, 16(2): 165-176.

Barnet R J, Müller R E, 1974. Global reach: The power of the multinational corporations[M]. New York: Simon and Schuster.

Bartlett C A, Ghoshal S, 2000. Going global: Lessons from late movers[J]. Harvard Business Review, 78(2): 132-142.

Berger J, Ridgeway C L, Fisek M H, et al, 1998. The legitimation and delegitimation of power and prestige orders[J]. American Sociological Review, 63 (3): 379-405.

Berry J W, Poortinga Y H, Pandey J, 1997. Handbook of cross-cultural psychology[M]. 2nd ed. Boston: Allyn and Bacon.

Bhappu A D, 2000. The Japanese family: An institutional logic for Japanese corporate networks and Japanese management[J]. Academy of Management Review, 25 (2): 409-415.

Bhaumik S K, Driffield N, Pal S, 2010. Does ownership structure of emerging-market firms affect their outward FDI? The case of the Indian automotive and pharmaceutical sectors[J]. Journal of International Business Studies, 41(3): 437-450.

Bitektine A, 2011. Toward a theory of social judgments of organizations: The case of legitimacy,

reputation, and status[J]. Academy of Management Review, 36(1): 151-179.
Boatright J R, 2007. Ethics and the conduct of business[M]. New Jersey: Pearson Prentice Hall.
Boltanski L, 2006. On justification: Economies of worth[M]. New Jersey: Princeton University Press.
Bonaglia F, Goldstein A, Mathews J A, 2007. Accelerated internationalization by emerging markets' multinationals: The case of the white goods sector[J]. Journal of World Business, 42(4): 369-383.
Boxenbaum E, Jonsson S. Isomorphism, diffusion and decoupling[M]// Greenwood R, Oliver C, Sahlin K, et al, 2008. Handbook of organizational institutionalism. New York: Sage.
Brenkert G, 2009. Google, human rights, and moral compromise[J]. Journal of Business Ethics, 85(4): 453-478.
Brouthers L E, O'Donnell E, Hadjimarcou J, 2005. Generic product strategies for emerging market exports into triad nation markets: A mimetic isomorphism approach[J]. Journal of Management Studies, 42(1): 225-245.
Brown D E, 1991. Human universals[M]. New York: McGraw-Hill Inc.
Buckley P J, Clegg L J, Cross A R, et al, 2007. The determinants of Chinese outward foreign direct investment[J]. Journal of International Business Studies, 38(4): 499-518.
Burt R S, 1992. Structure holes: The social structure of competition[M]. Cambridge: Harvard University Press.
Buss D M, 2005. The handbook of evolutionary psychology[M]. New Jersey: Wiley.
Campbell J T, Eden L, Miller S R, 2012. Multinationals and corporate socialresponsibility in host countries: Does distance matter? [J]. Journal of International Business Studies, 43(1): 84-106.
Cantwell J. The theory of technological competence and its application to international production [M]// McFeteridge D, 1992. Foreign investment, technology and economic growth. Calgary: University of Calgary Press.
Cantwell J, Dunning J H, Lundan S M, 2010. An evolutionary approach to understanding international business activity: The co-evolution of MNEs and the institutional environment[J]. Journal of International Business Studies, 41(4): 567-586.
Carroll A B, 1999. Corporate social responsibility: Evolution of a definitional construct[J]. Business Society, 38(3): 268-295.
Carroll G, Hannan M T, 2000. The demography of corporations and industries[M]. New Jersey: Princcton University Press.
Carter R, 1998. Mapping the mind[M]. Berkeley: University of California Press.
Chacar A S, Newburry W, Vissa B, 2010. Bringing institutions into performance persistence research: Exploring the impact of product, financial, and labor market institutions[J]. Journal of International Business Studies, 41(7): 1119-1140.
Chance M R A, Jolly C J, 1970. Social groups of monkeys, apes and men[M]. New York: Dutton.
Chandler A D, 1970. Strategy and structure: Chapters in the history of the industrial enterprise [M]. Cambridge: MIT Press.

Chandra Y , 2010. An opportunity-based view of rapid internationalization [J] . Journal of International Marketing,20(1):74-102.

Chatterjee D,Grewal R,Sambamurthy V,2002. Shaping up for e-commerce:Institutional enablers of the organizational assimilation of web technologies[J]. MIS Quarterly,26 (2):65-89.

Cheng J L C,Henisz W J,Roth K,et al,2009. Advancing interdisciplinary research in the field of international business: Prospects, issues, and challenges [J]. Journal of International Business Studies,40(7):1070-1074.

Clark T,Knowles L L,2003. Global myopia:Globalization theory in international business[J]. Journal of International Management,9(4):361-372.

Cohen B D, Dean T J, 2005. Information asymmetry and investor valuation of IPOs: Top management team legitimacy as a capital market signal[J]. Strategic Management Journal, 26 (7):683-690.

Cosmides L, Tooby J, 1994. Better than rational: Evolutionary psychology and theinvisible hand [J]. The American Economic Review,84(2):327-332.

Coviello N E, 2006. The network dynamics of international new ventures [J]. Journal of International Business Studies,37(5):713-731.

Coviello N,Munro H,1995. Growing the entrepreneurial firm:Networking for international market development[J]. European Journal of Marketing,29(7):49-61.

Crawford S,Ostrom E,1995. A grammar of institutions[J]. American Political Science Review,89 (3):582-600.

Creed W E D, Scully M A , Austin J R, 2002. Clothes make the person? The tailoring of legitimating accounts and the social construction of Identity[J]. Organization Science ,13 (5): 475-496.

Cuervo A,Genc M,2008. Transforming disadvantages into advantages:Developing country MNEs in the least developed countries[J]. Journal of International Business Studies,39(6):957-979.

Cummins D, 2005. Dominance, status and social hierarchies [K]// Buss D M, 2005. The handbook of evolutionary psychology. New Jersey:Wiley.

Dacin M T, Oliver C, Roy J, 2007. The legitimacy of strategic alliances: An institutional perspective[J]. Strategic Management Journal,28(2):169-187.

Dann G E,Haddow N,2008. Just doing business or doing just business:Google,Microsoft,Yahoo! and the business of censoring China's internet[J]. Journal of Business Ethics,79 (3):219-234.

Davis P S,Desai A B,Francis J D,2000. Mode of international entry:An isomorphism perspective [J]. Journal of International Business Studies,31(2):239-258.

Dawkins R,1976. The selfish gene[M]. Oxford:Oxford University Press.

D'Costa A P,2003. Institutions and industrial governance in India: Learning to cooperate the Japanese way[J]. Asian Business & Management,2(1):63-89.

De George R T,1993. Competing with integrity in international business[M]. New York:Oxford University Press.

Deephouse D,1996. Does isomorphism legitimate? [J] . Academy of Management Journal,39

(4):1024-1039.

Demirbag M, McGuinness M, Altay A P H, 2010. Perceptions of institutional environment and entry mode[J]. Management International Review, 50(2):207-240.

Detomasi D A, 2007. The multinational corporation and global governance: Modelling global public policy networks[J]. Journal of Business Ethics, 71 (3):321-334.

Diamond J, 2006. Collapse[M]. London: Penguin.

Diamond J, 1998. Guns, germs and steel[M]. London: Vintage.

Dikova D, Sahib P R, Witteloostuijin A, 2010. Cross-border acquisition abandonment and completion: The effect of institutional differences and organizational learning in the international business service industry, 1981—2001[J]. Journal of International Business Studies, 41(2):223-245.

Dimaggio P J, Powell W W, 1983. The Iron cage revisited – institutional isomorphism and collective rationality in organizational fields[J]. American Sociological Review, (2):147-160.

Doorewaard H, Van Bijsterveld M, 2001. The osmosis of ideas: An analysis of the integrated approach to IT management from a translation theory perspective[J]. Organization, 8 (1):55-76.

Dowling J B, Pfeffer J, 1975. Organizational legitimacy: Social values and organizational behavior [J]. Pacific Sociological Review, 18(1):122-136.

Downie M, Mageau G A, Koestner R and T, et al, 2006. On the risk of being a cultural chameleon: Variations in collective self-esteem across social interactions[J]. Cultural Diversity and Ethnic Minority Psychology, 12 (3):527-540.

Drew A, Kriz A, 2009. An institutional analysis of Chinese business relationships[J]. International Journal of Value Chain Management, 3(4):356-373.

Duan W, Whinston A B, 2009. Informational cascades and software adoption on the Internet: An empirical investigation[J]. Mis Quarterly, 33(1):23-48.

Dunbar R I M, 2003. The social brain: Mind, language, and society in evolutionary perspective [J]. Annual Review of Anthropology, 32(1):163-181.

Dunning J H, 1993. Multinational enterprises and the global economy[M]. Wokingham: Addison Wesley.

Dunning J H, 1989. The study of international business: A plea for a more interdisciplinary approach[J]. Journal of International Business Studies, 20(3):411-436.

Dunning J H, 1980. Toward an eclectic theory of international production: Some empirical tests [J]. Journal of International Business Studies, 11(1):9-31.

Dunning J H, Lundan S M, 2008. Institutions and the OLI paradigm of themultinational enterprise [J]. Asia Pacific Journal of Management, 25(4):573-593.

Dunphy D, 1987. Convergence divergence – a temporal review of the Japanese enterprise and its management[J]. Academy of Management Review, 12 (3):445-459.

Eisenhardt K M, 1989. Building theories from case study research[J]. Academy of management review, 14(4):532-550.

Ellis P D, 2011. Social ties and international entrepreneurship: Opportunities and constraints

affecting firm internationalization[J]. Journal of International Business Studies, 42:99-127.
Elsbach K D, 1994. Managing organizational legitimacy in the california cattle industry: The construction and effectiveness of verbal accounts[J]. Administrative Science Quarterly, 39(1): 57-88.
England G W, Lee R, 1974. Relationship between managerial values and managerial success in United-States, Japan, India, and Australia[J]. Journal of Applied Psychology, 59 (4): 411-419.
England G W, 1975. The manager and his values: An international perspective from the United States, Japan, Korea, India, and Australia[M]. Cambridge: Ballinger Pub. Co.
Eriksson K, Johanson J, Majkgard A, et al, 2000. Effect of variation on knowledge accumulation in the internationalization process [J]. International Studies of Management and Organization, 30 (1): 26-44.
Eriksson K, Johanson J, Majkgard A, et al, 1997. Experiential knowledge and cost in the internationalization process[J]. Journal of International Business Studies, 28: 337-360.
Eriksson K, Majkgard A, Sharma D D, 2000. Path dependence and knowledge development in the internationalization process[J]. Management International Review, 40(4): 307-328.
Evans P, 1979. Dependent development[M]. New Jersey: Princeton University Press.
Feldman S, 1998. Structure and consistency in public-opinion – the role of core beliefs and values [J]. American Journal of Political Science, 32 (2): 416-440.
Fisher J, 2004. Social responsibility and ethics: Clarifying the concepts[J]. Journal of Business Ethics, 52 (4): 391-400.
Fletcher M, Harris S, 2012. Knowledge acquisition for the internationalization of the smaller firm: Content and sources[J]. International Business Review, 21(4): 631-647.
Fligstein N, 1987. The intraorganizational power struggle – rise of finance personnel to top leadership in large corporations, 1919—1979[J]. American Sociological Review, 52 (1): 44-58.
Fombrun C J, 1996. Reputation: Realizing value from the corporate image[M]. Boston: Harvard Business School Press.
Ford C W, Nonis S A, Hudson G I, 2005. A cross-cultural comparison of value systems and consumer ethics[J]. Cross-Cultural Management, 12(4): 36-50.
Forman C, Ghose A, Wiesenfeld B, 2008. Examining the relationship between reviews and sales: The role of reviewer identity and disclosure in electronicmarkets [J]. Information Systems Research, 19(3): 291-313.
Forsgren M, 2002. The concept of learning in the uppsala internationalization process model: A critical review[J]. International Business Review, 11(3): 257-277.
Freeman R E, 1984. Strategic management: A stakeholder approach[M]. Boston: Pitman.
Frenkel M, 2005. The politics of translation: How state-level political relations affect the cross-national travel of management Ideas[J]. Organization, 12(2): 275-301.
Friedland R, Alford R R, 1991. Bringing society back in: Symbols, practices, and institutional contradictions[M]// Powell W W, DiMaggio P, 1991. The new institutionalism in organizational analysis. Chicago: University of Chicago.

Frost T S, Birkinshaw J M, Ensign P C, 2002. Centers of excellence in multinational corporations [J]. Strategic Management Journal, 23(11): 997-1018.

Gammeltoft P, Barnard H, Madhok A, 2010. Emerging multinationals, emerging theory: Macro-and micro-level perspectives[J]. Journal of International Management, 16(2): 95-101.

Gaur A, Kumar V, Sarathy R, 2011. Liability of foreignness and internationalization of emerging market firms[J]. Advances in International Management, 24: 211-233.

Gaur A S, Delios A, Singh K, 2007. Institutional environments, staffing strategies, and subsidiary performance[J]. Journal of Management, 33(4): 611-636.

Georgas J, Berry J W, 1995. An ecocultural taxonomy for cross-cultural psychology [J]. Cross-Cultural Research, 29(2): 121-157.

Gifford A, 2009. Culture, cognition and human action [J]. Journal of Socio-economics, 38 (1): 13-34.

Glynn M A, Abzug R, 2002. Institutionalizing Identity: Symbolic isomorphism and organizational names[J]. Academy of Management Journal, 45 (1): 267-280.

Gompers P, Kovner A, Lerner J, 2009. Specialization and success: Evidence from venture capital [J]. Journal of Economics & Management Strategy, 18(3): 817-844.

Goodrick E, Salancik G R, 1996. Organizational discretion in responding to institutional practices: Hospitals and cesarean births[J]. Administrative Science Quarterly, 41(1): 1-28.

Goodwin J, Goodwin D. Ethical judgments across cultures: A comparison between business students from Malaysia and New Zealand[J]. Journal of Business Ethics, 18 (3): 267-281.

Granovetter M, 1992. Economic institutions as social constructions: A framework for analysis[J]. Acta Sociologica, 35(35): 3-11.

Granovetter M, 1985. Economic action and social structure: The problem of embeddedness[J]. American Journal of Sociology, 91(3): 481-510.

Granovetter M, 1973. The strength of weak tie [J]. American Journal of Sociology, 78 (6): 1360-1380.

Greenwood R, Oliver C, Suddaby R, et al, 2008. The SAGE handbook of organizational institutionalism[M]. London: SAGE Publications Ltd.

Gugler P, Shi J Y J, 2009. Corporate social responsibility for developing country multinational corporations: Lost war in pertaining global competitiveness? [J]. Journal of Business Ethics, 87 (1): 3-24.

Guillen M F, 2000. Business groups in emerging economies: A resource-based view[J]. Academy of Management Journal, 43(3): 362-380.

Guillen M F, Garcia-Canal E, 2009. The American model of the multinational firm and the new multinationals from emerging economies [J]. Academy of Management Perspectives, 23 (2): 23-35.

Guler I, Guillén M F, 2010. Home country networks and foreign expansion: Evidence from the venture capital industry[J]. Academy of Management Journal, 53(2): 390-410.

Gutierrez D G, 1999. Migration, emergent ethnicity, and the "Third Space": The shifting politics of

nationalism in greater Mexico[J]. Journal of American History, 86 (2):481-517.
Hall E T, 1983. The dance of life: The other dimension of time[J]. America, (4):427-429.
Hamilton W D, 1964. The genetic evolution of social behaviour [J]. Journal of Theoretical Biology, 7(1):1-16.
Hamilton J B, Knouse S B, Hill V, 2009. Google in China: A manager-friendly heuristic model for resolving cross-cultural ethical conflicts[J]. Journal of Business Ethics, 86 (2):143-157.
Hannan M T, Freeman J, 1989. Organizational ecology[M]. Cambridge: Harvard University Press.
Hayek F A, 1952. The sensory order[M]. Chicago: University of Chicago Press.
Henisz W J, Zelner B A, 2005. Legitimacy, interest group pressures, and change in emergent institutions: The case of foreign investors and host country governments [J]. Academy of Management Review, 30(2):361-382.
Herremans I M, Herschovis M S, Bertels S, 2009. Leaders and laggards: The influence of competing logics on corporate environmental action [J]. Journal of Business Ethics, 89 (3): 449-472.
Heugens P P, Lander M W, 2009. Structure! Agency! (And other quarrels): A meta-analysis of institutional theories of organization[J]. Academy of Management Journal, 52(1):61-85.
Hirsch P M, Lounsbury M, 1997. Ending the family quarrel toward a reconciliation of "Old" and "New" institutionalisms[J]. American Behavioral Scientist, 40(4):406-418.
Hitlin S, Piliavin J A, 2004. Values: reviving a dormant concept[J]. Annual Review of Sociology, 30(1):359-393.
Hochberg Y V, Ljungqvist A, Lu Y, 2010. Networking as a barrier to entry and the competitive supply of venture capital[J]. The Journal of Finance, 65(3):829-859.
Hodgson G M, 2010. Choice, habit and evolution[J]. Journal of Evolutionary Economics, 20(1): 1-18.
Hodgson G M, 2006. What are institutions? [J]. Journal of Economic Issues, 40(1):1-25.
Hodgson G M, Knudsen T, 2004. The complex evolution of a simple traffic convention: The functions and implications of habit[J]. Journal of Economic Behavior and Organization, 54(1): 19-47.
Hodgson G M, Samuels W J, Tool M R, 1994. The Elgar companion toinstitutional and evolutionary economics[M]. Aldershot: Edward Elgar Publishing Company.
Hofstede G H, 2001. Culture's consequences: Comparing values, behaviors, institutions, andorganizations across nations[M]. 2nd ed. Thousand Oaks: Sage Publications.
Holmes R M, Miller T, Hitt M A, et al, 2012. The interrelationships among informal institutions, formal institutions, and inward foreign direct investment [J]. Journal of Management, 40 (7): 531-566.
Holt D B, Quelch J A, Taylor E L, 2004. How global brands compete [J]. Harvard Business Review, 82(9):68-75.
Hoskisson R, Eden L, Lau C, et al, 2000. Strategy in emerging economies [J]. Academy of Management Journal, 43(3):249-267.

Human S E, Provan K G, 2000. Legitimacy building in the evolution of small-firm multilateral networks: A comparative study of success and demise [J]. Administrative Science Quarterly, 45 (2): 327-365.

Jackall R, 1988. Moral mazes: The world of corporate managers [M]. New York : Oxford University Press.

Johanson J, Mattsson L G. Internationalization in industrial systems—a network approach [M]// Hood, Neil, 1988. Strategies in global competition. New York: Croom Helm.

Johanson J, Vahlne J E, 2009. The Uppsala internationalization process model revisited: From liability of foreignness to liability of outsidership [J]. Journal of international business studies, 40 (9): 1411-1431.

Johanson J, Vahlne J E, 2003. Business relationship learning and commitment in the internationalization process [J]. Journal of International Entrepreneurship, 1 (1): 83-102.

Johanson J, Vahlne J E, 2006. Commitment and opportunity development in the internationalization process: A note on the Uppsala internationalization process model [J]. Management International Review, 46 (2): 165-178.

Johanson J, Vahlne J, 1977. The internationalization process of the firm: A model of knowledge development and increasing foreign market commitments [J]. Journal of International Business Studies, 8 (1): 23-32.

Johanson J, Vahlne J E, 1990. The mechanism of internationalization [J]. International Marketing Review, 7 (4): 11-24.

Johanson J, Wiedershim P F, 1975. The internationalization of the firm—four Swedish cases [J]. Journal of Management Studies, 12 (3): 305-322.

Johnson C, Dowd T J, Ridgeway C L, 2006. Legitimacy as a social process [J]. Annual Review of Sociology, 32 (1): 53-78.

Johnson J L, Daily C M, Ellstrand A E, 1996. Boards of directors: A review and research agenda [J]. Journal of Management, 22 (3): 409-438.

Johnson T, Kulesa P, Cho Y, et al, 2005. The relation between culture and responsestyles: Evidence from 19 countries [J]. Journal of Cross-Cultural Psychology, 36 (2): 264-277.

Johnston R D, 2007. Ethnic and discursive drag in woody Allen's zelig [J]. Quarterly Review of Film & Video, 24 (3): 297-306.

Juan K, Qiang G. Google China vows to address porn "Problem" [N/OL]. [2009-06-22]. http://english.peopledaily.com.cn/90001/90782/6683011.html.

Kai X, Michael A, 2012. Entry mode and institutional learning: A polycentric perspective [J]. Advances in International Management, 25: 149-178.

Keightley D N, 1978. The bamboo annals and Shang-Chou chronology [J]. Harvard Journal of Asiatic Studies, 38 (2): 423-438.

Keiser L, Ostrom E. Three worlds of action: A metatheoretical synthesis ofinstitutional approaches [M]// Ostrom E, 1982. Strategies of political enquiry. BeverlyHills: Sage.

Kluckhohn C. Values and value-orientations in the theory of action [M]// Parsons T, Shils E,

1951. Towards a general theory of action. New York: Harper.

Knoll J, 2003. Enhancer regulation/endogenous and synthetic enhancer compounds: Aneurochemical concept of the innate and acquired drives[J]. Neurochemical Research, 28(8): 1275-1297.

Kontinen T, Ojala A, 2011. Network ties in the international opportunity recognition of family SMEs[J]. International Business Review, 20(4): 440-453.

Kostova T, Roth K, 2002. Adoption of an organizational practice by subsidiaries of multinational corporations: Institutional and relational effects[J]. Academy of Management Journal, 45(1): 215-233.

Kostova T, Kostova T, 1997. Country institutional profile: Concept and measurement[M]. New York: Academy of Management.

Kostova T, Zaheer S, 1999. Organizational legitimacy under conditions of complexity: The case of the multinational enterprise[J]. Academy of Management Review, 24(1): 64-81.

Kwok C C Y, Tadesse S, 2006. The MNC as an agent of change for host-country institutions: FDI and corruption[J]. Journal of International Business Studies, 37 (6): 767-785.

Lall S, 1983. The new multinationals: The spread of third world enterprises[M]. Chichester: Wiley.

Latour B. The powers of association[M]// Law J, 1986. Power, action and belief. London: Routledge & Kegan Paul.

Lau C M, Tse D K, Zhou N. Institutional forces and organizational culture in China: Effects on change schemas, firm commitment and job satisfaction [J]. Journal ofInternational Business Studies, 33(3): 533-550.

Lawrence P R, Nohria N, 2002. Driven: How human nature shapes our choices[M]. SanFrancisco: Jossey-Bass.

Leff N H, 1978. Industrial organization and entrepreneurship in the developing countries: The economic group[J]. Economic Development & Cultural Change, 26(4): 661-75.

Leslie A M, 1987. Pretense and representation: The origins of theory of mind[J]. Psychological Review, 94(4): 412-426.

Li S X, Yao X, Sue-Chan C, et al, 2011. Where do social ties come from: Institutional framework and governmental tie distribution among Chinese managers [J]. Managementand Organization Review, 7(1): 97-124.

Lin Z J, Peng M W, Yang H, et al, 2009. How do networks and learning drive M&As? An institutional comparison between China and the United States[J]. Strategic Management Journal, 30(10): 1113-1132.

Liou R S, Rose A S, Ellstrand A E. Emerging-market multinational corporations as agents of globalization: Conflicting institutional demands and the isomorphism of global markets[M]// Tihanyi L, Devinney T M, Pedersen T, 2012. Institutional theory in international business and management. London: Emerald Group Publishing Limited.

Liu L, Lee G A, Jiang L, et al, 2007. Evidence for the early beginning (c. 9000 cal. BP) of rice domestication in China: A response[J]. Holocene, 17(8): 1059-1068.

Loane S, 2006. The role of the internet in the internationalization of small and medium sized companies[J]. Journal of International Entrepreneurship, 3(4): 263-277.

Loane S, McNaughton R B, Bell J, 2004. The internationalization of Internet-enabled entrepreneurial firms[J]. Canadian Journal of Administrative Sciences, 21 (1): 79-96.

Lonner W J, Adamopoulos J. Culture as antecedent to behavior[M]// Berry J W, Poortinga Y H, Pandey J, 1997. Handbook of cross-cultural psychology. 2nd ed. Boston: Allyn & Bacon.

Loo T, Davies G, 2006. Branding China: The ultimate challenge in reputation management? [J]. Corporate Reputation Review, 9(3): 198-210.

Lounsbury M, Glynn M A, 2001. Cultural entrepreneurship: Stories, legitimacy, and the acquisition of resources[J]. Strategic Management Journal, 22(6-7): 545-564.

Lounsbury M, 2007. A tale of two cities: Competing logics and practice variation in the professionalizing of mutual funds[J]. Academy of Management Journal, 50 (2): 289-307.

Lu J W, 2002. Intra- and Inter-organizational imitative behavior: Institutional influences on Japanese firms' entry mode choice[J]. Journal of International Business Studies, 33(33): 19-37.

Lu L D, 2002. A green foxtail (setaria viridis) cultivation experiment in the middle Yellow River valley and some related issues[J]. Asian Perspectives, 41(1): 1-14.

Luo Y, Tung R L, 2007. International expansion of emerging market enterprises: A springboard perspective[J]. Journal of International Business Studies, 38(4): 481-498.

Lynch P D, Beck J C, 2001. Profiles of internet buyers in 20 countries: Evidence for region-specific strategies[J]. Journal of International Business Studies, 32 (4): 725-748.

Madsen P M. Does corporate investment drive a "race to the bottom" in environmental protection? A reexamination of the effect of environmental regulation on investment [J]. Academy of Management Journal, 52(6): 1297-1318.

Maguire S, Hardy C, Lawrence T B, 2004. Institutional entrepreneurship in emerging fields: HIV/AIDS treatment advocacy in Canada[J]. Academy of Management Journal, 47(5): 275-283.

Mäkelä M M, Maula M V J, 2005. Cross-border venture capital and new venture internationalization: An isomorphism perspective[J]. Venture Capital, 7(3): 227-257.

Makhoul J, Harrison L, 2002. Development perspectives: Views from rural Lebanon [J]. Development in Practice, 12(5): 613-624.

Makino S, Lau C, Yeh R, 2002. Asset-exploitation versus asset-seeking: Implications for location choice of foreign direct investment from newly industrialized economies [J]. Journal of International Business Studies, 33(3): 403-421.

Marini M. Social values and norms[M]// Borgatta E F, Montgomery R J V, 2000. Encyclopedia of sociology. Detroit: Macmillan Reference USA.

Marinova S, Child J, Marinov M, 2012. Institutional field for outward foreign direct investment: A theoretical extension[J]. Advances in International Management, 25: 233-261.

Devinney M, Tihanyi L. Dynamics of globalization: Location-specific advantages or liabilities of foreignness? [J]. Advances in International Management, 24: 137-163.

Marosi A, Massoud N, 2008. "You can enter but you cannot leave…": U. S. securities markets and foreign firms[J]. Journal of Finance, 63(5):2477-2506.

Marquis C, Lounsbury M, 2007. Vive la resistance: Competing logics and the consolidation of US community banking[J]. Academy of Management Journal, 50 (4):799-820.

Marquis C, 2003. The pressure of the past: Network imprinting in intercorporate communities[J]. Administrative Science Quarterly, 48 (4):655-689.

Marquis C, Glynn M A, Davis G F, 2007. Community isomorphism and corporate social action[J]. Academy of Management Review, 32 (3):925-945.

Martinez C A, Williams C, 2012. An extended view of institutional domains and implications for the multinational enterprise[J]. Advances in International Management, 25:43-63.

Mathews J , Zander I, 2007. The international entrepreneurial dynamics of accelerated internationalization[J]. Journal of International Business Studies, 38(3):1-17.

Mathews J A, 2002. Dragon multinationals: A new model of global growth[M]. New York: Oxford University Press.

Mathews J A, 2006. Dragon multinationals: New players in 21st century globalization[J]. Asia Pacific Journal of Management, 23(1):5-27.

McDougall P P, Oviatt B M, 2000. International entrepreneurship: The intersection of two research paths[J]. Academy of Management Journal, 43(5):902-906.

Meyer J W, Rowan B, 1977. Institutionalized organizations -formal-structure as myth and ceremony [J]. American Journal of Sociology, 83 (2):340-363.

Meyer J W, Boli J, Thomas G M , et al, 1997. World society and the nation-state[J]. American Journal of Sociology, 103 (1):144-181.

Meyer K E, Nguyen H V, 2005. Foreign investment strategies and sub-national institutions in emerging markets: Evidence from Vietnam[J]. Journal of Management Studies, 42(1):63-93.

Meyer R E, Hammerschmid G, 2006. Changing institutional logics and executive identities—a managerial challenge to public administration in Austria[J]. American Behavioral Scientist, 49 (7):1000-1014.

Michael A H, Haiyang L , William J, 2005. Emerging markets as learning laboratories: Learning behavior of local firms and foreign entrants in different institutional contexts[J]. Management and Organization Review, 1(3):353-380.

Michener H A, DeLamater J , Myers D, 2004. Social psychology[M]. Belmont: Wadsworth.

Miller S R, Richards M, 2002. Liability of foreignness and membership in a regional economic group: Analysis of the European Union[J]. Journal of International Management, 8(3):323-337.

Miyazaki A D, Grewal D, Goodstein R C, 2005. The effect of multiple extrinsic cues on quality perceptions: Amatter of consistency[J]. Journal of Consumer Research, 32 (1):146-153.

Moe W W, Yang S, 2009. Inertial disruption: The impact of a new competitive entrant on online consumer search[J]. Journal of Marketing , 73 (1):109-121.

Molina C. Understanding institutional plurality in multinational enterprises: The roles of institutional logic and social identification[M]//Tihanyi L, Devinney T M, Pedersen T, 2012.

Institutional theory in international business and management. London: Emerald Group Publishing Limited.

Montealegre R, 2002. A process model of capability development: Lessons from the electronic commerce strategy at Bolsa de Valores de Guayaquil[J]. Organization Science, 13 (5): 514-531.

Mostafa R H A, Wheeler C, Jones M V, 2006. Entrepreneurial orientation, commitment to the Internet and export performance in small and medium sizedexporting firms [J]. Journal of International Entrepreneurship, 3(4): 291-302.

Mudambi R, Navarra P, 2002. Institutions and international business: A theoreticaloverview[J]. International Business Review, 11(6): 635-646.

Muniz A, O'Guinn T, 2001. Brand community [J]. Journal of Consumer Research, 27 (4): 412-432.

Nakamura H, 1985. Ways of thinking of Eastern peoples [M]. Honolulu: University of Hawaii Press.

Nelson R R, Winter S G, 1982. An evolutionary theory of economic change[M]. Cambridge: The Belknap Press.

Nisbett R E, 2003. The geography of thought: How Asians and Westerners think differentlyand why [M]. London: Nicholas Brealey Publishing.

Nordman E R, Mele ' n S, 2008. The impact of different kinds of knowledge for the internationalization process of born globals in the biotech business[J]. Journalof World Business, 43(2): 171-185.

North D C, 1994. Economic performance through time[J]. The American Economic Review, 84 (3): 359-367.

North D C. Five propositions about institutional change [M]// Knight J. Explaining social institutions. Ann Arbor: University of Michigan Press.

North D C, 1991. Institutions[J]. The Journal of Economic Perspectives, 5(1): 97-112.

North D C, 1995. Institutions, institutional change , and economic performance[M]. Cambridge: Cambridge University Press.

North D C, 1990. Institutions, institutional change, and economic performance[M]. Cambridge: Cambridge University Press.

North D C, 1981. Structure and change in economic history[M]. New York: Norton.

North D C, 2005. Understanding the process of economic change [M]. Princeton: Princeton University Prcss.

North D C, Thomas R P, 1973. The rise of the Western world: A new economic history[M]. Cambridge: Cambridge University Press, 1973.

North D C, Weingast B R, 1989. Constitutions and commitment: The evolution ofinstitutions governing public choice in seventeenth century England[J]. Journal of Economic Issues, 49(4): 803-832.

North D C, Summerhill W, Weingast B R. Order, disorder and economic change: Latin America versus North America[M]// Mesquita B B, Root H, 2000 . Governingfor prosperity. New Haven:

Yale University Press.

Oakerson R. Analyzing the commons: A framework [M]// Bromley D W, 1982. Makingthe commons works:Theory,practice and policy. Oaklands:ICS Press.

O'Donnell A, Gilmore A, Cummins D, et al, 2001. The network construct in entrepreneurship research:A review and critique[J]. Management Decision,39(9):749-760.

Ojala A,2009. Internationalization of knowledge-intensive SMEs:The role of network relationships in the entry to a psychically distant market[J]. International Business Review,18(1):50-59.

Oliver C, 1991. Strategic responses to institutional processes [J]. Academy of Management Review,16(1):145-179.

Ostrom E,1986. An agenda for the study of institutions[J]. Public Choice,48(1):3-25.

Ostrom E,2011. Background on the institutional analysis and development framework[J]. Policy Studies Journal,39(1):7-27.

Ostrom E. Doing institutional analysis: Digging deeper than markets and hierarchies [M]// Menard C ,Shirley M M,2008. Handbook of new institutional economics. Berlin:Springer-Verlag.

Ostrom E. Institutional rational choice:An assessment of the institutional and analysisdevelopment framework[M]// Sabatier P,1999. Theories of the policy process. Boulder:Westview Press.

Ostrom E,Gardner R,Walker J,1994. Rules,games,and common-pool resources[M]. AnnArbor: University of Michigan Press.

Oviatt B M,McDougall P P,2005. Defining international entrepreneurship and modeling the speed of internationalization[J]. Entrepreneurship Theory and Practice,29(5):537-553.

Oviatt B M,McDougall P P,1994. Toward a theory of new international ventures[J]. Journal of International Business Studies,25(1):45-64.

Oviatt B M,McDougall P P,2005a. The internationalization of entrepreneurship[J]. Journal of International Business Studies,36(1):2-8.

Oviatt B M,McDougall P P,2005b. Defining international entrepreneurship and modeling the speed of internationalization[J]. Entrepreneurship Theory and Practice,29 (5):537-554.

Ozgen E,Baron R A,2007. Social sources of information in opportunity recognition: Effects of mentors,industry networks,and professional forums [J]. Journal of business venturing,22 (2): 174-192.

Pagano M,Röell A A,Zechner J,2002. The geography of equity listing: Why do companies list abroad? [J]. Journal of Finance,57(6):2651-2694.

Parker P M,1995. Climatic effects on individual,social and economic behaviour:Aphysioeconomic review of research across disciplines[M]. London:Greenwood Press.

Pedersen T,Devinney T M,Tihanyi L,2012. Institutional variance,managerial orientations and the commercial performance of Chinese enterprises[J]. Advances in International Management,25: 263-311.

Peng M W, Heath P S, 1996. The growth of the firm in planned economies in transition: Institutions,organizations,and strategic choice [J]. Academy of Management Review,21 (2): 492-528.

Peng M W, 2003. Institutional transitions and strategic choices [J]. Academy of Management Review, 28(2): 275-296.

Peng M W, Wang D, Jiang Y, 2008. An institution-based view of international business strategy: A focus on emerging economies[J]. Journal of International Business Studies, 39(5): 920-936.

Perry N, 1995. Traveling theory nomadic theorizing[J]. Organization, 2 (1): 35-54.

Persson S G, Lundberg H, Andresen E, 2011. Interpartner legitimacy in regional strategic networks [J]. Industrial Marketing Management, 40(6): 1024-1031.

Peter S, Davis A B, John D F, 2000. Mode of international entry: An isomorphism perspective[J]. Journal of International Business Studies, 31(2): 239-258.

Pfeffer J, 1981. Power in organizations[M]. [S. l.]: Marshfield Pitman.

Pierce B D, White R E, 2006. Resource context contestability and emergent social structure: An empirical investigation of an evolutionary theory[J]. Journal of Organizational Behavior, 27(2): 221-239.

Pierce B D, White R E, 1999. The evolution of social structure: Why biology matters[J]. Academy of Management Review, 24(4): 843-853.

Porter M, 1990. The competitive advantage of nations[M]. New York: Free Press.

Powell W W, DiMaggio P, 1991. The new institutionalism in organizational analysis[M]. Chicago: University of Chicago Press.

Prashantham S, 2005. Toward a knowledge-based conceptualization of internationalization [J]. Journal of International Entrepreneurship, 3(1): 37-52.

Purdy J M, Gray B, 2009. Conflicting logics, mechanisms of diffusion, and multilevel dynamics in emerging institutional fields[J]. Academy of Management Journal, 52(2): 355-380.

Ralston D A, Gustafson D J, Cheung F M, et al, 1993. Differences in managerial values: A study of U. S. , Hong Kong, and PRC managers [J]. Journal of International Business Studies, 24 (2): 249-275.

Ralston D A, Holt D H, Terpstra R H, et al, 1997. The impact of national culture and economic ideology on managerial work values: A study of the United States, Russia, Japan, and China[J]. Journal of International Business Studies, 28 (1): 177-207.

Rashid Z, Ibrahim S, 2008. The effect of culture and religiosity on business ethics: A cross-cultural comparison[J]. Journal of Business Ethics, 82 (4): 907-917.

Redding S G, 2008. Separating culture from institutions: The use of semantic spaces as aconceptual domain, and the case of China[J]. Management and Organization Review, 4(2): 257-289.

Redding S G, 1993. The spirit of Chinese capitalism[M]. Berlin: W. de Gruyter.

Ren H, Wu X, Chen X, 2005. Border crossing: Bricolage and the erosion of categorical boundaries in French gastronomy[J]. American Sociological Review, 70(6): 968-991.

Reuber A R, Fischer E, 2011. International entrepreneurship in internet-enabled markets [J]. Journal of Business Venturing, 26(6), 660-679.

Richerson P J, Bettinger R L, 2001. Was agriculture impossible during the pleistocene but mandatory during the holocene? A climate change hypothesis [J]. American Antiquity, 66(3):

387-411.

Ridley M,2010. The rational optimist:How prosperity evolves[M]. New York:Harper Collins.

Rindova V P,Williamson I O,Petkova A,et al,2006. Being good or being known:An empirical examination of the dimensions, antecedents, andconsequences of organizational reputation [J]. Academy of Management Journal,48 (6):1033-1049.

Ritzer G,2008. The McDonaldization of society[M]. Los Angles:Pine Forge Press.

Rizzello S,2004. Knowledge as a path-dependence process[J]. Journal of Bioeconomics,6(2):255-274.

Robertson R. Glocalization:Time – space and homogeneity – heterogeneity[M]// Featherstone M, Lash S,Robertson R,1995. Global modernities. London:Sage Publications.

Rokeach M,1973. The nature of human values[M]. New York:Free Press.

Rosenzweig P M, Nohria N, 1994. Influences on human resource management practices in multinational corporations[J]. Journal of International Business Studies,25(2):229-251.

Rothaermel F T,Kotha S,Steensma H K,2006. International market entry by U. S. Internet firms: An empirical analysis of country risk, national culture, andmarket size [J]. Journal of Management,32 (1):56-82.

Sahlin-Andersson K. Imitating by editing success:The construction of organization fields[M]// Czarniawska B G,Sevon J,1996. Translating organizational change. Berlin:Walter de Gruyter.

Sarwono S S,Armstrong R W,2001. Microcultural differences and perceived ethical problems:An international business perspective[J]. Journal of Business Ethics,30(1):41-56.

Saxenian A,1994. Regional advantage:Culture and competition in silicon valley and route[M]. Cambridge:Harvard University Press.

Sayim K Z, 2011. Policy transfer from advanced to less-advanced institutional environments: Labour market orientations of US MNEs in Turkey[J]. Human Relations,64(4):573-597.

Scapens R, Varoutsa E, 2010. Accounting in inter-organisational relationships:The institutional theory perspective[J]. Accounting in Networks,31(6):432-438.

Schau H J,Muniz J A M,Arnould E J,2009. How brand community practices create value[J]. Journal of Marketing,73 (5):30-51.

Schneiberg M, 2007. What's on the path? Path dependence, organizational diversity and the problem of institutional change in the US economy,1900—1950[J]. Social Science Electronic Publishing,5(1):47-80.

Schneiberg M,Soule S A. Institutionalization as a contested,multilevel process:The case of rate regulation in American fire insurance[M]// Davis G F,McAdam D,Scott W R,et al,2005. Social movements and organization theory. Cambridge:Cambridge University Press.

Schwartz S H,Bilsky W,1987. Toward a universal psychological structure of human values[J]. Journal of Personality & Social Psychology,53(3):550-562.

Schwartz S H,1992. Universals in the content and structure of values:Theoretical advances and empirical tests in 20 Countries[J]. Advances in Experimental Social Psychology,25(2):1-65.

Schwartz S H, Sagie G, 2000. Value consensus and importance – a cross-national study [J].

Journal of Cross-Cultural Psychology,31 (4):465-497.

Schwartz S H,Bilsky W,1990. Toward a theory of the universal content and structure of values – extensions and cross-cultural replications[J]. Journal of Personality and Social Psychology,58 (5):878-891.

Schwartz S H,1994. Are there universal aspects in the structure and contents of human-values [J]. Journal of Social Issues,50(4):19-45.

Schwartz S H,Melech G,Lehmann A,et al,2001. Extending the cross-cultural validity of the theory of basic human values with a different method of measurement[J]. Journal of Cross-Cultural Psychology,32 (5):519-542.

Scott W R,2000. Institutional change and healthcare organizations:From professional dominance to managed care[M]. Chicago:University of Chicago Press.

Scott W R,1995. Institutions and organizations[M]. Thousand Oaks:Sage.

Scott W R,2010. Reflections:The past and future of research on institutions andinstitutional change[J]. Journal of Change Management,10(1):5-21.

Searle J R,2005. What is an institution? [J]. Journal of Institutional Economics,1(1):1-22.

Sened I,1997. The political institutions of private property[M]. Cambridge:Cambridge University Press.

Shane S,Venkataraman S,2001. Entrepreneurship as a field of research:A response to Zahra and Dess,Singh,and Erikson[J]. Academy of Management Review,26(1):13-16.

Shane S,Venkataraman S,2000. The promise of entrepreneurship as a field of research[J]. Academy of management review,25(1):217-226.

Shane S,2000. Prior knowledge and the discovery of entrepreneurial opportunities[J]. Organization science,11(4):448-469.

Shinkle G A,Kriauciunas A P,2010. Institutions,size and age in transition economies: Implications for export growth[J]. Journal of International Business Studies,41(2):267-286.

Shipilov A V,Greve H R,Rowley T J,2010. When do interlocks matter? Institutional logics and the diffusion of multiple corporate governance practices[J]. Academy of Management Journal,53 (4):846-864.

Shrivastava P,1995. Environmental technologies and competitive advantage[J]. Strategic Management Journal,16(S1):183-200.

Shuper P A,Sorrentino R M,Otsubo Y,et al,2004. A theory ofuncertainty orientation:Implications for the study of individual differences within andacross cultures[J]. Journal of Cross-Cultural Psychology,35(4):460-480.

Sia C L,Lim K H,Leung K,et al,2009. Web strategies to promote internet shopping:Is cultural-customization needed? [J]. Mis Quarterly,33(3):491-512.

Simpson J R,1982. Ethics and multinational-corporations vis-a-vis developing-nations[J]. Journal of Business Ethics,1(3):227-237.

Smith P B,Schwartz S H. Values[M]// Berry J W,Kagitcibasi C,Segall M H,1997. Handbook cross-cultural psychology. Boston:Allyn & Bacon.

Sorenson O, Baum J A C. Geography and strategy: The strategic management of space and place [M]// Baum J A C , Sorenson O, 2003. Geography and strategy, advances in strategic management. Greenwich: JAI Press.

Steenkamp J B E M, Batra R, Alden D L, 2003. How perceived brand globalness creates brand value[J]. Journal of International Business Studies, 34(1): 53-65.

Stovel K, Savage M, 2006. Mergers and mobility: Organizational growth and the origins of career migration at lloyds bank[J]. American Journal of Sociology, 111(4): 1080-1121.

Strang D, Soule S A. Diffusion in organizations and social movements: From hybrid corn to poison pills[M]// Hagan J , Cook K S, 1998. Annual review of sociology. Palo Alto: Annual Reviews.

Styles C, Ambler T, 2003. The coexistence of transaction and relational marketing: Insights from the Chinese business context[J]. Industrial Marketing Management, 32(8): 633-642.

Suchman M C, 1995. Managing legitimacy: Strategic and institutional approaches[J]. Academy of Management Review, 20(3): 571-610.

Suddaby R, Greenwood R, 2005. Rhetorical strategies of legitimacy [J]. Administrative Science Quarterly, 50(1): 35-67.

Swidler A, 1986. Culture in action – symbols and strategies[J]. American Sociological Review, 51 (2): 273-286.

Tan J, Tan D, 2005. Environment-strategy co-evolution and co-alignment: A staged model of Chinese SOEs under transition[J]. Strategic Management Journal, 26(2): 141-157.

Tan J, Wang L, 2011. MNC strategic responses to ethical pressure: An institutional logic perspective[J]. Journal of Business Ethics, 98(3): 373-390.

Tan J, 2009. Institutional structure and firm social performance in transitional economies: Evidence of multinational corporations in China[J]. Journal of Business Ethics, 86(2): 171-189.

Tan J, 2009. Multinational corporations and social responsibility in emerging markets: Opportunities and challenges for research and practice [J]. Journal of Business Ethics, 86 (1): 151-153.

Thornton P H, Ocasio W, 1999. Institutional logics and the historical contingency of power in organizations: Executive succession in the higher education publishing industry, 1958—1990[J]. American Journal of Sociology, 105(3): 801-843.

Thornton P H, 2004. Markets from culture: Institutional logics and organizational decisions in higher education publishing[M]. Stanford: Stanford Business Press.

Thornton P H, 2002. The rise of the corporation in a craft industry: Conflict and conformity in institutional logics[J]. Academy of Management Journal, 45(1): 81-101.

Thornton P H, Ocasio W. Institutional Logics[M]// Sahlin-Andersson K, Greenwood R, Oliver C, et al, 2008. The SAGE handbook of organizational institutionalism. London: Sage Publications Ltd.

Townley B, 1997. The institutional logic of performance appraisal [J]. Organization Studies, 18 (2): 261-285.

Trivers R L. Reciprocal altruism: 30 years later [M]// Van Schaik C P Kappeler P M, 2006. Primates and humans: Mechanisms and evolution. Berlin: Springer-Verlag.

Trivers R L,1971. The evolution of reciprocal altruism[J]. The Quarterly Review of Biology,46(1):35-57.

Tsai K S,2006. Adaptive informal institutions and endogenous institutional change in China[J]. World Politics,59(1):116-141.

Tung R L,Liu C Z,2007. Lenovo:An example of globalization of Chinese enterprises – Chuan Zhi Liu[J]. Journal of International Business Studies,38 (4):573-577.

Turcan R V,2012. External legitimation in international new ventures:Toward the typology of captivity[J]. International Journal of Entrepreneurship and Small Business,15(2):262-283.

Turcan R V, 2011. How international new ventures acquire legitimacy [C]// 37th Annual Conference of the European International Buisness Academy.

UNCTAD,2006. World Investment Report 2006[R]. New York:United Nations.

UNCTAD,2008. World Investment Report 2008[R]. New York:United Nations.

UNCTAD,2010. World Investment Report 2010[R]. New York:United Nations.

Vaara E, Tienar J, 2008. A discursive perspective on legitimation strategies in multinational corporations[J]. Academy of Management Review,33(4):985-993.

Vaara E, Tienari J, 2011. On the narrative construction of multinational corporations: An antenarrative analysis of legitimation and resistance in a cross-border merger[J]. Organization Science,22(7):370-390.

Vasilchenko E, Morrish S, 2011. The role of entrepreneurial networks in the exploration and exploitation of internationalization opportunities by information and communication technology firms[J]. Journal of International Marketing,19(4):88-105.

Veblen T,1919. The place of science in modern civilisation and other essays[M]. New York:B. W. Huebsch.

Vermeulen P,Büch R,Greenwood R,2007. The impact of governmental policies in institutional fields:The case of innovation in the Dutch concrete industry[J]. Organization Studies,28(4):515-540.

Vora D,Kostova T,Roth K,2007. Roles of subsidiary managers in multinational corporations:The effect of dual organizational identification [J]. Management International Review, 47 (4):595-620.

Walker G,2003. The Roots of Alexander Korda:Myths of Identity and the international film[J]. Patterns of Prejudice,37 (1):3-25.

Wan W, 2005. Country resource environments, firm capabilities, and corporate diversification strategies[J]. Journal of Management Studies,42(1):27-45.

Wells L,1983. Third world multinationals:The role of foreign direct investment from developing countries[M]. Cambridge:MIT Press.

Westney D E. Institutionalization theory and the multinational corporation[M]// Ghoshal S, Westney D E,1993. Organization theory and the multinational corporation. New York:St Martin's Press.

Whetten D A,1989. What constitutes a theoretical contribution? [J]. Academy of Management

Review,14(4):490-495.

White L P, Rhodeback M J, 1992. Ethical dilemmas in organization – development – a cross – cultural – analysis[J]. Journal of Business Ethics,11 (9):663-670.

Williams D, Lynch-Wood G, Ramsay J, 2006. Drivers of environmental behavior in manufacturing SMEs and the implications for CSR[J]. Journal of Business Ethics,67(3):317-330.

Williams R J. The concept of values[M]// Sills D L, 1968. International encyclopedia of the social sciences. New York: Macmillan.

Wilson N C, Stokes D, 2004. Laments and serenades: Relationship marketing and legitimation strategies for the cultural entrepreneur[J]. Qualitative Market Research: An International Journal, 7(3):218-227.

Witold J H, Bennet A Z, 2005. Legitimacy, interest group pressures, and change in emergent institutions: The case of foreign investors and host country governments[J]. Academy of Management Review,30(2):361-382.

Witt M A, Lewin A Y, 2007. Outward foreign direct investment as escape response to home country institutional constraints[J]. Journal of International Business Studies,38(4):579-594.

Witt M A, Redding S G, 2009. Culture, meaning, and institutions: Executive rationale in Germany and Japan[J]. Journal of International Business Studies,40(5):859-885.

Wright M, Filatotchev I, Hoskisson R E, et al, 2005. Strategy research in emerging economies: Challenging the conventional wisdom[J]. Journal of Management Studies,42(1):1-33.

Wynne C, Berthon P, Pitt L, et al, 2001. The impact of the Internet on the distribution value chain: The case of the South African tourism industry[J]. International Marketing Review,18(4): 420-431.

Xia J, Boal K, Delios A, 2009. When experience meets national institutional environmental change: Foreign entry attempts of US firms in the Central and Eastern European region[J]. Strategic Management Journal,30(12):1286-1309.

Xu D, Shenkar O, 2002. Institutional distance and the multinational enterprise[J]. Academy of Management Review,27(4):608-618.

Yamin M, Sinkovics R R, 2006. Online internationalisation, psychic distance reduction and the virtuality trap[J]. International Business Review,15(4):339-360.

Yang X, Jiang Y, Kang R, et al, 2009. A comparative analysis of the internationalization of Chinese and Japanese firms[J]. Asia Pacific Journal of Management,26(1):141-162.

Yang M M, 1994. Gifts, favours and banquets: The art of social relationships in China[M]. Ithaca: Cornell University Press.

Yeniyurt S, Townsend J D, Cavusgil S T, et al, 2009. Mimetic and experiential effects in international marketing alliance formations of US pharmaceuticals firms: An event history analysis [J]. Journal of International Business Studies,40(2):301-320.

Yin R, 2003. Case study research: Design and methods[M]. 3rd ed. Thousands Oaks: Sage Publications.

Yiu D W, Hoskisson R E, Bruton G D, et al, 2014. Dueling institutional logics and the effect on